EViews
统计分析与实验指导
◀视频教学版▶

杨维忠 编著

清华大学出版社
北京

内 容 简 介

本书精选 68 个专业范例，覆盖 90%以上的统计模型，以实验教程的形式讲解如何以 EViews 为工具进行各种数据分析。

全书共分 12 章，第 1 章主要介绍 EViews 10 软件的各种功能操作；第 2~11 章通过 41 个实验教程介绍一些常用的数据分析、各种方程和模型的估计，具体包括描述统计分析与参数假设检验、简单线性回归分析、其他回归估计方法、离散及受限因变量模型、传统时间序列分析、ARMA 模型及其应用、动态计量经济模型、自回归条件异方差模型、多方程模型以及面板数据模型；第 12 章为 EViews 编程基础介绍，同时给出两个编程实例。

本书对每一个实验，都遵循从"原理、目的与要求、内容及数据来源、操作指导"几个方面进行讲解，章后精选 27 个上机题，目的是着重培养读者的动手操作能力和数据分析能力。

本书重实践兼理论，面向具备一定的计量经济学理论基础和统计学知识的高年级本科生和研究生，特别是数量经济学、金融计量经济学领域的人员，也是一本即查即用的 EViews 使用指南。对于相关领域的科研工作者、数据分析人员而言，本书也可以作为参考用书。

本书封面贴有清华大学出版社防伪标签，无标签者不得销售。
版权所有，侵权必究。举报：010-62782989，beiqinquan@tup.tsinghua.edu.cn。

图书在版编目（CIP）数据

EViews 统计分析与实验指导：视频教学版 / 杨维忠编著.—北京：清华大学出版社，2020.2(2022.6重印)
ISBN 978-7-302-54951-2

Ⅰ.①E… Ⅱ.①杨… Ⅲ.①统计分析－应用软件 Ⅳ.①C819

中国版本图书馆 CIP 数据核字（2020）第 025504 号

责任编辑：	夏毓彦
封面设计：	王　翔
责任校对：	闫秀华
责任印制：	丛怀宇
出版发行：	清华大学出版社
网　　址：	http://www.tup.com.cn, http://www.wqbook.com
地　　址：	北京清华大学学研大厦A座　　邮　编：100084
社 总 机：	010-83470000　　邮　购：010-62786544
投稿与读者服务：	010-62776969, c-service@tup.tsinghua.edu.cn
质 量 反 馈：	010-62772015, zhiliang@tup.tsinghua.edu.cn
印 装 者：	三河市龙大印装有限公司
经　　销：	全国新华书店
开　　本：	190mm×260mm　　印　张：23.25　　字　数：596 千字
版　　次：	2020 年 4 月第 1 版　　印　次：2022 年 6 月第 2 次印刷
定　　价：	79.00 元

产品编号：084972-01

前　言

EViews（Econometric Views）是美国 QMS 公司（Quantitative Micro Software Co.）开发的一款运行于 Windows 环境下的经济计量分析统计软件，是一个进行数据分析、回归分析和预测的很好的工具，其广泛应用于经济学、金融保险、社会科学、自然科学等众多领域。

作为目前流行的计量经济学工具软件之一，EViews 以功能强大、操作简便且具有可视化的操作风格而著称。EViews 拥有强大的命令功能和批处理语言功能，程序语言简单易懂。用户在掌握一定的编程基础知识后，能够很快地进行编程进而解决很多实际问题。

本书结合国内外典型实例，图文并茂地介绍 EViews 的各种数据分析功能和一般操作方法。全书共分 12 章，采用将 EViews 各应用模块的操作功能和具体实例相结合的思路进行编写。

第 1 章介绍使用 EViews 进行数据分析的基础，包括 EViews 的窗口介绍及其中的一些基本操作，EViews 中的工作文件、序列对象等概念以及如何使用 EViews 进行数据处理、绘制统计图形等。

第 2 章介绍统计分析与参数假设检验，包括序列和序列组基本统计分析、单个总体和两个总体假设检验等。

第 3 章介绍简单线性回归分析，包括简单线性回归模型估计、各种模型检验、递归 OLS 估计以及多重共线性与逐步回归等。

第 4 章介绍非线性模型的回归估计方法，包括 White 异方差检验与 WLS 估计、TSLS 估计、NLS 估计以及 GMM 估计等。

第 5 章介绍离散及受限因变量模型，包括二元选择模型、排序选择模型、受限因变量模型等。

第 6 章介绍传统时间序列分析，包括季节调整、趋势分解以及指数平滑技术等。

第 7 章介绍 ARMA 模型及其应用，包括 AR 模型、序列平稳性检验、ARMA 模型以及 ARIMA 模型等。

第 8 章介绍动态计量经济模型，包括考伊克分布滞后模型、多项式分布滞后模型、Granger 因果关系检验、协整与误差修正模型等。

第 9 章介绍自回归条件异方差模型，包括 ARCH 效应检验、ARCH 模型和 GARCH 模型、非对称的 ARCH 模型等。

第 10 章介绍多方程模型，包括联立方程模型、向量自回归模型、脉冲响应函数和方差分解、协整检验与 VEC 模型等。

第 11 章介绍面板数据模型，包括变截距模型、变系数模型以及面板数据的单位根检验等。

第 12 章介绍有关 EViews 编程的一些基础内容，同时给出两个编程实例，以便读者能够较快地熟悉 EViews 编程语言。

本书所用到的案例大都是国内外的经典实例，具有相当强的针对性。各章详细介绍实验的具体操作和结果分析，并且配有一定数量的上机操作练习题供读者学习使用。读者按照书中介绍的步骤进行实际操作，相信很快就能完全掌握本书的内容和精通 EViews。

本书提供原始数据文件及多媒体教学视频，可扫描下面的二维码下载：

本书由杨维忠主持编写，书中保留了已出版的早期版本的风格，延续作者樊欢欢、刘荣等的写作思路，基于 EViews 10 新版本，以理论讲解和案例指导相结合的方式深入浅出地介绍 EViews 的主要功能和实际应用。除此之外，还将着重介绍 EViews 10 版本相对于以前版本的界面优化和新增功能情况，这些对于读者开展学习研究和工作实践都是非常便利的。

由于作者水平有限，书中出现错误和不当之处在所难免，恳请各位同行专家和广大读者批评指正，提出宝贵的意见。

编　者

2020 年 1 月

目 录

第1章 EViews 数据分析基础 1
1.1 EViews 窗口介绍 1
1.2 工作文件基础 5
1.2.1 建立工作文件 6
1.2.2 多页工作文件的创建 8
1.2.3 工作文件窗口及工作文件操作 10
1.3 对象基础 12
1.3.1 建立对象 13
1.3.2 序列对象窗口 13
1.3.3 对象的其他操作 15
1.4 数据处理 17
1.4.1 数据输入 17
1.4.2 数据输出 19
1.4.3 生成新的序列和序列组（Group） 20
1.5 统计图形绘制 22
1.5.1 绘制图形 22
1.5.2 Freeze（冻结）图形及其他图形操作 25
1.6 EViews 改进和新增功能简介 28
1.6.1 通用 EViews 界面 28
1.6.2 数据处理 29
1.6.3 图和表 31
1.6.4 计量经济学和统计学 33
1.6.5 其他功能 39

第2章 描述统计分析与参数假设检验 45
实验 2-1 序列基本统计分析 46
实验 2-2 序列组基本统计分析 52
实验 2-3 单个总体的假设检验 54
实验 2-4 两个总体的假设检验 58
实验 2-5 绘制序列分布图及序列经验分布检验 61
实验 2-6 绘制序列组的散点图 65

EViews 统计分析与实验指导（视频教学版）

  上机练习 69
    练习 2-1 年收入与受教育年限相关分析 69
    练习 2-2 GDP 居民消费增长分析 69

第 3 章 简单线性回归分析 71
  实验 3-1 简单线性回归模型估计 71
  实验 3-2 回归方程的视图和过程 79
  实验 3-3 Wald 系数约束检验 83
  实验 3-4 Chow 稳定性检验 87
  实验 3-5 递归 OLS 估计 90
  上机练习 92
    练习 3-1 对消费函数模型进行图归分析 92
    练习 3-2 基建投资模型回归分析 93

第 4 章 非线性模型的回归估计方法 94
  实验 4-1 White 异方差检验与 WLS 估计 94
  实验 4-2 序列自相关和 Newey-West 一致协方差估计 99
  实验 4-3 两阶段最小二乘估计 104
  实验 4-4 广义矩估计 107
  上机练习 110
    练习 4-1 人口数量与医疗机构数量关系分析比较 110
    练习 4-2 地区出口总值与 GWP 数据模型分析 111
    练习 4-3 计算工厂边际生产成本 112

第 5 章 离散及受限因变量模型 113
  实验 5-1 二元选择模型 113
  实验 5-2 二元选择模型分析 119
  实验 5-3 排序选择模型 125
  实验 5-4 受限因变量模型 131
  上机练习 136
    练习 5-1 分析心肌梗塞与 HDL 和 Fib 之间的关系 136
    练习 5-2 民意测验调查选民态度 137
    练习 5-3 分析已婚妇女工作时间的影响因素 137

第 6 章 传统时间序列分析 139
  实验 6-1 季节调整 139
  实验 6-2 趋势分解 150
  实验 6-3 指数平滑技术 154

  上机练习 159
    练习 6-1 对公司销售数据进行时间序列分析 159
    练习 6-2 股指数据序列分析 160

第 7 章 ARMA 模型及其应用 161
  实验 7-1 序列自相关与 AR 模型 161
  实验 7-2 序列平稳性检验 168
  实验 7-3 ARMA 模型及分析 174
  实验 7-4 ARIMA 模型及分析 183
  上机练习 190
    练习 7-1 分析预测银行的三个月再贷款利率 190
    练习 7-2 用 ARMA 模型分析居民消费价格指数 191

第 8 章 动态计量经济模型 193
  实验 8-1 考伊克分布滞后模型 194
  实验 8-2 多项式分布滞后模型 199
  实验 8-3 Granger 因果关系检验 204
  实验 8-4 协整与误差修正模型 208
  上机练习 212
    练习 8-1 货币需求模型估计 212
    练习 8-2 城镇居民消费函数模型估计 213
    练习 8-3 分析季节调整后的居民消费指数 214

第 9 章 自回归条件异方差模型 216
  实验 9-1 ARCH 效应检验 216
  实验 9-2 ARCH 模型和 GARCH 模型 221
  实验 9-3 非对称的 ARCH 模型 231
  上机练习 240
    练习 9-1 考察外汇汇率波动是否有条件异方差性 240
    练习 9-2 分析上证指数是否存在非对称效应 241

第 10 章 多方程模型 243
  实验 10-1 联立方程模型 244
  实验 10-2 向量自回归模型 255
  实验 10-3 脉冲响应函数和方差分解 262
  实验 10-4 协整检验与 VEC 模型 268
  上机练习 279
    练习 10-1 宏观经济方程的联立性检验 279

| 练习 10-2 | 研究货币供应量和利率变动对经济波动的影响 | 280 |
| 练习 10-3 | 研究钢铁与其下游行业的关系 | 282 |

第 11 章　面板数据模型 284

实验 11-1　Pool 对象的建立及其操作 285
实验 11-2　变截距模型 293
实验 11-3　变系数模型 302
实验 11-4　面板数据的单位根检验 311
上机练习 319
　　练习 11-1　对实验 11-2 中的面板数据模型重新估计 319
　　练习 11-2　研究分析失业率和小时工资间的关系 319
　　练习 11-3　定量研究分析经济增长和居民消费关系 321

第 12 章　EViews 编程基础及应用 323

12.1　EViews 命令基础 323
　　12.1.1　EViews 对象说明 323
　　12.1.2　对象命令 324
　　12.1.3　对象赋值命令 325
12.2　程序变量 328
　　12.2.1　控制变量 328
　　12.2.2　字符串变量 329
　　12.2.3　替换变量 331
　　12.2.4　程序参数 332
12.3　程序控制 333
　　12.3.1　IF 语句 333
　　12.3.2　FOR 循环语句 334
　　12.3.3　While 循环语句 337
　　12.3.4　执行错误处理 337
　　12.3.5　其他控制工具 338
12.4　对数极大似然估计 339
12.5　谬误回归的蒙特卡罗模拟 344
12.6　时间序列模型 EViews 命令 349
12.7　联立方程模型 EViews 命令 357
上机练习 363
　　练习 12-1　编写程序推导出 DF 和 ADF 检验的临界值 363
　　练习 12-2　编写程序对 EGARCH 模型进行估计 364

第1章 EViews数据分析基础

EViews在基于Windows的计算机上提供了复杂的数据分析、回归和预测工具。使用EViews，用户可以从用户的数据中快速地建立统计关系，然后使用该关系来预测数据的未来值。EViews被证明有用的领域包括：科学的数据分析和评估、财务分析、宏观经济预测和模拟、销售预测和成本分析。

EViews是一组用于操作时间序列数据的工具的新版本，这些工具最初是在大型计算机的时间序列处理器软件中开发的。EViews的前身是MicroTSP，于1981年首次发布。虽然EViews是由经济学家开发的，其重点是时间序列分析，但其设计中没有任何东西限制其对经济时间序列的有用性。

EViews提供了方便的可视化方式，可以从键盘或文件中输入数据序列，从现有序列中创建新的序列，显示和打印序列，对序列之间的关系进行统计分析。

EViews利用了现代Windows软件的视觉功能。用户可以使用鼠标通过标准的Windows菜单和对话框来指导操作，并捕获这些操作以供以后使用。结果显示在Windows中，可以使用标准技术进行操作。

或者，用户可以使用EViews强大的命令和批处理语言。用户可以在命令窗口中输入和编辑命令，可以在记录研究项目的程序中创建和存储命令，以备以后执行。

在 Windows 操作系统下，有下面几种启动 EViews 的方法：

- 单击任务栏中的"开始"按钮，然后选择"程序"中的 EViews 10 进入 EViews 程序组，单击 EViews 10。
- 如果用户在安装 EViews 的过程中在桌面上创建了 EViews 快捷方式，则直接双击桌面上的 EViews 10 图标即可。
- 对于已经建立的 EViews 工作文件，双击这些 Workfile（后缀名为*.wfl）文件或 Database（后缀名为*.db）文件名称，也可以打开 EViews 程序。

打开 EViews 程序后，用户可以使用 EViews 进行各种数据分析操作。本章主要介绍 EViews 10 的基本操作，熟练掌握这些基础知识是学习后面章节各种数据分析处理的前提。

1.1 EViews 窗口介绍

运行EViews，屏幕会出现EViews运行窗口，如图1.1所示。按照从上到下的顺序，EViews窗口由5部分组成：①标题栏、②菜单栏、③命令窗口、④工作区域、⑤状态栏。

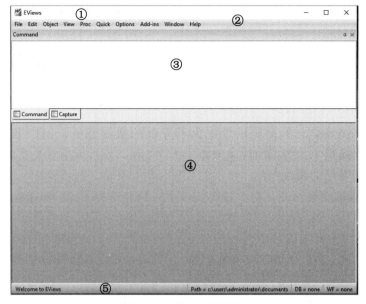

图 1.1　EViews 运行窗口

1. 标题栏

标题栏位于EViews窗口的最上方。当EViews工作窗口处于激活状态时，该窗口的标题栏呈蓝色；当其他窗口处于激活状态时，该窗口会变暗。可以单击EViews 窗口的任何位置使其处于激活状态。

2. 菜单栏

EViews菜单栏中包含10个功能键（见图1.1）。单击这些功能键，其下方会出现不同的下拉菜单，在下拉菜单中可以单击选择显现项（显现项呈明亮色，选项为灰色表示该选项目前不能使用）。

（1）File

File功能键为用户提供有关文件（工作文件、数据库文件、EViews程序等）的常规操作选项，如文件新建（New）、打开（Open）、保存（Save/Save As）、关闭（Close）、读入数据（Import）、读出数据（Export）、打印（Print）、运行程序（Run）、退出（Exit）EViews软件以及显示最近打开的EViews文件等。并且有些常规选项还含有子菜单，如读入数据和读出数据选项。图1.2所示为File功能键选项截图。

（2）Edit

Edit功能键可以对窗口中的内容进行剪切（Cut）、复制（Copy）、粘贴（Paste）、删除（Delete）、查找（Find）、替换（Replace）等操作，选择"撤销（Undo）"表示撤销上一步操作。图1.3所示为Edit功能键选项截图。

（3）Object

Object功能键为用户提供了有关EViews对象的各种基本操作，包括建立新对象（New Object）、从数据库提取对象（Fetch from DB）、从数据库中更新对象（Update from DB）、将对象存储至数据库中（Store to DB）、复制对象（Copy Object）、给对象命名（Name）、删除对象（Delete）、冻结输出结果（Freeze Output）、打印（Print）以及视图选择（View Options）。图1.4所示为Object功能键选项截图。

图1.2　File功能键选项

图1.3　Edit功能键选项

图1.4　Object功能键选项

（4）View 和 Proc

在未建立工作文件之前，这两个功能键无选项可用。二者的菜单选项随窗口的不同会发生改变，其实现的功能也会发生变化，主要涉及对象的多种显示方式（如序列的表格显示或者视图显示）以及用户对对象实行的运算过程。

（5）Quick

Quick功能键为用户提供进行快速分析的命令，主要包括抽取一定范围的样本（Sample）、生成新的序列（Generate Series）、显示某一观测（Show）、创建图形（Graph）、生成一个新的序列组/编辑序列（Empty Group（Edit Series））、给出序列描述性统计（Series Statistics）、给出序列组的描述性统计（Group Statistics）、估计方程（Estimate Equation）、估计VAR模型（Estimate VAR）。使用该功能键，用户可以非常方便地进行某些EViews操作。图1.5所示为Quick功能键选项截图。

图1.5　Quick功能键选项

（6）Options

Options功能键为用户提供系统各种参数设定选项。与一般统计应用软件相同，EViews运行过程中的各种状态（如窗口的显示模式、图像、字体、表格、方程估计等）都有默认的设置。用户可以根据实际需要选择Options菜单中的选项，对EViews某些默认设置进行修改。图1.6所示为Options功能键选项截图。

（7）Add-ins

Add-ins功能键类似于很多软件的加载工具包，利用该功能用户可以在Eviews中实现很多新的计量理论和计量模型。图1.7所示为Add-ins功能键选项截图。

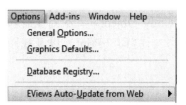

图1.6　Options 功能键选项

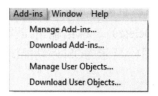

图1.7　Add-ins 功能键选项

（8）Window

Window功能键为用户提供多种在所打开的窗口中进行切换的方式，以及关闭所有窗口（Close All）和关闭所有对象（Close All Objects）的命令。图1.8所示为Window功能4键选项截图。

（9）Help

Help功能键为用户提供各种EViews帮助选项。用EViews Help Topics…选项可按照索引或者目录方式在所有帮助信息中查找所需信息。单击READ ME则打开一个包括EViews帮助菜单中内容分布以及EViews简单操作的PDF文档。Quick Help Reference选项下还有下一级菜单，为用户提供各种帮助信息的查询，包括对象参考（Object Reference）、基本命令参考（Basic Command Reference）、函数参考（Function Reference）、矩阵参考（Matrix Reference）、编程参考

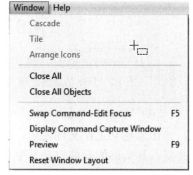

图1.8　Window 功能键选项

（Programming Reference）、EViews 10的更新信息（What's New in EViews 10）等帮助信息。PDF Docs中的User Guide I（PDF）和User Guide II（PDF）选项为用户提供了PDF格式的EViews使用指南。Command & Programming Reference（PDF）选项则为用户提供PDF格式的关于EViews命令和编程的帮助信息。Object Reference（PDF）选项为用户提供了EViews中所有运算对象的基本操作参考。图1.9和图1.10分别所示为Help功能键下Quick Help Reference子选项和PDF Docs子选项截图。

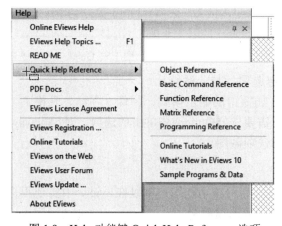

图1.9　Help 功能键 Quick Help Reference 选项

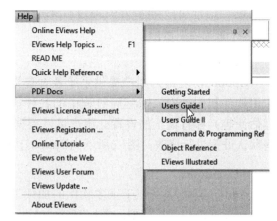

图1.10　Help 功能键 PDF Docs 选项

3. 命令窗口

命令窗口位于菜单栏下面。EViews为用户提供了交互处理和批处理方式。在交互模式

下，用户每次只可以输入并执行一个EViews命令，按Enter键即可执行该命令；在批处理模式下，用户则可以建立包含多个命令的文本文件，然后运行程序。

命令窗口支持Windows剪切和粘贴，以便用户可以轻松地在命令窗口、其他EViews文本窗口和其他Windows程序之间移动文本。命令区域的内容也可以直接保存到一个文本文件中，供以后使用，具体操作方法为：通过单击窗口中的任何位置，确保命令窗口处于活动状态，然后从主菜单中选择File /Save As…，设置好文件标题和路径，进行保存即可。

如果用户输入的命令超过了命令窗口的容量，则EViews将该窗口转换为标准的可滚动窗口。只需使用滚动条或窗口右侧的向上和向下箭头，就可以查看前面执行的命令列表的各个部分。用户可以将插入点移动到以前执行的命令，编辑现有命令，然后按Enter键执行已编辑的命令版本。

另一种方法是，按Ctrl键和向上箭头（Ctrl+↑），以按输入顺序显示前面命令的列表。最后一个命令将被输入命令窗口。按住Ctrl键并重复按向上箭头将显示下一个先前的命令。重复直到收回所需的命令。

要查看最近30个命令的历史记录，请按Ctrl键和J键（Ctrl+J）。在弹出的窗口中，用户可以使用向上和向下箭头选择所需的命令，然后按Enter键将其添加到命令窗口中，或者简单地双击该命令。若要在不选择命令的情况下关闭历史窗口，则单击命令窗口中的其他位置或按Esc键。

4. 工作区域

位于EViews窗口的中间区域为工作区，其中显示其他子窗口，包括工作文件窗口和各种对象窗口。当存在多个子窗口时，这些子窗口会相互重叠，当前活动窗口处于最上方，只有活动窗口的标题栏才是深蓝色的。

当窗口部分被覆盖时，用户可以通过单击其标题栏或窗口的可见部分将其带到顶部。用户还可以通过按F6或Ctrl+Tab键循环显示窗口。

或者，用户可以通过单击窗口菜单项并选择所需的名称来选择窗口。

用户可以通过单击窗口的标题栏并将窗口拖曳到新位置来移动窗口。用户可以通过单击任何角并将该角拖曳到新位置来更改窗口的大小。

5. 状态栏

位于EViews窗口的最底端。当建立工作文件时，底部的状态栏被分成几部分。左边部分提供EViews发送的状态信息，通过单击状态栏最左边的方块可清除这些状态信息。往右依次显示EViews寻找数据和程序的默认路径以及预设数据库和工作文件的名称。

1.2 工作文件基础

用户使用EViews软件进行数据分析处理必须在建立的工作文件（Workfile）中进行。因此，在输入数据和对数据进行分析处理之前，必须先创建一个工作文件。这些EViews工作文件包含一系列的对象，常用的对象包括序列（Series）、序列组（Group）、方程

（Equation）、图（Graph）等。后面的章节将对这几种主要对象做具体介绍。下面将介绍如何建立EViews工作文件以及对工作文件的其他操作。

1.2.1 建立工作文件

在使用 EViews 进行数据分析之前，首先需要建立一个新的工作文件。只有在建立新的工作文件之后，才能进行 EViews 的各种操作。新建工作文件的步骤如下：

01 选择菜单栏 File | New | Workfile 选项，屏幕会弹出相应的对话框，如图 1.11 所示，用户需要在弹出的对话框中进行选项设定。

对话框中的 Workfile structure type 项用于设置工作文件的数据结构类型，可供选择的类型如图 1.12 所示，有非结构/非时间数据（Unstructured/Undated）、时间频率数据（Dated-regular frequency）、平衡面板数据（Balanced Panel）。

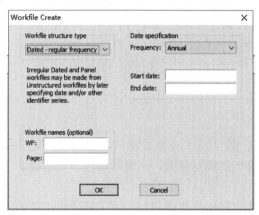
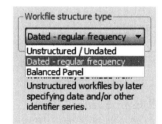

图 1.11　新建工作文件对话框　　　　图 1.12　Workfile structure type 选项下拉列表

- 选择 Unstructured/Undated 时，对话框将发生变化，如图 1.13 所示，用户需要在对话框右上角的 Data range 选项中输入观测值的个数（Observations）。非结构数据是指没有日期的数据，它使用默认的整数标识符：1，2，3，…。
- 选择 Dated-regular frequency，表示创建规则的时间序列结构类型的工作文件，用户需要在 Date specification 选项栏中设定数据的时间，以下有 3 个设定项。
    - 频率设定（Frequency）：可供选择的数据频率有多年（Multi-year）、年度（Annual）、半年（Semi-annual）、季度（Quarterly）、月度（Monthly）、半月（Bimonthy）、14 天（Fortnight）、十天（Ten-day（Trimonthly））、星期（Weekly）、日-每周 5 天（Daily-5 day week）、日-每周 7 天（Daily-7 day week）、用户定义日-每周（Daily-custom week）、一天之内（Intraday）、整日（Integer date），如图 1.14 所示。
    - 起始时间（Start date）：输入数据的起始日期。
    - 结束时间（End date）：输入数据的终止日期。

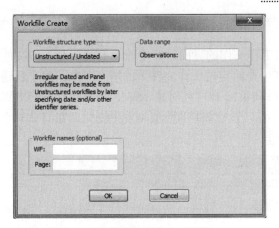

图 1.13 非结构数据设定对话框

图 1.14 频率设定选项的下拉列表

说 明

数据的起始时间和结束时间输入方法为：①当输入半年度数据时，年后加 1 或 2，如在 Start date 文本框中输入"2000: 1"，在 End date 文本框中输入"2008: 2"，表示数据的范围是从 2000 年至 2008 年的半年数据，共 18 个数据；②当输入季度数据时，年后加 1~4，如在 Start date 文本框中输入"2000: 1"，在 End date 文本框中输入"2008: 2"，表示数据的范围是从 2000 年一季度至 2008 年二季度的季度数据。③输入月度数据时，年后加 1~12；④当输入 Weekly 和 Daily 类型的数据时，在 Start date 和 End date 文本框中输入的日期顺序为：月/日/年。

- 选择 Balanced Panel 后，图 1.11 所示的对话框将发生变化（见图 1.15），表示创建一个平衡面板数据结构类型的工作文件。用户需要在 Pannel specification 选项中的 Number of cross sections 文本框中输入界面成员的个数，这些界面成员必须具有相同的固定频率和相同日期的观测值。

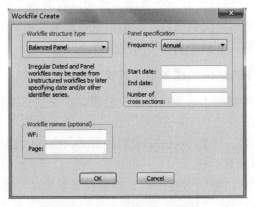

图 1.15 面板数据结构设定对话框

图 1.15 所示对话框左下角的 Workfile names（optional）文本框用来给所建立的工作文件命名，当该选项空白时，建立工作文件后，工作文件窗口的标题栏显示 Untitled，表示未对新建立的工作文件命名。

02 对上述对话框选项设定后,单击 OK 按钮完成创建,EViews 将建立一个新的工作文件。

图 1.16 所示为新建立的一个未命名工作文件的界面,其中较小的窗口是工作文件窗口,它是 EViews 中最重要的窗口,显示了在一个给定的工作文件下的所有对象。对于新建立的工作文件,EViews 自动生成两个对象:系数向量 c 和序列对象 resid,用来保存回归方程中的估计系数和残差,当进行多次方程估计时,这两个对象中的数值将发生变化。在 1.2.3 小节将详细介绍工作文件窗口以及工作文件的操作。

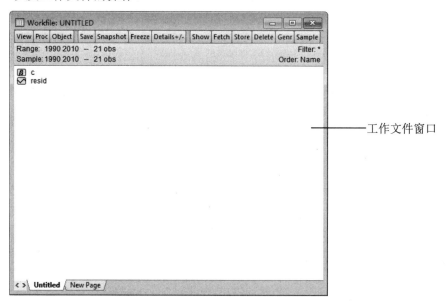

图 1.16　新创建的工作文件

1.2.2　多页工作文件的创建

很多 EViews 工作文件可能只含有单个页面。然而,有时为了分析,需要用到多个数据集合,例如某公司做销售分析时,需要用到年度销售数据和季度销售数据。在这种情况下,创建多页工作文件是非常有用的。创建多页工作文件有以下几种方法:

1. 通过描述工作文件的结构创建多页工作文件

01 在已建立的新工作文件基础上,单击工作文件窗口底端的标签 New Page,弹出如图 1.17 所示的子菜单选项。

02 在图 1.17 所示的菜单中,选择 Specify by Frequency/Range…命令,这时 EViews 将弹出与图 1.11 所示几乎相同的对话框。

03 与新建工作文件设定对话框的过程一样,用户需要简单地描述这个工作文件页的结构。设定完后,单击 OK 按钮,EViews 将创建一个带有特定结构的新工作文件页,其将作为活动工作文件页,系统会自动对其命名。

如图 1.18 所示就是一个包含年度数据和季度数据的多页工作文件。可以看到,与图 1.16 相比,在图 1.18 的底端多了一个 Untitled 1 标签,表示新建了一个名为"Untitled 1"的工作文件页。通过单击底端的文件页标签,可以在各个工作文件页之间切换。

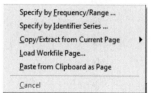

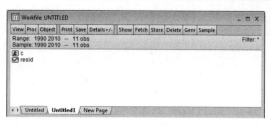

图 1.17　New Page 子菜单选项　　图 1.18　包含年度数据和季度数据的多页工作文件

2. 通过标识符序列创建工作文件页

01 选择 New Page | Specify by Identifier Series…命令，EViews 会打开如图 1.19 所示的对话框。

02 在 Cross ID series 文本框和 Date ID series 文本框中输入用来标识的序列名（输入的序列必须是已经建立的，否则单击 OK 按钮后，EViews 会弹出 Error Message 错误信息提示）。

03 设定完成后，单击 OK 按钮，EViews 将创建一个类似图 1.18 的多页工作文件。

3. 通过复制当前页的数据来创建新的工作文件页

01 单击工作文件窗口中菜单栏的 Proc 功能键，会弹出如图 1.20 所示的菜单选项。

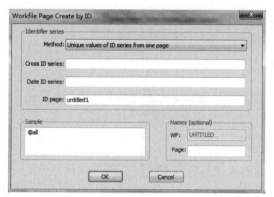
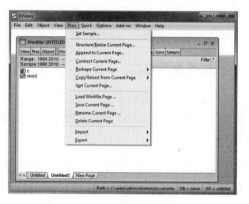

图 1.19　使用标识号序列创建工作文件页对话框　　图 1.20　Proc 功能键菜单选项

02 将光标移至 Copy/Extract from Current Page 命令，会弹出两个子菜单命令：By Link to New Page…和 By Value to New Page or Workfile…命令，如图 1.21 所示。

03 任意选择其中的一个命令，如 By Link to New Page…命令，EViews 会弹出如图 1.22 所示的对话框。在该对话框中指定想要复制的新工作文件页的对象和数据。

04 单击"确定"按钮，EViews 将建立一个新的工作文件页，如图 1.23 所示。

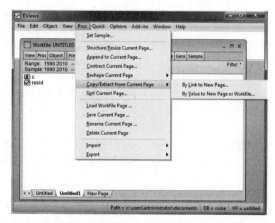

图 1.21　Copy/Extract from Current Page 子菜单命令

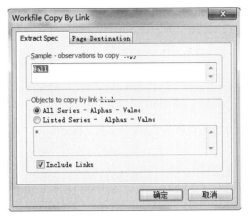
图1.22 选择By Link to New Page…命令弹出的对话框

图1.23 通过复制当前页的数据来创建新的工作文件页

可以看到，新的工作文件窗口的底端多了个名为Untitled 2的标签，表示新建了一个名为"Untitled 2"的工作文件页。

1.2.3 工作文件窗口及工作文件操作

在介绍工作文件的相关操作之前，用户需要认识工作文件窗口，它是EViews中最重要的窗口。

1. 工作文件窗口

工作文件窗口提供了一个在给定的工作文件或工作文件页下的所有对象目录，也提供了一些处理工作文件或工作文件页的工具。如图1.24所示是某个工作文件窗口，包含以下几部分。

（1）标题栏

如果工作文件已被保存，则标题栏会显示工作文件名保存的路径。例如在图1.24中，标题栏显示"Workfile：TABLE 2-1"及其被保存的路径（e:\books\update\eviews_update…）信息。EViews窗口底部的状态栏会显示出工作文件所在的完整路径。若工作文件没有被保存，则Workfile后面显示Untitled。

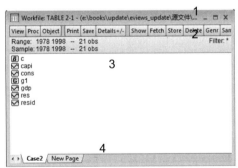
图1.24 工作文件窗口

（2）工具栏

工具栏位于标题栏的正下方，利用工具栏中的各种按钮可以非常方便地实现EViews的许多操作。关于这点，在后面的EViews各类模型操作中将会看到。工具栏中的各种按钮仅仅是

一种快捷方式，类似于Word中的各种工具栏，可以方便用户处理EViews菜单栏中的某些操作。例如，通过工具栏的View | Name Display可以实现工作文件对象名称的大小写转换，默认情况下是小写的。

（3）信息栏

位于工具栏下面，有以下3个标签。

- Range：用来修改 EViews 工作文件的范围。
- Sample：用来修改工作文件的样本范围（被用于设置 EViews 相关操作的观测值范围）。
- Filter：用来设置显示限制（在工作文件窗口中显示对象子集的规则）。

双击这些标签并在弹出的对话框中输入相关的信息，就可以改变工作文件的范围、样本范围和显示限制。

（4）对象集合区域

对象集合区域是EViews工作文件窗口的主要部分，所有被命名的对象以不同类型的图标列示在这里，并按字母顺序排列，EViews在对象集合区域中不显示未命名的对象。

2. 保存工作文件

保存工作文件的步骤如下：

01 单击工具栏中的 Save 按钮，软件将保存输入的数据，若选择 Eviews 窗口的 File|Save as 命令，则会弹出如图 1.25 所示的对话框。

02 在该对话框中输入文件名，选择保存类型和路径。当保存工作文件时，所选择的保存类型是"*.wfl"；当保存程序文件时，选择的保存类型是"*.prg"。

03 完成相应的输入后，单击"保存"按钮，就会保存该 EViews 工作文件。

在命名并保存工作文件后，用户可以随时保存对工作文件所做的更新，该过程如下：

01 单击 Save 按钮，此时屏幕会弹出如图 1.26 所示的对话框。

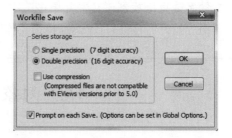

图 1.25　保存 EViews 工作文件对话框　　　图 1.26　EViews 工作文件更新保存对话框

该对话框显示保存在工作文件中当前数据的默认选项。各选项的简要介绍如下。

- Single precision 或 Double precision 选项：表示用"单精度"或"双精度"来保存序列

数据。

- Use compression 选项：让用户决定采用何种形式保存数据。若该选项被勾选，则表示选择以压缩的形式保存数据，EViews 将会分析序列的内容，从而为每个序列选择一个最佳的存储精度，应用压缩算法，缩小工作文件的大小。压缩的工作文件并不都是相互兼容的，因此用户使用该选项时要谨慎。若 Use compression 选项没有被勾选，则表示选择以非压缩的形式保存数据。
- Prompt on each Save 选项：此选项被勾选，表示每次保存工作文件时都将显示如图 1.24 所示的对话框，否则 EViews 在后面的保存操作中将隐藏该对话框。若该选项没有被选中，但以后希望显示这个对话框，则可以在 EViews 菜单栏中选择 Option | Workfile Default Storage Options 来更新整个设置。

02 设定完 Series storage 选项后，单击 OK 按钮，将保存用户对 EViews 工作文件所做的更新。

3. 打开已经保存的工作文件

打开已经保存的 EViews 工作文件的步骤如下：

01 选择 EViews 窗口的 File | Open | EViews workfile...命令，与保存工作文件类似，此时会出现如图 1.27 所示的对话框。

图 1.27　打开已保存工作文件对话框

02 通过该对话框，找到 EViews 工作文件所在的路径，然后在"文件名"文本框中输入工作文件名或直接找到该文件并单击选中。

03 单击"打开"按钮，EViews 将在工作文件窗口打开已经保存的工作文件。

1.3　对象基础

　　EViews工作文件包含一系列的对象，数据以及对数据的有关操作等信息都是作为一个集合体存储在各种对象中的。与一个特定概念相关的对象被称为一种类型，一个类型名被用来表示一类分析。比如，序列（Series）对象是指与一系列特定变量观测值相关的信息集合；方程

（Equation）对象是指含有变量之间相互关系的信息集合。可以说，对象是EViews的核心。本节将介绍对象以及对象的操作。

1.3.1 建立对象

当打开工作文件而且工作文件窗口处于激活状态时，再EViews主窗口的菜单中或者工作文件窗口的工具栏中选择Object | New Object，屏幕会弹出如图1.28所示的建立对象对话框。

对话框左侧的Type of object列表框中列出了所要建立的对象类型。在该列表中，对象的类型有Equation（方程对象）、Graph（图对象）、Group（组对象）等22种。对话框右侧的Name of object选项用来为所要建立的对象命名（默认名是Untitled）。假如选择Series（序列对象），并命名ser01，单击OK按钮，EViews将建立名为"ser01"的序列对象。

图1.28 建立对象对话框

≡≡≡ 说 明 ≡≡≡

①在为对象命名时，不能使用下面EViews软件的保留字符：

ABS、ACOS、AR、ASIN、C、CON、CNORM、COEF、COS、D、DLOG、DNORM、ELSE、ENDIF、EXP、LOG、LOGIT、LPT1、LPT2、MA、NA、NRND、PDL、RESID、RND、SAR、SIN、SMA、SQR、THEN。

②EViews软件不区分对象名称字母的大小写，例如SER01和ser01会被视为同一序列的名称。

③对象可以被命名，也可以不被命名。当给所建立的对象命名时，这个名称将出现在工作文件的目录中，当保存工作文件时，被命名的对象将作为工作文件的一部分被保存。

1.3.2 序列对象窗口

对象窗口是显示某个对象有关内容的窗口，既可以显示其数据，又可以显示有关该对象的视图和对象过程。对象视图是显示对象各种表格和图形的窗口，以不同的方式来观察对象中的数据。例如，序列对象有表单视图（Spread Sheet）、各种图形（Graph）以及其他分布图形等，并且利用序列的视图可以进行各种简单的假设检验和统计分析。大多数EViews对象都包含过程，其结果在对象窗口中都显示为图表。与对象视图不同的是，对象过程会改变对象本身的数据或者其他对象的数据。例如，方程对象过程可以生成包含残差、拟合值、预测值等在内的新序列。对象视图和对象过程都可以通过对象窗口中的各种功能键来实现。

直接双击工作文件中的某个序列，序列窗口即可打开。第一次打开时，序列窗口是以电子表格形式（Spreadsheet）显示的。图1.29所示为序列ser01对象窗口。

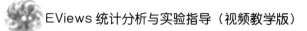

图 1.29　序列对象窗口

序列对象窗口上方工具栏中同样有多个功能键按钮，通过这些功能键可以对序列进行多种变换。不同的对象类型会有不同的功能键，由于序列对象是 EViews 中经常使用的对象类型，因此下面以序列对象为例介绍对象窗口中的一些主要功能键。

- View 功能键：用来改变对象在窗口中的显示模式，对于序列对象，可用来显示数据的各种图形和描述性统计量的值。
- Proc 功能键：用来提供关于对象的各种过程，对于序列对象，可以用来生成新的序列、做季节性调整和指数平滑等操作。
- Object 功能键：可对有关对象进行保存、删除、复制、命名、打印等操作。
- Print 功能键：可用来打印当前对象窗口中显示的内容。
- Name 功能键：可用来给对象命名或者更改名称。
- Freeze 功能键：把对象的数据表格、图形或者文本冻结并生成一个新的表格、图形或者文本类型的对象。
- Edit＋/－功能键：可以打开或者关闭对数据的修改功能。当初次打开序列窗口时，修改功能是关闭的。单击该功能键可以打开修改功能，此时将光标移至数据表格中就可以修改序列的名称或序列数据。
- Smpl＋/－功能键：可使用户在显示工作文件范围内所有数据与仅显示当前样本所包含的数据这两个状态之间进行切换。在较低的 EViews 版本中，该功能键同时可使用户决定数据是以单列还是以多列的形式显示。该功能键只在数据表格视图下才能使用。
- Label＋/－功能键：可用来打开或关闭在数据表格状态下记录序列批注信息。序列的批注信息位于数据上方区域，用于显示序列的最近更新以及其他一些信息。
- Wide＋/－功能键：用来使序列在单列显示和多列显示方式之间进行切换，在默认情况下，序列将以单列显示。
- Title 功能键：用来改变数据表格的标题，通常情况下标题和序列名称是一样的，一般不需要改动。
- Sample 功能键：用于对数据表格进行取样，设置仅显示设定范围的样本。
- Genr 功能键：可用来通过数学公式利用已建立的序列生成新的序列。

说　明

EViews 允许同时打开多个对象窗口，并且这些对象可以是不同的对象类型。当 EViews 工作文件窗口同时打开了多个对象窗口时，可以通过单击某个对象窗口的任何部分而使其成为激活窗口。

1.3.3　对象的其他操作

在建立对象后，可以对其进行各种操作，主要的操作有以下几种。

1．对象标签操作

对象标签用来显示更加详细的对象信息，可以通过对象窗口中的View｜Label打开标签窗口。图1.30所示是序列ser01标签窗口。

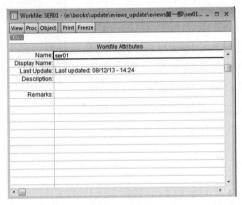

图 1.30　序列 ser01 标签窗口

每次修改对象后，Eviews会在历史记录区域自动记录这个改动，相关信息将被添加在标签视图的底部。Last Update项显示序列上一次修改的时间。除了Last Update项外，还可以编辑序列标签中的任何项。Name项用来显示序列在工作文件中的序列名，用户可以通过编辑该项来修改序列名。用户如果在Display Name文本框中填入序列名，则填入的序列名将会在序列视图中替换标准的序列名。除了Remarks区域包含多行之外，其他区域仅包含一行。

2．复制和粘贴对象

选择某个对象后（直接单击某个对象即可选定该对象），选择EViews菜单栏或者工作文件窗口中的Object｜Copy Selected…可以把选定对象复制到当前工作文件指定的对象中，屏幕会弹出如图1.31所示的对话框。

图 1.31　复制选定对象对话框

对话框中的Source选择项显示源对象名称，即所选定的对象，本例显示的是ser01；Destination选择项表示目的对象，需要用户输入目的对象名称，例如输入"c01"。设定完毕后，单击OK按钮，即可将选定的源对象复制到指定的目的对象中。假如在工作文件中没有输入该目标对象，则EViews自动创建一个新对象。本例所示的操作将把序列对象c复制到EViews自动创建的c01序列对象中。

对于不同工作文件之间对象的复制和粘贴操作，可以选择EViews菜单栏上的Edit | Copy命令，复制源工作文件中的对象，然后打开目标工作文件，并选择菜单栏上的Edit | Paste命令，即可将源工作文件中的对象粘贴到目标工作文件中。对于此操作，也可以通过右键菜单中的Copy和Paste命令完成不同工作文件之间对象的复制和粘贴。

3．Freeze（固化）对象

将某个对象复制到目标对象的第二种方法是固化对象的视图。首先，打开需要固化的对象；然后选择EViews菜单栏中的Object | Freeze Output命令，或者单击对象窗口工具栏中的Freeze按钮，对象的表格形式或者图形即被创建，此操作复制了原来对象的当前视图。图1.32所示就是对序列c进行固化操作的结果，单击固化对象窗口中的Name按钮可以对其命名并保存。

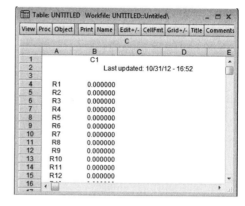

图1.32　序列c的固化视图

在单击Freeze按钮之前，可以在对象窗口先观察对象的视图。固化对象视图相当于创建了该对象视图的一个副本，这个副本是一个独立的对象，删除原来的对象，它仍存在。固化对象操作的特点是通过固化操作形成的表格或图形可以进行编辑，并且当工作文件的样本或者数据发生改变时，固化视图（副本）并不改变。

4．存储和提取对象

有时，不同的工作文件需要调用同一对象或者更新工作文件某一对象时，用户可以通过对该对象进行存储和提取操作来实现。首先将所选定的对象存储到对象文件或者数据库中（扩展名是"*.db"），然后可以从数据库中提取该对象用以更新。将序列对象c存储至数据库中的步骤如下：

01 选定某个对象，然后选择EViews菜单栏或者EViews工作文件窗口工具栏中的Objects | Store selected to DB命令，可以将选定的对象存储至指定的数据库中，屏幕会出现类似图1.33所示的对话框。

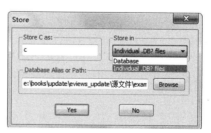

图1.33　存储操作对话框

02 设定对话框。Store C as选择框用于对存储对象进行命名，默认情况下仍是c；Store in选择框用于选择存储对象的类型，有Database和Individual .DB? files两个选项；对话框下面的选择框用于选择对象存储的路径。

03 设定完有关选项后,单击 Yes 按钮,就可以将所选定的对象存储至某个数据库中。

同样,选择 EViews 菜单栏或者 EViews 工作文件窗口工具栏中的 Objects | Fetch from DB 命令,可以进行从对象文件或者数据库中提取存储对象的操作;选择 EViews 菜单栏或者 EViews 工作文件窗口工具栏中的 Objects | Update from DB 命令,可以进行从对象文件或者数据库中提取存储对象用以更新当前对象的操作。

1.4 数据处理

在使用 EViews 进行各种统计分析之前,首先需要输入统计分析所需的样本观测值。EViews 10 为用户提供了多种输入数据的方法,用户可以根据实际情况选择合适的输入方法。同时,使用 EViews 进行各种统计分析后,有时需要将分析的结果输出。本节将介绍输入、输出等数据处理。

1.4.1 数据输入

数据输入有以下几种方式,用户可以根据实际情况选择合适的输入方式。

1. 键盘输入

当所需输入的数据很少时,用户可以选择键盘输入方式,输入的过程为:

01 建立 EViews 工作文件后,打开一个序列,会出现如图 1.34 所示的序列对象窗口。

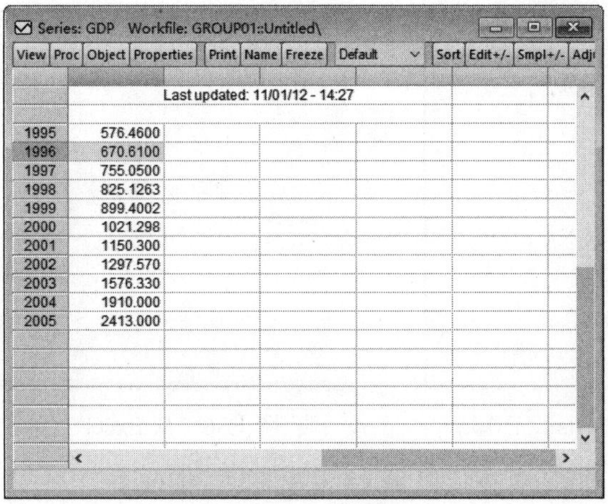

图 1.34 数据的键盘输入

02 在工具栏上选择 Edit +/- 按钮进入数据编辑状态,用户可以输入或者修改序列观测值,但在单击该按钮之前,是不能进行数据编辑的。

03 在序列单元格内输入数值,按 Enter 键,就可以完成数据输入操作,输入过程与在 Excel 中输入是一样的。

输入或者修改数据完毕后，再次单击Edit＋/－按钮，EViews将会恢复到只读状态。

2. 复制/粘贴输入

当用户有现成的数据且数据不多时，可以使用EViews菜单栏中的Edit | Copy和Edit | Paste功能键组合复制/粘贴所需的数据。这种输入方式比较简便，易于操作，但要求粘贴的数据区间长度和表格中的区间长度一致。

3. 从外部文件调入数据

EViews 10（EViews 3.1以上）允许用户从其他应用程序所建立的数据文件中直接输入数据，有3种可以调用的数据格式：ASCII、Lotus和Excel工作表。其主要的操作过程是：选择EViews菜单栏中的File | Import | Read Text-Lotus-Excel命令，或者工作文件工具栏中的Proc | Import | Read Text-Lotus-Excel命令，然后找到并打开目标文件。调入不同格式类型的数据会出现不同的对话框，其中从Excel工作表读入数据是常用的。下面将通过一个实例具体说明调入数据的操作过程。

例1.1 图1.35所示是名为"example 1.1.xls"的Excel工作簿，数据内容为1995~2005年我国某地区的GDP和固定资产投资额K，现需要将这两列数据读入EViews中。此操作具体步骤如下：

① 按照1.2节所介绍的建立工作文件的方法建立一个时间范围为1995~2005年的EViews工作文件。然后选择工作文件工具栏中的 Proc | Import | Read…命令，找到该Excel文件所在的路径后（本例中，Excel 文件存放在 E:\example 1.1.xls），双击文件名"example 1.1.xls"，此时屏幕会弹出如图1.36所示的对话框。

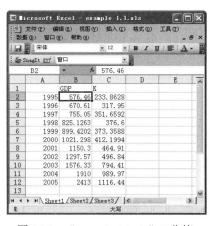
图1.35 "example 1.1.xls"工作簿

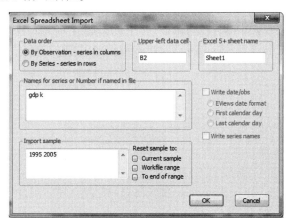
图1.36 从 Excel 工作表调入数据对话框

② **Data order** 选项设定。在此可选择输入数据在 Excel 工作簿中的排列方式，有 By Observation（按观测值排序）和 By Series（按序列排序）两个选项。按观测值排序表示每个变量（此处指序列）的观测值分别在 Excel 文件不同的列上；按序列排序是指每个变量的观测值在 Excel 文件不同的行上，默认情况下是 By Observation。本例 Excel 文件中的数据是按观测值排序的，因此不需要修改。

③ 读入数据的起始单元格设定。Upper-left data cell 选项需要用户填写 Excel 工作簿左上方第

一个数据的单元格地址，默认情况下是 B2。假如第一个数据的单元格地址并不是 B2，则需要进行修改。本例 Excel 文件中第一个数据正好是 B2，因此不需要修改。Excel 5 + sheet name 选项需要用户输入读入数据的工作表名称，默认情况下是 Sheet1，即从存储当前 Excel 文件时的当前工作表读入数据，本例输入 Sheet1。

04 序列名称或者序列个数输入。对话框中间部分的 Names for series or Number if named in file 选项需要用户输入读入的序列名称或者从 Excel 文件中读入序列的个数。如果用户仍使用原来 Excel 文件中的序列名，则输入"gdp k"（中间需用空格隔开）或者输入"2"（表示读入两个序列）；如果使用新的序列名，则可以输入自定义的序列名，第一个输入的序列名对应于 Excel 文件中第一列的变量名。本例该选项的设定采用原序列名。

注　意

在输入序列名时应该避免与工作文件中的其他序列同名，否则会覆盖原来的文件内容，造成数据信息丢失。

05 其他选项设定。Import sample 选项是建立工作文件时定义的欲调入序列的时间范围，用户可以根据实际情况进行修改。Reset sample to 有 3 个选择项：Current sample、Workfile range、To end of range，分别表示当前样本期、整个工作文件期以及从当前样本的起始期到工作文件截止期。本例所读入的数据与 Excel 文件中的相同，并不需要选择。

06 定义完对话框中所有选项后，单击 OK 按钮，工作文件窗口将出现新读入的 gdp 序列和 k 序列。

有时，用户需要使用序列中的某个实际观测值。EViews 提供的"@elem（序列名，观测值标识符）"函数可以实现此操作，例如"@elem（x，i）"表示使用序列 x 的第 i 个元素。要提醒的是，对于季度数据，书写时应特别注意，例如，用户想使用 Y 序列中的 2000：1 季度数据，则正确的书写方式为"@elem（Y，2000：1）"。

1.4.2　数据输出

数据输出有两种方法：复制粘贴和文件输出。第一种方法比较简单，其操作过程与 1.4.1 小节介绍的有关操作完全相同，因此不再重复。

数据输出的第二种方法是利用文件输出，该方式可以将数据输出成其他格式的数据类型，如 ASCII、Lotus 和 Excel 工作表。数据输出过程是调入数据进行数据输入的逆过程，用户可以通过选择 EViews 菜单栏的 File | Export | Write Text-Lotus-Excel 或者工作文件工具栏中的 Proc | Export | Write Text-Lotus-Excel 命令，并确定输出数据的保存路径。输出不同格式的数据类型会出现不同的对话框，其中将数据输出至 Excel 工作表是常用的。下面将通过一个实例具体说明。

例 1.2　将名为"examlpe 1.1.wfl"的工作文件中的两个序列 gdp 和 k 中的数据输出至 Excel 文件，Excel 文件名为"examlpe 1.2.xls"。执行该操作的主要步骤如下：

01 选择 EViews 菜单栏的 File | Export | Write Text-Lotus-Excel 或者工作文件工具栏中的 Proc | Export | Write Text-Lotus-Excel 命令，找到保存输出数据的路径，本例选择 E 盘根

目录，并命名为"examlpe 1.2.xls"，单击"保存"按钮，屏幕会弹出如图1.36所示的对话框。

02 该对话框基本上与数据输入操作过程中图 1.36 所示的对话框相同，唯一不同之处在于这里的 Excel 5+ sheet name 选项变为灰色（不需要用户设定），而对话框右边的 Write date/obs 与 Write series names 选项由灰色变为激活状态。若 Write date/obs 选项被勾选，则输出至 Excel 文件中的数据会显示序列各观测值对应的日期。若 Write series names 选项被勾选，则会显示输出数据对应的序列名称。

03 设置完如图 1.37 所示对话框中的相应选项后，单击 OK 按钮。EViews 将工作文件中的两个序列 gdp 和 k 中的数据输出至 Excel 文件中。图 1.38 所示为数据输出结果。

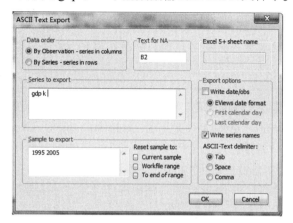

图1.37　将数据输出至 Excel 文件的对话框

图1.38　数据输出至 Excel 文件中

1.4.3　生成新的序列和序列组（Group）

使用EViews进行数据分析时，利用已建立的序列和数学公式生成新序列、修改原序列值以及创建序列组是常用的操作，用户使用起来非常方便。若建立工作文件中已有序列的函数，则可由已知序列进行特定的数学运算而产生新序列。使用这种方法还可以对时间序列进行动态预测以及对模型进行模拟，后面的章节将会运用到。同时，序列组也是EViews中常用的对象，利用已有的序列也可以生成序列组。

1. 利用已有序列生成新序列

在EViews菜单栏中选择Quick | Generate Series命令，或单击工作文件窗口工具栏中的Genr按钮，屏幕会弹出生成新序列对话框，如图1.39所示。用户需要在Enter equation选项中输入新序列名和生成新序列的赋值语句，例如Y=X^2，表示用X平方生成序列Y，Sample选项表示生成新序列的样本期。设定完成后，单击OK按钮，将生成新的序列。

图1.39　生成新序列对话框

对"example 1.1"工作文件进行上述操作，并在 Enter equation 编辑区中输入赋值语句：r=dlog(gdp)-dlog(k)，单击 OK 按钮，EViews 将生成一个新的序列 r。在上述赋值表达式中，dlog(gdp) 表示对 gdp 进行自然对数差分，即先对序列 gdp 各项取自然对数，然后将前后两项相减。一些用来计算并且生成新序列的正确表达式如下：

Z=1/X，Z 为序列 X 的倒数。
Z=X*Y+W，其中 X*Y 表示 X 和 Y 相乘。
Z=X－X（-1），其中 X（-1）为一阶滞后算子，X（-i）表示滞后 i 阶。
Z=exp（X），Z 为 X 的自然指数。
Z=log（@abs（X）*Y），其中@abs（X）表示取 X 的绝对值，EViews 中大多数函数前面都有一个"@"符号。

有关 EViews 中的数学公式以及数学运算符等相关信息，可以参考 EViews 软件的帮助，其中为用户提供了非常详细的说明。

=== 注　意 ===

①目标序列可以是工作文件中已存在的序列，此时进行如此操作相当于修改已有的观测值。例如"Z=log（Z）"表示以序列 Z 的自然对数值代替原来的观测值。
②在输入生成新序列的赋值表达式时，不能出现错误的公式，如 Z+Z^2=8。

2. 建立自动更新序列

自动更新序列是指当序列表达式中的序列观测值发生变化时，目标序列的观测值也会随之变化，自动更新目标序列中的数值。建立一个自动更新序列的步骤如下：

01 在建立一个自动更新序列之前，应该先建立一个序列，例如"gdp_p"，然后打开该序列。

02 单击所打开的序列窗口工具栏中的 Properties 按钮，或者选择 View | Properties 命令，屏幕会弹出一个对话框（见图 1.40），对话框上方有多个标签，单击 Values 标签。

03 在 Series values 选项组中选择 Formula，对话框下面的文本框将由灰色变为激活状态，用户需要在该文本框中输入一个有效的序列表达式，如"gdp/p"，然后单击"确定"按钮。EViews 将把序列"gdp_p"更改为自动更新序列，并根据表达式计算其数据，即 gdp_p=gdp/p。

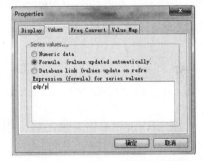

图 1.40　建立自动更新序列对话框

=== 说　明 ===

自动更新序列将以标有新图标的形式出现在工作文件目录中，在自动更新序列图标中，序列线上面有一个附加的等号，如"✉gdp_p"，该符号说明自动更新序列依赖于序列表达式。

3. 创建序列组

序列组（Group）是一个或多个序列的标志符，通过序列组可以实现很多关于序列组中序列的整体操作，如多个序列之间的方差、协方差以及相关系数等，是研究序列之间相互关系的重要工具。创建序列组的过程如下：

01 选择工作文件窗口工具栏中的 Objects | New Object 命令，然后在如图 1.28 所示对话框的 Type of object 选项列表中选择 Group，并在 Name for object 编辑框中为所建立的序列组命名，单击 OK 按钮，屏幕会弹出如图 1.41 所示的序列组表格（这里用 EViews 7.2 进行此操作，同 EViews 较低的版本有些不同）。

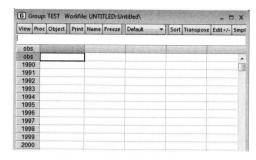

图 1.41　新创建的序列组表格

02 在表格的第二个"obs"所在行输入序列名。本例输入"gdp"，然后按 Enter 键，"gdp"所在列将会显示对应的数值（序列 gdp 中已输入数据）。移动光标至第二列进行与上述相同的操作，直到将要建立的序列组所包含的序列输入完毕。

EViews 还为用户提供了交互式的操作，可以大大方便用户进行某些 EViews 操作。对于创建序列组，用户也可以通过在命令窗口中输入命令的方式生成序列组对象。例如，在图 1.1 所示的 EViews 命令窗口中输入格式：

group　　序列组名称　　序列1　　序列2　　序列3

序列之间用空格隔开。上述创建序列组group01的操作，使用命令方式的格式为：

group　　group01　　gdp　　k

输入完毕后按 Enter 键，EViews 将生成名为 group01、包含 gdp 和 k 两个序列的序列组。

1.5　统计图形绘制

建立EViews工作对象之后，用户可以利用数据的各种图形来认识事物的变化规律。图形（Graph）对象是序列、序列组、方程以及模型等对象的视图。对象除了可以用数据表格方式显示之外，还可以利用各种图形来显示。下面将介绍如何绘制序列和序列组的各种图形。

1.5.1　绘制图形

绘制EViews图形时，用户可以单击EViews菜单栏的Quick功能键，再单击Graph，会弹出如图1.42所示的对话框。用户需要在该对话框中输入序列名称、序列组名称或者关于序列的表达式，输入完毕后单击OK按钮，然后打开图形设置对话框，比如在Specific选项框下面选择默认的Line&Symbol，如图1.43所示。

第 1 章 EViews 数据分析基础

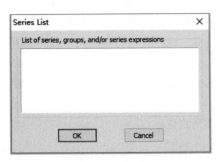

图 1.42 建立图形对话框

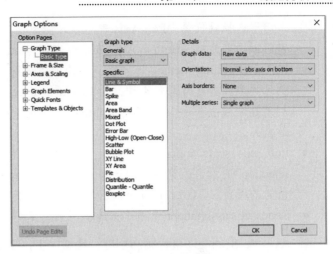

图 1.43 图形设置

（1）Graph type 选项卡

- Graph type 选项组：该选项组主要用于对图像类型进行设定。General（基本设定）选项用于选择进行 Basic graph（对单个序列绘图的基本绘图）还是 Categorical graph（对多个序列进行绘图的分类绘图）。Specific 用于选择具体的图形种类，主要包括 Line&Symbol（线点图）、Bar（条形图）、Spike（堆栈图）、Area（面积图）、Dot Plot（点阵图）、Distribution（分布图）、Quantile-Quantile（Q-Q 图）、Boxplot（箱线图）等。

- Details 选项组：该选项组用于对绘图数据、坐标轴进行设定。Graph data 选项用来选择绘图的数据，有 Raw data（原始数据）、Means（均值）等。Orientation 是用来设定时间变量的坐标轴，Normal-obs axis onbottom 选项表示设定横坐标为时间变量，Rotated-obs axis onleft 选项表示设定纵坐标为时间变量。Axis borders 选项用来设置是否在图像上同时输出 Boxplot（箱线图）、Histogram（直方图）及 Kernel density（核密度图）。

（2）Frame & Size 选项卡

Frame & Size 选项卡用来对图形的边框进行设定。Color 选项用来设置图像的颜色及背景填充颜色，Frame border 选项用来设置图像边框颜色，Frame size 选项用来设置图像的长宽。

（3）Axes & Scaling（坐标轴和刻度）选项卡

Axes & Scaling（坐标轴和刻度）选项卡主要用来设定图形坐标轴的属性，如图 1.44 所示。

- Edit axis 下拉列表：该下拉列

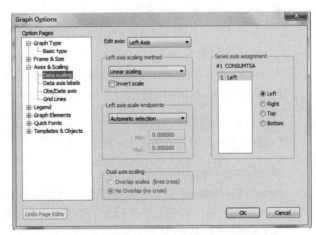

图 1.44 Axes & Scaling（坐标轴和刻度）选项卡

表用于选择轴位置。Left Axis 表示以左侧为轴，Right Axis 表示以右侧为轴，Top Axis 表示以顶部为轴，Bottom Axis 表示以底部为轴。
- Left axis scaling method 选项组：该选项组适用于选择了左侧为轴时的情况，用于选择刻度类型。刻度类型有 4 种，即 Linear scaling（线性刻度）、Linear-force zero（线性刻度且纵轴由零开始）、Logarithmic scaling（对数刻度）和 Normalized data（标准化数据）。
- Left axis scale endpoints 下拉列表：该列表用于设置画图的轴刻度范围。Automatic selection 表示由计算机自动选择，Data minimum&maximum 表示以数据最大值和最小值为范围画图，User specified 表示用户人工设定。
- Series axis assignment 选项：该选项用来设定标度序列的纵轴。

在 Axes & Scaling（坐标轴和刻度）选项卡下，切换到 Data axis labels 子选项卡，如图 1.45 所示。

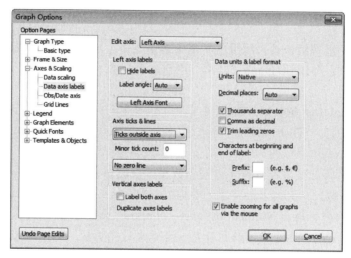

图 1.45　Data axis labels 子选项卡

- Axis ticks & lines 选项组：该选项组用于选择刻度线的位置。Ticks outside axis 表示刻画在图外，Ticks inside axis 表示刻画在图内，Ticks outside & inside axis 表示既刻画在图内又刻画在图外，No ticks 表示不刻画刻度线。
- Series axis assignment 选项：该选项用来设定标度序列的纵轴。
- Vertical axes labels 选项：勾选该选项表示同时标度双侧纵轴。

（4）Legend 选项卡

Legend 选项卡用来设置图标图例的属性。

（5）Graph Elements 选项卡

Graph Elements 选项卡用来对线和点属性进行设定。Attributes 选项中可以对线或点的 Color（颜色）、Pattern（类型）、Width（粗细）及 Symbol（表现符号）等进行选择和设置。

图 1.46 所示是我国某地区 1995 年至 2005 年包含 GDP 序列和固定资产投资额 K 的序列组 group01 的折线图。不同序列的折线图是以不同颜色区分的。单击图形窗口工具栏中的 Name 按钮，可以给图形对象命名，EViews 将保存已命名的图形对象。同时，双击图形的任何部分都

会弹出图形对话框，通过设定该对话框中各种选项可以对图形进行修改。

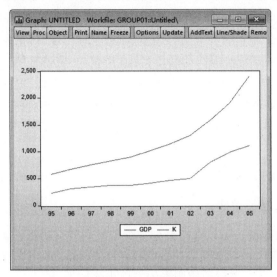

图 1.46　序列组 GROUP01 的图形

绘制图形的第二种方法：为某个序列或序列组绘制图形时，用户可以在工作文件对象目录中打开该对象，屏幕会弹出如图1.29和图1.41所示的数据表格窗口。单击数据表格窗口工具栏中的View功能键，单击Graph，则出现一个与图1.43所示相同的级联菜单，单击选择所需创建的图形类型，即可建立相应的图形对象。这种绘制图形的方法只是将对象从表格形式显示转换为图形显示，并没有生成新的图形对象。

1.5.2　Freeze（冻结）图形及其他图形操作

如果用户使用上述第二种方法绘制图形，当对象的观测值发生改变时，或者工作文件的样本范围改变时，对象的图形也将自动改变。如果用户希望保留某个图形，则可以通过图形对象窗口工具栏中的Freeze功能键将当前图形冻结下来，并且可以将已经冻结的图形作为图形对象保存在EViews工作文件中。当对象的观测值或者样本范围发生改变时，冻结的图形不会随之改变。

使用Freeze功能键进行冻结图形操作后，生成的图形窗口工具栏中有两个比较特殊的功能键AddText和Line/Shade（从图1.46中可以看到），用户可以使用这两个功能键为图形加入文本，或为图形某些特定的区域加入阴影。

1. 为图形加入文本

使用 AddText 功能键可以在图形的任何地方输入文本，以便对图形做些标记。往图形中加入文本的主要步骤如下：

01　假如用户已经打开某个图形对象，单击图形对象窗口工具栏中的 AddText 功能键，屏幕会打开如图 1.47 所示的对话框。

02　对话框选项设定。

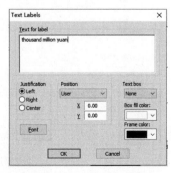

图 1.47　加入文本对话框

图 1.47 所示的对话框主要有以下几个选择项。

- Text for label：该文本框用于输入需要插入的文本。
- Justification：该选项组用于选择文本的对齐方式，有 Left（左对齐）、Right（右对齐）、Center（居中对齐）。
- Position：用于选择文本在图形中的位置，有顶端、底部、左旋转、右旋转和自定义。
- Text box：若 Text in Box 项被勾选，则 EViews 用一个矩形将文本框起来。
- Box fill color：用来选择填充矩形框的颜色，该项的下拉列表中有很多供用户选择的颜色。
- Frame color：用来选择文本的字体颜色。

03 设定好对话框后，单击 OK 按钮，EViews 将输入的文本加入冻结的图形中。

2. 为图形的某些区域设置阴影

使用 Line/Shade 功能键，可以在一系列观测值区间留下阴影。例如，当时间序列在某些特定时期内发生很大的变化时（出现某些拐点时），使用该功能键设置阴影可以在图形中突出这段时期。使用 Line/Shade 功能键设置阴影的主要步骤如下：

01 假如用户已经打开某个图形对象，单击图形对象窗口工具栏中的 Line/Shade 功能键，屏幕会打开如图 1.48 所示的对话框。

02 对话框选项设定。在图 1.47 所示对话框的 Type 选项组中，选择 Shaded Area，此时对话框中的 Position 选项被激活，该选项需要用户输入欲加入阴影的左观测值（Left obs）和右观测值（Right obs）。

03 设定完毕后，单击 OK 按钮，EViews 将在图形对象中与选定范围相对应的区域加入阴影。

用户可以多次使用 Line/Shade 功能键来为多个特别的区间加入阴影。如果左观测值和右观测值是一个观测值，则使用该功能键将在该区间上画一条垂直线。

为了具体说明EViews图形窗口工具栏中的这两个功能键，对工作文件 "example 1.1.wfl" 中的序列组group01进行加入文本和加入阴影操作，会得到如图1.49所示的图形窗口。

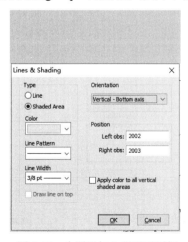

图 1.48　为图形加入阴影对话框

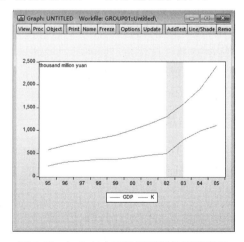

图 1.49　加入文本和设置阴影的图形窗口

从图1.49中可以看到，图形的顶端加入了"thousand million yuan"文本，图形02至03区间段出现了一条柱状阴影带宽。

3. 图形保存

有时需要将对象的图形保存，以便将其移至 Windows 的某些文档中。其操作过程为：

01 选中图形后右击，在弹出的菜单中选择"Exprot to file"命令，此时屏幕会弹出如图 1.50 所示的对话框。其中"File name/path"用于设置保存图形的文件名和保存路径。"File type"中提供了多种保存的格式，详细如图 1.51 所示。

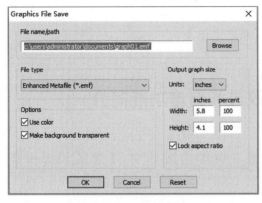

图 1.50　图形保存对话框

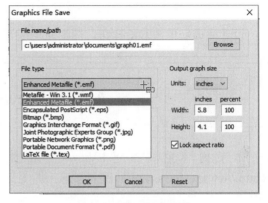

图 1.51　图形保存类型

02 Use color 复选项表示对输出图形的颜色进行选择，勾选该复选项表示使用彩色图形，否则使用黑白图形；右侧 Output graph size 用于设置图形的高度、宽度，选中 Lock aspect ratio 表示锁定图形纵横比。

03 单击 OK 按钮，EViews 将对象图形保存，用户可以切换到 Windows 应用程序并把图形粘贴到文档中。

Windows 应用程序可以对图形的大小、位置进行调整，并且可以做进一步的修改。用户也可以使用此操作将图形粘贴到画图程序（如 Windows 画图板）中，对图形做一些修改后，再粘贴到 Word 等应用程序中。

4. 图形打印

图形的打印操作通过单击 EViews 主菜单的 File|Print 命令或者单击图形对象窗口工具栏中的 Print 按钮实现。单击 File|Print 命令或 Print 按钮后，会弹出如图 1.52 所示的 Print 对话框。

- **Printer** 选项：该选项用于选择打印设备，可在其下拉菜单中进行选择。
- **Orientation** 列表：该列表用于选择图像输出的形式。Portrait 代表按照正常情况打印图片，Landscape 代表横版打印图片。
- **Position** 列表：该列表用于设置图片的位

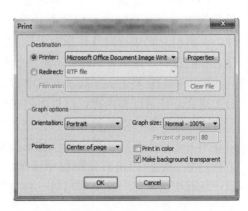

图 1.52　Print 对话框

置，Top of page 表示在纸张顶部输出图片，Center of page 表示在纸张中心输出图片，Bottom of page 表示在纸张底部输出图片。
- Graph size 列表：该列表用于设置图片的输出比例，Small-75%表示按原图片的 75%大小输出，Normal-100%表示按原图片大小输出，Large-125%表示按照原图片的 125%大小输出，Custom 表示用户设定图片的输出缩放比例，Scale to page 表示按照纸张的某种缩放比例输出图片。其中选择 Custom 或 Scale to page 选项后，会出现手动输入百分比的对话框。
- Print in color 选项：该选项用于设置图像输出的色彩。勾选此选项时，表示选择彩色打印，若不勾选，则表示选择黑白打印。

设置完成后单击 OK 按钮，图形就可通过打印机打印出来。

1.6 EViews 改进和新增功能简介

本节内容主要参考 EViews 官网的介绍，具体内容读者可登录 EViews 官网（http://www.eviews.com/）深入学习。①

1.6.1 通用 EViews 界面

1. 工作文件备份快照：自动和用户控制的工作文件历史记录和备份

EViews 10 提供了一个新的工作文件备份功能，我们称之为"快照"。快照系统可用于保存工作文件的当前状态，将工作文件回滚到以前的状态，或研究在不同年份之间对工作文件所做的更改。可以将 EViews 配置为定期自动获取快照，也可以在希望保存工作文件的当前状态时手动获取快照。你可以使用快照系统显示备份的属性，并还原到数据的特定版本。

2. 增强的日志功能：增强的日志和消息窗口

EViews 10 提供了对日志和消息窗口的增强控制。EViews 10 现在允许所有程序日志窗口显示为选项卡窗口，你可以重新排列每个窗口的位置。此外，还可以为日志窗口指定一个名称，并将消息直接指向具有指定名称的日志窗口。如果没有指定名称，则将消息定向到具有程序名称的窗口。这是 EViews 以前版本中的默认行为。

EViews 10 将大大扩展你对这些窗口的控制。你现在可以将消息直接发送到特定的窗口，追加或清除任何现有内容。可以将日志保存到文本文件中，也可以将日志冻结到文本对象中。所有这些操作都可以通过右击消息日志窗口时弹出的菜单进行访问。创建日志窗口后，日志窗口显示为选项卡窗口，用户可以根据需要重新排列。可以记录的消息有几种类型：程序行和状态行消息、用户日志消息和程序错误。当在日志消息中显示时，每种类型将以不同的颜色显示，从而更容易将一种类型与另一种类型区分开来。

---

① http://www.eviews.com/EViews10/ev10whatsnew.html

3. 实时统计显示：电子表格视图中的数据实时统计显示

EViews 10 可以实时显示描述性统计信息。当第一次打开电子表格时，将使用电子表格中的所有数据计算描述性统计指标。双击底部的工具条会弹出一个菜单，其中显示的统计指标可以进行更改。一次最多可以显示 6 个统计指标。每次突出显示一组单元格时，都会重新计算统计指标。具体选择展示哪些统计指标可以通过选择 Options/General Options/Spreadsheets/Live statistics 进行设置，如图 1.53 所示。

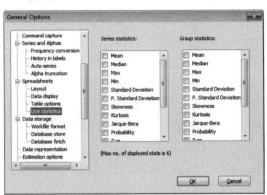

图 1.53　实时统计显示对话框

4. 长对象名称：支持 300 个字符的对象名称

EViews 10 将对象名称的最大长度从 24 个字符增加到 300 个字符，如图 1.54 所示。

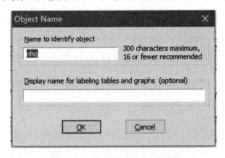

图 1.54　长对象名称对话框

在以前的 EViews 版本中，如果要打开对象名称大于 24 个字符的工作文件，则可能会遇到困难。

1.6.2　数据处理

1. 改进的 R 数据支持：改进了对读写 R 数据的支持

EViews 现在直接支持 R 集成，不需要第三方软件，只需在同一台计算机上同时安装 EViews 10 和 R（EViews 是用 R 版本 3.2.3 开发和测试的）即可。用户必须在运行 EViews 的机器上安装 3.2.3 或更新的版本，并按照"改进的 R 连通性"执行配置步骤。

安装R之后，可以使用以前存在的EViews命令（如XRUN和XGET）在EViews和R之间移动数据。

更重要的是，EViews 10现在提供了本地RDATA工作区文件支持。这种支持意味着你可以使用标准的EViews数据库和文件接口将EViews工作文件（一次一个页面）直接保存到新的RDATA工作区文件中。

你可以使用标准的工作文件Proc/Save作为交互界面来保存RDATA工作区，也可以使用wfsave或pagesave命令执行以下操作：

```
wfsave(类型= rdata)c:\ \ tq.rdata 文件
```

当前工作文件页上的每个简单对象（系列、Alpha、矩阵、向量和标量）将转换为适当的R数据结构，并保存到新的RDATA文件中。

你还可以将RDATA文件作为EViews工作文件或EViews数据库打开。与保存数据一样，你可以使用交互式界面，选择File/Open/Foreign data As Workfile或文件/打开/数据库，或发出命令。

例如，命令"dbopen(类型= rdata)c:\ \ data.rdata文件"将在其自己的EViews数据库窗口中打开RDATA文件。你可以查看在这个数据库中找到的所有R对象，并单独提取你想要的对象到工作文件中。

注意：对于具有多个列/元素（如data.frame、list和mts对象）的R数据结构，每个具有适当R名称的列/元素只列出一次。

作为 EViews 数据库，你可以使用 FETCH 和 STORE 向 RDATA 文件读写数据，甚至可以将 EViews 系列对象链接回它们的源 R 结构，以便进行简单的数据刷新。

2. 属性导入和导出：自定义属性导入和导出

数据通常伴随着不同类型的元数据。EViews 现在支持在从 Excel 和文本文件导入期间读取定制的系列属性（以及系列数据）。

EViews 10 导入向导已被修改，以支持读取作为标题行指定的自定义系列属性。

3. 直接访问欧盟统计局、欧洲央行和联合国数据，包括欧盟统计局、欧洲央行、联合国和 IMF 的在线 SDMX 数据库

SDMX 数据库提供对提供大量公共可用数据的数据集列表的访问。

EViews的标准版本和企业版本都提供了使用SDMX Web服务访问Eurostat、ECB（欧洲央行）和UN（联合国）数据的功能。

请注意，获取SDMX在线数据需要互联网连接。有关数据集的更多信息请参见：

http://ec.europa.eu/eurostat/data/database

https://ec.sdw-wsrest.ecb.europa.eu

http://data.un.org/WS/

EViews 提供了 SDMX 数据库的自定义接口。该接口包括一个用于导航和检索可用数据的自定义浏览器。首先，你必须从 EViews 主菜单中选择 File/ open database…，然后从 Database /File type 下拉菜单中选择 Eurostat SDMX database、ECB SDMX database 或 UN SDMX database，打开 SDMX 数据库窗口。

4. SDMX-ML 文件：导入 SDMX-ML 格式的数据文件

SDMX（统计数据和元数据交换）规范了国际组织之间统计数据交换的过程。

EViews 提供了一个 SDMX 数据接口，用户可以使用标准的 EViews 数据库接口读取结构化 XML 文档（SDMX- ml）中的 SDMX 数据集和数据结构定义（DSD）。

EViews 允许你离线处理来自 EUROSTATA、ECB、IMF、UN、BIS 和 OECD 等组织的数据。EViews 的标准版本和企业版本都提供对 SDMX 数据的读取。请注意，EViews SDMX- ml 接口要求以前以 SDMX XML 格式下载数据。

5. 世界银行数据：直接访问世界银行在线数据

EViews 10 提供了到世界银行数据的自定义接口。世界银行开放数据提供了对一系列数据集的访问，这些数据集提供了对全球发展数据的访问。这些数据库提供了关于世界各国发展的各种免费指标。

有关世界银行数据集的更多信息请参见 http://data.worldbank.org。

EViews 的标准版本和企业版本都提供了世界银行的访问权限。请注意，获取世界银行数据需要互联网连接。

EViews 提供了与世界银行的自定义接口。该界面包括一个用于导航和检索世界银行数据的定制浏览器。

6. 以 Tableau 和 JSON 格式导出数据

EViews 10 Enterprise Edition 现在支持将工作文件页中的系列对象保存为表数据提取文件（.tde）或 JSON 格式。TDE 文件可以由 Tableau 桌面使用，也可以导出到 Tableau 服务器。

1.6.3 图和表

1. 气泡图

EViews 10 引入了气泡图作为一种新的图形类型。气泡图是散点图的扩展，其中可以使用第三维来指定数据点的大小。与传统的散点图（气泡大小是固定的）不同，气泡图允许可变大小的气泡。要创建气泡图，请选择气泡图作为你的图形类型，如图 1.55 所示。

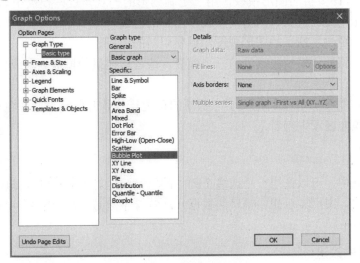

图 1.55　气泡图选择对话框

气泡图至少需要三个级数（一个级数三元组）。当从组对象创建气泡图时，有两种定义三元组的方法：First vs All 或 XYZ triplets。

2. 图形中的序列更新

EViews 10 提供了通过鼠标和键盘从更新的图形对象中添加和删除级数的工具。

EViews 10简化了图形处理。你现在可以通过鼠标和键盘添加和删除级数，允许你快速操作可视化。

在EViews 10中，可以通过将级数从工作文件窗口拖曳到图形中来修改更新的图形对象。

要添加系列，只需在 Workfile 窗口中选择要添加到图形对象中的一个或多个系列，并将它们拖曳到更新的图形对象上。

3. 交互式观察注释

早期版本的 EViews 允许你使用鼠标悬停在图上某个点上时出现的立交桥来识别图中的观察结果。这些立交桥包含有关观察标识符和数据值的信息，它们是短暂的，光标一移动就消失了。

EViews 10 现在允许你在立交桥位置创建一个文本对象，使你能够轻松地在图中标识和描述特定的观察结果。显示立交桥后，只需右击并选择 Pin flyover。一旦被固定，立交桥文本可能会被修改，文本框可能会以通常的方式被定制。只需双击文本框，弹出设置对话框。

4. 图形视图的文本注释

以前，只能使用文本标签定制图形对象。因此，在添加文本之前，需要先冻结 Series 对象的图形视图。EViews 10 中取消了此限制。但是，请注意，如果你更改了 Object 视图，那么标签将会丢失，因此如果你希望保留标签，那么视图仍然需要被冻结。

文本标签可以通过右击图形并选择 Add Text 来添加。

5. 新图形模板和设置

EViews 10 提供了许多新的图形模板和设置，它们为图形视图和对象提供了更灵活的定制。

EViews 10包含许多新的图形模板，用于定制图形的外观。这些模板中的一些新设计元素包括不同的纵横比、白色背景、网格线和线形图中的粗线。

此外，我们还更改了默认的图形视图，以使用新的模板。

当然，你可以将默认模板更改为前一个模板，或者从提供的模板列表或你设计的模板中选择一个替代模板。

为了帮助你定制图形，我们定义了一些新的预置行和条颜色。这些颜色可以在默认图形/线条和符号以及填充区域中查看。

6. 表行排序

在 EViews 10 中，可以使用一个或多个列中的值轻松地对表的行进行排序。要排序，你必须处于表编辑模式。突出显示想要排序的数据（注意排序键必须被选中），然后右击并在弹出的菜单中选择 Sort…。

7. 各种各样的改进

EViews 10 在我们的图中包含了新的图选项。这些都是：

- 向图形视图添加文本的能力。
- 新的线条和线条颜色。
- 向数据轴添加小刻度的能力。
- 手动设置网格线的数量。
- 将图片作为永久文本。
- 增加了文本定位的选项。

1.6.4 计量经济学和统计学

1. 平滑阈值回归估计（STR 和 STAR）

EViews 9 引入了阈值回归（TR）和阈值自回归（TAR）模型，EViews 10 通过添加平滑阈值回归和平滑阈值自回归作为选项对这些模型进行了扩展。

在STR模型中，当观察到的变量越过未知阈值时所发生的状态切换是平稳的。因此，STR模型通常被认为比它们的离散TR模型更具有"现实"的动态性。

EViews 的实现 STR 包括如下功能：

（1）平滑阈值的形状和位置参数的估计。
（2）阈值变量的模型选择。
（3）区域变量和区域不变回归变量的说明。

2. 异方差一致（HC）协方差估计

EViews 10 增加了异方差一致协方差估计方法的选项，超出了以前版本中常见的怀特估计方法。所支持的估计量类别是由 Long 和 Ervin（2000）以及 Cribari-Neto 和 Da Silva（2011）所描述的 HC 家族。

在改进残差协方差的有限样本性质时，不同的估计量选择不同的观测权值。

具体来说，EViews支持表1.1中的评估方法和权重选择方法。

表 1.1 EViews 支持的评估方法和权重选择方法

方法	权重
HC0	1
HC1	$\sqrt{T/(T-k)}$
HC2	$(1-h_t)^{-1/2}$
HC3	$(1-h_t)^{-1}$
HC4	$(1-h_t)^{-\delta_t/2}$
HC4m	$(1-h_t)^{-\gamma_t/2}$
HC5	$(1-h_t)^{-\delta_t/4}$
用户自定义	任意

其中，$h_t = X_t^T(X^TX)^{-1}X_t$ 是我们熟悉的 Hat 矩阵的对角元素，$H=X^T(X^TX)^{-1}X$、δ_t、γ_t 是参数。

3. 集群稳健的协方差估计

在许多情况下，观测值可以分为不同的组或集群。其中，同一集群中的观测值的误差是相关的，而不同集群中的观测值的误差是不相关的。EViews 10 提供了对系数协方差的一致估计的支持，这些协方差对一个或两个集群都是有效的。

与HC估计方法一样，EViews支持集群稳健的协方差估计，每个估计方法对集群中的观察结果的权重都不同。

每个估计量的权重如表1.2所示。

表 1.2 EViews 支持的评估方法和权重选择方法

方法	权重
CR0	1
CR1	$\sqrt{\dfrac{G}{(G-1)} \cdot \dfrac{(T-1)}{(T-k)}}$
CR2	$(1-h_t)^{-1/2}$
CR3	$(1-h_t)^{-1}$
CR4	$(1-h_t)^{-\delta_t/2}$
CR4m	$(1-h_t)^{-\gamma_t/2}$
CR5	$(1-h_t)^{-\delta_t/4}$
用户自定义	任意

其中，$h_t = X_t^T(X^TX)^{-1}X_t$ 是我们熟悉的 hat 矩阵的对角元素，$H=X^T(X^TX)^{-1}X$、δ_t、γ_t是参数，G是集群数。

4. 带线性限制的 VARs 的估计

基本的k-variable VAR(p)规范有$k(pk+d)$系数，因此即使中等大小的 VAR 也需要估计大量参数。当 VARs 应用于样本容量有限的宏观经济数据时，由于观测数据太少，因此无法准确估计 VAR 参数，模型的过度参数化是一个常见的问题。

EViews 现在支持线性限制方法来处理这个过渡参数化的问题。

5. 增强的结构 VAR 估计

结构 VAR 估计背后的关键因素之一是对剩余结构矩阵施加必要的限制。

这些限制通常采取对分解矩阵A和B的限制，对短期脉冲响应矩阵S的限制，或对长期脉冲响应矩阵F（或C）的限制，或上述限制的组合。

EViews 以前的版本只允许对 A 和 B 或 F 进行限制，EViews 10 通过允许对 4 个矩阵中的任何一个进行限制、添加线性限制和添加新接口来扩展限制引擎，并允许更容易地指定限制。

6. 新的线性和稳定性测试

EViews 多年来一直提供线性方程测试和参数稳定性测试，如现有的 Ramsey 复位线性测试和 Chow 断点、Quandt-Andrews、Bai、Bai-perron 和 CUSUM 测试。

EViews 10针对平滑阈值替代方案增加了一些新的线性和参数稳定性测试（参见Terasvirta（1994）、Eitrheim和Terasvirta（1996）、Escribano和Jorda（1999）、van Dijk、Terasvirta和Franses（2002））。由于所有这些测试都涉及一个平滑的转换回归（STR）替代方案，因此它们在EViews中作为估计STR的模型规范测试来实现，它们通常作为现有测试的替代方案来使用。

（1）要进行线性度测试，首先要估计一个STR方程（平滑阈值回归估计）。

有关平滑过渡方案的线性度测试，请按"View/Stability Diagnostics/Linearity Tests"操作。EViews计算联合假设检验的Luukkonen、Saikkonen和Terasvirta线性检验，以确定泰勒近似元素的显著性，Terasvirta检验是一组从一般到具体的顺序检验。

（2）残差非线性测试。对于双状态STR模型的估计，我们可能希望测试是否存在额外的未建模非线性。一种流行的方法是对估计的模型与具有附加机制的模型进行测试。EViews遵循van Dijk、Terasvirta和Franses（2002）的观点，区分了两种测试形式，即添加剂测试和封装测试。单击View/Stability Diagnostics/Remaining Nonlinearity Test/Additive Nonlinearity Test or View/Stability Diagnostics/Remaining Nonlinearity Test/Encapsulated Nonlinearity Test来执行测试。

（3）参数稳定性测试。

STR 模型的一个有趣的变体是通过选择时间作为阈值变量得到的时变系数规范。该模型考虑了结构的不稳定性，其中回归参数随着时间的推移而平稳发展。要执行这个测试，选择View/Stability Diagnostics/Parameter Constancy Test。

7. 结构残差 VAR 工具

结构残差在 VAR 分析中起着重要的作用，它的计算需要进行广泛的 VAR 分析，包括脉冲响应、预测方差分解和历史分解。

虽然EViews长期以来一直计算这些转换后的残差供内部使用，但EViews 10现在向用户提供结构残差。

用户可以显示结构残差视图，以图形和电子表格形式检查这些残差。如果是普通残差，则根据因子载荷显示结构残差。当为结构残差视图生成结果时，将提示你选择转换，如图 1.56 所示。

图 1.56 结构残差方法选择对话框

8. 改进的 VAR 序列相关测试

EViews 的早期版本使用带有 Edgeworth 展开校正的 breuss-godfrey 检验的 LR 形式（Johansen（1995），Edgerton and Shukur（1999）），以指定顺序计算多元 LM 检验统计量的残差相关性。

EViews 10为测试VAR序列相关性提供了两个实质性的改进。

首先，除了在指定的阶数上测试自相关外，EViews现在还联合测试延迟1到s的自相关。

其次，EViews用LM统计量的Rao F-test版本（如Edgerton和Shukur（1999）所述）增强了检验的Edgeworth LR形式，他们的模拟表明，在他们考虑的众多变量中，EViews表现得最好。

要执行测试，只需在估计的VAR对象窗口中选择View/Residual tests /Autocorrelation LM Test…，如图1.57所示。

选择后，EViews将提示你输入滞后阶数，如图1.58所示。输入一个值并单击OK按钮，即可执行LM检验。

EViews 统计分析与实验指导（视频教学版）

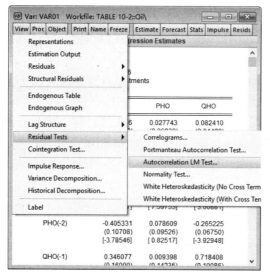

图 1.57　VAR 序列相关测试对话框　　　　图 1.58　滞后阶数设定对话框

9. VAR 历史和改进的方差分解

在 EViews 10 中，用户现在可以从估计的标准 VAR 中轻松地执行历史分解，这是 Burbridge 和 Harrison（1985）提出的创新估计技术。

历史分解将预测误差分解为与结构创新相关的组件（通过加权普通残差计算）。

EViews 10 增加了对计算历史分解的内置支持。要获得历史分解，请从 var 对象工具栏选择 View/Historical Decomposition…，弹出如图 1.59 所示的对话框。

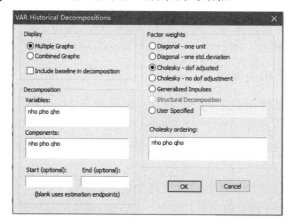

图 1.59　VAR 历史和改进的方差分解对话框

与脉冲响应分析一样，你可以在 Cholesky 或 General Residual Weights 等多种加权方法中进行选择，你可以自定义显示，以显示预测误差和分量的子集，仅显示误差分解或包含基线预测的分解。

10. 非线性方程动态预测仿真

当从具有非线性动态规范的方程对象进行预测时，EViews 10 提供了易于使用的工具来执行随机模拟，以获得预测的平均值和标准误差。

11. STL 和 MoveReg 季节调整方法

EViews 10 有两种新的季节调整方法：STL 分解和 MoveReg。要访问这些方法，从系列菜单中选择 Proc/Seasonal Adjustment，如图 1.60 所示。

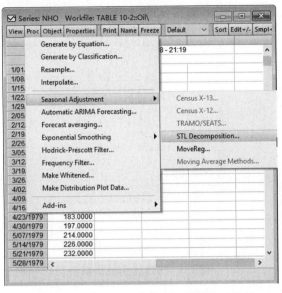

图 1.60　STL 和 MoveReg 季节调整方法选择

STL 分解（Cleveland, Cleveland, McRae and Terpenning（1990））假设一个序列的季节性、趋势和剩余成分之间存在相加关系。STL 分解是一种季节性的调整方法，它将一系列的方法分解为季节性，趋势和剩余的组件使用基于 LOESS 回归的过滤算法。

相对于其他季节调整方法，STL 有两个主要优势：一是可以在任意频率的数据上工作；二是可以在不规则模式和缺失值的时间序列数据上计算。

EViews 10 提供的 STL 分解对话框如图 1.61 所示。

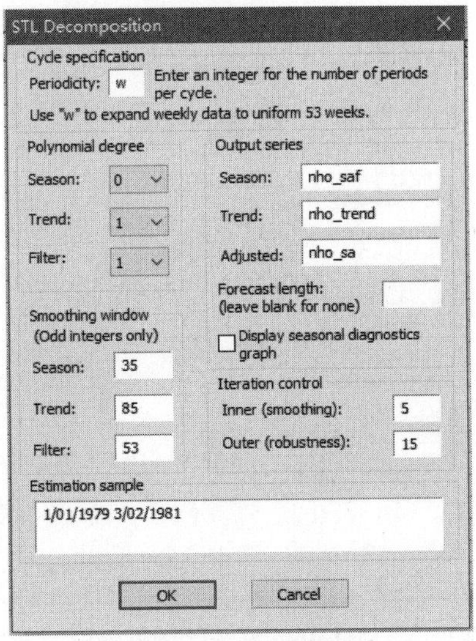

图 1.61　STL 分解对话框

使用EViews 10对某序列进行STL分解的结果如图1.62所示。

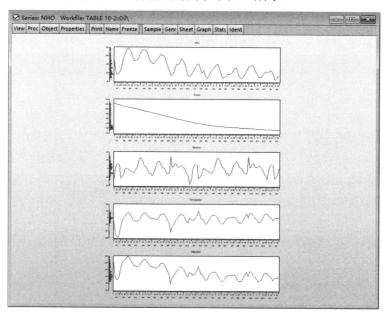

图1.62 STL 分解结果案例

EViews 10还提供了MoveReg项目的前端接口。MoveReg是美国劳动局（U.S. Bureau of Labor）开发的每周季节性调整项目。包括美国人口普查局（U.S. Census Bureau）的X-11、X-12和X-13套餐在内的大多数季节性调整程序都要求按月或季度采样。但是，许多经济系列是每周取样的，这意味着不能使用这些季节调整技术。MoveReg通过提供直接针对每周数据的季节性调整方法填补了这一空白。

EViews 10提供的MoveReg季节性调整设定对话框如图1.63所示。

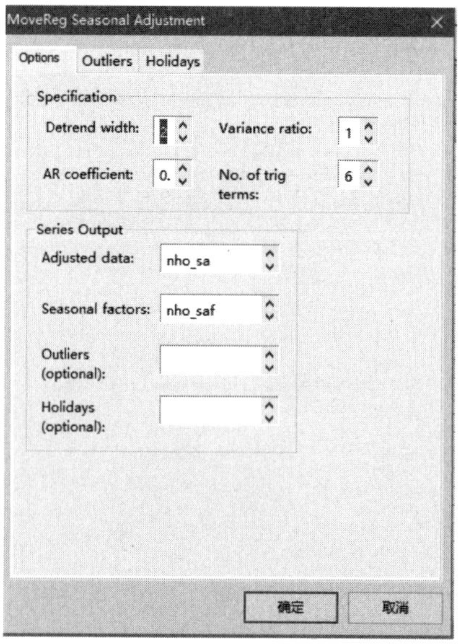

图1.63 MoveReg 季节性调整设定对话框

EViews 10提供的典型MoveReg季节性调整结果对话框如图1.64所示。

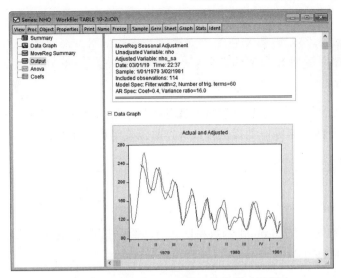

图 1.64　MoveReg 季节性调整结果对话框

与基于 X-13 软件包的其他季度数据一样，MoveReg 在执行调整时能够同时控制异常值和假日效果。

12. 附加自回归分布滞后（ARDL）工具

对于 EViews 10，自回归分布式滞后（ARDL）估计已经被显著地改进。特别是，EViews 现在可以绝对控制滞后规则。

任何变量（依赖变量或回归变量）都可以指定自定义滞后，你可以混合使用该规则，允许某些变量具有固定的自定义滞后，其余变量通过模型选择方法选择其滞后。

此外，在 Pesaran Shin 和 Smith（2001）（PSS）的界限协整检验的 ARDL 方法的背景下，EViews 现在在 PSS 中考虑的5种确定性情况下提供推理。此外，除了 PSS 中提供的渐近临界值外，EViews 现在还提供了 Narayan（2005）的有限样本临界值。

最后，除了边界 f 检验外，Eviews 现在还报告了适当的 Banerjee, Dolado, Mestre（1998）（BDM）t-bounds 检验。

13. 模型解决方案变量边界检查

EViews 10 允许你通过 New Boundaries 对话框页面为模型中的内生变量指定边界。虽然解决程序在解决模型时不会强制执行边界，但是 EViews 会在任何变量越过其边界时进行检查。

14. 改进的分布函数和特殊函数计算

EViews 10 为累积分布函数尾部、特殊函数尾部和涉及对数和指数的表达式的数值稳定计算提供了新函数，这些函数在标准函数将显示精度损失的区域进行计算。

1.6.5　其他功能

1. 序列生成函数

在生成一个系列时，你也可以使用以下新函数：

- @sign(X)　根据 X 对应元素的符号返回-1、0、1。
- @bounds(X, Y, Z)　如果 X 在 Y 和 Z 之间，则返回 X，否则返回边界值 Y 和 Z。
- @pmax(X, Y)　返回 X 和 Y 的成对最大值（对于多个对，你仍然可以使用@rmax）。
- @pmin(X, Y)　返回 X 和 Y 的成对最小值（对于多个对，仍然可以使用@rmin）。

除了上述新函数外，下面这些以前版本就存在的函数，现在允许其自主设定一个参数，以便灵活使用。这个参数的非零值是指执行该操作时需要考虑的小数点个数。

- @round
- @floor
- @ceiling

例如，可选参数为 2 的@round 函数将四舍五入到最接近的 100，可选参数为-2 的@round 将四舍五入到最接近的 0.01。

2. 日期函数

- @dateceil　回合日期截至周期结束。
- @datenext　轮询日期截至周期结束。

3. 分布函数

下面的累积分布函数现在使用一个可选参数。这个参数的非零值指示 EViews 计算 CDF 的上尾部：

- @cnorm
- @claplace
- @cextreme
- @clogistic
- @cged
- @cexp
- @cchisq
- @ctdist
- @cbeta
- @cfdist
- @cgamma
- @cweib
- @clognorm
- @cpareto

此外，新功能@logcnorm 为@log(@cnorm(x))的计算提供了一个更稳定的数值函数。

4. 特殊函数和常数

EViews 10 为涉及对数和指数的表达式的数值稳定计算提供了新的函数，这些表达式位于标准函数显示精度下降的区域：

- @expm1(x) 精确计算邻域。
- @log1p(x) 精确计算邻域。
- @log1mexp(x) 精确计算邻域。
- @powm1(x, a) 精确计算邻域。
- @pow1pm1(x, a) 精确计算的邻域为。

虽然与@powm1 类似，但这个函数支持 1 的全双精度"delta"。此外，@pow1pm1 允许对非常接近于不能用双精度表示的值求幂。这个函数应该只在计算值自然接近于零的情况下使用。如果计算值自然接近 1，则应该使用@powm1。

以前存在的特殊函数现在使用一个可选参数。这个参数的非零值指示 EViews 计算积分的上尾部：

- @gammainc
- @betainc

下面的数值常量现在可以用在表达式中：

- @log2pi -
- @pi -

5. 组行功能

EViews 10 添加了新的行函数，这些行函数为组中的每个观察结果生成描述性统计信息：

- @rmid (g) 行方向的中值。
- @rprod(g) 行式积（要小心溢出）。
- @rquantile(g, q) 其中 q 是使用克利夫兰分位数定义计算的分位数。

6. 矩阵函数

除了上面几乎所有可能应用于矩阵元素的"序列生成函数"外（值得注意的例外包括@pmax、@pmin 以及"组行函数"），EViews 10 还提供了几个新的矩阵特定函数：

- @emax(X, Y) 返回可整合矩阵 X 和 Y 的元素 max。
- @emin(X, Y) 返回可整合矩阵 X 和 Y 的元素 min。
- @erecode(Z, X, Y) 使用符合条件矩阵 Z 及矩阵 X 和 Y 返回元素 recode。
- 此外，EViews 10 还扩展了为矩阵中的每一列生成描述性统计信息的列函数集。
- @cprod(m) 列积（要小心溢出）。
- @cquantile(m, q) 列分位数 q 使用克利夫兰定义。
- @csumsq(m) 列值的平方和。
- @cstdev(m), @cstdevs(m) 列样本标准差。
- @cstdevp(m) 列总体标准差。
- @cvar(m), @cvarp(m) 列总体方差。
- @cvars(m) 列样本方差。
- @cmid (m) 列中值。

EViews 10 还为现有的经济奇异值分解@svd 函数添加了一个全尺寸（非经济）版本：

@svdfull(m1, m2, m3)　全尺寸奇异值分解。

7. 新的编程支持函数

这些是在 EViews 中处理外部应用程序的新功能：

- @xgetstr　从外部应用程序返回标量字符串值。
- @xgetnum　从外部应用程序返回标量数值。
- @xverstr　以字符串形式返回外部应用程序版本号。
- @xvernum　将外部应用程序版本号作为一个数字返回。

8. 新对象数据成员

EViews 10 提供了一组扩展的对象数据成员，可以访问关于对象的信息。

9. 方程数据成员

（1）标量值

- @breasks　断点最小二乘方程中的断点。
- @nbreaks　断点最小二乘方程中的断点个数。
- @nclusters　聚类中的聚类数-稳健协方差计算。

（2）向量和矩阵

- @ardlcoint　返回一个 coef，其中包含来自 ARDL 估计的协整关系形式的系数。
- @ardlsrcoefs　返回一个矩阵，其中每一行对应于单个横截面的短期系数，仅适用于 PMG/ARDL 估算。
- @ardlsrses　返回一个矩阵，其中每一行对应于一个截面的短期系数标准误差，仅适用于 MG/ARDL 估算。

（3）字符串值

- @ardlcointsubst　返回具有替换系数的 ARDL 方程的协整形式的字符串表示形式。

10. VAR 数据成员

（1）向量和矩阵

- @svarfmat　估计短期脉冲响应的 S 矩阵。
- @svarfmat　估计长期脉冲响应的 F 矩阵。

（2）标量值

- @nrestrict　在一个受限的 VAR 中限制的数量。

11. 新的或更新的全局命令列表

（1）命令

新的或更新的全局命令列表如表1.3所示。

表 1.3 新的或更新的全局命令列表

命令	说明
dbopen	打开一个数据库
logclear	清除程序对应的日志窗口
logclose	关闭一个或多个或所有消息日志窗口（新）
logmode	设置指定消息类型的日志设置
logmsg	向程序日志中添加一行文本
logsave	将程序日志保存到文本文件中
pageload	从工作文件或外部数据源将一个或多个页面加载到工作文件中
pagesave	将活动页面保存在默认工作文件中，作为 EViews 工作文件（WF1 文件）或作为外部数据源
workfile	预览数据库或工作文件中包含的对象（新）
wfcreate	打开一个 Workfile
wfopen	从磁盘中读入先前保存的工作文件，或将外部数据源的内容读入新工作文件
wfsave	将默认工作文件保存为 EViews 工作文件（Wf1 文件）或作为外部文件或数据源
wfsnapshot	获取当前工作文件（新）的手动快照
xoff	关闭将所有后续命令行发送到外部程序（新）的模式
xon	打开将所有后续命令行发送到外部程序（析）的模式
xpackage	在当前外部 R 连接（新）中安装指定的 R 包

（2）图创建命令

- bubble 泡泡图指定使用单面积系列（新）。
- bubbletrip 指定为三联（新）的 Bubbletrip 气泡图。

（3）交互式使用命令

- forecast 从一个方程进行动态预测。
- ls 最小二乘或非线性最小二乘的 Ls 方程，包括 ARMA 估计。
- threshold 阈值最小二乘和平滑阈值回归，包括阈值自回归。

12. 新的或更新的对象命令列表

（1）等式

等式对象命令列表如表1.4所示。

表 1.4 等式对象命令列表

命令	说明
rgmprobs	在切换回归方程中显示状态概率
strconstant	在平滑阈值回归（新）中针对平滑变化的可选方案对基本规范系数的稳定性进行测试
strlinear	根据平滑阈值回归中的平滑阈值替代测试基本规范的线性（新）
strnonlin	在平滑阈值回归（新）中计算附加的或封装的非线性的各种测试
strwgts	在平滑阈值回归（新）中显示转换权重
forecast	计算动态预测
makestrwgts	在平滑阈值回归中使用平滑过渡权值（新）

（2）图

- addarrow 在图上画一条线或箭头。
- addtext 在图上画一段文字。

（3）组

- bubble 气泡图指定使用单面积系列（新）。
- bubbletrip 气泡图指定为三元组（新）。

（4）矩阵

- bubble 泡泡图指定使用单面积系列（新）。
- bubbletrip 指定为三联（新）的 Bubbletrip 气泡图。

（5）模型

- checkbounds 显示在模型解决方案期间跨越边界的所有变量的详细信息（新）。
- setbounds 在模型求解过程中为内生变量设置上下限（新）。

（6）序列

- movereg 采用 MoveReg 方法（新）对系列产品进行季节调整。
- stl 利用 STL 分解法对 STL 系列进行季节调整（新）。

（7）线轴

- append 将对象追加到线轴。
- insert 将插入对象插入线轴中。

（8）VAR

- VAR 命令列表如表 1.5 所示。

表 1.5 VAR 命令列表

命令	说明
Arlm	序列相关 LM 检验
decomp	方差分解
hdecomp	历史分解（新）
resids	残差或结构残差的图形或电子表格视图
append	将 SVAR 或 VEC 限制附加到 VAR
makeresids	制作包含残差或结构残差的系列
svar	估计结构创新的因式分解矩阵
ls	VAR 的最小二乘和限制最小二乘估计

（9）系统

- resids 显示系统残差的图形或电子表格视图。

（10）表

- sort 对指定的单元格选择行（新）进行排序。

第2章 描述统计分析与参数假设检验

当给序列和序列组输入数据后,就可以使用EViews对这些数据进行基本的统计分析、参数假设检验和绘制统计分布图等操作。其中,基本统计分析给出了序列和序列组的一些基本统计量,如均值、方差、协方差、相关系数等。常用的参数假设检验包括单个总体以及两个总体的均值检验和方差检验。绘制序列的分布图可以大致地了解样本观测值的分布特征,而绘制序列组的各种散点图可以知道两个序列之间的关系。本章将结合实例介绍EViews的这些操作。在进行这些操作之前,有必要介绍序列和序列组这两个对象窗口工具栏中的View功能键。

EViews提供各种统计图表、描述性统计数据作为一个数字序列的视图。一旦使用"基础数据处理"和"EViews数据库"中的任何方法将数据读取或生成到系列对象中,就可以使用本系列中包含的数据进行统计和图解分析。

Series视图为单个系列计算各种统计信息,并以电子表格和图形等各种形式显示这些统计信息。视图的范围从简单的线图到核密度估计器。系列过程从现有系列中的数据创建新的系列。这些步骤包括各种季节调整方法、指数平滑方法和霍德里克-普雷斯科特滤波器。

Group对象用于同时处理多个系列。涉及组的方法在"组"中进行描述。

要访问Series的视图和过程,可以双击工作文件中的series名称,或者在命令窗口中输入show后跟series名称,从而打开Series窗口。

1. 序列的 View 功能键

打开工作文件中的某个序列,单击序列窗口工具栏中的View功能键,会出现如图2.1所示的菜单,该菜单为用户提供了序列的多种描述统计功能。

图2.1所示的菜单由4部分组成,不同的部分用横线分开。从上至下,第一部分为用户提供了序列数据的各种显示方式:表格显示(SpreadSheet)和图形显示(Graph),这一部分已经在第1章中介绍过了;第二部分和第三部分提供序列数据的统计方法,其中第二部分包括描述性统计指标与检验(Descriptive Statistics &Tests)和单因素制表(One-Way Tabulation),第三部分主要是针对时间序列的统计分析,包括相关图(Correlogram)、长期方差(Long-run Variance)、单位根检验(Unit Root Test)、断点单位根检验(Breakpoint Unit Root Test)、方差比检验(Variance Ratio Test)、BDS独立性检验(BDS Independence Test)和预测值(Forecast evaluation);第四部分是标签(Label)选项。

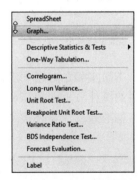

图 2.1 View 功能键菜单

2. 序列组的 View 功能键

打开某个序列组对象,单击其窗口工具栏中的View功能键,会出现如图2.2所示的菜单,该菜单与图2.1所示的序列菜单有所不同。

与序列菜单类似,图2.2所示的序列组对象的View功能键菜单也包括4部分。从上至下,第一部分提供了序列组数据的各种显示形式,包括电子表格形式和图形形式。按日期分类,数据表(Dated Data Table)只对年度、季度和月度数据类型的工作文件有效。第二部分是序列组常用的基本统计分析,包括描述性统计(Descriptive Stats)、协方差分析(Covariance Analysis)、多因素制表(N-Way Tabulation)、统计量齐性检验(Tests of Equality)以及主成分分析(Principal Components)。第三部分是针对时间序列分析的一些统计量和统计检验方法,包括相关图(Correlogram)、交叉相关系数(Cross Correlation)、长期协方差(Long-run Covariance)、协整检验(Cointegration Test)、单位根检验(Unit Root Test)和格兰杰因果关系检验(Granger Causality)。第四部分标签(Label)用于把有关序列组对象的详细信息添加到标签中。

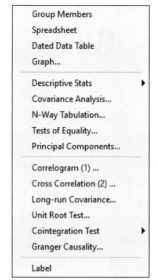

图 2.2 序列组 View 功能键菜单

实验 2-1 序列基本统计分析

素材文件:sample/Example/table 2-1.wfl
多媒体教学文件:视频/实验 2-1.mp4

实验基本原理

本次实验是对序列进行描述统计并绘制序列的单因素列联表。在描述统计分析过程中以及以后的统计分析中会涉及一些重要统计量,这些统计量及其计算公式如下:

标准差的计算公式:

$$\hat{\sigma} = \sqrt{\frac{1}{n-1}\sum_{i=1}^{n}(x_i-\bar{x})^2} \tag{2.1}$$

偏度的计算公式:

$$S = \frac{1}{n}\sum_{i=1}^{n}\left(\frac{x_i-\bar{x}}{\hat{\sigma}}\right)^3 \tag{2.2}$$

峰度的计算公式:

$$K = \frac{1}{n}\sum_{i=1}^{n}\left(\frac{x_i-\bar{x}}{\hat{\sigma}}\right)^4 \tag{2.3}$$

Jarque-Bera 检验统计量的计算公式：

$$J - B = \frac{n-m}{6}\left[S^2 + \frac{1}{4}(K-3)^2\right] \tag{2.4}$$

上述公式中，n 表示序列观测值个数，即样本量；x_i 和 $\bar{x}$ 分别是样本观测值和样本均值；m 是产生样本序列时所估计系数的个数。对于正常的序列，m 值取零，如果该序列是通过回归方程得到的残差序列，则 m 是回归方程中解释变量的个数。

绘制序列的单因素列联表是对序列进行分区间统计，给出其在各区间内的样本观测数、百分比、累积观测数以及累积百分比。

实验目的与要求

1. 实验目的

（1）通过本次实验熟悉一些常用统计量，利用这些统计量描述序列的分布特征。
（2）着重了解序列偏度、峰度和 Jarque-Bera 等统计量的含义和作用。
（3）理解序列分组统计描述和单因素列联表的含义和作用。

2. 实验要求

（1）熟悉序列基本统计分析方法和操作过程。
（2）了解序列直方图各统计量的含义和作用，分析序列的分布特征。
（3）熟悉序列分组统计描述、绘制序列单因素列联表的操作方法和过程。

实验内容及数据来源

表 2.1 给出的是从我国某市历年统计年鉴得到的该地区 1978 年至 1998 年人均消费支出（CONS，单位元）和人均国内生成总值（GDP，单位元）数据，本实验所用数据保存在本书下载资源的 Example 文件夹的 table 2-1.wf1 工作文件中。

表 2.1 某地区 1978 年至 1998 年人均消费支出和人均 GDP

Obs	CONS	GDP	Obs	CONS	GDP	Obs	CONS	GDP
1978	2239.1	3605.5	1985	5773	8792.1	1992	15952.1	25863.6
1979	2619.4	4073.9	1986	6542	10132.8	1993	20182.1	34500.6
1980	2976.1	4551.3	1987	7451.2	11784	1994	27216.2	47110.9
1981	3309.1	4901.4	1988	9360.1	14704	1995	33635	58510.5
1982	3637.9	5489.2	1989	10556.5	16466	1996	40003.9	68330.4
1983	4020.5	6076.3	1990	11365.2	18319.5	1997	43579.4	74894.3
1984	4694.5	7164.3	1991	13145.9	21280.4	1998	46405.9	79853.3

根据这些数据对序列 CONS 进行基本统计分析，包括绘制直方图、绘制统计表格、进行分组统计描述以及绘制单因素列联表。对序列 CONS 进行分组统计描述时，序列 GDP 是分组变量。

实验操作指导

1. 绘制序列直方图

绘制序列 CONS 直方图的主要操作过程如下：

01 打开工作文件 table 2-1.wfl 中的序列 CONS，单击其工具栏的 View 功能键，选择 Descriptive Statistics &Test 命令，会出现如图 2.3 所示的菜单。

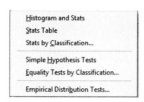

图 2.3 Descriptive Statistics 选项弹出菜单

弹出的该菜单有 6 个命令。

- Histogram and Stats：表示显示选定序列的直方图以及给出序列的有关统计量值。
- Stats Table：表示以表格的形式显示选定序列有关统计量的值。
- Stats by Classification：用于对选定序列以表格的形式进行分组统计描述。
- Simple Hypothesis Tests：用于单个样本简单的假设检验，如单样本均值、方差、中位数检验。
- Equality Tests by Classification：用于不同组样本之间的均值、方差、中位数检验，该检验方法需设定一个分组变量。
- Empirical Distribution Tests：分布检验，可以检验数据是否服从正态、指数、卡方等统计分布。

02 在如图 2.3 所示的菜单中，选择 Histogram and Stats 选项，得到如图 2.4 所示的输出结果。

图 2.4 的左边显示出序列 CONS 的直方图，其反映了人均消费支出在各个区间的分布频数。例如，该地区人均消费支出在（0，5000）范围有 7 个观测值，在（5000，10000）范围有 4 个观测值，等等。图 2.4 的右边方框列出了根据序列 CONS 的 21 个观测值计算出的描述性统计量，包括均值（Mean）、中位数（Median）、最大值（Maximum）、最小值（Minimum）、标准差（Std. Dev.）、偏度（Skewness）、峰度（Kurtosis）以及 Jarque-Bera 统计量与其概率值（Probability）。

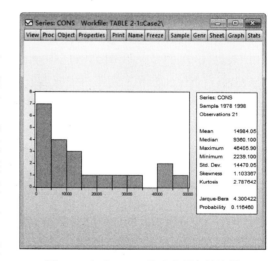

图 2.4 序列 CONS 的直方图与统计量

图 2.4 显示，序列 CONS 的偏度 $S=1.1034>0$，峰度 $K=2.7876<3$，因此，与正态分布相比，该地区的人均消费支出呈现"右偏、矮胖"的分布形态。同时，Jarque-Bera $=4.3004$，其概率 $p=0.1165$，说明至少在 90% 的置信水平下（检验水平 $\alpha=10\%$），不能拒绝原假设 H_0：序列 CONS 服从正态分布。

第 2 章　描述统计分析与参数假设检验

说　明

正态分布的偏度 $S=0$，呈对称分布。若样本序列的 $S>0$，则呈右偏分布；否则呈左偏分布。正态分布的峰度 $K=3$，若样本序列的 $K>3$，则序列分布的尾部比正态分布的尾部厚，其分布呈现出"高瘦"形状，即"尖峰"；否则其分布的尾部比正态分布的尾部薄，其分布呈现出"矮胖"形状。大多数金融时间序列呈"尖峰厚尾、非对称分布"。Jarque-Bera 检验统计量用来初步检验某个分布是否为正态分布。在序列观测值为正态分布的原假设下，Jarque-Bera 统计量服从 $\chi^2(2)$ 分布，可以根据 Jarque-Bera 统计量的概率值 p 来决定是否拒绝零假设。若 p 大于检验水平 α，则不能拒绝样本序列服从正态分布的原假设。

2. 绘制序列统计表

在窗口工具栏中，单击View功能键，并选择Descriptive Statistics &Tests| Stats Table命令，屏幕会出现如图2.5所示的输出结果。

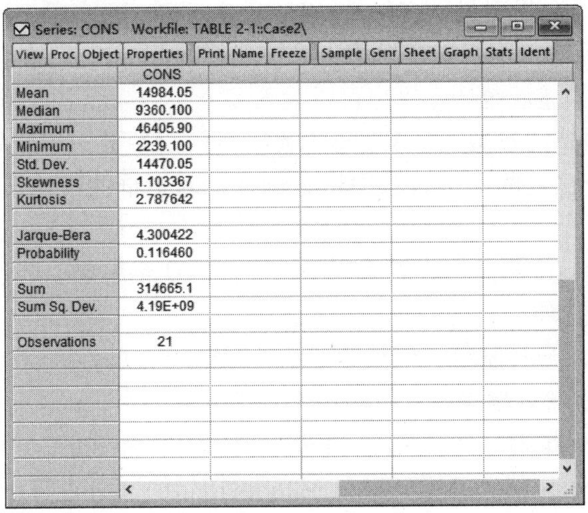

	CONS
Mean	14984.05
Median	9360.100
Maximum	46405.90
Minimum	2239.100
Std. Dev.	14470.05
Skewness	1.103367
Kurtosis	2.787642
Jarque-Bera	4.300422
Probability	0.116460
Sum	314665.1
Sum Sq. Dev.	4.19E+09
Observations	21

图 2.5　序列 CONS 的统计表

从图2.5可以看到，EViews以表格的形式显示序列CONS的有关统计量。用户可以使用序列窗口工具栏中的Freeze功能键冻结该表格，对其命名并保存。

3. 序列分组统计描述

序列的分组统计描述是指将序列的观测值根据分组变量划分成若干个子集后，对序列各个子集分别进行统计描述。对序列 CONS 进行分组统计描述的主要过程如下：

01 单击 View 功能键，选择 Descriptive Statistics & Tests| Stats by Classification 命令，屏幕会出现分组统计描述定义对话框，如图 2.6 所示。

左边的 Statistics 选项组允许用户选择希望计算的统计信息。Statistics 选项组中有 11 个选项，用户可以根据需要选择一个或者多个输出统计量（Quantile 选项用于设定显示的分位数，# of NAs 选项用于显示样本缺失观测值的个数，Observations 选项用于显示样本观测数，其他选项的定义与图 2.4 所示有关统计量相同）。

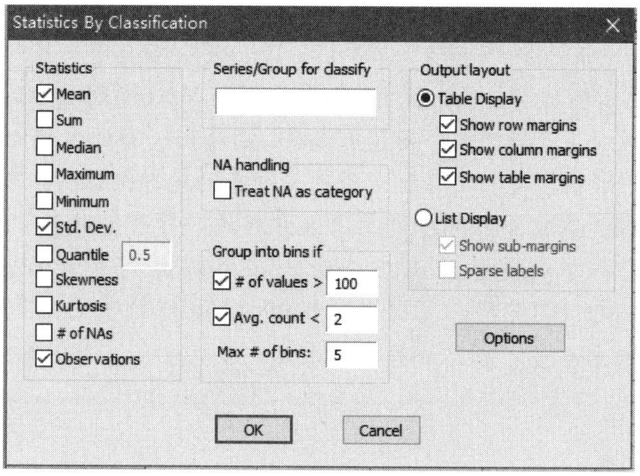

EViews统计分析与实验指导（视频教学版）

图2.6　分组统计描述定义对话框

Series/Group for classify编辑框需要用户输入用来分组的标识（分组变量，可以是序列或者序列组），也可以有多个分组变量。在Series/Group for classify字段中，输入定义子组的Series或Group名称。用户必须输入至少一个名称。除非选择binning，否则将为分类系列的每个唯一值（也称为因子）计算描述性统计。用户可以输入多个系列或组名，用空格分隔每个名称。分位数统计量需要一个额外的参数（0~1之间的数字），该参数对应于所需的分位数值。单击Options按钮，在计算分位数的各种方法中进行选择。对话框的其他选项一般可以使用默认设置，并不需要用户改动。

默认情况下，EViews排除任何分类系列中缺少值的观察结果。若要将NA值视为有效的子组，请选择NA handling选项。

Output Layout允许用户控制统计信息的显示。Table display以表格形式显示统计信息。list display以一行的形式显示统计信息。

只有在使用多个系列作为分类器时，表和列表选项才是相关的。

Row Margins、Column Margins和Table Margins指示EViews计算子组聚合的统计信息。例如，如果用户根据性别和年龄对样本进行分类，EViews将计算每个性别/年龄组合的统计信息。如果用户选择计算边缘统计信息，EViews还将计算对应于每个性别和每个年龄子组的统计信息。

分类可能会导致大量不同的值，而单元格大小非常小。默认情况下，EViews自动将观察分组到类别中，以保持适当的单元格大小和类别数量。

设置# of values选项告诉EViews，如果分类器系列接收的不同值超过指定的数量，则对数据进行分组。

如果分类器系列的每个不同值的平均计数小于指定的数字，则使用Avg.count选项来存储该系列。

Max # of bins指定最大子组数量。注意，这个数字只提供了对箱子数量的大致控制。

02 本例用序列GDP作为分组变量，并将其输入Series/Group for classify编辑框中。设定完分组统计描述对话框后，单击OK按钮，会得到如图2.7所示的输出结果。

图2.7所示的结果显示，序列GDP被划分为4个区间范围，并以此来对序列CONS的观

测值进行分组统计描述。Mean 所在列显示序列 CONS 各个子集的均值；Std. Dev.所在列显示各个子集的标准差；Obs.列用于显示各个子集的观测值个数。例如，GDP 在（0,20000）内，对应的 CONS 序列子集的观测值个数是 13，均值是 5734.2，标准差是 3102.824。

4. 绘制序列单因素列联表

绘制序列 CONS 单因素列联表的主要过程如下：

01 选择 View | One-Way Tabulation 命令，EViews 将对序列 CONS 建立单因素列联表，此时屏幕会出现如图 2.8 所示的对话框。

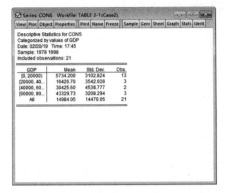

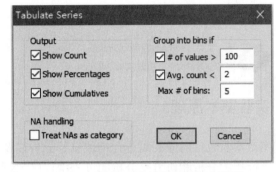

图 2.7 序列 CONS 分组统计描述　　　　图 2.8 绘制序列单因素列联表对话框

02 对话框中的 Output 选项组供用户选择输出结果中的显示项，包括是否显示序列在不同区间内的观测值计数（Show Count）、是否显示百分比和累计百分比（Show Percentages）以及是否显示频数和累积频数（Show Cumulatives）。对话框下面的 NA handling 选项组用于选择对序列中缺失观测值的处理方式，若选择 Treat NAs as category 复选项，则表示处理过程中将会排除缺失值。对话框右边的选项一般不需要用户进行设定。

03 设定完毕后，单击 OK 按钮，屏幕会输出序列 CONS 的单因素列联表，得到如图 2.9 所示的输出结果。

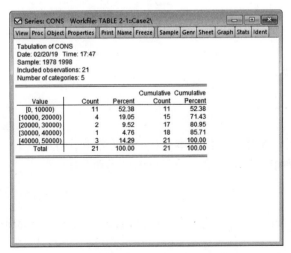

图 2.9 序列 CONS 的单因素列联表

在图2.9中，最左边的Value所在列显示按升序排列的观测值数值范围；Count列显示处于某个观测值区间的样本个数，即频数；Percent列显示观测值频数占样本容量的百分比，即频率；Cumulative Count列和Cumulative Percent列分别显示序列观测值的累积频数和累积频率。例如，在序列CONS观测值中，处于（10000,20000）范围内的观测值有4个，即频数为4，占总体的百分比为19.05%，该区间相应的累积频数（观测值小于20000的观测值个数）为15，累积频率为71.43%。

实验 2-2　序列组基本统计分析

素材文件：sample/Example/table 2-1.wfl
多媒体教学文件：视频/实验 2-2.mp4

实验基本原理

本次实验包括对序列组进行描述统计分析以及对序列组的相关分析和协方差分析。在对序列组进行相关分析和协方差分析的过程中，序列x和序列y之间的相关系数计算公式为：

$$r = \frac{\sum_{i=1}^{n}(x_i - \bar{x})(y_i - \bar{y})}{\sqrt{\sum_{i=1}^{n}(x_i - \bar{x})^2 \sum_{i=1}^{n}(y_i - \bar{y})^2}} \tag{2.5}$$

序列x和序列y之间的协方差计算公式为：

$$Cov(x, y) = \frac{\sum_{i=1}^{n}(x - \bar{x})(y - \bar{y})}{n} \tag{2.6}$$

实验目的与要求

1. 实验目的

（1）通过本次实验，掌握序列组基本统计分析方法和操作过程。

（2）熟悉多个序列相关分析、协方差分析的过程和意义。

2. 实验要求

（1）熟练绘制序列组各序列的统计表，区别Descriptive Statistics项中的Common Sample和Individual Sample选项。

（2）熟练计算序列组的相关系数矩阵和方差-协方差矩阵，根据相关系数判断序列间的线性相关程度。

实验内容及数据来源

利用实验2-1中的序列CONS和序列GDP，建立包含这两个序列的序列组g1，对序列组g1进行描述统计以及相关分析和协方差分析。

实验操作指导

1. 序列组的描述统计

对序列组进行描述统计的主要过程如下：

01 新建序列组 g1，其包含序列 CONS 和序列 GDP。打开序列组 g1，在其窗口工具栏中选择 View | Descriptive Stats 命令，会出现如图 2.10 所示的菜单。

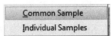

图 2.10　Descriptive Stats 子菜单

该菜单中包括两个子项：共同样本（Common Sample）和单个样本（Individual Samples）。

使用 Common Sample 选项要求序列组中各个序列在当前样本范围内都有观测值，假如某个序列有缺失值，则在计算有关统计量时将去掉与缺失值对应的所有序列的样本；Individual Samples 选项在计算统计量时，将用每个序列有值的观测值分别进行计算。当序列组对象没有缺失值或者各个序列的缺失值处于同一样本期时，这两项没有区别。为了使读者明白这两项的区别，现用一例子说明：假如样本范围为 25，序列 x 有 20 个观测值，序列 y 有 22 个观测值，在样本范围内，序列 x 和序列 y 都有观测值的时期数为 18。若选择 Common Sample 选项，则计算 x 和 y 的有关统计量时使用 18 个观测值；若选择 Individual Samples 选项，则计算 x 的统计量时使用 20 个观测值，计算 y 的统计量时使用 22 个观测值。

02 由于序列组 g1 各个序列并没有缺失值，因此选择 Common Sample 命令或者 Individual Samples 命令都可以，单击 OK 按钮后，会得到如图 2.11 所示的结果。

图 2.11 所示的结果给出了序列组 g1 所包含的序列 CONS 和序列 GDP 的有关统计量，统计量的定义与前面介绍的一样，但多了两个统计量 Sum（样本和）和 Sum Sq. Dev（样本方差）。

2. 相关分析和协方差分析

相关分析（Correlations）是给出序列组中序列之间的相关系数矩阵。协方差分析（Covariance）是给出各序列之间的协方差矩阵，其主对角线上的元素是各个序列的样本方差，非对角线上的元素则是两个序列的协方差。

序列组g1相关分析的主要过程为：先打开序列组g1，然后选择序列组窗口工具栏中的 View | Covariances Analysis命令，打开如图2.12所示的对话框。

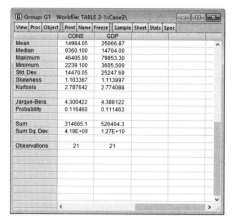

图 2.11 序列组 G1 的描述统计

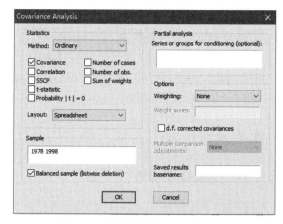

图 2.12 协变量分析对话框

在Statistics选项框内勾选Correlation，单击OK按钮，得到如图2.13所示的序列组g1的相关分析结果。

图2.13的相关系数矩阵显示，CONS和GDP之间的相关系数为0.999791，几乎接近于1，两者属于正向高度相关关系。

序列组g1的协方差分析的主要过程为：选择View | Covariances Analysis命令，在Statistics选项框内勾选Covariance，单击OK按钮，得到如图2.14所示的序列组g1相关分析结果。

在如图2.14所示的协方差矩阵中，矩阵主对角线上的元素"1.99E+08"和"6.07E+08"分别是序列CONS和GDP的方差，"3.48E+08"是这两个序列的协方差。

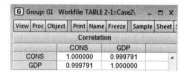

图 2.13 序列组 g1 的相关系数矩阵

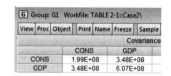

图 2.14 序列组 g1 的协方差矩阵

实验 2-3 单个总体的假设检验

素材文件：sample/Example/table 2-1.wf1
多媒体教学文件：视频/实验 2-3.mp4

实验基本原理

单个总体的假设检验是利用某些检验统计量对样本的均值、方差以及分位数进行检验，其中经常使用的是均值检验和方差检验。单个总体检验又分为简单假设检验和分组齐性检验，其中分组齐性检验是对由分组变量划分得到的序列各子集进行检验。

这些假设检验关键的问题是如何构建检验统计量。在简单假设检验中，对单个总体进行均值检验的统计量有Z统计量和t统计量。若单个总体方差σ^2已知，则采用Z统计量检验，即：

$$Z = \frac{\sqrt{n}(\bar{x} - \mu_0)}{\sigma} \sim N(0, 1) \quad (2.7)$$

若单个总体方差 σ^2 未知,则采用t统计量检验,即:

$$t = \frac{\sqrt{n}(\bar{x} - \mu_0)}{S} \sim t(n-1) \quad (2.8)$$

其中,$S^2 = \frac{1}{n-1}\sum_{i=1}^{n}(x_i - \bar{x})^2$,表示样本方差。

在简单假设检验中,对单个总体进行方差检验的统计量为:

$$\chi^2 = \frac{(n-1)S^2}{\sigma_0^2} \sim \chi^2(n-1) \quad (2.9)$$

在分组齐性检验中,对序列各子集进行均值差异性检验的统计量为:

$$F = \frac{S_1^2/k}{S_2^2/(n-k-1)} \sim F(k, n-k-1) \quad (2.10)$$

其中,S_1^2 和 S_2^2 分别表示组间样本方差和组内样本方差,k 为用分组变量对选定序列进行分组的组数,n 为序列观测值数。

实验目的与要求

1. 实验目的

(1) 通过本次实验,掌握均值检验、方差检验和分组检验的基本思想和用途。

(2) 根据实际情况设定均值检验方法,区别方差已知和未知情况下均值检验统计量的异同。

(3) 理解单个总体假设检验的判断依据,利用检验结果对原假设进行判断。

2. 实验要求

(1) 能够构建单个总体假设检验的检验统计量,尤其是均值检验时需要根据总体标准差是否已知而选择不同的检验统计量。

(2) 掌握单个总体均值检验和方差检验的操作过程。

(3) 理解均值检验和方差检验的输出结果,对检验的原假设做出合理的判断。

(4) 掌握分组均值检验的方法及检验输出结果,根据检验统计量的概率值判断单个总体各组之间的均值是否存在显著差异。

实验内容及数据来源

本实验将对实验2-1中的序列CONS的观测值进行简单均值检验、方差检验以及分组均值检验。其中,均值检验的原假设(Null Hypothesis)为 $H_0: \mu = 15000$;方差检验的原假设为

$H_1: \sigma^2 = 2\text{+e}08$。根据EViews的检验输出结果判断总体的均值是否为15000，方差是否为 2+e08。对序列CONS分组均值检验中，分组变量是GDP，原假设是：序列CONS的各组均值没有显著差异。检验水平都为$\alpha = 0.01$。

实验操作指导

1. 均值检验和方差检验

利用EViews执行简单的均值检验和方差检验的主要过程如下：

01 打开序列CONS，然后单击其窗口工具栏中的View功能键，并选择Descriptive Statistics & Tests | Simple Hypothesis命令，屏幕会显示如图2.15所示的对话框。

02 对话框选项设定。用户需要在对话框的Test value选项组中输入待检验的均值μ_0、方差σ_0^2以及中位数m_0。例如本实验中，在Mean编辑框中输入"15000"，在Variance编辑框中输入"200000000"，表示均值检验和方差检验的原假设分别为$H_0: \mu = 15000$，$H_1: \sigma^2 = 2\text{+e}08$（科学计数法）。

进行均值检验时，若知道单个总体方差σ^2，则在如图2.15所示的对话框右侧的Enter s.d. if known编辑框中输入相应的标准差，均值检验时采用t检验，否则采用Z检验。本实验中采用Z检验。

03 单击OK按钮，屏幕会显示如图2.16所示的检验输出结果。

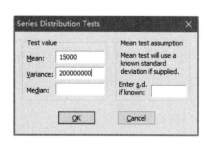

图2.15　简单假设检验对话框

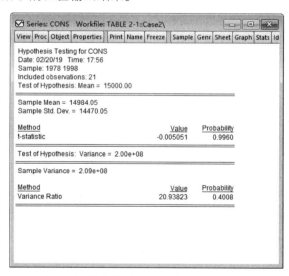

图2.16　均值检验和方差检验输出结果

图2.16所示的检验输出结果从上至下分为三部分。第一部分显示检验的基本信息，包括执行此次EViews操作的名称（Hypothesis Testing for CONS）、执行操作的日期时间、样本范围、包含的观测值数以及检验名称；第二部分"Test of Hypothesis：Mean＝15000.00"显示的是均值检验结果；第三部分"Test of Hypothesis：Variance＝2.00e+08"显示方差检验结果。

在均值检验结果中，Method列显示均值检验方法：t-statistic（t检验），且t-统计量＝

−0.0050510，其相应的概率 $p = 0.9960 \sim 0.01$，因此不能拒绝原假设 $H_0: \mu = 15000$。在方差检验结果中，Method 列显示检验方法：Variance Ratio（方差比检验），统计量值＝20.93823，其对应的概率 $p = 0.4008 \sim 0.01$，因此也不能拒绝原假设 $H_1: \sigma^2 = 2+e08$。

说　明

①进行样本均值检验时，若总体的标准差已知，则采用 Z 检验；否则采用 t 检验。图 2.15 所示对话框右侧的 Enter s.d if known 编辑框仅仅用于均值检验。对于均值检验，无论是 Z 检验还是 t 检验，EViews 给出的都是双侧检验结果。

②进行方差检验时，当方差比（Variance Ratio）统计量对应的概率 $P < 0.5$ 时，EViews 计算结果中给出的概率是右侧概率值；当 $P \geqslant 0.5$ 时，EViews 计算结果中给出的概率是左侧概率值。

2. 分组均值齐性检验

分组齐性检验主要利用方差分析方法得到各组（由分组变量对选定的序列进行划分而得到的子集）数据的组内差异和组间差异，EViews 同时给出 F 统计量以及相应的概率值。对序列 CONS 进行分组均值检验的主要过程如下：

01 在序列 CONS 窗口工具栏中，单击 View 功能键，并选择 Descriptive Statistics & Tests | Equality Test by Classification 命令，屏幕会显示如图 2.17 所示的对话框。

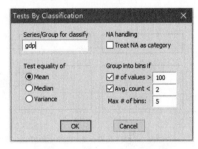

图 2.17　分组均值检验对话框

在对话框左上角的 Series/Group for classify 编辑框输入分组变量。Test equality of 选项组用于选择待检验的统计量，有均值（Mean）、中位数（Median）以及方差（Variance）。对话框右上角的 NA handling 选项用于选择对样本缺失值的处理方式，若选中 Treat NA as category，则处理过程中将排除缺失值。

02 在 Series/Group for classify 编辑框中输入"gdp"，并在 Test equality of 选项组选中 Mean，其他选项采用默认设置，然后单击 OK 按钮，会显示如图 2.18 所示的检验结果。

从上至下，图 2.18 所示的检验结果主要分为三部分：第一部分显示分组均值检验所使用的方法及有关检验统计量；第二部分显示方差分析结果；第三部分显示序列 CONS 的分组统计描述。在第一部分中，Method 列显示检验所采用的方法：Anova F-statistic（方差分析 F-统计量）。由于分组变量 gdp 被划分为 4 个区间，序列 CONS 被分为 4 个组（k＝4），因此 F-统计量的自由度 df 为（3,17）。F-statistic＝124.8549，相应的概率为 p=0.0000，远远小于通常意义上的高度显著水平 0.01，因此可以拒绝原假设 H_0："序列 CONS 各组的均值不存在显著差异"，即至少在 99％的置信水平上可以认为序列 CONS 的 4 个组（子集）的均值之间存在显著差异。

在第二部分中，Analysis of Variance 显示方差分析的详细结果。有差异来源（Source of Variation）、组间差异（Between）和组内差异（Within）。组间差异的自由度 df＝3（df＝k−1），组内差异的自由度 df＝17（df＝n−k−1）。Sum of Sq. 所在列是样本方差，组间方差为

4.01E+09，组内方差为1.82E+08，组间方差大于组内方差，因此，总方差主要来源于组间方差。Mean Sq.（平均方差）等于方差除以对应的自由度，即Mean Sq.＝Sum of Sq./df。

Category Statistics部分显示分组的结果，和实验2-1所介绍的序列分组统计描述相同。

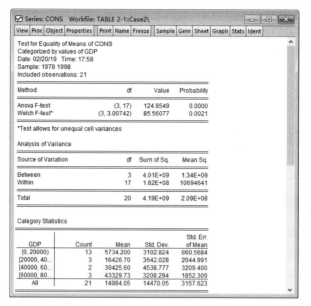

图 2.18　分组均值检验结果

实验 2-4　两个总体的假设检验

素材文件：sample/Example/table 2-2.wfl
多媒体教学文件：视频/实验 2-4.mp4

实验基本原理

本实验是检验两总体的均值和方差是否相等。在原假设 $H_0: \sigma_1^2 = \sigma_2^2$ 成立的条件下，对两总体的方差进行检验的统计量为：

$$F = \frac{S_1^2/(n-1)}{S_2^2/(m-1)} \sim F(n-1, m-1) \quad (2.11)$$

当两总体方差相同，即 $\sigma_1^2 = \sigma_2^2 = \sigma^2$，但 σ^2 未知时，进行两总体均值检验的检验统计量为：

$$t = \frac{\bar{x}_1 - \bar{x}_2 - (\mu_1 - \mu_2)}{\sqrt{\frac{(n-1)S_1^2 + (m-1)S_2^2}{n+m-2}(\frac{1}{n} + \frac{1}{m})}} \sim t(n+m-2) \quad (2.12)$$

式（2.11）和式（2.12）中，S_1^2、S_2^2 分别为单个总体1和单个总体2的样本方差，n、m 分别为总体1和总体2的样本容量，μ_1、μ_2 分别为单个总体1和单个总体2的均值，$\bar{x}_1$、$\bar{x}_2$ 分别为样本均值。

实验目的与要求

1. 实验目的

（1）通过本次实验掌握两总体均值检验和方差检验的基本思想和用途。

（2）理解两总体假设检验的判断依据，利用检验结果对原假设进行判断，从而解决实际的问题。

2. 实验要求

（1）掌握两总体均值检验和方差检验的分析方法和操作过程。

（2）理解均值检验和方差检验的输出结果，对检验的原假设做出合理的判断。

实验内容及数据来源

调查某学校同一年级的两个班各40名学生的数学成绩，得到表2.2所示的有关数据。本实验所用的数据保存在本书下载资源Example文件夹的table 2-2.wfl工作文件中。

表2.2　两个班学生的数学成绩

Obs	SCORE1	SCORE2	Obs	SCORE1	SCORE2	Obs	SCORE1	SCORE2	Obs	SCORE1	SCORE2
1	46	53	11	73	72	21	81	79	31	88	86
2	57	62	12	74	73	22	82	79	32	88	87
3	62	63	13	76	74	23	83	82	33	89	87
4	63	64	14	77	75	24	84	83	34	89	88
5	64	66	15	78	75	25	84	83	35	90	88
6	66	66	16	78	76	26	84	83	36	92	88
7	67	67	17	78	76	27	85	84	37	94	90
8	69	68	18	79	77	28	85	84	38	96	91
9	72	68	19	79	77	29	86	84	39	97	94
10	73	71	20	81	77	30	87	85	40	99	96

SCORE1 和 SCORE2 分别是 1 班和 2 班 40 名学生的数学成绩序列。根据这些数据判断这两个班学生的平均数学成绩是否存在显著差异，原假设为 $H_0: \mu_1 = \mu_2$，检验水平为 $\alpha = 0.01$。

实验操作指导

1. 方差检验

由于在进行均值检验之前需要进行方差检验，因此我们先检验序列 SCORE1 和 SCORE2 观测值的方差是否相等，检验的主要过程如下：

01 先建立包含序列 SCORE1 和 SCORE2 的序列组 g1，然后打开序列组 g1，并在其窗口工

具栏中选择 View | Test for Equality 命令，此时屏幕会出现如图 2.19 所示的对话框。

该对话框中间有 3 个选项：Mean（均值）、Median（中位数）和 Variance（方差）；对话框底部是 Common sample 复选项，该选项的意义在实验 2-2 中已经介绍过。

02 检验项选择 Variance，然后单击 OK 按钮，会输出如图 2.20 所示的检验结果。

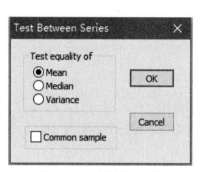

图 2.19　方差检验对话框

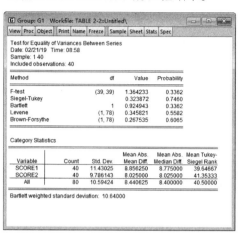

图 2.20　方差检验输出结果

从上至下，检验输出结果窗口主要有两部分：第一部分显示进行方差检验所使用的方法及有关检验统计量；第二部分显示各个序列的分类统计。在第一部分中，Method列显示方差检验的方法，有5种检验方法：F-检验、Siegel-Tukey检验、Bartlett检验、Levene 检验和Brown-Forsythe检验。最常使用的是F-检验，因此用户只需要看F-test所在行的检验结果。df列显示检验统计量的自由度；Value列显示检验统计量的数值；Probability列显示检验统计量相应的概率值。

图2.20所示的检验结果显示，F-统计量的自由度为（39,39），F-统计量 = 1.364233，相应的概率值 $p = 0.3362$，远大于检验水平 α 值。因此，在检验水平 $\alpha = 0.01$ 的情况下，不能拒绝"两个班学生的数学成绩的方差相等"的原假设，即原假设 $H_0 : \sigma_1^2 = \sigma_2^2$ 成立。

根据方差检验结果，两个班学生的数学成绩的方差是相等的，因此可以进行下面的均值检验。

2．均值检验

下面对序列SCORE1和SCORE2的观测值进行均值检验。同样的，在序列组g1的窗口工具栏中选择View | Test for Equality命令，会弹出如图2.19所示的对话框，然后在对话框中选择Mean项。设定完毕后，单击OK按钮，会输出如图2.21所示的检验结果。

图2.21所示的检验结果类似于单个总体分组均

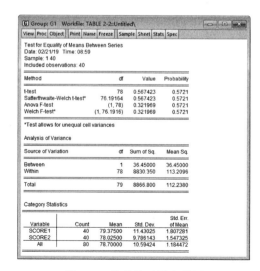

图 2.21　均值检验输出结果

值检验的检验结果，Method列显示均值检验的方法，有t-检验和方差分析F检验（Anova F-statistic）两种检验方法。其他列的含义在前面已经介绍过。图2.21所示的均值检验结果显示，t-统计量=0.567423，F-统计量=0.321969，这两个统计量相应的概率值都为 $p=0.5721$，远大于检验水平 α 值。因此，在检验水平 $\alpha=0.01$ 的情况下，不能拒绝"两个班学生的数学平均成绩相等"的原假设，即原假设 $H_0: \mu_1 = \mu_2$ 成立。

===== 说　明 =====

因为两总体均值差异的显著性检验是单因素多水平方差分析退化为两水平的情形，因此均值检验结果中 t-统计量值和 F-统计量值相应的概率值相等绝非偶然，并且采用 t 检验和方差分析的 F 检验所得到的结论是相同的。

实验 2-5　绘制序列分布图及序列经验分布检验

素材文件：sample/Example /table 2-3.wfl
多媒体教学文件：视频/实验 2-5.mp4

实验基本原理

本实验是绘制序列的各种分布图以及对序列的经验分布进行正态检验。在绘制序列分布图的过程中，有几个经验分布函数需要介绍。

（1）经验累积分布（CDF）函数是指序列中观测值不超过给定值 y 的概率，即 $F_x(y) = prob(x \leq y)$。

（2）经验生存函数是指序列中观测值大于给定值 y 的概率，即 $S_x(y) = prob(x > y) = 1 - F_x(y)$，其中 $S_x(y)$ 为序列经验生成函数。

（3）对于 $0 \leq q \leq 1$，序列 x 的分位数 x_q 满足不等式：$prob(x < x_q) \leq q$ 或 $prob(x > x_q) \geq 1-q$，分位数是累积分布函数的反函数。

实验目的与要求

1. 实验目的

（1）通过本次实验掌握序列分布图、序列经验分布检验的基本思想和用途。
（2）熟悉序列的各种经验分布图，理解这些分布图的意义。
（3）掌握序列经验分布检验方法和操作过程，利用检验结果判断序列服从何种分布。

2. 实验要求

（1）掌握绘制多种序列分布图的操作方法和过程。
（2）熟悉序列经验分布检验的操作步骤，理解检验输出结果的含义。
（3）熟悉使用序列分布图和经验分布检验方法，判断序列服从何种理论分布。

▶ 实验内容及数据来源

表2.3 给出的是某百货公司1986年1月至1996年3月的月度销售额（Sales，单位为千美元）部分数据，完整的数据保存在本书下载资源Example文件夹的table 2-3.wfl工作文件中。

表2.3　某百货公司1986年至1990年的月度销售数据

Obs	Sales	Obs	Sales	Obs	Sales	Obs	Sales	Obs	Sales
1986M01	11181	1987M01	11887	1988M01	12498	1989M01	13471	1990M01	14035
1986M02	11258	1987M02	12181	1988M02	12297	1989M02	13055	1990M02	14127
1986M03	11459	1987M03	12023	1988M03	12687	1989M03	13388	1990M03	14435
1986M04	11508	1987M04	12251	1988M04	12736	1989M04	13555	1990M04	14048
1986M05	11519	1987M05	12472	1988M05	12855	1989M05	13567	1990M05	13965
1986M06	11621	1987M06	12365	1988M06	12847	1989M06	13675	1990M06	14394
1986M07	11769	1987M07	12394	1988M07	12879	1989M07	13717	1990M07	14270
1986M08	11834	1987M08	12516	1988M08	12924	1989M08	13743	1990M08	14281
1986M09	11836	1987M09	12445	1988M09	13113	1989M09	14014	1990M09	14221
1986M10	11766	1987M10	12534	1988M10	13280	1989M10	13915	1990M10	14197
1986M11	11655	1987M11	12411	1988M11	13323	1989M11	13990	1990M11	14333
1986M12	11723	1987M12	12611	1988M12	13382	1989M12	14079	1990M12	14280

根据这些销售数据绘制出其各种经验分布图，并判断销售数据是否服从正态分布。

▶ 实验操作指导

1. 绘制 CDF 图

绘制序列 sales 的 CDF 图的主要过程如下：

01 单击序列 sales 窗口工具栏的 View 功能键，选择 Graph，在弹出的对话框（见图 2.22）的 Specific 选项组中选择 Distribution，在右侧 Distribution 选项的下拉菜单中选择 Empirical CDF。

对话框中的 Graph Type 选项组用来选择绘制统计图形的类型。在 General 选项下有基本图（Basic graph）和分组图（Categorical graph）两种选择；而在 Specific 选项下列出了所有的统计图形类型。

Options 为用户提供了几种计算 CDF 的方法，这些方法的不同之处在于如何调整针对 CDF 计算的非连续性（由于序列观测值是离散的值），这些不同将随着样本数的增加而变得非常微小。一般情况下，用户不需要使用 Options 功能。

02 单击 OK 按钮，屏幕会弹出序列 sales 的累积分布图，如图 2.23 所示。对于其他两种分布图,用户可以参照上述步骤进行绘制。

图 2.23 中两边的红色曲线表示两倍标准误差置信带。由于序列的观测值是离散的,因此其经验累积分布图呈现出"锯齿"状,但随着样本量增大,分布图将变得平滑。

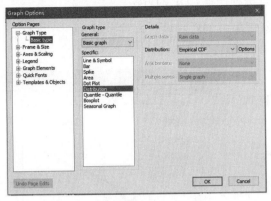

图 2.22 绘制 CDF 图的对话框

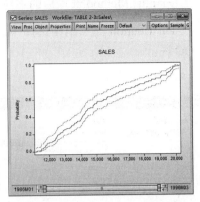

图 2.23 序列 sales 的经验 CDF 图

2. Quantile-Quantile 图

以选定序列的分位数为横轴,以某一理论分布或其他序列的分位数为纵轴,可绘制分位数-分位数图(Quantile-Quantile,简称 QQ 图),QQ 图可以用来比较两个分布。如果所比较的两个分布是相同的或非常接近,则 QQ 图中的散点将在同一直线上。绘制序列 sales QQ 图的主要过程如下:

01 单击序列 sales 窗口工具栏的 View 功能键,选择 Graph,在弹出的对话框(见图 2.22)的 Specific 选项组中选择 Quantile-Quantile。

在 Q-Q graph 后面可以选择的下拉菜单用于选择纵轴,可以是理论分布(Theoretical),也可以是用于对比的序列(Symmetry),如图 2.24 所示。

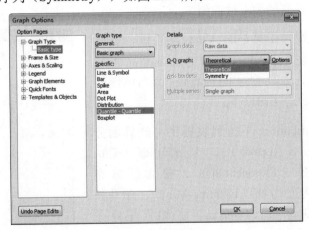

图 2.24 选择纵轴

如果使用默认的Theoretical选项,则单击Options按钮,弹出的对话框如图2.25所示。对话框上面的Distribution选项组可选择某种理论分布或者某个序列进行比较,有正态分布(Normal)、指数分布(Exponential)、逻辑分布(Logistic)、均匀分布(Uniform)、极大值分布（Extreme-Max）、极小值分布（Extreme-Min）、卡方分布（Chi-Square）、帕雷托分布（Pareto）、威布尔分布（Weibull）、伽马分布（Gamma）和学生t分布（Student's t）。用户在分布下的选项栏中可以设置理论分布的参数。

在 Quantial Method 选项后的下拉菜单中可选择计算 CDF 的方法。

02 在 Distribution 选项组中选择 Normal，然后单击 OK 按钮，屏幕会弹出如图 2.26 所示的QQ 图。

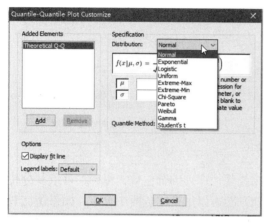

图 2.25　绘制 QQ 图对话框

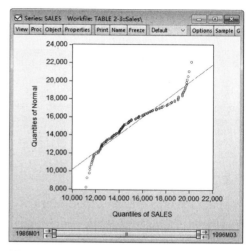

图 2.26　序列 sales 与正态分布比较的 QQ 图

在图2.26所示的QQ图中，序列sales的分位数散点并没有全部落在回归直线上，因此可以认为序列sales观测值的分布并不接近正态分布。

3. 序列经验分布检验（Empirical Distribution Tests）

用户可以使用经验分布检验来初步判断所选定序列的观测值大致服从哪种理论分布。对序列 sales 进行经验分布检验的主要过程如下：

01 单击序列 sales 窗口工具栏的 View 功能键，选择 Descriptive Stats & Tests| Empirical Distribution Tests 命令，会弹出如图 2.27 所示的对话框，该对话框需要用户输入待检验的理论分布。

对话框中的 Distribution 下拉列表提供可选择的分布，包括正态分布（Normal）、卡方分布（Chi-Square）、指数分布（Exponential）、极大值分布（Extreme-Max）、极小值分布（Extreme-Min）、伽马分布（Gamma）、逻辑分布（Logistic）、帕累托分布（Pareto）、均匀分布（Uniform）以及威布尔分布（Weibull）。其下方的文本框用于显示所选定的某种分布

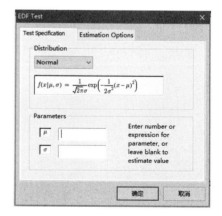

图 2.27　经验分布检验对话框

的概率密度函数表达式，如在下拉列表中选择 Normal 分布，则该文本框显示正态分布概率密度函数。

Parameters 选项组用于输入所选定分布的参数或参数的表达式，如选定正态分布时，可以输入均值（μ）和标准差（σ）。用户也可以不输入参数，EViews 将自动估计分布中的参数。在 Estimation Options 选项卡中可以设置估计中的一些选项，如迭代控制（Iteration）、优化算法（Optimization Algorithm）以及迭代的起始值（Starting Values）。对于这些选项，用户一般不需要修改。

02 在 Distribution 下拉列表中选择 Normal 项，且不输入正态分布的参数值（μ和σ），然后单击 OK 按钮，屏幕会显示如图 2.28 所示的检验输出结果。

从上至下，图 2.28 所示的检验结果主要有两部分。第一部分显示序列经验分布检验所使用的检验方法、相应统计量的值及其概率值。对于这些统计检验方法，有兴趣的读者可以参考有关的统计学图书。这几种检验方法都显示序列 sales 的经验分布并服从正态分布。此次检验过程中没有在对话框设置分布的参数，因此第二部分显示参数估计结果，包括参数估计值、标准误差（Std. Error）、z 统计量（z-Statistic）及其概率值（Prob.）。Method 显示参数估计所使用的方法：最大似然法（Maximum Likelihood），对数似然比（Log likelihood）＝ –1142.158。

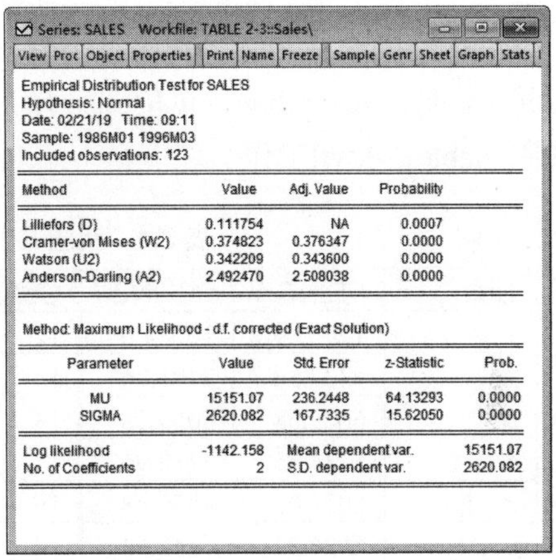

Method	Value	Adj. Value	Probability
Lilliefors (D)	0.111754	NA	0.0007
Cramer-von Mises (W2)	0.374823	0.376347	0.0000
Watson (U2)	0.342209	0.343600	0.0000
Anderson-Darling (A2)	2.492470	2.508038	0.0000

Method: Maximum Likelihood - d.f. corrected (Exact Solution)

Parameter	Value	Std. Error	z-Statistic	Prob.
MU	15151.07	236.2448	64.13293	0.0000
SIGMA	2620.082	167.7335	15.62050	0.0000

Log likelihood	-1142.158	Mean dependent var.	15151.07
No. of Coefficients	2	S.D. dependent var.	2620.082

图 2.28　序列 sales 的正态分布检验

实验 2-6　绘制序列组的散点图

素材文件：sample/Example/table 2-4.wfl

多媒体教学文件：视频/实验 2-6.exe

实验基本原理

本实验是绘制序列组的回归散点图和最邻近拟合散点图。回归散点图是以序列组中某一序列为横轴，其他序列为纵轴，并可以选择对这些序列进行变换，通过二元回归而得到带拟合回归曲线的散点图。最邻近拟合是对样本中的数据点进行局部加权回归而得到的折线段。

实验目的与要求

1. 实验目的

（1）通过本次实验熟悉绘制序列组回归散点图和最邻近拟合散点图的操作过程。

（2）理解序列组回归散点图和最邻近拟合散点图的意义和用途。

2. 实验要求

（1）熟练掌握绘制序列组回归散点图的操作方法及其中各个选项和参数的设置。
（2）理解序列组各种散点图的含义和作用。
（3）掌握绘制最邻近拟合散点图的操作方法及其中各个选项和参数的设置。
（4）根据序列组的散点图分析各序列之间的线性关系或非线性关系。

实验内容及数据来源

表2.4所示是2002年我国31个省市自治区城市居民人均年消费支出（pcons，单位元）和人均可支配收入（pdinc，单位元）有关数据。本实验所用数据保存在本书下载资源Example文件夹中table 2-4.wf1工作文件中。

表2.4 我国城市居民人均年消费支出和人均可支配收入

Obs	PDINC	PCONS	Obs	PDINC	PCONS	Obs	PDINC	PCONS
1	12463.92	10284.6	12	6032.4	4736.52	23	6610.8	5413.08
2	9337.56	7191.96	13	9189.36	6631.68	24	5944.08	4598.28
3	6679.68	5069.28	14	6334.64	4549.32	25	7240.56	5827.92
4	5234.35	4710.96	15	7614.36	5596.32	26	8079.12	6952.44
5	6051.06	4859.88	16	6245.4	4504.68	27	6330.84	5278.04
6	6524.52	5342.64	17	6788.52	5608.92	28	6151.44	5064.24
7	6260.16	4973.88	18	6958.56	5574.72	29	6170.52	5042.52
8	6100.56	4462.08	19	11137.2	8988.48	30	6067.44	6104.92
9	13249.8	10464	20	7315.32	5413.44	31	6899.64	5636.4
10	8177.64	6042.6	21	6822.72	5459.64			
11	11715.6	8713.08	22	7238.04	6360.24			

数据来源：《中国统计年鉴－2003年》（中国统计出版社）

根据这些数据绘制由序列 pcons 和序列 pdinc 组成的序列组的回归散点图和最邻近拟合散点图，并根据这些散点图分析人均年消费支出和人均可支配收入之间的关系。

实验操作指导

1. 绘制回归散点图

简单散点图（Simple Scatter）是指以序列组中的第一个序列为横轴，其余序列为纵轴，绘制两个序列之间的散点图。回归散点图几乎与简单散点图一样，不同之处在于：在绘制回归散点图的过程中，可以选择对组中的序列进行变换，并进行二元回归，得到拟合回归曲线。因此，本例只绘制序列组 g1 的回归散点图，其主要步骤如下：

01 先建立包含 pcons 和序列 pdinc 的序列组 g1，然后在序列组 g1 窗口工具栏中单击 View 功能键，选择 Graph 命令，弹出的对话框如图 2.29 所示。单击选择 Specific 选项框下的 Scatter，并且在 Fit lines 选项后的下拉菜单中选择 Regression Line。单击其后的 Options 按钮，则屏幕弹出如图 2.30 所示的对话框，该对话框用于对序列组中的序列进行变换。

第 2 章 描述统计分析与参数假设检验

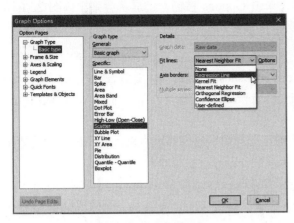

图 2.29 图形设置对话框

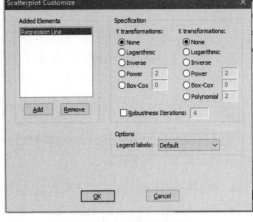

图 2.30 序列变换对话框

对话框的 Specification 选项框中的 Y transformations 选项组用于对纵轴序列进行变换,可选择的变换有:不进行变换(None)、对数变换(Logarithmic)、倒数变换(Inverse)、幂变换(Power)以及 Box-Cox 变换。若选择后两项,还可输入相应的参数,比如选择幂变换时,需要输入幂的次数。X transformations 选项组用于对横轴序列进行变换,横轴变换比纵轴变换多了一个变换——多项式变换(Polynomia)。若对横轴进行多项式变换,则需要输入多项式的次数。

对话框下面的稳健迭代(Robustness Iterations)选项用于设定迭代的次数,必须是整数,该选项并不需要用户设定。

在 Options 选项框内可以设置图形注释(Legend labels)的形式,有默认(Default)、无(None)、简约(Short)和详细(Detailed)4 个选项。

02 分别在 Y transformations 选项组和 X transformations 选项组中单击 None(不对序列进行任何变换),然后单击 OK 按钮,屏幕会出现如图 2.31 所示的散点图。

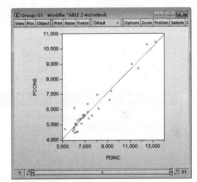

图 2.31 序列组 g1 的回归散点图

图 2.31 中直线为拟合的回归直线,EViews 采用的是最小二乘估计回归直线的参数。从图 2.31 可以看到,散点(pdinc,pcons)大部分位于直线周围,显示出序列 pdinc 和序列 pcons 之间很强的线性关系。

2. 最邻近拟合散点图

最邻近拟合是基于最邻近点的局部加权回归,即对于样本中的数据点,EViews 将拟合出一条局部的并且经过加权的回归线。局部是指只用邻近的数据点(样本子集)分步回归;加权是指邻近点越远,回归中所分配的权数越小。绘制序列组 g1 的最邻近拟合散点图(Scatter with Nearest Neighbor Fit)的主要步骤如下:

01 在序列组 g1 窗口工具栏中单击 View 功能键,单击 View 功能键,选择 Graph 命令,则弹出的对话框如图 2.28 所示。选择 Specific 选项框下的 Scatter,并且在 Fit lines 选项后的下拉菜单中选择 Nearest Neighbor Fit 命令，单击 Options 按钮，则屏幕会弹出如图 2.31 所示的对话框。该对话框用来设定局部加权回归的有关参数。

对话框中 Evaluation method 选项组有两个选项：选择 Exact（full sample）项，表示将样本中的每一个数据点都做局部回归；选择 Cleveland subsampling 项，表示选取子样本进行回归，可以在其下面的 Number of evaluation points（approx.）框输入子样本的大小，默认情况下是 100。

对话框右上角的 Specification 选项组用于确定选择识别周围邻近点进行回归的观测值所采用的规则，有以下 3 个选项。

- Polynomial degree（多项式次数）：用于设定多项式的次数来拟合每一个局部回归。
- Bandwidth（sample fraction）（带宽）设置：用于决定在局部回归中选择哪些观测值（最邻近点的选择识别），可以选取在[0, 1]之间的某个数 α。带宽用于控制拟合线的平滑程度，输入的 α 越大，拟合线越平滑，EViews 将在给定点周围使用[α N]个观测值进行局部回归，其中[α N]表示取整，N 为总样本个数。这种最邻近点的定义并不意味着给定点周围的邻近点的选取必须是对称的，若用户要求对称，则可以选择 Symmetric neighbors（对称邻近点）复选项。若选中 Bracket bandwidth（分类带宽）项，则 EViews 将显示带宽分别为 0.5α、α、1.5α 的 3 种最邻近拟合回归。
- Weighting（加权）项：Local Weighting（Tricube）用于给局部回归中的观测值进行加权；Robustness Iterations（稳健迭代）用于设定局部回归中迭代的次数。

02 在本例操作中，对图 2.32 所示的对话框不做任何设定修改，使用默认设定，单击 OK 按钮后，屏幕会显示序列组 g1 的最邻近拟合散点图，如图 2.33 所示。

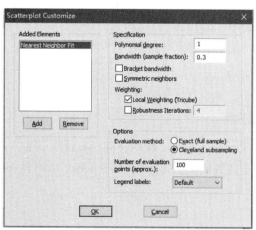
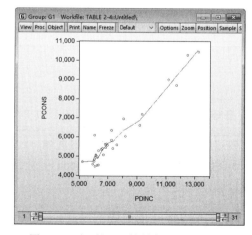

图 2.32　绘制最邻近拟合散点图对话框　　图 2.33　序列组 g1 的最邻近拟合散点图

从图2.33中可以看到，序列组g1的最邻近拟合散点图所拟合的折线由好几段直线组成，这是由于分步回归的结果，散点比较密的区域，折线段的数目比较多，散点稀疏的区域则显得比较平滑。

上机练习

练习 2-1　年收入与受教育年限相关分析

素材文件：sample/Exercise/exercise 2-1.wfl

多媒体教学文件：视频/习题 2-1.mp4

一般认为年收入和受教育年限成正比，即受教育程度较高，收入也相应比较高。表 2.5 所示是美国某地区 20 名受调查者的年收入（INC，单位为千美元）和接受教育的年限（EDU，单位为年）数据，这些数据保存在本书下载资源 Exercise 件夹下的 exercise 2-1.wfl 工作文件中。

表 2.5　年收入和受教育年限

Obs	INC	EDU	Obs	INC	EDU	Obs	INC	EDU	Obs	INC	EDU
1	20.5	12	6	8.28	12	11	55.8	16	16	28.5	18
2	31.5	16	7	30.8	16	12	25.2	20	17	21.4	16
3	47.7	18	8	17.2	12	13	29	12	18	17.7	20
4	26.2	16	9	19.9	10	14	85.5	16	19	6.42	12
5	44	12	10	9.96	12	15	15.1	10	20	84.9	16

请根据这些数据，使用 EViews 完成以下操作：

（1）绘制序列 INC 的直方图和统计表，并列示其有关统计量。

（2）对序列 INC 进行分组统计描述，分组变量是 EDU，并分析收入在各教育年限区间段的分布。

（3）检验序列 INC 的均值是否等于 15，标准差是否等于 9，其中均值检验分总体方差已知（为 9）和总体方差未知两种情况。

（4）绘制序列 INC 的各种经验分布图，并判断其经验分布是否服从正态分布。

（5）新建一个包含序列 INC 和序列 EDU 的序列组，并命名为 g1。

（6）对序列组 g1 进行描述统计分析、相关分析和协方差分析，计算序列 INC 和序列 EDU 的相关系数。

（7）绘制序列组 g1 的回归散点图，并分析序列 INC 和序列 EDU 之间的关系，判断序列 INC 和序列 EDU 是否成高度的正向关系。

练习 2-2　GDP 居民消费增长分析

素材文件：sample/Exercise/exercise 2-2.wfl

多媒体教学文件：视频/习题 2-2.mp4

在宏观经济周期分析中，人们十分关注相对于宏观经济的总体波动情况，经济系统中哪些宏观经济变量的波动更为剧烈。表 2.6 所示是我国 1992 年至 2000 年剔除价格因素影响后的实际

GDP增长率（GGDP）和实际的居民消费增长率（GCS），两者的单位都是百分比，这些有关数据保存在本书下载资源Exercise件夹下的exercise 2-2.wf1工作文件中。

表2.6 我国实际GDP和实际GCS的增长率

年份 序列	1992	1993	1994	1995	1996	1997	1998	1999	2000
GGDP	14.2	13.5	12.6	10.5	9.6	8.8	7.8	7.1	8.0
GCS	12.9	8.1	4.3	7.5	9.1	4.2	5.5	7.9	9.1

请根据这些数据，使用EViews完成以下操作：

（1）分别绘制序列GGDP和序列GCS的直方图，并列示它们的有关统计量。

（2）检验序列GGDP的均值是否等于10.2%，检验序列GCS的均值是否等于7.6%。

（3）新建一个包含序列GGDP和序列GCS的序列组，并命名为g1。

（4）对序列组g1进行统计量齐性检验，判断实际GDP平均增长率和实际的居民消费平均增长率是否相等，并判断两者的方差是否相等，根据这些检验结果得出结论。

第3章 简单线性回归分析

在定性研究变量之间的关系后，可以进一步进行定量研究，即回归分析。回归分析是用来分析两个及两个以上变量相互作用的重要建模方法，在数据分析中有着重要的应用，其中简单线性方程回归是计量经济学中广泛使用的统计技术之一。本章主要介绍如何运用EViews进行简单线性回归分析以及各种模型设定与诊断检验。在介绍这些操作之前先简单介绍线性回归模型。

含有 k 个解释变量的多元线性回归模型可以写为：

$$y_t = \beta_0 + \beta_1 x_{1t} + \beta_2 x_{2t} + \ldots + \beta_k x_{kt} + \varepsilon_t \tag{3.1}$$

把常数项 β_0 看作是样本观测值始终取 1 的虚变量的系数，则上述多元线性方程可以写成矩阵的形式：

$$Y = X\beta + \varepsilon \tag{3.2}$$

其中，Y 是因变量观测值的 n 维列向量；X 是所有解释变量（包括虚变量）的 n 个样本点组成的 n×（k+1）阶矩阵；β 是 k+1 维系数向量；ε 是由随机扰动项组成的 n 维向量。

对线性回归模型（3.1）进行最小二乘估计（OLS）时，还需要满足以下基本假设：

- 解释变量是非随机变量，且彼此之间不存在相关，即 $Cov(x_i, u_j) = 0$（i≠j）。
- 随机误差项之间相互独立且都服从期望为零、标准差为 σ 的正态分布，即 $\varepsilon_i \sim N(0, \sigma^2)$。
- 解释变量与随机误差项不相关，即 $Cov(x_i, u_j) = 0$。

建立了式（3.1）的线性回归模型后，接下来要估计模型的参数，使用 EViews 可以很方便地估计出模型的参数，并给出相应的统计量。

实验 3-1　简单线性回归模型估计

素材文件：sample/Example/table 3-1.wfl
多媒体教学文件：视频/实验 3-1.mp4

 实验基本原理

本实验是建立简单线性回归模型并估计其参数。对于所建立的多元线性回归方程（3.1），采用的是最小二乘估计（OLS），即最小化式残差平方和：

$$\min \quad Q^2 = \sum_{t=1}^{n} \hat{u}_t^2 = (Y - Xb)'(Y - Xb) \quad (3.3)$$

利用上式可以得到解释变量回归系数向量 β 的估计值以及随机误差项方差 σ^2 的估计值，即：

$$\hat{\beta} = b = (X'X)^{-1}X'Y \quad \hat{\sigma}^2 = \frac{\sum_{t=1}^{n} \hat{u}_t^2}{n-k-1} \quad (3.4)$$

其中，$\hat{u}_t$ 为回归方程的残差。

实验目的与要求

1. 实验目的

（1）通过本次实验，掌握方程OLS估计的操作方法和估计步骤。
（2）掌握利用OLS估计方法解决实际问题，对方程估计结果进行合理的解释说明。

2. 实验要求

（1）掌握对经济现象中有关变量进行相关分析的方法。
（2）掌握使用OLS方法估计方程，熟悉操作过程中各选项和参数的设置。
（3）着重理解方程OLS估计的输出结果，对实际输出结果给出有意义的分析。

实验内容及数据来源

从有关统计部门得到美国1959年第一季度（1959Q1）至1996年第一季度（1996Q1）的人均消费支出（cs）和人均可支配收入（inc）有关数据（单位为美元），且这些数据为经过物价指数调整后的数值，以1992年为基准年。表3.1给出的是部分有关数据，完整的数据保存在本书下载资源Example文件夹下的table 3-1.wf1工作文件中。

表3.1 CS 和 INC 的部分数据

Obs	INC	CS	Obs	INC	CS	Obs	INC	CS	Obs	INC	CS
1959Q1	341.9	310.4	1963Q1	412.1	375.1	1967Q2	566.1	506.2	1971Q3	797.4	708.2
1959Q2	349.1	316.4	1963Q2	416.7	379.4	1967Q3	576.7	513.7	1971Q4	808.4	724.5
1959Q3	350.3	321.7	1963Q3	423.5	386.4	1967Q4	586.4	521.2	1972Q1	819.8	741.9
1959Q4	354.8	323.8	1963Q4	432.3	391.1	1968Q1	602.7	539.5	1972Q2	834.2	759.9
1960Q1	359.1	327.3	1964Q1	442.5	400.5	1968Q2	618.8	553.2	1972Q3	862.9	778.1
1960Q2	362.7	333.2	1964Q2	454.8	408.3	1968Q3	626.2	569.1	1972Q4	904.1	802.9
1960Q3	364.4	333.1	1964Q3	462.7	417.1	1968Q4	637.9	577.5	1973Q1	924.5	827.2
1960Q4	365.6	335	1964Q4	470.1	419.8	1969Q1	643.9	588.8	1973Q2	950.4	842.1
1961Q1	369.3	335.7	1965Q1	476.6	430.6	1969Q2	658.1	599.4	1973Q3	972.4	860.8
1961Q2	374.9	340.6	1965Q2	485.2	437.8	1969Q3	679	609.2	1973Q4	1012.8	876.1
1961Q3	381.4	343.5	1965Q3	500.9	447.2	1969Q4	692.5	621.1	1974Q1	1022.9	894.4
1961Q4	389.6	350.7	1965Q4	513	461.5	1970Q1	702.5	632.4	1974Q2	1036.5	922.4

(续表)

Obs	INC	CS	Obs	INC	CS	Obs	INC	CS	Obs	INC	CS
1962Q1	394	355.3	1966Q1	521.2	472	1970Q2	721.5	642.7	1974Q3	1068.7	950.1
1962Q2	399.7	361.3	1966Q2	526.7	477.1	1970Q3	737.6	655.2	1974Q4	1088.7	957.8
1962Q3	403.6	365.4	1966Q3	538	486.4	1970Q4	746.9	662.1	1975Q1	1097.3	982.7
1962Q4	407.9	371.7	1966Q4	549	492	1971Q1	768.1	681.6	1975Q2	1163.4	1012.4

宏观经济中的消费理论认为，人均消费支出（cs）和人均可支配收入（inc）存在很强的线性关系。现以 cs 为因变量，inc 为自变量，建立如下消费模型：

$$cs = c_0 + c * inc + \varepsilon_t \tag{3.5}$$

并利用 1959Q1 至 1996Q1 共 149 个观测数据估计模型中的参数。

实验操作指导

本实验的具体操作由变量之间的相关分析、模型建立与参数估计、方程估计结果解释三部分组成。

1. 变量之间的相关分析

在建立消费模型之前，为了保证线性模型的合理性，首先需要分析cs和inc之间的相关性，可以通过计算两者的相关系数以及绘制两者之间的散点图进行分析。根据第2章所介绍的使用EViews进行序列组相关分析的方法，可以得到序列cs和序列inc之间的相关系数r＝0.999732。同时，绘制序列cs和序列inc的回归散点图，如图3.1所示。

cs和inc的相关系数以及两者之间的回归散点图表明，cs和inc确实存在高度的线性关系。

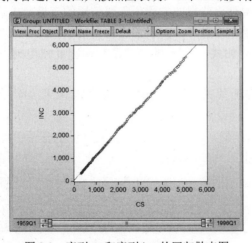

图 3.1 序列 cs 和序列 inc 的回归散点图

2. 模型建立与参数估计

确定序列 cs 和 inc 之间存在高度的线性关系后，接下来可以建立式（3.5）的消费函数模型，其主要过程如下：

01 打开工作文件"table 3-1.wfl"，先建立一个方程对象（Equation）。有两种方法：一是在

菜单栏中选择 Quick | Estimate Equation 命令；二是先在菜单栏中选择 Object | New Object 命令，然后在新建对象对话框中选择 Equation。这两种操作都会出现如图 3.2 所示的方程定义对话框。

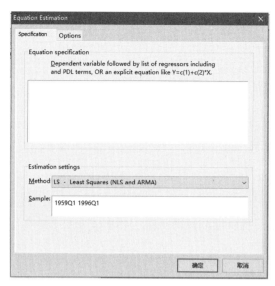

图 3.2　方程定义对话框

这一建立方程对象的操作对后面各种模型的建立都适用。在这个对话框中，用户需要对方程的形式进行说明、指定估计方法并选择样本范围。

方程定义对话框中要求用户在 Equation specification（方程说明）编辑框中对方程形式进行说明，即输入因变量、自变量以及函数形式。有列表法和公式法两种说明方程的方法。

列表法是指在编辑框中列出建立的方程所需要使用的变量，先输入因变量名或表达式，再列示解释变量，变量之间用空格隔开，列表法可有多种输入。

例如，本实验需要建立如式（3.5）的消费函数，因此使用列表法在方程说明编辑框中输入：cs c inc。

有时，也需要使用表达式来定义方程，例如在编辑框中可以输入：log（y）　c　log（x）。

在建立模型中q也会用到滞后序列（例如后面将介绍的滞后分布模型），此时可以把滞后值放在序列名后面的括号中，例如输入：y　c　x　x（-1）。通常在滞后中使用关键词to可以包括几个连续的滞后序列，例如输入：y　c　x　x（-1 to-3）等价于 y　c　x　x（-1）x（-2）x（-3）。

说　明

EViews 在回归中不会自动包括一个常数（截距项），因此当用户需要建立包含截距项的方程时，必须在方程说明编辑框中输入 c。工作文件中的系数向量对象"β c"是在建立工作文件时 EViews 自动预先定义的默认对象。当通过列表法说明方程的形式时，EViews 会根据变量在列表中的顺序，在这个向量中存储方程估计的系数。例如，用列表法输入：cs　c　inc，常数项估计值存储于 c（1），inc 的系数估计值存储于 c（2）。

列表法简单，但是只能用于不严格的线性说明，当列表法不能说明方程时，此时可以使用公式法。EViews中的公式是一个包括回归变量和系数的数学表达式。用公式定义方程，只需在编辑框中输入表达式即可，EViews会在方程中添加一个随机扰动项。例如本实验中，使用公式法说明方程时，可以输入：cs＝c（1）＋c（2）*inc。

Estimation settings下面有Method和Sample两个选项需要设定。方程形式设定后，用户需要选择一种方程参数估计的方法。选择Method选项，会出现如图3.3所示的下拉列表，表3.2列出了各种估计方法的含义，如LS（最小二乘法）、TSLS（两阶段最小二乘法）和ARCH（自回归条件异方差）等。本书在后续章节中将对常用分析方法进行讲解。

表 3.2　方程参数估计方法

方法	含义
LS	最小二乘法，可以用于线性回归模型、ARMA 等模型
TSLS	两阶段最小二乘法
GMM	广义矩估计方法
ARCH	自回归条件异方差，还可以估计其他各种 ARCH 模型，如 GARCH、T-GARCH
BINARY	用于估计二元选择模型，包括 Logit、Probit 和 Extreme value 模型
ORDERED	用于估计有序选择模型
CENSORED	用于估计删截模型
COUNT	用于估计计数模型
QREG	分位数回归分析方法
GLM	广义线性模型分析方法
STEPLS	分段最小二乘分析方法
ROBUSTLS	残差最小二乘分析方法
HECKIT	赫克曼备择模型
BREAKLS	带断点的最小二乘分析方法
THRESHOLD	门限回归分析
SWITCHREG	转换回归
ARDL	自回归分布滞后模型
MIDAS	混合数据抽样

Sample 选项用于设定用来估计方程系数的样本区间，在默认情况下，EViews 用当前工作文件的样本区间来填充 Sample 选项的对话框，用户也可以根据实际需要自由改变估计样本区间。如果回归方程中包括滞后变量，样本会自动做出调整。例如，样本区间为 1959 年~1996年，回归方程设定为：y　c　x　x（-2），EViews 会把样本自动调整为 1961~1996 年，因为对于 x（-2），1959 年和 1960 年没有数据。

单击图3.2所示对话框顶端的Options标签，切换至该选项卡，如图3.4所示。Options选项卡里面的内容根据Estimation settings的Method下拉列表框中回归方法选择的不同而改变。其中，LS-Least Squares（NLS and ARMA）方法下相应的Options选项卡的设定是针对模型回归的残存项存在异方差、自变量与随机项存在相关性时修正模型的，这些选项的应用将在后面的章节详细说明。

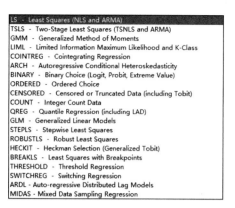
图 3.3 Method 下拉列表

图 3.4 Options 选项卡

02 在方程定义对话框的 Equation specification 编辑框中输入"cs c inc",在 Method 下拉列表中选择"LS-Least Squares(NLS and ARMA)",且不对 Options 选项卡做任何设置,单击"确定"按钮,EViews 会显示如图 3.5 所示的方程估计结果。

在如图 3.5 所示的估计结果中,窗口的顶部显示执行此次 EViews 操作的一般信息,包括因变量的名称、参数估计所使用的方法、回归结果产生的日期时间、变量的样本范围以及此次操作所包含的样本实际范围等信息。中间部分显示的是回归的结果,包括模型各个参数的估计值、参数估计值的标准差、t 统计量及其相应的概率。窗口最下面的是回归的一些统计量。

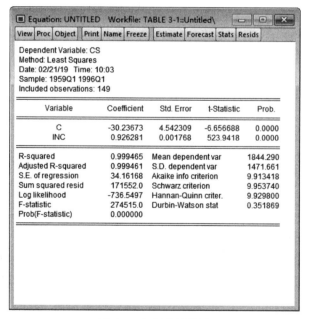
图 3.5 方程估计结果

3. 方程估计结果解释

下面对图3.5所示的普通最小二乘法估计输出结果进行解释说明,后面许多模型估计的输出结果都和图3.5相似。关于模型估计的说明和模型解释变量的估计结果分别如表3.3和表3.4所示。

表 3.3 模型估计的说明

模型估计说明	含义
Dependent Variable: CS	模型的被解释变量（该案例为 G）
Method: Least Squares	模型估计方法：最小二乘法
Date: 02/21/19　　Time: 10:03	模型估计的时间
Sample: 1959Q1 1996Q1	模型估计的样本范围
Included observations: 149	模型估计中的有效观测值的个数

表 3.4 模型解释变量的估计结果

模型解释变量的估计结果	含义
Variable	模型的解释变量
Coefficient	回归方程的系数，每个回归系数乘以相应的解释变量就形成了对被解释变量的最佳预测
Std. Error	回归方程系数估计值的标准误差，其主要用于衡量回归系数的统计可靠性，标准误差越大，说明回归系数估计值越不精确
t-Statistic	方程回归系数相应的 t 统计量，用于检验某个系数是否显著则异于零
Prob.	回归系数 t 统计量值相应的概率值，若 Prob.小于检验水平，说明相应的系数估计值显著的异于零；否则系数不显著

针对模型整体分析结果的各个指标分析解释如下：

- R-squared：模型回归的 R 方，是样本可决系数（也称方程拟合优度）。
- Adjusted R-squared：模型估计的调整 R 方，是修正的样本可决系数，利用这两个统计量可以对模型进行拟合优度检验，即判断模型的估计值（拟合值）对实际观测值拟合的好坏。R^2 值或 $\bar{R}^2$ 较大说明模型对因变量拟合得较好，模型中的解释变量能够解释因变量变动的很大一部分。

说　明

R^2 并不是判断模型拟合好坏的唯一指标，回归模型的 R^2 较小，并不一定说明模型拟合程度很差。有时，如果回归方程中没有截距项或常数项，或者使用了两阶段最小二乘法（TSLS），则 R^2 可能为负数。

- S.E. of regression：回归标准误差，用于度量残差的大小。大约 67%的残差将位于正负一个标准误差范围之内，而 95%的残差将位于正负两个标准误差范围之内。
- Sum squared resid：残差平方和，可以用作某些检验的输入值（如 F 检验）。
- Log likelihood：对数似然值（简记为 L），是基于极大似然估计得到的统计量。在线性回归中，其计算公式为：$L = -\frac{n}{2}\log 2\pi - \frac{n}{2}\log \hat{\sigma}^2 - \frac{n}{2}$。对数似然值用于说明模型的精确性，L 越大说明模型越精确。同时，可以通过比较有条件约束方程和无条件约束方程的对数似然估计值的差异进行似然比检验。
- Durbin-Watson stat：DW 统计量，用于检验残差序列的自相关性，其计算公式为：

$$D.W.= \frac{\sum_{t=2}^{n}(\hat{u}_t - \hat{u}_{t-1})^2}{\sum_{t=1}^{n}\hat{u}_t^2} \approx 2(1 - \frac{\sum_{t=2}^{n}\hat{u}_t\hat{u}_{t-1}}{\sum_{t=1}^{n}\hat{u}_t^2})$$。Durbin 和 Watson 给出了在 5%和 1%显著水平下，不同的样本量 n 和自变量个数 k 检验的临界值，用户可以将 Durbin-Watson 统计量值与临界值进行比较，从而判断模型的残差序列是否存在自相关。一般情况下，如果 DW 统计量值比 2 小很多，则说明该序列存在正的自相关。

- Mean dependent var 和 S.D. dependent var：分别是因变量的均值和因变量的标准差。
- Akaike info criterion（AIC）和 Schwarz criterion（SC）：分别是赤池信息准则和施瓦茨准则，其计算公式为：$\begin{cases} AIC = -\frac{2L}{n} + \frac{2k}{n} \\ SC = -\frac{2L}{n} + \frac{k\ln n}{n} \end{cases}$。AIC 信息准则和 SC 准则用于评价模型的好坏，一般要求 AIC 值或 SC 值越小越好。当选择变量的滞后阶数（如协整检验中）时，可以通过选择使 AIC 或 SC 达到最小的滞后分布长度。
- F-statistic 和 Prob（F-statistic）：分别是 F 检验统计量及其相应的概率，用于对方程的整体显著性进行检验。F 检验是一个所有系数估计值都不为零的联合检验，即使所有系数的 t 统计量都是不显著的，F 统计量也可能是显著的。

根据图 3.5 所示的输出结果，可以写出消费函数的估计方程（小数点后保留 4 位有效数字）：

$$CS=-30.2367 + 0.9263INC \tag{3.6}$$
$$(-6.6567) \quad (523.9418)$$

其中，括号内是相应系数估计值的 t 统计量值。

在方程（3.6）中，回归系数的t统计量都很显著，并且相应的概率值Prob.＜0.0001。因此，至少在99.99%的置信水平下，可以认为常数项以及INC系数的估计值都显著地不为零。回归方程的R^2=0.9995，$\bar{R}^2$=0.9995都很接近于1，说明回归方程的拟合效果非常好。变量INC对应的系数（边际消费倾向）估计值为0.9263，说明当可支配收入增加1美元时，消费支出将增加0.9263，表现出很强的消费倾向。

一般的线性回归模型，其解释变量的取值都是具体的连续数值，例如人均可支配收入、资本投入、劳动投入等，这些都属于定量变量。然而在实际问题中，经常会遇到这样一些变量，例如性别、类别等，它们不是用数值来度量的，被称为定性变量。解释变量中含有定性变量的问题比较简单，在建立模型之前，先对属于定性变量的解释变量进行数量化处理，然后使用EViews进行模型参数估计操作，步骤与一般的多元线性回归模型的操作过程基本相同，只需将定性的解释变量当作一般的定量变量操作即可。

实验 3-2　回归方程的视图和过程

素材文件：sample/Example/table 3-1.wfl
多媒体教学文件：视频/实验 3-2.mp4

▶ 实验基本原理

本实验在方程估计结果的基础上，对回归方程进行视图操作和过程操作，包括显示回归方程，显示因变量的实际值、拟合值、残差值，以及对模型进行预测。其中，模型的拟合值和预测值（在线性回归模型中只能是静态预测）是根据下面的公式得到的：

$$\hat{Y} = X\hat{\beta} \tag{3.7}$$

其中，$\hat{Y}$表示模型的拟合值和静态预测值，$\hat{\beta}$是模型的估计系数。模型的残差等于因变量的实际值与拟合值之差，即$\hat{u}_t = y_t - \hat{y}_t$。

▶ 实验目的与要求

1. 实验目的

（1）通过本次实验，掌握方程窗口工具栏中的视图操作和过程操作。
（2）熟悉回归模型的预测操作，理解预测的用途。
（3）掌握评价模型预测精度的方法和评价依据。

2. 实验要求

（1）使用方程窗口工具栏中的View | Representations命令显示回归方程的各种形式，熟悉方程的3种显示形式。
（2）使用View | Actual,Fitted,Residual命令以各种形式（表格形式和图形形式）显示因变量的实际值、拟合值以及残差值。
（3）熟练给出回归模型中因变量的预测值，理解动态预测和静态预测之间的区别。
（4）熟悉模型预测精度评价指标，对模型的预测效果进行评价和说明。

▶ 实验内容及数据来源

使用方程对象窗口工具栏中的View功能键和Proc功能键对实验3-1得到的方程估计结果进行视图操作和过程操作，包括以3种形式显示了实验3-1所得到的方程估计结果，以数据表格和图形的形式显示因变量的实际值、拟合值和残差值，单独显示标准化残差的折线图以及对模型进行预测。

实验操作指导

1. 回归方程显示

回归方程各种形式显示的主要过程如下:

01 单击如图 3.5 所示的回归方程窗口工具栏中的 View 功能键,弹出如图 3.6 所示的菜单。

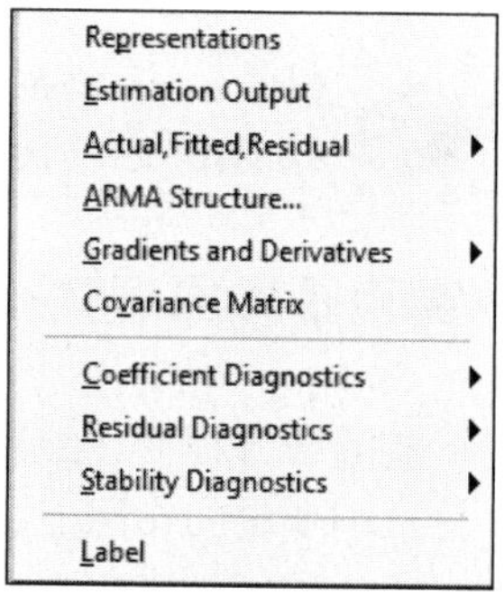

下面对该菜单中的命令项做简要说明。

- Representations: 以 3 种形式显示回归方程, 包括 EViews 命令(Estimation Command)形式、带系数符号的代数方程(Estimation Equation)形式和有系数估计值的方程(Substituted Coefficients)形式。

图 3.6 方程对象 View 功能键菜单

- Estimation Output: 用于显示方程的估计结果, 即图 3.5 所示的显示形式。
- Actual,Fitted,Residual: 该命令也有子菜单, 这些菜单项以数据表格和图形的形式显示因变量的实际值、拟合值以及残差。其中, Actual,Fitted,Residual Table 以数据表格的形式来显示这些值, 并且在右侧显示残差的折线图; Actual,Fitted,Residual Graph 显示因变量的实际值、拟合值以及残差的折线图; Residual Graph 只绘制残差序列的折线图; Standardized Residual Graph 只绘制经过标准化的残差的折线图。
- ARMA Structure: 用于对 ARMA 模型进行结构分析。
- Gradients and Derivatives: 用于描述目标函数的梯度和回归函数的导数等计算信息, 有兴趣的读者可以参考有关梯度和导数图书。
- Covariance Matrix: 以数据表格的形式显示系数估计值的方差-协方差矩阵。
- Coefficient Diagnostics、Residual Diagnostics 和 Stability Diagnostics: 可以分别导出方程设定和诊断检验的下一级菜单, 包括回归方程的各种系数检验、残差序列检验和模型稳定性检验等。

02 选择窗口工具栏中的 View | Representations 命令, 会得到如图 3.7 所示的输出结果。

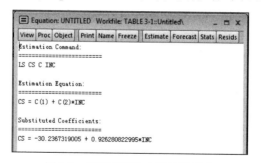

图 3.7 回归方程的 3 种显示形式

图3.7从上至下分为3部分, 分别是消费函数估计方程的3种显示形式, 即估计方程的命令形式、回归方程的代数形式和带有系数估计值的方程形式。

2. Actual、Fitted 和 Residual 命令项操作

选择图3.5所示的回归方程窗口工具栏中的View|Actual,Fitted,Residual|Actual,Fitted,Residual Table命令，将以表格的形式显示因变量的实际值、拟合值和残差值，如图3.8所示。

在图3.8中，Actual列显示因变量的实际值（cs序列的样本观测值）；Fitted列显示模型拟合值，即 $\hat{cs}$ =-30.2367＋0.9263inc；Residual列显示残差，即实际值与拟合值的差。Residual Plot列显示残差序列图，其中虚线表示置信带（正负一个标准误差范围）。

选择图3.5所示的回归方程窗口工具栏中的View|Actual,Fitted,Residual|Actual,Fitted,Residual Graph命令，将显示因变量的实际值、拟合值和残差的折线图，如图3.9所示。

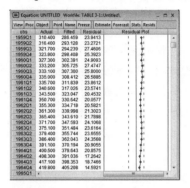
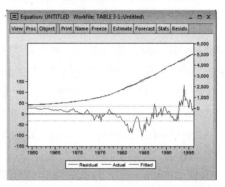

图 3.8 实际值、拟合值和残差值的表格显示　　图 3.9 实际值、拟合值和残差值的折线图

从图3.9中可以看到，从1960Q1至1980Q1时间段模型拟合效果很好，所有的残差都位于置信带区域内，但有3个时间段残差值比较大，位于置信带区域之外：1980Q1至1983Q1、1983Q4至1986Q2以及1992Q4至1995Q3，其中Q指季度。

选择图3.5所示的回归方程窗口工具栏中的View|Actual,Fitted,Residual|Standardized Residual Graph命令，EViews将只绘制经过标准化的残差的折线图，如图3.10所示。标准化残差是指残差除以其标准差，如果回归模型中的随机误差项满足基本假设，则标准化残差应该服从标准正态分布。

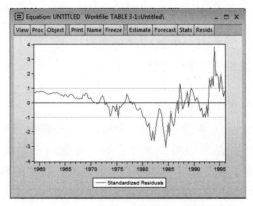

图 3.10 标准化残差的折线图

3. 模型预测

预测是建立模型的目的之一，而且预测的效果可以用于评价模型，对于已经建立的模型，

可以直接预测各样本点的拟合值。对实验 3-1 得到的回归方程进行预测的主要过程如下：

① 在图 3.5 所示的方程对象窗口工具栏中单击 Proc 功能键，会弹出如图 3.11 所示的菜单。

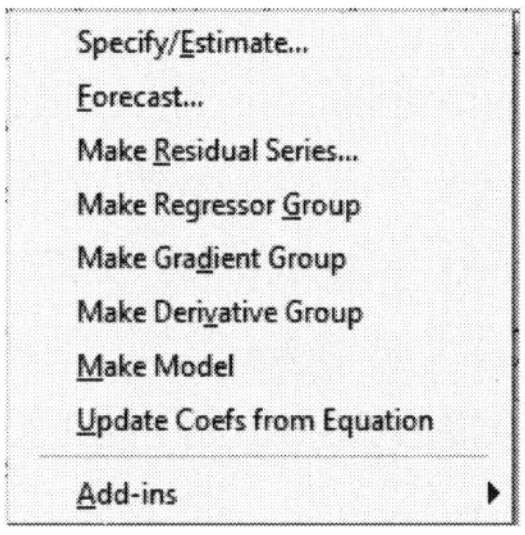

菜单命令项说明如下：

- Specify/Estimate…：用于调出方程设定对话框以修改模型形式，改变模型估计方法或样本区间，与方程对象窗口工具栏中 Estimate 功能键的作用相同。

图 3.11 方程对象 Proc 功能键菜单

- Forecast…：用于进行方程预测。
- Made Residual Series…：用于在工作文件中以序列形式保存残差序列，根据估计方法的不同，可以选择普通残差（Ordinary）、标准化残差（Standardized）和广义残差（Generalized）3 种不同的残差，对于 OLS 估计只能保存普通残差。
- Make Regressor Group：用于生成包含回归方程中所使用的所有变量的组对象。
- Make Gradient Group 和 Make Derivative Group：用于生成目标函数的梯度和回归函数的导数。
- Make Model：用于生成与被估计方程有关的模型。
- Update Coefs from Equation：用于把方程的系数估计值置于系数向量中。
- Add-ins：用于调用 Eviews 加载项。

② 选择 Proc | Forecast…选项，屏幕会弹出如图 3.12 所示的对话框。

Series names（序列名）选项组有两个编辑框。Forecast name 编辑框用于输入所要预测的因变量名，默认的名字是因变量后面加"f"，例如图 3.12 中的 csf。用户也可以更改为其他有效的序列名，但这个序列名不能与回归方程中的因变量名相同，否则预测过程会覆盖已给定的序列值。如果用户需要保存预测误差的标准差，可以在 S.E.编辑框中输入预测误差标准差序列名。

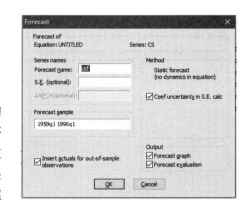

图 3.12 模型预测对话框

Method 选项组用于选择模型预测的方法，可供选择的方法有动态预测（Dynamic）和静态预测（Static）。动态预测是指从预测样本的第一期开始计算多步预测；而静态预测是利用滞后因变量的实际值而不是预测值计算预测结果。对于 OLS 只能使用静态预测，动态预测常用于时间序列模型中。这里的 Structural 选项用于选择预测结构。如果回归方程中有 ARMA 项，若用户选择了 Structural 项，无论是使用动态预测还是使用静态预测方法，EViews 都会对残差进行预测；否则，所有预测方法都将忽略残差项而只对模型的结构部分（因变量）进行预测。

Forecast sample 选项用于指定模型预测的样本，默认情况下，EViews 将预测样本设定为工作文件的样本区间。如果指定的样本超出了估计方程所使用的样本区间，则 EViews 将进行样本外预测。需要注意的是，进行样本外预测时需要提供样本外预测期间的解释变量值。

Output 选项组用于选择预测的输出结果，可供选择的预测结果包括 Forecast graph（预测图）和 Forecast evaluation（预测评价指标）。

03 本实验中，对图 3.12 所示对话框中的各项不做任何更改，即使用 EViews 的默认设置，单击 OK 按钮。

执行模型预测操作后，EViews 生成一个新的序列 csf，并得到如图 3.13 所示的预测图。图 3.13 中的实线表示因变量的预测值，实线周围上下两条虚线给出的是置信水平为95%的置信带区域。图 3.13 右边的方框中显示一系列对模型预测的评价指标。从上至下，这些评价指标依次为：Root Mean Squared Error（均方根误差，简记为 RMSE）、Mean Absolute Error（平均绝对误差，简记为 MAE）、Mean Abs. Percent Error（平均绝对百分比误差，简记为 MAPE）、Theil Inequality Coefficient（希尔不等系数，简记为 Theil IC）、Bias Proportion（偏差率，简记为 BP）、Variance Proportion（方差率，简记为 VP）、Covariance Proportion（协变率，简记为 CP）。对于这些统计指标的定义和计算公式，有兴趣的读者可以参考有关的计量经济学和统计学图书。

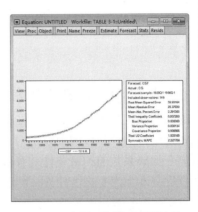

图 3.13 消费函数模型预测结果

RMSE和MAE两个评价指标取决于因变量的绝对数值，通常更直接地考察相对指标MAPE，一般认为如果MAPE值小于10，则说明模型预测精度较高。Theil IC总是介于0和1之间，其数值越小，说明拟合值和真实值之间的差异越小，模型预测精度越高。BP、VP和CP是3个相互联系的评价指标，它们的取值范围都在0和1之间，并且BP+VP+CP=1。BP反映了预测值均值和实际值之间的差异，VP反映了预测值标准差和实际值标准差之间的差异，CP则用于衡量剩余的误差。当CP值较大，而BP和VP值较小时，说明模型的预测比较理想。

图3.13的预测结果显示，MAPE=2.2914，Theil IC=0.007200，CP=0.9999，这些预测评价指标说明实验3-1得到的消费函数回归模型的预测精度非常高，预测值非常接近真实值。

实验 3-3　Wald 系数约束检验

素材文件：sample/Example/table 3-2.wfl
多媒体教学文件：视频/实验 3-3.mp4

▶ 实验基本原理

本实验是对回归模型中解释变量的系数含有约束条件进行Wald检验，系数约束限制可以是线性的，也可以是非线性的，并且Wald检验可以同时检验一个或者多个系数约束。Wald检验的输出结果依赖于系数约束是否为线性，在线性约束下，检验的输出结果是F统计量、x^2统计量和相应的概率值；在系数非线性约束下，不会得到F统计量，输出结果是渐近服从x^2分布的统计量和相应的概率p值。对于一般的回归模型中系数非线性条件约束检验，其检验统计量较为复杂，有兴趣的读者可以参考有关的计量经济学图书。特别的，对于线性回归模型中的系数线性条件约束检验，其检验统计量为：

$$F = \frac{(SSE_r - SSE_{ur})/m}{SSE_{ur}/(n-k)} \tag{3.8}$$

式（3.8）中，SSE_r是系数受约束模型的回归残差平方和；SSE_{ur}是系数无约束条件模型的回归残差平方和；m是原假设中系数约束条件的个数，n是样本容量，k是无约束条件的回归模型中待估计参数的个数。

如果系数的约束条件是有效的，则无约束条件下和有约束条件下所得到的回归模型的拟合程度基本上没有显著差异，即F统计量很小，其相应的概率值p很大。

▶ 实验目的与要求

1. 实验目的

（1）通过本次实验，掌握Wald系数约束条件检验的基本原理和主要用途。
（2）熟练掌握使用EViews进行Wald系数约束条件检验的操作过程。

2. 实验要求

（1）掌握Wald系数约束条件检验的方法，熟悉操作过程中选项和参数的设置。
（2）理解Wald系数约束条件检验的输出结果，对原假设做出合理的判断。

▶ 实验内容及数据来源

在经济学中，柯布-道格拉斯生产函数有着重要的应用，当生产要素投入达到一定的水平时，会产生要素规模报酬不变的现象。本实验是先建立对数形式的柯布-道格拉斯生产函数，然后检验资本投入弹性和劳动投入弹性的系数之和是否为1，即检验要素规模报酬是否不变。本实验采用的数据是美国25家主要金属行业SIC33的观测值，如表3.5所示。本实验所用数据保存在本书下载资源Example文件夹下的table 3-2.wf1工作文件中，其中序列Y、序列K和序列L分别表示美国25家主要金属行业的产出、资本投入和劳动投入。

表3.5 25家美国主要金属行业的有关数据

Obs	Y	K	L	Obs	Y	K	L
1	657.29	279.99	162.31	7	2427.89	3069.91	452.79
2	935.93	542.5	214.43	8	4257.46	5585.01	714.2
3	1110.65	721.51	186.44	9	1625.19	1618.75	320.54
4	1200.89	1167.68	245.83	10	1272.05	1562.04	253.17
5	1052.68	811.77	211.4	11	1004.45	662.04	236.44
6	3406.02	4558.02	690.61	12	598.87	875.37	140.73

（续表）

Obs	Y	K	L	Obs	Y	K	L
13	853.1	1696.98	154.04	20	1653.38	1701.06	304.85
14	1165.63	1078.79	240.27	21	5159.31	5206.36	835.69
15	1917.55	2109.34	536.73	22	3378.4	3288.72	284
16	9849.17	13989.55	1564.83	23	592.85	357.32	150.77
17	1088.27	884.24	214.62	24	2065.85	2492.98	497.6
18	8095.63	9119.7	1083.1	25	2065.85	2492.98	497.6
19	3175.39	5686.99	521.73				

数据来源：《经济计量分析》（威廉.H.格林著，王明舰等译，中国社会科学出版社，1998，第223页）

柯布-道格拉斯生产函数的对数形式为：

$$LnY = LnA + \alpha LnK + \beta LnL \tag{3.9}$$

本实验先利用25个样本数据估计方程（3.9），然后检验方程线性约束条件的原假设H_0：$\alpha + \beta = 1$，检验水平为$\alpha = 0.01$。

实验操作指导

模型（3.9）的要素规模报酬不变的Wald系数约束检验的主要过程如下：

01 先估计方程（3.9），按照实验3-1中所介绍的模型估计方法，在方程定义对话框的Equation specification编辑框中输入"log(y) log(k) log(l) c"，然后单击OK按钮，得到如图3.14所示的方程估计结果。

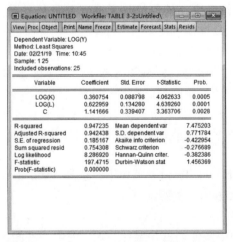

图3.14 柯布-道格拉斯生产函数估计结果

图3.14所示的估计结果显示，方程所有系数估计值都是正数，满足实际要求，而且参数估计值的t统计量相应的概率值P非常小，说明方程所有系数估计值都是显著的。从方程的估计结果可以发现，log（K）和log（L）的系数估计值之和为0.9837，很接近1。

02 在图3.14所示的方程对象窗口工具栏中，单击View功能键，选择Coefficient Diagnostics

（系数诊断）命令，会弹出如图 3.15 所示的下一级菜单。

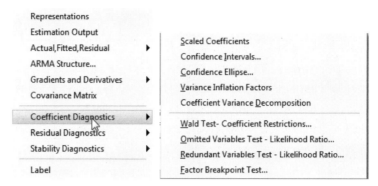

图 3.15　Coefficient Diagnostics 子菜单

该菜单中的命令提供了以下几种系数估计或检验。

- Scaled Coefficients：输出系数估计值、标准化估计值和估计均值的弹性值。
- Confidence Intervals：输出系数的 90%、95%和 99%置信区间，且用户可以自己设置置信度。
- Confidence Ellipse…：用于对系数进行联合置信区间检验，两个回归系数联合检验的置信区域是一个椭圆形区域。
- Variance Inflation Factors：输出方差膨胀因子，该指标衡量方程中的共线性程度。
- Coefficient Variance Decomposition：进行系数的方差分解。
- Wald Test-Coefficient Restrictions…：用于进行 Wald 系数约束条件检验，Wald 检验可以处理有关解释变量系数约束的假设检验。
- Omitted Variables Test-Likelihood Ratio…：用于进行遗漏变量检验，可以检验方程中是否遗失了重要的解释变量，检验统计量是似然比统计量，这一检验可以应用于线性 LS、TSLS 以及 ARCH 模型的估计方程中。
- Redundant Variables Test-Likelihood Ratio…：用于进行冗余变量检验，可以检验方程中一部分解释变量的显著性，即确定方程中一部分变量的系数是否为 0，从而将这些冗余的变量从回归方程中剔除掉。
- Factor Breakpoint Test…：因子断点检验按照分类变量将样本分成不同分样本，并据此估计方程，若这些方程存在显著差异，则表明发生结构变化。

03 在图 3.15 所示的 Coefficient Tests 子菜单中，选择 Wald Test-Coefficient Restrictions…命令，屏幕会弹出如图 3.16 所示的对话框。

04 在此可输入模型系数约束条件，可以是线性的约束条件，也可以是非线性的，并且可以有多个约束条件，各约束条件用逗号隔开。本实验中，在图 3.16 所示的编辑框中输入"c（1）+c（2）=1（$\alpha+\beta=1$）"，然后单击 OK 按钮，会得到如图 3.17 所示的 Wald 检验结果。

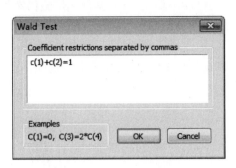

图 3.16　系数约束检验对话框　　　　图 3.17　Wald 系数约束条件检验结果

图3.17所示的检验结果分两部分，上面部分显示Wald检验结果，包括检验统计量及其相应的概率值等；下面部分显示检验的约束条件。

由于x^2统计量等于F统计量乘以检验约束条件的个数，本实验中，只有一个约束条件，因此这两个检验统计量的值相等。检验结果显示，F-statistic＝0.060909，相应的概率值p＝0.8074，远大于检验水平，因此不能拒绝原假设H_0：$\alpha+\beta=1$，即不能拒绝规模报酬不变的原假设。

实验 3-4　Chow 稳定性检验

素材文件：sample/Example/table 3-1.wfl
多媒体教学文件：视频/实验 3-4.mp4

实验基本原理

本实验是对回归模型进行Chow稳定性检验，包括Chow分割点检验（Chow Breakpoint Test）和Chow预测检验（Chow Forecast Test），这两个检验可以用来检验模型结构的稳定性。

1. Chow 分割点检验

Chow分割点检验的基本原理是：先将样本观测值根据分割点划分为两个或两个以上的子集，且这些子集所包含的观测值个数必须大于方程待估计参数的个数；然后使用每个子集的观测值和全部样本的观测值分别估计方程；最后比较利用全部样本进行估计所得到的残差平方和（有约束的残差平方和）与利用每个子集样本进行估计所得到的加总的残差平方和（无约束的残差平方和），判断模型的结构是否发生了显著变化。Chow分割点检验是利用F统计量和LR统计量进行检验的，在无结构变化的原假设下，LR统计量渐近地服从x^2分布，其自由度等于分割点个数乘以模型待估计参数的个数。

2. Chow 预测检验

Chow预测检验的基本原理是：将全部样本n分为n_1和n_2两部分，先利用n_1个样本观测值去估计方程并用估计出来的模型去预测余下的n_2个数据点的因变量值;然后将模型的预测值和实际值进行比较,如果两者的差异很大,则说明模型可能不稳定。Chow预测检验仍然是利用F统计量和LR统计量进行检验,在无结构变化的原假设下,LR统计量渐近地服从x^2分布,其自由度等于n_2。

对于分割点的选取以及Chow预测检验中n_1和n_2的划分,并没有明确的规则,可以根据经济现象或某些特殊事件的发生而适当参考。

实验目的与要求

1. 实验目的

(1)通过本次实验,掌握Chow检验的基本原理和主要用途。
(2)熟练掌握Chow分割点检验和Chow预测检验的操作过程,判断分割点。

2. 实验要求

(1)理解Chow分割点检验和Chow预测检验的基本原理和检验统计量。
(2)熟练掌握Chow稳定性检验,根据检验结果判断模型结构是否存在变化。

实验内容及数据来源

在实验3-2中绘制拟合值、实际值和残差值的表格和图形时,分析发现有3个时期段残差值比较大,位于置信带区域之外:1980Q1至1983Q1、1983Q4至1986Q2以及1992Q4至1995Q3。因此,本实验对模型(3.5)的结构进行Chow稳定性检验,包括Chow分割点检验和Chow预测检验,并假设1980Q1为分割点,判断1980Q1之前和之后的两段时期,消费函数模型是否发生了显著的结果变化,检验的原假设为H_0:模型(3.5)无显著的结构变化。

实验操作指导

1. Chow 分割点检验

对模型(3.5)的估计结果进行 Chow 分割点检验的主要过程如下:

01 在图 3.5 所示的消费函数回归方程窗口工具栏中,单击 View 功能键,并选择 Stability Diagnostics | Chow Breakpoint Test…命令,屏幕会弹出如图 3.18 所示的对话框。

02 在图 3.18 所示的对话框中输入分割点时期,可以输入多个分割点,不同的分割点时期用空格隔开。本实验在对话框中输入分割点"1980Q1",然后单击 OK 按钮,屏幕会输出如图 3.19 所示的检验结果。

图 3.19 检验结果显示,F 统计量=100.8143,LR 统计量=129.8565,这两个统计量相应的概率值 P 都非常小,因此拒绝原假设 H_0:模型(3.5)无显著的结构变化。

下面对模型(3.5)进行另一种Chow稳定性检验,即Chow预测检验。

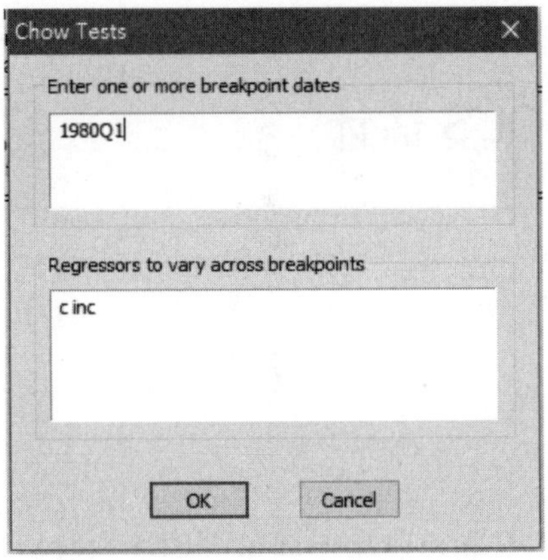

图 3.18　Chow 分割点检验对话框 　　　　图 3.19　Chow 分割点检验结果

2. Chow 预测检验

对模型（3.5）的估计结果进行 Chow 预测检验的主要过程如下：

01 在图 3.5 所示的消费函数回归方程窗口工具栏中单击 View 功能键，并选择 Stability Tests | Chow Forecast Test…命令，屏幕会弹出与图 3.18 完全相同的对话框。

02 在对话框中输入"1980Q1"，然后单击 OK 按钮，屏幕会出现如图 3.20 所示的 Chow 预测检验输出结果。

图 3.20 所示的检验结果分为两部分，上面显示 Chow 预测检验的统计量及概率值，下面显示利用 1980Q1 之前的样本估计模型（3.5）所得到的估计结果。Chow 预测检验结果显示，F 统计量 = 27.75861，LR 统计量 = 467.2131，这两个统计量相应的概率值 P 都非常小，因此拒绝原假设 H_0：模型（3.5）无显著结构变化，即可以认为消费函数模型在 1980Q1 发生了结构变化。

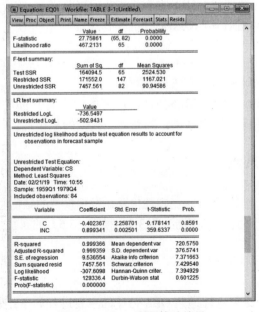

图 3.20　Chow 预测检验结果

EViews 统计分析与实验指导（视频教学版）

实验 3-5　递归 OLS 估计

素材文件：sample/Example/table 3-1.wfl
多媒体教学文件：视频/实验 3-5.mp4

▶ 实验基本原理

本实验是对回归模型进行递归OLS估计，该方法是通过利用不断增大的样本数据子集而重复估计回归方程。如果线性方程（3.2）中系数向量β有m个系数需要估计，那么前m个样本观测值用来生成向量β的第一估计值；然后将下一个观测值加入数据集中，用m＋1个观测值计算β的第二个估计值，此过程不断进行，直到所有n个样本点都被使用，并产生系数向量β的n-m个估计值。而且在每次估计中，前一个β的估计值被用来预测因变量的下一个值，并计算预测误差。在适当的精度下，一步预测误差被定义为递归残差。关于递归残差的精确定义，读者可以参考有关的计量经济学和统计学图书。

如果所建立的模型是有效的，则所得到的递归残差将服从独立的均值为零、方差为σ^2的正态分布，递归残差最重要的应用之一是可以检验模型的结构是否发生改变。

▶ 实验目的与要求

1. 实验目的

（1）通过本次实验，掌握递归OLS估计方法及应用意义。
（2）掌握使用EViews进行递归OLS估计的操作过程。

2. 实验要求

（1）理解递归OLS估计的基本方法与原理。
（2）熟练使用EViews进行递归OLS估计，理解估计选项中的6个曲线图的含义与区别。
（3）依据递归OLS估计的输出结果，判断回归模型的稳定性。

▶ 实验内容及数据来源

实验3-5对模型（3.5）进行了Chow稳定性检验，发现模型的结构并不是稳定的。现利用递归OLS重新对模型（3.5）进行估计，并判断实验3-1中模型（3.5）的回归系数是否稳定。

▶ 实验操作指导

对模型（3.5）的估计结果进行递归 OLS 估计的主要过程如下：

 在图 3.5 所示的消费函数方程估计结果的窗口工具栏中，单击 View 功能键，并选择

Stability Tests | Recursive Estimates（OLS only）…命令，屏幕会弹出如图 3.21 所示的对话框。

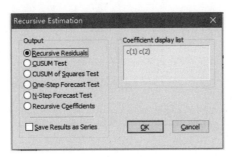

图 3.21　递归 OLS 对话框

对话框左边的 Output 选项组提供递归 OLS 估计中可供选择的曲线图输出，有以下 6 种。

- Recursive Residuals（递归残差）：若选择该选项，则输出零均值线附近的递归残差曲线图，并绘制出正负两倍的递归残差标准差的置信区域，若残差落在该区域以外，则表示方程所估计的参数是不稳定的。
- CUSUM Test：检验考虑的是残差累积和，并生产检验曲线图。在该检验曲线图中，累积和曲线以样本观测值顺序为坐标，并且绘制出显著性为 5%的两条临界直线，如果残差累积和超出了这两条临界直线，则说明方程所估计的参数是不稳定的。
- CUSUM of Squared Test：平方的 CUSUM 检验，其给出检验统计量相对于样本观测值顺序的曲线图和临界水平为 5%的两条平行的临界直线，与 CUSUM 检验一样，偏离临界直线表示方程所估计的参数不稳定。
- One-Step Forecast Test：一步预测检验，以检验在某样本观测点 k 上，回归方程因变量在该观测点上的值是否可以从拟合前 $k-1$ 个数据点的模型中得到，并且该检验显著性的概率值可以从输出结果得到。该检验生产的曲线图分为两部分，上半部分给出了递归残差和标准差，下半部分给出了检验的原假设："方程所估计的参数是稳定的"在检验水平为 5%、10%、15%上被拒绝的样本的概率值。
- N-Step Forecast Test：N 步预测检验，该检验利用递归计算方法进行一系列的 Chow 预测检验。与单个 Chow 预测检验不同的是，该检验并不要求任何预测期的设定（分割点），它自动计算所有可能的情况，先以最小可能的样本容量估计方程，然后在每一步中加入一个观测值。N 步预测检验得到的曲线图分为两部分，上半部分给出递归残差，下半部分给出检验显著性概率值。
- Recursive Coefficients（递归系数）：若选择该选项，则输出方程递归估计所得到的一系列系数值的曲线图。在所生产的曲线图中，实线是方程系数一系列的递归估计值，虚线是系数递归估计值的正负两倍标准误。

对话框右边的 Coefficient display list 编辑框用于显示方程系数。

02　本实验在图 3.21 所示的对话框中选择 CUSUM Test，然后单击 OK 按钮，得到如图 3.22 所示的 CUSUM 检验曲线图。

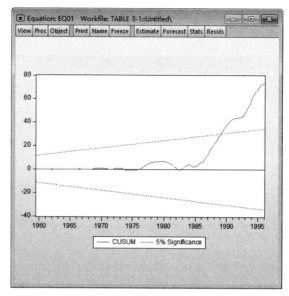

图 3.22　递归 OLS 的 CUSUM 检验曲线图

从图 3.22 所示的曲线图中可以明显看出，1985 年以后出现了巨大的变化，CUSUM 检验曲线变得非常陡峭，并逐渐超越显著性为 5% 的临界直线，说明方程（3.5）估计得到的系数并不是稳定的。

上机练习

练习 3-1　对消费函数模型进行图归分析

素材文件：sample/Exercise/exercise 3-1.wfl
多媒体教学文件：视频/习题 3-1.mp4

消费理论认为，消费支出和人均可支配收入存在很强的线性关系。在第 2 章实验 2-6 中，我们利用 2002 年我国 31 个省市自治区城镇居民人均年消费支出（pcons）和人均可支配收入（pdinc）有关数据绘制了这两个序列之间的回归散点图，发现两者之间呈高度的正相关关系。现在根据相关分析结果建立以下消费函数模型：

$$pcons = a + b*pdinc \tag{3.10}$$

相关数据保存在本书下载资源 Exercise 文件夹下的 exercise 3-1.wfl 工作文件中，请使用 EViews 完成以下操作：

（1）使用 OLS 方法估计方程（3.10）中的有关参数，并对回归结果进行分析说明，例如根据有关统计量对模型做出评价。

（2）对方程（3.10）的回归结果进行视图操作和过程操作，包括显示因变量的实际值、拟合值以及残差值等。

（3）对方程（3.10）的回归结果进行静态预测，并利用预测评价指标对方程的预测效果进行合理的评价。

（4）利用Wald检验边际消费倾向，即方程（3.10）的系数b是否等于0.75，检验水平为0.05。

练习 3-2 基建投资模型回归分析

素材文件：sample/Exercise/exercise 3-2.wfl
多媒体教学文件：视频/习题 3-2.mp4

表 3.6 是我国某地区 1981 年至 1992 年基建投资额（Investment，单位为亿元）和建材产量（Product，单位为万吨）有关数据，建立以下线性模型：

$$Investment = a + b*Product \tag{3.11}$$

表 3.6 基建投资和建材产量有关数据

	1981	1982	1983	1984	1985	1986	1987	1988	1989	1990	1991	1992
Investment	13.55	14.38	15.52	15.17	17.48	17.63	20.05	23.14	25.25	25.88	24.83	27.4
Product	7.65	8.09	8.31	7.88	8.9	8.41	9.53	11.01	11.19	11.13	10.17	11.35

相关数据保存在本书下载资源 Exercise 文件夹下的 exercise 3-2.wfl 工作文件中，请使用EViews 完成以下操作：

（1）使用OLS方法估计方程（3.11）中的有关参数，并对回归结果进行分析说明。

（2）绘制因变量的实际值、拟合值以及残差值的折线图。

（3）以1988年为分割点，对方程（3.11）的估计结果进行Chow稳定性检验，包括Chow分割点检验和Chow预测检验，检验水平为0.05，判断方程是否存在结构变动。

（4）对方程（3.11）进行递归OLS估计，并绘制CUSUM检验和平方的CUSUM检验曲线图，根据曲线图判断方程是否存在结果变动。

第4章 非线性模型的回归估计方法

对于线性回归方程（3.1），利用普通最小二乘法估计出来的参数在满足经典线性回归模型的基本假设条件下，具有一些理想的或最优的性质：参数的 OLS 估计量是最优线性无偏估计量（Best Linear Unbiased Estimator，BLUE）。然而，当这些基本假设条件不能满足时，OLS 估计量的这些优良性质将不存在。因此，对于一个已建立的模型，需要检验随机误差项同方差、序列不相关以及解释变量非随机变量等假定条件是否得到满足。如果这些假设条件不满足，则利用 OLS 估计方法所得到的参数估计值将是不可靠的、无效的，此时需要改进我们的估计方法以获得更加可靠的参数估计值，避免做出错误的判断。同时，很多现实的问题并不能抽象为线性问题，需要建立非线性计量模型。对于非线性模型，我们需要采用其他的估计方法。本章主要讨论这些估计方法，有以下内容：

（1）对模型随机误差项进行White异方差检验，当随机误差项确实存在异方差且异方差形式已知时，采用加权最小二乘法（WLS）估计模型参数。

（2）当模型随机误差项存在异方差但其形式未知时，采用White异方差一致协方差方法估计模型参数。

（3）对随机误差项进行序列自相关检验，并在随机误差项同时存在异方差和序列自相关的情况下，采用Newey-West一致协方差（HAC）方法估计模型参数。

（4）在解释变量不是确定性变量，而是随机变量的情况下，采用两阶段最小二乘法（TSLS）和广义矩估计方法（GMM）估计模型参数。

（5）对于根据实际问题所建立的非线性模型，采用非线性最小二乘法（NLS）估计模型参数。

实验 4-1　White 异方差检验与 WLS 估计

素材文件：sample/Example/table 4-1.wf1

多媒体教学文件：视频/实验 4-1.mp4

▶ 实验基本原理

当线性回归模型（3.1）的随机误差项不满足同方差假设时，利用OLS估计出来的参数虽然仍是无偏的和一致的，但OLS估计量不是有效的，以OLS估计量的方差为基础所构建的假设检验（例如t显著性检验）是不可靠的。本实验是对线性模型OLS估计所得到的残差序列进行White异方差检验以及使用WLS来解决异方差问题。

1. White 异方差检验

为了说明White异方差检验,假定线性回归方程只有两个自变量,其形式为:

$$y = \beta_0 + \beta_1 x_1 + \beta_2 x_2 + \varepsilon \tag{4.1}$$

对方程(4.1)进行 White 异方差检验的主要过程如下:

01 使用 OLS 方法估计方程(4.1),并得到随机误差项的估计值,即残差序列 $\hat{u}_t$。

02 以 $\hat{u}_t^2$ 为因变量,原回归模型(4.1)中的自变量和自变量的平方项作为新的自变量,也可以加上任意两个自变量的交叉项(cross),建立 White 异方差检验的辅助回归方程。方程(4.1)含交叉项的辅助回归方程为:

$$\hat{u}_t^2 = \gamma_0 + \gamma_1 x_1 + \gamma_2 x_2 + \gamma_3 x_1^2 + \gamma_4 x_2^2 + \gamma_5 x_1 x_2 + \eta \tag{4.2}$$

03 计算辅助回归方程(4.2)的拟合优度 R^2。White 检验的原假设是 H_0:原回归模型的残差不存在异方差。在 H_0 成立的条件下,White 异方差检验的统计量及其渐近分布为:

$$W = n \times R^2 \sim x^2(k)$$

其中,n 是样本容量,k 是检验回归方程(4.2)中除常数项以外解释变量的个数。如果 $x^2(k)$ 值大于给定检验水平对应的临界值或 $x^2(k)$ 值相应的概率值小于检验水平,则拒绝原假设 H_0,即可以认为存在异方差。

2. WLS 估计

当检验到OLS估计所得到的残差项存在异方差且异方差形式已知时,可以使用加权最小二乘估计获得模型参数的有效估计。加权最小二乘估计方法是将权重序列 w_t 分别与每个变量的样本观测值相乘,然后对变化后的新模型进行OLS估计。

使用EViews进行WLS估计时,EViews将把权重序列 w_t 除以其平均值使其正态化,这样做对估计结果没有影响,但可以使回归的残差更易于解释,而且EViews都会给出加权和未加权的参数估计值和统计量,序列Resid保存的是非加权的残差值。

▶ 实验目的与要求

1. 实验目的

(1)通过本次实验,理解异方差的含义和异方差检验的基本原理。
(2)掌握White异方差检验和加权最小二乘估计方法。

2. 实验要求

(1)理解White异方差检验的基本原理,掌握检验的操作步骤和选项设置。
(2)熟练地对残差项进行White异方差检验,对原假设做出合理判断。
(3)在存在异方差的情况下,掌握WLS估计,熟悉各个选项和参数的设置。

实验内容及数据来源

表4.1所给出的是我国2005年31个省市自治区城镇居民家庭平均每人全年交通和通信支出（cumt）、各地区城镇居民平均每人全年家庭可支配收入（inc）有关数据，单位为元。本实验所用数据保存在本书下载资源的Example文件夹下的table 4-1.wf1工作文件中。

表 4.1 我国 2005 年城镇居民家庭人均交通、通信支出与人均可支配收入

观测值	cumt	inc	观测值	cumt	inc	观测值	cumt	inc
1	1943.48	17652.95	12	676.86	8470.68	23	827.66	8385.96
2	998.01	12638.55	13	1048.71	12321.31	24	625.44	8151.13
3	772.34	9107.09	14	567.52	8619.66	25	930.59	9265.9
4	604.35	8913.91	15	902.32	10744.79	26	1309.95	9431.18
5	755.51	9136.79	16	636.57	8667.97	27	630.16	8272.02
6	744.02	9107.55	17	649.87	8785.94	28	638.63	8086.82
7	733.5	8690.62	18	801.27	9523.97	29	691.25	8057.85
8	596.97	8272.51	19	2333.05	14769.94	30	705.69	8093.64
9	1983.72	18645.03	20	703.39	9286.7	31	757.09	7990.15
10	1050.88	12318.57	21	728.29	8123.94			
11	2097.41	16293.77	22	929.92	10243.46			

数据来源：《中国统计年鉴—2006 年》（中国统计出版社，2006 年）

本实验利用表 4.1 的数据，先建立被解释变量为人均交通和通信支出（cumt），解释变量为人均可支配收入（inc）的消费方程，设定消费方程的形式为：

$$\text{cumt} = \alpha + \beta * \text{inc} + \varepsilon \tag{4.3}$$

首先利用最小二乘估计法（估计的样本数为31）计算方程（4.3）的参数估计值；然后对方程（4.3）估计结果的残差项进行White异方差检验，判断残差是否存在异方差，其中，White异方差检验的原假设是 H_0：消费函数方程（4.3）的OLS估计所得到的残差 $\hat{u}_t$ 不存在异方差，检验水平 $\alpha = 0.05$。由于消费函数方程（4.3）只有一个解释变量，因此使用含交叉项和无交叉项的White异方差检验结果完全相同。

假如检验存在异方差，则使用WLS方法重新估计消费函数方程（4.3），并假设权重序列 w_t 等于序列inc平方根的倒数，即 $w_t = \dfrac{1}{\sqrt{inc_t}}$。

实验操作指导

本实验包括两个操作，先进行残差项的White异方差检验，然后进行加权最小二乘估计。

1. White 异方差检验

使用 EViews 对消费函数方程（4.3）OLS 估计所得到的残差项进行 White 检验的主要过程为：

01 利用 OLS 方法估计方程（4.3）的有关参数，得到如图 4.1 所示的估计结果。

图 4.1 所示的估计结果显示，方程（4.3）参数的 OLS 估计值都很显著，并且 inc 的系数估计值为正数，符合方程要求；F 统计量＝136.2615，相应的概率值非常小，说明方程整体上是显著的，拟合优度 R^2 ＝0.8245，说明方程拟合效果较好。这些统计量都是根据回归方程的残差所得到的，假如残差存在异方差，则这些统计量将可能是不可靠的，从而使得根据这些统计量做出的判断可能存在错误。

02 在图 4.1 所示的方程（4.3）OLS 估计结果窗口中，单击 View 功能键，然后选择 Residual Diagnostics | Heteroskedasticity 命令，在弹出的对话框中的 Test Type 选项下选择 White，再单击 OK 按钮，得到如图 4.2 所示的检验结果。

图 4.2 所示的 White 检验结果包含两部分，上面显示 White 异方差检验结果；下面显示 White 异方差检验辅助回归方程的估计结果，与图 4.1 所示的方程（4.3）OLS 估计结果类似。在上部分，White 检验输出两个统计量：F 统计量和 Obs*R-squared 统计量。

- F 统计量用于检验辅助方程的整体显著性，其渐近地服从 F 分布。
- Obs*R-squared 统计量是 White 异方差检验统计量，可以通过该检验统计量相应的概率判断是否拒绝残差序列同方差的原假设。

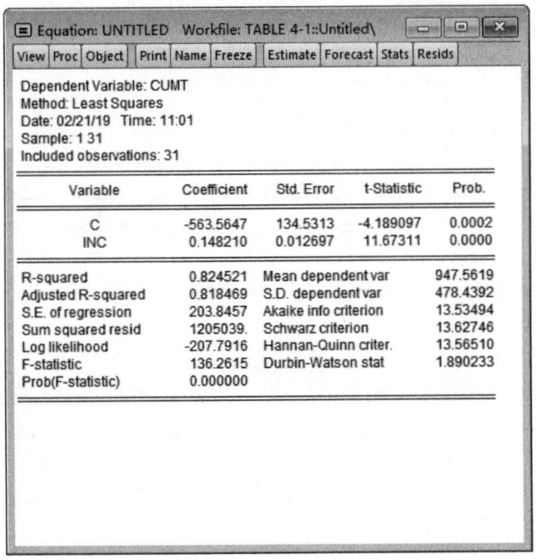
Equation: UNTITLED Workfile: TABLE 4-1::Untitled\
View | Proc | Object | Print | Name | Freeze | Estimate | Forecast | Stats | Resids

Dependent Variable: CUMT
Method: Least Squares
Date: 02/21/19 Time: 11:01
Sample: 1 31
Included observations: 31

Variable	Coefficient	Std. Error	t-Statistic	Prob.
C	-563.5647	134.5313	-4.189097	0.0002
INC	0.148210	0.012697	11.67311	0.0000

R-squared	0.824521	Mean dependent var	947.5619
Adjusted R-squared	0.818469	S.D. dependent var	478.4392
S.E. of regression	203.8457	Akaike info criterion	13.53494
Sum squared resid	1205039.	Schwarz criterion	13.62746
Log likelihood	-207.7916	Hannan-Quinn criter.	13.56510
F-statistic	136.2615	Durbin-Watson stat	1.890233
Prob(F-statistic)	0.000000		

图 4.1　方程（4.3）的 OLS 估计结果

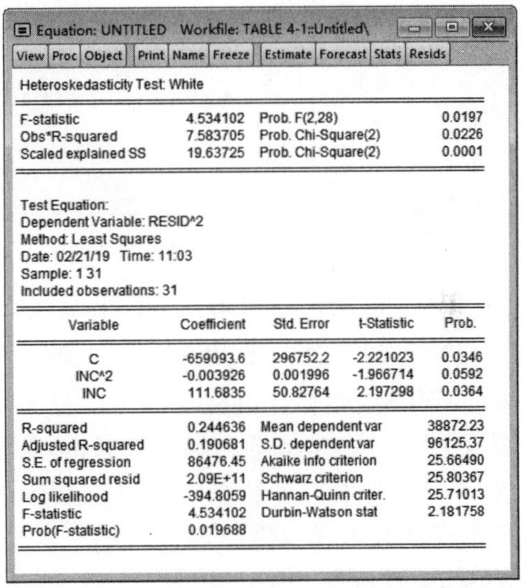
Equation: UNTITLED Workfile: TABLE 4-1::Untitled\
View | Proc | Object | Print | Name | Freeze | Estimate | Forecast | Stats | Resids

Heteroskedasticity Test: White

F-statistic	4.534102	Prob. F(2,28)	0.0197
Obs*R-squared	7.583705	Prob. Chi-Square(2)	0.0226
Scaled explained SS	19.63725	Prob. Chi-Square(2)	0.0001

Test Equation:
Dependent Variable: RESID^2
Method: Least Squares
Date: 02/21/19 Time: 11:03
Sample: 1 31
Included observations: 31

Variable	Coefficient	Std. Error	t-Statistic	Prob.
C	-659093.6	296752.2	-2.221023	0.0346
INC^2	-0.003926	0.001996	-1.966714	0.0592
INC	111.6835	50.82764	2.197298	0.0364

R-squared	0.244636	Mean dependent var	38872.23
Adjusted R-squared	0.190681	S.D. dependent var	96125.37
S.E. of regression	86476.45	Akaike info criterion	25.66490
Sum squared resid	2.09E+11	Schwarz criterion	25.80367
Log likelihood	-394.8059	Hannan-Quinn criter.	25.71013
F-statistic	4.534102	Durbin-Watson stat	2.181758
Prob(F-statistic)	0.019688		

图 4.2　White 异方差性检验结果

White检验结果显示，Obs*R-squared＝7.5837，相应的概率值P=0.0226，小于检验水平 $\alpha(\alpha=0.05)$，因此拒绝原假设H0，即可以认为方程（4.3）OLS估计所得到的残差序列 $\hat{u}_t$ 存在异方差。同时，White检验结果中F统计量＝4.5341，其相应的概率值P＝0.0197，表明检验辅助回归方程整体上是显著的。

2. WLS 估计

对方程（4.3）进行 WLS 估计的主要过程如下：

01 先建立权重序列 w。可以在 EViews 命令窗口中输入命令“series w=1/@sqrt（inc）”，其

中，@sqrt（inc）是数学函数，表示对序列 inc 的各项进行平方根运算。

02 按照 OLS 估计的步骤，选择 EViews 菜单栏中的 Quick | Estimate Equation…命令，屏幕弹出方程定义对话框，需要对模型进行设定。在 Equation Specification 编辑框中输入"cumt c inc"，然后在方程定义对话框中打开 Options 选项卡，如图 4.3 所示。Options 选项卡中各选项的含义已经在实验 3-1 中详细介绍过，在此不再赘述。

03 在 Weights 选项组下面的 Type 后的下拉菜单中选择 Inverse std.dev，在 Weight seriese 后输入加权序列"w"，然后单击"确定"按钮，屏幕会输出如图 4.4 所示的 WLS 估计结果。

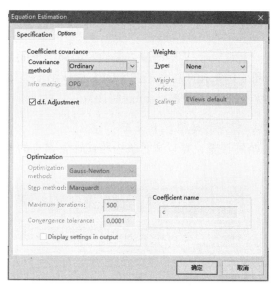

图 4.3　Options 选项卡

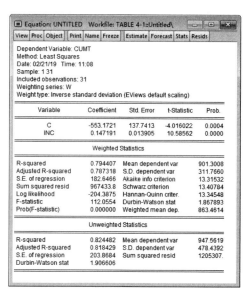

图 4.4　方程（4.3）的 WLS 估计结果

图 4.4 所示的估计结果中，上部分显示了方程（4.1）加权最小二乘法估计结果，下部分显示没有采用加权方法，即 OLS 估计结果。方程（4.3）的 WLS 参数估计值都很显著，且与 OLS 估计结果相比较，常数项和解释变量 inc 系数估计结果并没有发生很大的变化，但是参数估计量的标准误差发生了变化。

EViews 在进行 WLS 估计时，将用户输入的加权序列除以其均值作为实际的权重序列。

04 对方程（4.3）加权回归后的估计结果进行含交叉项的 White 异方差检验，其检验结果如图 4.5 所示。

图 4.5 所示的检验结果显示，White 检验统计量 Obs*R-squared=5.164093，相应的概率值 P=0.0756，大于检验水平 α（$\alpha=0.05$），因此不能拒绝原假设 H_0，即可以认为方程（4.3）WLS 估计所得到的残差序列不存在异方差。根

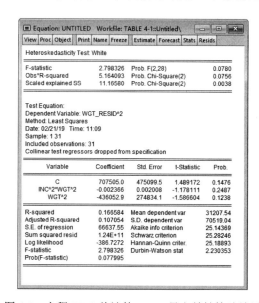

图 4.5　方程 WLS 估计的 White 异方差性检验结果

据检验结果,我们可以写出方程(4.3)的 WLS 估计结果:

$$CUMT = -553.1721 + 0.1472*INC \qquad (4.4)$$
$$s.e = (137.7413) \quad (0.01391)$$
$$t = (-4.016) \quad (10.586)$$

由于本实验对方程(4.3)进行 WLS 估计之前假定权重序列 w_t 等于序列 inc 平方根的倒数,但通常我们并不知道权重序列的具体形式,因此下面的实验将介绍异方差形式未知时,如何对 OLS 估计进行改进。

实验 4-2 序列自相关和 Newey-West 一致协方差估计

素材文件:sample/Example/table 4-1.wfl
多媒体教学文件:视频/实验 4-2.mp4

 实验基本原理

White 异方差一致协方差矩阵估计量是假定方程 OLS 估计的残差不存在序列自相关,Newey 和 West(1987)提出了参数估计量协方差矩阵更加一般的形式,该估计量在随机误差项同时存在未知形式的异方差和序列自相关时仍然是一致的。由于 Newey-West 协方差矩阵的形式比较复杂,有兴趣的读者可以参考有关的计量经济学图书。这里介绍一下序列自相关检验,有两种检验方法:相关图-Q 统计量检验以及 LM 检验。

1. 相关图-Q 统计量检验

通过计算残差序列的自相关函数(AC)和偏自相关函数(PAC)以及对应于高阶序列相关的 Ljung-Box Q 统计量来判断是否存在序列自相关。如果残差序列不存在序列自相关,则各阶滞后的自相关系数值和偏自相关系数值都接近于零,所有的 Q-统计量都不显著,并且其相应的概率值 P 比较大;否则,在 Q 统计量的 P 值很小的情况下,可以拒绝原假设 $H_0 H_0$:"残差不存在序列自相关",即认为残差存在序列自相关。序列自相关的检验统计量 Q 统计量计算公式为:

$$Q = n(n+2)\sum_{i=1}^{k}\frac{r_i^2}{n-j} \qquad (4.5)$$

其中,r_i 是检验序列滞后 i 阶的自相关系数,n 是观测值个数。

2. 序列自相关的 LM 检验

由于 D-W 统计量仅能够检验随机扰动项是否存在一阶自相关,Breush-Godfrey 提出了检验回归方程中残差序列是否存在高阶自相关的拉格朗日乘数检验(Lagrange Multiplier Test,

LM 检验），而且 LM 检验在方程中含有滞后因变量的情况下仍然是有效的。为了简化，以只包含两个解释变量的线性方程（4.1）为说明对象，对其进行 LM 检验的主要过程如下：

01 使用 OLS 方法估计方程（4.1），并求出残差序列 $\hat{u}_t$。

02 以 $\hat{u}_t$ 为因变量，原回归模型中的自变量和残差的 1 阶至 p 阶滞后项作为新的自变量，建立式（4.6）所示的 LM 检验辅助回归方程：

$$\hat{u}_t = \gamma_1 x_1 + \gamma_2 x_2 + \alpha_1 \hat{u}_{t-1} + \alpha_2 \hat{u}_{t-2} + ... + \alpha_p \hat{u}_{t-p} + \eta \tag{4.6}$$

03 计算辅助回归方程（4.6）的拟合优度 R^2。LM 检验的原假设为 H_0：残差序列值到 p 阶滞后不存在序列自相关。在 H_0 成立的条件下，LM 检验的统计量及其渐进分布是：

$$W = n \times R^2 \sim x^2(p)$$

其中，n 是样本容量，p 是LM检验辅助方程（4.6）残差项的滞后阶数。如果 $x^2(p)$ 值大于给定检验水平对应的临界值或 $x^2(p)$ 值相应的概率值小于检验水平，则拒绝原假设 H_0，即可以认为残差存在序列自相关。

▶ 实验目的与要求

1. 实验目的

（1）通过本次实验，熟悉序列自相关的含义和自相关检验方法。
（2）熟练掌握序列相关图-Q统计量检验以及LM检验。
（3）掌握使用EViews进行Newey-West一致协方差估计。

2. 实验要求

（1）理解相关图-Q统计量检验的基本原理和操作方法，根据Q统计量对原假设做出判断。
（2）理解序列自相关LM检验的基本原理和操作方法，根据LM检验统计量对原假设做出判断。
（3）熟练使用EViews进行Newey-West一致协方差估计，熟悉估计过程中各选项和参数的设置。

▶ 实验内容及数据来源

在实验3-1中，我们对消费函数方程（3.5）进行了最小二乘估计，本实验是在方程（3.5）OLS估计结果的基础上，对OLS回归所得到的残差项 $\hat{u}_t$ 进行White异方差检验和序列自相关检验。由于在实验4-1中已经详细地介绍了White异方差检验的具体操作过程，因此本实验着重对 $\hat{u}_t$ 进行序列自相关检验，判断 $\hat{u}_t$ 是否存在序列自相关。如果 $\hat{u}_t$ 确实存在自相关和异方差性，则对方程（3.5）进行Newey-West一致协方差估计，本实验有关数据在本书下载资源的Example文件夹下的table 3-1.wf1工作文件中。其中，序列自相关检验的原假设是 H_0：方程（3.5）OLS估计的残差不存在序列自相关，异方差White检验和序列自相关检验的检验水平都为α（α=0.05）。

实验操作指导

1. White 异方差检验

在table 3-1.wf1工作文件中，打开保存方程（3.5）OLS估计结果的方程对象eq01，在其窗口工具栏中选择View | Residual Diagnostics | Heteroskedasticity命令，在弹出的对话框中的Test type下选择White，单击OK按钮，得到如图4.6所示的检验结果。

图4.6所示的检验结果显示，White检验统计量Obs*R-squared=19.6445，相应的概率值P远小于检验水平α（α=0.05），因此拒绝残差同方差的原假设，即可以认为方程（3.5）OLS估计所得到的残差序列$\hat{u}_t$存在异方差。

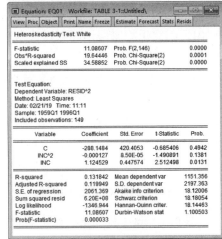

图 4.6　方程（3.5）OLS 估计的 White 异方差检验结果

2. 相关图-Q 统计量检验

利用相关图-Q 统计量对残差序列$\hat{u}_t$进行序列自相关检验的主要过程为：

01 在消费方程（3.5）OLS 估计结果 eq01 对象窗口工具栏中，单击 View 功能键，然后选择 Residual Diagnostics | Correlogram-Q-statistics 命令，屏幕会弹出如图 4.7 所示的对话框。

02 对话框中的 Lags to include 编辑框用于输入序列自相关检验的最大滞后阶数，EViews 会给出一个默认的滞后阶数。本实验采用 EViews 默认的滞后阶数 36，单击 OK 按钮，会得到如图 4.8 所示的序列自相关检验结果（图 4.8 只显示了滞后 31 阶的检验结果）。

图 4.7　序列相关图对话框

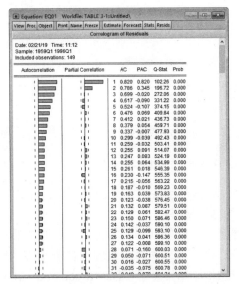

图 4.8　残差的自相关图及其 Q 检验统计量

在图4.8中，Autocorrelation列显示自相关系数图；Partial Correlation列显示偏自相关系数图；AC和PAC列分别是自相关系数值和偏自相关系数值；Q-Stat和Prob分别是Q检验统计量值及其相应的概率。残差序列的自相关检验结果显示，1至36阶的Q检验统计量的P值都小于0.001，因此拒绝原假设，可以认为实验3-1中消费函数方程（3.5）OLS估计所得到的残差序列$\hat{u}_t$存在序列自相关。

Q统计量常用于检验序列是否为白噪声。在实际应用中，如何选择测试的滞后阶数仍然是一个问题。如果选择的滞后阶数太小，则测试可能无法检测高阶时滞下的串行相关性。但是，如果用户选择的滞后阶数太大，则测试可能具有较低的功效，因为一个滞后的显著相关性可能被其他滞后的不显著相关性冲淡。有关进一步讨论，请参见Ljung and Box（1979）或Harvey（1990，1993）。

3. 序列自相关的 LM 检验

使用 EViews 对残差序列 $\hat{u}_t$ 进行序列自相关的 LM 检验的主要过程为：

01 在消费方程（3.5）OLS 估计结果 eq01 对象窗口工具栏中，单击 View 功能键，然后选择 Residual Diagnostics | Serial Correlation LM Test…命令，屏幕会弹出如图 4.9 所示的对话框。该对话框与图 4.7 所示的完全相同。

02 在 Lags to include 编辑框中输入序列自相关检验的最大滞后阶数，EViews 会给出一个默认的滞后阶数。本实验将滞后阶数设置为 4，单击 OK 按钮，会得到残差 $\hat{u}_t$ 序列自相关的 LM 检验结果，如图 4.10 所示。

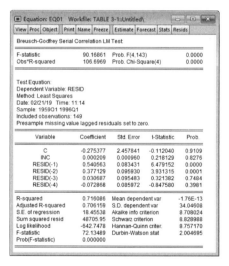

图 4.9 序列相关 LM 检验对话框　　　图 4.10 残差序列自相关的 LM 检验结果

图4.10所示的LM检验结果分为两部分，上部分显示LM检验结果；下部分显示LM检验辅助回归方程的估计结果。

F统计量用于检验辅助回归方程残差所有滞后项系数的整体显著性，Obs*R-squared统计量是LM检验统计量，可以通过该检验统计量相应的概率值判断是否拒绝残差序列不存在自相关的原假设。LM检验结果显示，Obs*R-squared＝106.6969，相应的概率值P非常小，远远小于检验水平α（α＝0.05），因此可以拒绝原假设H_0，即可以认为方程（3.5）OLS估计所得到的残差序

列 $\hat{u}_t$ 存在自相关。同时，LM检验中F统计量＝90.1686，其相应的概率值P非常小，从而表明LM检验的辅助回归方程所有残差滞后项系数估计值整体上是显著的。

4. Newey-West 一致协方差估计

方程（3.5）OLS估计所得到残差 $\hat{u}_t$ 的White异方差检验和序列自相关检验表明，$\hat{u}_t$ 确实存在异方差和自相关，因此对方程（3.5）进行Newey-West一致协方差估计，其主要过程如下：

01 按照 OLS 估计的步骤，在 EViews 菜单栏中选择 Quick | Estimate Equation…命令，屏幕弹出方程定义对话框，要求对模型进行设定，在 Equation Specification 编辑框中输入"cs c inc"。

02 在方程定义对话框打开 Options 选项卡，如图 4.3 所示，在 Coefficient covariance 选项组下的 Covariance method 下拉列表框中选择 HAC（Newey-West）单选项，单击"确定"按钮，屏幕会输出如图 4.11 所示的 Newey-West 一致协方差估计结果。

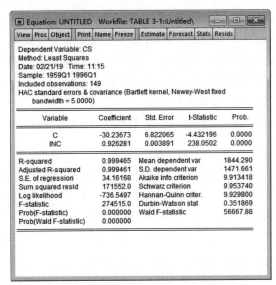

图 4.11　方程（3.5）的 Newey-West 一致协方差估计结果

图4.11所示的估计结果显示，方程（3.5）的Newey-West一致协方差估计的参数估计值都很显著。与实验3-1中方程OLS估计结果相比较，采用这两种估计方法所得到的系数估计值是相同的，但考虑到残差存在异方差和序列自相关，使用Newey-West一致协方差估计时，参数估计量的标准误差（Std. Error）发生了变化。

说　明

读者可以对方程（3.5）的 Newey-West 一致协方差估计结果进行 White 异方差检验和自相关检验，会发现其估计结果的残差项仍然存在异方差和序列自相关，这说明 Newey-West 一致协方差估计并不是绝对可靠的。我们在第 3 章对方程（3.5）的 OLS 估计结果进行了遗漏变量检验、Chow 稳定性检验以及递归 OLS 估计后，发现方程（3.5）缺少了重要解释变量（因变量的一阶滞后项），方程的结构并不稳定（存在断点），这些因素共同造成了方程（3.5）的

OLS 估计所得到的残差项同时存在异方差和序列自相关。因此，我们在建立模型时，应该更多地关注模型本身，尽量在模型中包含所有重要的变量，并合理地设定模型的结构等，而不应该通过方程的估计方法和高明的估计手段来消除残差的异方差和序列自相关。

实验 4-3　两阶段最小二乘估计

素材文件：sample/Example/table 4-2.wfl
多媒体教学文件：视频/实验 4-3.mp4

▶ 实验基本原理

线性方程（3.1）回归分析的一个基本假设是方程的解释变量与随机扰动项是不相关的。当方程中的解释变量是随机变量，或者存在测量误差或遗漏重要变量时，这个基本假设就不能满足，此时OLS和WLS估计量都是有偏的而且不一致。我们通过使用工具变量（Instrument Variable）来消除解释变量和随机扰动项之间的相关性，其中常用的估计方法是两阶段最小二乘估计（Two Stage Least Square，TSLS）。

考虑式（3.2）的多元线性回归模型形式：$Y = X\beta + \varepsilon$，对其进行 TSLS 估计包括两个阶段。

第一个阶段：寻找一组工具变量Z（Z与原方程的解释变量高度相关而与扰动项不相关），并将式（3.2）中的每个解释变量分别对于这组工具变量Z做最小二乘回归。

第二个阶段：所有解释变量用第一个阶段OLS回归所得到的拟合值来代替，对式（3.2）进行回归，所估计的系数就是原方程的TSLS估计值，该估计量是一致估计量。

EViews 在使用 TSLS 估计方程时会同时估计这两个阶段，式（3.2）的 TSLS 估计的参数估计量为：

$$\hat{\beta}_{TSLS} = \left[X'Z(Z'Z)^{-1}(Z'X) \right]^{-1} X'Z(Z'Z)^{-1}(Z'Y) \qquad (4.7)$$

如果模型同时存在随机扰动项的异方差，则可以使用加权的TSLS估计模型，即把所有变量（包括工具变量）都乘以权重序列矩阵W，然后对加权后的模型进行TSLS估计。同时，如果模型存在随机扰动项序列自相关，则可以使用带有序列自相关修正的TSLS估计模型，即在方程设定中加入自相关项来实现。

为了能够进行 TSLS 估计中的计算，输入工具变量时，应该注意以下问题：

（1）方程说明时必须满足模型识别的阶条件，即工具变量的个数至少与方程要估计的系数一样多。

（2）常数项是一个合适的工具变量，如果用户忽略了，则EViews会自动加入常数项进行估计。

第 4 章 非线性模型的回归估计方法

▶ 实验目的与要求

1. 实验目的

（1）通过本次实验，掌握两阶段最小二乘估计方法和基本原理。
（2）了解两阶段最小二乘估计方法的两个阶段及其联系。

2. 实验要求

（1）掌握两阶段最小二乘估计方法的操作过程。
（2）理解简单线性回归模型中关于解释变量与扰动项不相关假设的重要性。
（3）熟练使用EViews进行TSLS估计，熟悉输入工具变量时所要注意的事项。

▶ 实验内容及数据来源

表4.2给出的是我国1978年至2003年国内生产总值（GDP）、宏观消费支出（CS）和固定资产形成总额（Capital）有关数据，这些数据均以1978年物价指数为比较基础，剔除了价格影响因素，单位为亿元。本实验所用到的数据保存在本书下载资源的Example文件夹下的table 4-2.wf1工作文件中。

表 4.2 我国 1978 年至 2003 年国内生产总值等数据

年份	GDP	CS	Capital	年份	GDP	CS	Capital
1978	3605.6	1759.1	1073.9	1991	9725.959	4714.762	2714.808
1979	3994.019	1966.078	1128.627	1992	11111.7	5353.067	3573.208
1980	4210.268	2143.478	1219.241	1993	12923.51	5874.438	4862.151
1981	4427.642	2352.394	1131.888	1994	14093.18	6281.255	5087.926
1982	4866.312	2542.464	1323.759	1995	15084.3	6946.428	5233.571
1983	5306.812	2779.476	1492.576	1996	16269.14	7655.309	5556.214
1984	6087.001	3121.92	1805.947	1997	17344.67	8071.931	5825.428
1985	6863.466	3582.357	2061.671	1998	18443.2	8619.175	6450.369
1986	7434.189	3796.772	2272.927	1999	19574.55	9313.223	6978.927
1987	8049.18	4071.858	2556.011	2000	21070.42	10116.62	7694.093
1988	8452.518	4387.848	2658.082	2001	23091.98	10750.04	8622.244
1989	8030.236	4156.791	2116.069	2002	25477.67	11542.33	9898.096
1990	8661.702	4308.841	2237.352	2003	28692.28	12290.18	11956.51

数据来源：各年的《中国统计年鉴》（中国统计出版社）

本实验利用表 4.2 的有关数据，建立被解释变量为 CS、解释变量为 GDP 的宏观消费函数方程，样本数为 26，设定方程形式为：

$$CS = \alpha + \beta * GDP + \varepsilon \quad (4.8)$$

由于影响居民消费支出的因素有很多，例如前一期收入、投资、物价总体水平以及人们的消费习惯等，这些都和GDP有关，这使得解释变量GDP不是确定性的变量，而是随机变量。因此，本实验利用TSLS方法估计方程（4.8）的参数，其中工具变量选择常数项C和固定资产形成总额Capital。

实验操作指导

使用 EViews 对方程（4.8）进行两阶段最小二乘估计的主要过程为：

01 打开工作文件 table 4-2.wfl，选择 EViews 菜单栏中的 Quick | Estimate Equation…命令，屏幕弹出方程定义对话框。在 Method 下拉列表中选择 TSLS- Two-Stage Least Squares（TSNLS and ARMA），方程定义对话框会发生变化，如图 4.12 所示。

与 LS 估计方法相比，图 4.12 所示的对话框中间多了一个工具变量列表编辑框（Instrument list），该编辑框要求用户输入 TSLS 估计的工具变量。输入工具变量时应该注意，方程设定必须满足阶识别条件，即工具变量的个数至少与方程系数一样多；另外，常数 c 是一个很合适的工具变量，如果用户忽略了，EViews 会自动加入它。

02 在 Equation specification 编辑框中输入"cs c gdp"，并在 Instrument list 编辑框中输入"c capital"，然后单击"确定"按钮，屏幕会输出如图 4.13 所示的 TSLS 估计结果。

图 4.12　TSLS 估计对话框

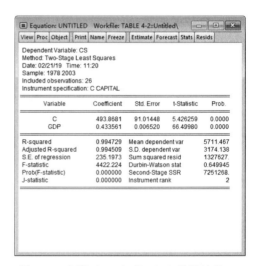

图 4.13　方程（4.10）的 TSLS 估计结果

根据图 4.13 所示的 TSLS 估计结果，可以写出方程（4.8）的估计方程：

$$CS = 493.8681 + 0.4336*GDP$$
$$t\text{统计量} = (5.4263)\ (66.4998)$$

为了进行比较，我们给出方程（4.8）的OLS估计结果：

$$CS = 463.3892 + 0.4361*GDP$$
$$t\text{统计量} = (5.1310)\ (67.5165)$$

方程（4.8）的 TSLS 估计以及 OLS 估计所得到的系数 t 统计量相应的概率值都很小，说明这两种估计方法所得到的参数估计值都是显著的。与 OLS 估计结果相比，参数的 TSLS 估计值并没有发生很大的变化，不同的是参数估计值的标准误差发生了变化。而且与 OLS 不同的是,多了一个两阶段回归平方和统计量(Second-Stage SSR)。方程(4.8)的 TSLS 估计结果显示,我国宏观边际消费倾向 MPC 等于 0.4336,GDP 每增长一个百分点,消费大约增加 0.43 个百分点,说明我国的宏观边际消费倾向还比较小。

说　明

图 4.13 所示的估计结果窗口下面所有报告的统计量都仅仅是渐近有效的,即对于大样本而言是有效的。在计算统计量时,EViews 使用结构残差 $\hat{u}_t = y_t - X'_t \hat{\beta}_{TSLS}$,例如用于计算渐近协方差的回归标准差是由公式 $s^2 = \dfrac{\sum_{t=1}^{n} u_t^2}{n-k}$ 计算得到的。这些结构残差应该与两阶段残差区别开来,两阶段残差是实际计算 TSLS 估计时在第二个阶段回归所得到的残差,即两阶段残差是由公式 $\tilde{u}_t = \hat{y}_t - \hat{X}'_t \hat{\beta}_{TSLS}$ 得到的,其中,$\hat{y}_t$ 和 $\hat{X}_t$ 是在第一阶段回归所得到的拟合值。

实验 4-4　广义矩估计

素材文件:sample/Example/table 4-2.wfl
多媒体教学文件:视频/实验 4-4.mp4

▶ 实验基本原理

传统的计量经济学模型估计方法如OLS估计、WLS、工具变量法和极大似然估计等都有其局限性,这些估计方法所得到的参数估计量必须在模型满足某些假设时才具有良好的统计性质。然而,广义矩估计(Generalized Method of Moments,GMM)并不要求知道随机扰动项的准确分布信息,且允许随机扰动项存在异方差和序列自相关,但使用GMM估计方法所得到的参数估计量优于其他参数估计方法,可以说GMM估计量是一个稳健的估计量。

GMM估计是基于模型实际参数满足一些矩条件而产生的一种参数估计方法,它是矩估计方法的一般形式。GMM估计设定参数满足某种理论关系,把理论关系用根据样本计算的近似值来代替,其基本思想是选择最小距离估计量,其选择模型参数估计量的标准是使得样本矩之间加权距离最小。对于多元线性方程(3.2):$Y = X\beta + \varepsilon$,参数向量 β 的GMM估计过程是:

(1)考虑到解释变量 X 与随机扰动项 ε 可能存在线性相关,因此寻找含有L(L≥k)个分量的工具变量向量Z,其与随机扰动项 ε 不相关(如果 X 与 ε,则所要寻找的工具变量向量就是 X)。

(2)假设含有L个分量的向量Z与 ε 满足L个正交的矩条件(一种理论关系):

$$E(Z,\varepsilon) = 0 \qquad (4.9)$$

其中,$Z = (z_{1t}, z_{2t}, \ldots, z_{Lt})'$ 是 L 维的列向量。

（3）用样本矩来代替这种理论关系，相应的 L 个样本矩为：

$$\bar{m} = \frac{1}{n} Z'\hat{u}(\hat{\beta}) \qquad (4.10)$$

其中，Z 是工具变量数据矩阵，$\hat{u}(\hat{\beta})$ 是方程（3.2）的残差序列。选择估计量 $\hat{\beta}$ 使得式（4.11）所示的加权距离达到最小：

$$D = \frac{1}{n^2}\left[\hat{u}'(\hat{\beta})Z\right]A\left[Z'\hat{u}(\hat{\beta})\right] \qquad (4.11)$$

其中，A 是加权矩阵，任何正定阵 A 都可以得到一致估计量 $\hat{\beta}$，然而 $\hat{\beta}$ 是有效估计量的一个必要条件，是令 A 等于样本矩 $\bar{m}$ 的协方差矩阵的逆，即：

$$A = \Omega^{-1} = \left[\frac{1}{n^2} Z'\operatorname{cov}(\hat{u},\hat{u}')Z\right]^{-1}$$

对于协方差矩阵 Ω 的估计可以使用White异方差一致协方差矩阵估计量或者Newey-West一致协方差矩阵估计量。对于GMM估计更加详细的说明，有兴趣的读者可以参考威廉.H.格林著，王明舰等译的《经济计量分析》一书（中国社会科学出版社，1998，第401~413页）。

需要注意的是，GMM估计是一个大样本估计，在大样本的情况下，GMM估计量是渐近有效的，在小样本情况下是无效的。因此，只有在大样本情况下，才能使用GMM方法估计模型的参数。

实验目的与要求

1. 实验目的

（1）通过本次实验，掌握广义矩估计的基本原理和用途。
（2）掌握GMM估计方法，选取合适的工具变量进行GMM估计以解决实际问题。

2. 实验要求

（1）掌握GMM估计方法、适用范围和操作步骤。
（2）理解GMM估计相对于传统估计方法（OLS估计等）的优越性。

实验内容及数据来源

在实验4-3中，我们使用TSLS方法估计了宏观消费模型（4.8），得到了方程（4.8）的TSLS估计结果。在方程（4.8）中，解释变量GDP由于包含很多随机因素，因此变量GDP是随机变量并不能利用传统的OLS方法估计模型，我们利用实验4-3中的有关数据，打算采用GMM估计方法估计宏观消费方程（4.8）。GMM估计要求模型能够被识别，即要求输入工具变量的个数不能少于被估计参数的个数，常数项C会自动被EViews加入工具变量列表中。由于宏观消费方程（4.8）有两个估计参数，因此还需要加入一个非常数的工具变量，我们选取固定资产形成额（Capital）作为工具变量，这种选取是基于变量Capital与GDP存在高度相关性而与随机扰动项不相关的考虑，当然还可以根据实际的经济问题和数据获得的难易程度而选取其他变量作为工具变量。

实验操作指导

使用 EViews 对方程（4.8）进行广义矩估计的主要过程为：

01 打开工作文件 table 4-2.wfl，选择 EViews 菜单栏中的 Quick | Estimate Equation…命令，屏幕会弹出方程定义对话框，在 Method 下拉列表中选择 GMM- Generalized Method of Moments 选项，估计对话框会发生变化，如图 4.14 所示。

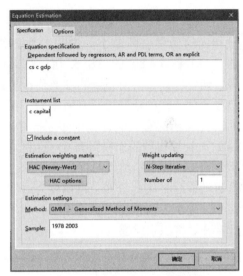

图 4.14 GMM 估计对话框

该对话框与 TSLS 估计对话框基本相同，不同的是 GMM 估计对话框中多了一些其他选项，下面将对这些选项进行说明。

GMM估计对话框的中间也多了一个工具变量列表编辑框（Instrument list），该编辑框要求用户输入工具变量名。如果要保证GMM估计量可被识别，则输入工具变量时应该注意，工具变量的个数不能少于方程待估计系数的个数；同样，常数c是一个很合适的工具变量，如果用户忽略了，则EViews会自动加入它。

GMM 估计对话框内的 Estimation Weighting matrix选项组用于选取目标函数（式（4.11）所示的加权距离函数D）中的权重矩阵A，有4项可供选择：White、HAC、Two-stage.Least Squares和Users Specified，常用的是White和HAC。由于对于截面数据（Cross section），随机扰动项可能经常存在异方差，因此采用White协方差矩阵；而对于时间序列数据（Time series），随机扰动项可能经常存在序列自相关，因此采用Newey-West的HAC协方差矩阵。若选择基于White协方差的加权矩阵，则GMM估计量对未知形式的异方差将是稳健的；若选择基于HAC时间序列的加权矩阵，则GMM估计量对未知形式的异方差和序列自相关是稳健的。

对于 HAC 项，必须指定核函数形式（Kernel）和选择带宽（Bandwidth）。核函数形式选项决定了在计算加权矩阵时自相关协方差的权重，可以输入带宽数值或者输入 nw 以使用 Newey-West 的固定带宽。这些涉及很深的统计学知识，有兴趣的读者可以参考有关统计学和计量经济学图书。

02 在 Equation specification 编辑框中输入"cs c gdp"，并在 Instrument list 编辑框中输入"c capital"，对话框右侧的选项采用 EViews 默认的设置，然后单击"确定"按钮，屏幕会输出如图 4.15 所示的 GMM 估计结果。

图4.15所示估计结果的上半部分显示GMM估计有关信息，比如核函数（Kernel）、带宽（Bandwidth）、权重矩阵；EViews会同时进行计算加权矩阵和系数的迭代运算，而且还显示了达到收敛所进行的迭代次数以及工具变量列表。

根据图 4.15 所示的估计结果，可以写出方程（4.8）的 GMM 估计结果：

$$CS = 493.8681 + 0.4336 * GDP$$
$$t 统计量 = (5.4263) \quad (66.998)$$

方程（4.8）的 GMM 估计所得到系数的 t 统计量相应的概率值都很小，说明参数估计值是显著的。与方程（4.8）的 TSLS 估计结果相比较会发现，两种估计方法所得到的参数估计值是相同的，但参数估计值的标准误差有所不同。在估计结果下

图 4.15　方程（4.8）的 GMM 估计结果

面部分显示的有关统计量中多了一个 J 统计量，J 统计量是目标函数的最小值，即通过式（4.11）计算得到的加权距离 D 的值。当工具变量比方程待估计参数个数多时，J 统计量可以用于检验过度识别约束的有效性。在过度识别约束成立的原假设下，J 统计量乘以回归观测值数目渐近地服从 x^2 分布，自由度为过度识别约束个数。图 4.15 显示，J 统计量为 0，其数值非常小，远小于临界值，因此可以拒绝存在过度识别约束的原假设，即方程（4.8）的 GMM 估计存在过度识别问题。

上机练习

练习 4-1　人口数量与医疗机构数量关系分析比较

素材文件：sample/Exercise/exercise 4-1.wfl
多媒体教学文件：视频/习题 4-1.mp4

表 4.3 是四川省 20 个地区的人口数量（Population，单位为万人）和医疗机构数（Number，单位为个）有关数据，数据来源于 2001 年《四川省统计年鉴》。为了分析比较医疗机构与人口数量的关系，建立如下简单线性模型：

$$Number = a + b * Population \tag{4.12}$$

表 4.3　四川省各个地区的人口数量和医疗机构数

地区	Population	Number	地区	Population	Number
成都	1013.3	6304	眉山	339.9	827
自贡	315	911	宜宾	508.5	1530
攀枝花	103	934	广安	438.6	1589

(续表)

地区	Population	Number	地区	Population	Number
泸州	463.7	1297	达州	620.1	2403
德阳	379.3	1085	雅安	149.8	866
绵阳	518.4	1616	巴中	346.7	1223
广元	302.6	1021	资阳	488.4	1361
遂宁	371	1375	阿坝	82.9	536
内江	419.9	1212	甘孜	88.9	594
乐山	345.9	1132	凉山	402.4	1471

相关数据保存在本书下载资源的 Exercise 文件夹下的 exercise 4-1.wfl 工作文件中，请使用 EViews 完成以下操作：

（1）使用OLS方法估计方程（4.12），并对估计结果进行解释说明。

（2）一般认为使用截面数据进行回归，残差项容易存在异方差，请使用White异方差检验对方程（4.12）回归残差进行检验，检验水平为0.05，判断其残差是否存在异方差。

（3）假如方程（3.12）的回归残差存在异方差，请分别以残差绝对值的倒数、序列Population平方根的倒数以及序列Population的倒数作为权重序列，使用WLS方法重新估计方程（4.12），并判断哪种权重序列的回归结果比较好。

练习 4-2　地区出口总值与 GWP 数据模型分析

素材文件：sample/Exercise/exercise 4-2.wfl
多媒体教学文件：视频/习题 4-2.mp4

表 4.4 是某地区 1967 年至 1986 年出口总值（Export，单位为万美元）和国民生产总值（GNP，单位为万美元）有关数据，建立以下线性的出口模型：

$$Export = a + b*GNP \tag{4.13}$$

表 4.4　某地区 1967 年至 1986 年出口额和 GNP 数据

年份	Export	GNP	年份	Export	GNP
1967	4010	22418	1977	5628	29091
1968	3711	22308	1978	5736	29450
1969	4004	23319	1979	5946	30725
1970	4151	24180	1980	6501	32375
1971	4569	24893	1981	6549	33160
1972	4582	25310	1982	6705	33760
1973	4697	25799	1983	7104	34411
1974	4573	25886	1984	7609	35430
1975	5062	26868	1985	8100	36500
1976	5669	28314	1986	8230	37800

相关数据保存在本书下载资源 Exercise 文件夹下的 exercise 4-2.wfl 工作文件中，请使用 EViews 完成以下操作：

（1）使用Exercise 4-2中的数据估计出口模型（4.13），并对估计结果进行解释说明。

（2）对方程（4.13）回归结果的残差进行White异方差检验，检验水平为0.05，判断残差是否存在异方差。

（3）对方程（4.13）回归结果的残差进行自相关图-Q统计量检验，检验水平为0.05，判断残差是否存在序列自相关。

（4）对方程（4.13）回归结果的残差进行自相关LM检验，检验水平为0.05，判断残差是否存在序列自相关，若残差同时存在自相关和异方差，则重新估计方程（4.13）。

4.5.3 计算工厂边际生产成本

素材文件：sample/Exercise/exercise 4-3.wfl
多媒体教学文件：视频/习题 4-3.mp4

微观经济学生产理论认为生产总成本是产量的三次函数，即：

$$y = c_0 + c_1 x + c_2 x^2 + c_3 x^3 \tag{4.14}$$

对生产某种产品的一工厂进行调查，得到生产总成本（y，单位为元）和产量（x，单位为件）有关数据资料，如表 4.5 所示。

表 4.5　生产总成本和产量数据

观测值 Obs	总成本 y	产量 x	观测值 Obs	总成本 y	产量 x
1	10000	100	9	74100	800
2	28600	300	10	100000	1000
3	19500	200	11	133900	1200
4	32900	400	12	115700	1100
5	52400	600	13	154800	1300
6	42400	500	14	178700	1400
7	62900	700	15	203100	1500
8	86300	900	16		

相关数据保存在本书下载资源的 Exercise 文件夹下的 exercise 4-3.wfl 工作文件中，请使用 EViews 完成以下操作：

（1）使用NLS方法估计方程（4.14），并对方程（4.14）的估计结果进行解释。

（2）计算边际生产成本，并绘制其折线图。

第5章 离散及受限因变量模型

通常的计量经济学模型都假定因变量的取值是连续的、没有限制的，但在实际问题中，我们经常会遇到因变量是离散取值或者由于某种原因使得因变量取值受到某种限制的情况。针对这些问题，我们就不能建立简单的线性回归模型并使用OLS或者其变化形式去估计模型的参数。对于因变量是离散变量的情况，我们称之为离散因变量模型（Model with discrete dependent variables），包括二元选择模型（Binary choice model）、排序选择模型（Ordered choice model）以及计数模型（Count model）。其中，二元选择模型根据假定随机误差项分布函数形式的不同而分为Pobit模型、Logit模型以及Extreme value模型。对于因变量取值受到某种限制的情况，称之为受限因变量模型（Limited dependent variable model）。受限因变量模型根据对样本观测值的不同处理方式而分为审查回归模型（Censored regression model）和截断回归模型（Truncated regression model），前者是对样本观测值进行审查，但并不删除，后者是把某些样本观测值删除。这些模型的参数估计都是使用最大似然估计方法（Maximum Likelihood Estimation，MLE）。

本章将主要介绍其中的4种模型：二元选择模型、排序选择模型、受限因变量模型以及计数模型。

实验 5-1 二元选择模型

素材文件：sample/Example/table 5-2.wfl
多媒体教学文件：视频/实验 5-1.mp4

  实验基本原理

二元选择模型（Binary Choice Model）是模型中因变量只有0或者1两种取值的离散因变量模型，我们所关注的核心基本是因变量响应（因变量取1或0）概率：

$$P(y_i =1\mid X_i,\beta) = P(y_i=1\mid x_0,x_1,x_2,...,x_k) \qquad (5.1)$$

式（5.1）中，X_i 表示全部解释变量在样本观测点i上的数据所构成的向量，β 是系数构成的向量。对响应概率最简单的假设是线性概率模型，即假定（5.1）右边的概率是解释变量 x_i 和系数 β_i 的线性组合，但线性概率模型容易产生两个主要的问题：一是模型的随机扰动项存在异方差，从而使得参数估计不再是有效的；二是尽管可以使用WLS估计，也不能保证 y_i 的拟合值限定在0和1之间。为了克服线性概率模型的局限性，考虑形如：

$$P(y_i=1|X_i,\beta)=1-F(-\beta_0-\beta_1x_1-\ldots-\beta_kx_k)=1-F(-X_i'\beta) \quad (5.2)$$

的二元选择模型,其中 X_i 是包括常数项在内的全部解释变量所构成的向量,F 是取值范围严格介于[0,1]之间的概率分布函数,并且要求是连续的(有概率密度函数)。分布函数类型的选择决定了二元选择模型的类型,常用的二元选择模型如表5.1所示。由于标准正态分布和逻辑分布的概率密度函数是偶函数,因此对于Probit模型和Logit模型,式(5.2)还可以进一步简化。

表5.1 常用的二元选择模型

分布类型	分布函数 F	对应的二元选择模型
标准正态分布	$\Phi(x)$	Probit 模型
逻辑分布	$e^x/(1+e^x)$	Logit 模型
极值分布	$1-\exp(-e^x)$	Extreme Value 模型

二元选择模型一般采用最大似然估计,其似然函数为:

$$L=\prod_{i=1}^{n}[1-F(-X_i'\beta)]^{y_i}[F(-X_i'\beta)]^{1-y_i} \quad (5.3)$$

其对数似然函数为:

$$LnL=\sum_{i=1}^{n}\{y_i\ln[1-F(-X_i'\beta)]+(1-y_i)\ln F(-X_i'\beta)\} \quad (5.4)$$

分布函数 F 确定后,可以通过式(5.4)最大化的一阶导数条件求解模型参数估计量。由于根据一阶导数条件所得到的方程通常是非线性的,因此需要运用迭代算法求解方程的参数。

需要注意的是,二元选择模型中所估计的参数不能被解释为自变量对因变量的边际效应,对系数的解释比较复杂。式(5.2)对解释变量 x_i 求偏导数,得到:$\dfrac{\partial P(y_i=1|X_i,\beta)}{\partial x_i}=f(-X_i'\beta)\beta_i$,其中 $f(x)$ 是分布函数F的概率密度函数,系数估计值 $\hat{\beta}_i$ 衡量的是因变量取1的概率会因自变量变化而如何变化,$\hat{\beta}_i$ 为正,表明解释变量增加会引起自变量取1的概率提高,$\hat{\beta}_i$ 为负数,则表明相反的情况。

实验目的与要求

1. 实验目的

(1)通过本次实验,理解线性概率模型的局限性及二元选择模型的用途。
(2)熟练使用EViews估计二元选择模型,着重解释变量参数的实际意义。

2. 实验要求

(1)掌握二元选择模型的基本形式及其常用的3种类型。
(2)掌握二元选择模型估计方法,熟悉各选项和参数的设置,理解模型回归输出结果和参数意义。

（3）理解二元选择模型估计中可能存在的错误信息。

实验内容及数据来源

某学校为了提高办学质量而采用了一种新的教学方法。该学校为了分析这种新的教学方法是否对学生成绩有所提高而进行调查测试，以因变量Grade表示学生在接受新教学方法后成绩是否得到提高，如果提高，则Grade＝1；如果未提高，则Grade＝0。同时使用学生平均学分成绩GPA、调查测试之前学生的期初考试分数SE和个性化教学系统PSI作为度量学生成绩的预测单元，即解释变量。其中，如果对受调查学生采用新的教学方法，则PSI＝1；如果没有采用新的教学方法，则PSI＝0。学校对32位学生进行了调查，得到如表5.2所示的数据，这些数据保存在本书下载资源的Example文件夹下的table 5-2.wf1工作文件中。

表5.2 新教学方法对学生成绩的影响有关数据

观测值	GPA	SE	PSI	Grade	观测值	GPA	SE	PSI	Grade
1	2.66	20	0	0	17	2.75	25	0	0
2	2.89	22	0	0	18	2.83	19	0	0
3	3.28	24	0	0	19	3.12	23	1	0
4	2.92	12	0	0	20	3.16	25	1	1
5	4	21	0	1	21	2.06	22	1	0
6	2.86	17	0	0	22	3.62	28	1	1
7	2.76	17	0	0	23	2.89	14	1	0
8	2.87	21	0	0	24	3.51	26	1	0
9	3.03	25	0	0	25	3.54	24	1	1
10	3.92	29	0	1	26	2.83	27	1	1
11	2.63	20	0	0	27	3.39	17	1	1
12	3.32	23	0	0	28	2.67	24	1	0
13	3.57	23	0	0	29	3.65	21	1	1
14	3.26	25	0	1	30	4	23	1	1
15	3.53	26	0	0	31	3.1	21	1	0
16	2.74	19	0	0	32	2.39	19	1	1

根据这些解释变量，建立度量学生成绩的 Logit 模型：

$$Grade^* = \beta_0 + \beta_1 * GPA + \beta_2 * SE + \beta_0 * PSI + \varepsilon \tag{5.5}$$

其中，$Grade^*$ 是 Grade 的不可观测的潜变量（Logit 估计值），$Grade^* = \ln\left(\dfrac{P(Grade=1|X,\beta)}{1-P(Grade=1|X,\beta)}\right)$。

记 $\dfrac{P(Grade=1|X,\beta)}{1-P(Grade=1|X,\beta)} = e^{Grade^*}$ 为机会比率（Odds Ratio），即学生成绩提高的概率与成绩不提高的概率之比，这样做是为了更好地对方程（5.5）的系数做出有意义的解释。

实验操作指导

1. 二元选择模型估计

使用 EViews 估计方程（5.5）所示的 Logit 模型的主要过程为：

01 打开工作文件 table 5-2.wfl，在菜单栏中选择 Quick | Estimate Equation 命令，屏幕会弹出方程定义对话框，在对话框的 Method 下拉列表中选择 BINARY 估计方法，原来的对话框会发生变化，如图 5.1 所示。

图 5.1 所示对话框的 Equation specification 编辑框要求用户输入变量列表，先输入二元因变量名称，然后输入解释变量名。二元选择模型估计中，用户只能使用列表法对方程进行设定，不能使用公式法。Binary estimation method 选项组用于用户选择估计二元选择模型的具体方法，有 Probit、Logit 和 Extreme value 三种估计方法。

打开如图5.2所示的Options选项卡，用户可以设置参数最大似然估计过程中的估计算法与迭代控制等估计选项。

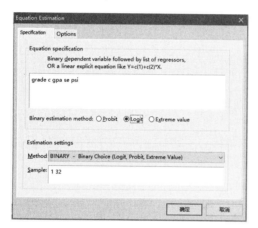

图 5.1　二元选择模型的方程定义对话框

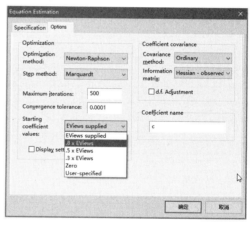

图 5.2　Options 选项卡

该选项卡中有以下几个选项组。

- Optimization method：该选项组供用户选择 EViews 参数估计所使用的最优化算法，有 4 个选项：BFGS、OPG - BHHH、Newton-Raphson、EViews legacy。默认情况下，EViews 使用 Newton-Raphson 来获得参数估计，Newton-Raphson 算法的原理是使用未加权的二阶导数进行迭代。
- Coefficient Covariances：对于二元因变量模型，EViews 允许用户使用估计信息矩阵的倒数（Ordinary）、准极大似然（Huber/White）或广义线性模型（GLM）方法估计标准误差。对于估计信息矩阵的倒数（Ordinary）和广义线性模型（GLM）方法，用户可以选择使用梯度的外积（OPG）计算信息矩阵估计值，或者使用对数似然二阶导数矩阵的负值（Hessian – observed）计算信息矩阵估计值。下方的 d.f.Adjustment 选项可以使用户选择是否进行协方差的 d.f.调整。
- Starting Coefficient Values：供用户指定最大似然估计迭代计算的初始值，有 4 种选择：EViews 提供的默认值（EViews Supplied）、默认值的若干倍数值（0.8 倍、0.5 倍、0.3 倍）、零值（Zero）以及用户提供的初始值（User Supplied）。若用户使用自定义的初始值，则需要在进行参数估计前向 EViews 自动生成的系数向量 c 中输入初始值，再在 Starting coefficient 选项中选择 User Supplied。一般情况下，用户可以使用 EViews 默认的初始值。

02 在对话框的 Equation specification 编辑框中输入"grade c gpa se psi"，在 Binary estimation method 选项组选择 Logit，单击"确定"按钮，得到如图 5.3 所示的 Logit 模型估计结果。

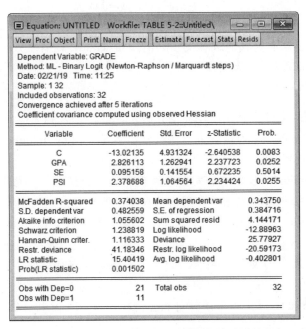

图 5.3　方程（5.5）的 Logit 模型估计输出结果

图 5.3 所示的估计结果上半部分显示模型估计的基本信息，如估计方法（Method）、使用的样本及迭代收敛有关信息、用来计算系数协方差矩阵的方法（Coefficient covariance computed using observed Hessian）等。下半部分显示的是模型估计结果，包括系数估计值、渐近标准误、z 统计量及其相应的概率、各种回归结果的有关统计量。估计结果的底端则显示二元选择模型因变量的频率分布。

2. Logit 模型估计输出结果解释

方程（5.5）的解释变量 GPA、PSI 参数估计值的 z 统计量比较大，且其相应的概率值也比较小，说明这两个变量在统计上是显著的，从而表明 GPA、PSI 对提高学生成绩有较显著的影响。然而解释变量 SE 参数估计值相应的概率值较大，统计上不显著，表明 SE 对提高学生成绩没有显著影响。根据输出结果，我们可以写出方程（5.5）的估计结果：

$$\text{Grade}^* = -13.02135 + 2.826113 * \text{GPA} + 0.095158 * \text{SE} + 2.378688 * \text{PSI} \quad (5.6)$$

z 统计量＝（-2.640538）（2.237723）　（0.672235）　（2.234424）

McFadden R-squared＝0.374038

- McFadden R-squared：麦克法登似然比率指数（Likelihood Ratio Index）。其被定义为：$\rho = 1 - \dfrac{L(\hat{\beta})}{L(0)}$，用于替代线性回归中可决系数 R^2 来度量模型的拟合程度，ρ 也介于 [0，1]之间。

方程（5.6）中每个斜率系数度量了相应的回归元（解释变量）的值变动一个单位（其他回归元保持不变）所引起的 Logit 估计值（潜在变量的值）的变化。GPA 系数估计值等于2.826113，意味着当其他解释变量保持不变时，GPA 每增加一个单位，Logit 估计值平均增加约 2.83 个单位，同时 GPA 的系数为正也表明增加 GPA，将增加 Grade 取 1 的概率。虽然 SE 的系数在统计上不显著，但是其他解释变量对潜变量 Grade*均有正效应，即这些解释变量的增加都将会增加学生成绩提高的概率。

其他重要结果解释：

- Log likelihood：当前模型对数似然函数的最大值，记为 $L(\hat{\beta})$。本例中为-12.88963。
- Avg.log likelihood：平均对数似然函数值，其等于 Log likelihood 除以观测值的个数 n。本例中为-0.402801。
- Restr.log likelihood：仅仅包含常数项和误差项的零模型估计结果的对数似然函数值，记为 L(0)，该统计量主要用于与现有的模型进行比较。本例中为-20.59173。
- LR statistic：LR 统计量，用于检验模型的整体显著性。LR 检验的原假设是：除常数项以外的所有解释变量系数都为零。其计算公式为：LR=2(Log likelihood- Restr.log likelihood)，LR 统计量渐近地服从 χ^2 分布，自由度是该检验下约束变量的个数。本例中为 15.40419。
- Probability(LR stat)：LR 检验统计量相应的概率值。本例中为 0.001502。

3. 二元选择模型估计中可能存在的错误信息

在 EViews 中，二元选择模型的因变量只能取 0 或 1 两个值，不满足要求的观测值将在估计时被剔除掉。在估计二元选择模型中可能会遇到各种错误信息使得模型估计无法进行，主要有以下几种常见的错误：

（1）解释变量中某个变量完全预测二元因变量的取值。发生这种错误可能是由于回归变量中包含某个单值，所有在该单值以下的因变量观测值都取同一个值（比如全部取0），而在单值以上的因变量全部取另一个值（全部取1），此时最大似然估计方法失效。例如，如果对于所有x>0的自变量，对应有y=1，则x就是因变量的一个完全预测量。假如样本中存在这种情况，EViews会给出错误信息提示"x>0 perfectly predicts binary responses success"，并停止模型估计。解决这一错误问题的方法是在定义方程的形式时剔除这种影响模型估计的变量，即不把该变量作为解释变量。

（2）观测值的似然函数值非正。这种错误通常发生在模型估计所用的参数初始值设置不好或者不合理。EViews默认的初始值通常都能满足迭代估计的需要且合理。当出现这种错误时，可以检查Options选项对话框中参数初始值是否正确设定，不正确则更换合理的初始值重新进行估计。

（3）迭代过程中存在奇异矩阵，表明EViews在迭代过程中不能计算矩阵的逆。发生这种错误通常是由于模型不能被识别或者当前参数值离真实值太远。假如发生错误的原因是后者，则要更换不同的初始值或者优化算法重新进行估计。其中，BHHH算法和Quadratic Hill Climbing算法都没有Newton-Raphson算法对迭代所用的参数初始值那么敏感，因此用户将Newton-Raphson算法更换为其他两种算法即可解决这一错误。

实验 5-2　二元选择模型分析

素材文件：sample/Example/table 5-2.wfl
多媒体教学文件：视频/实验 5-2.mp4

实验基本原理

本实验是对二元选择模型的估计结果进行分析，包括显示因变量的实际值、拟合值（预测概率值）及残差，绘制期望-预测表（Expectation）、拟合优度检验以及模型预测。对于拟合优度检验，EViews提供了Hosmer-Lemeshow检验，并且输出结果给出两个检验统计量：H-L统计量和Andrews统计量。Hosmer-Lemeshow检验的原假设是模型拟合完全充分，该检验的基本思路是：通过分组比较因变量的拟合值和实际值，如果两者之间的差异很大，则可以认为模型拟合不够充分。Hosmer-Lemeshow检验的基本原理如下：

假设将样本观测值数据分为J组，第j组的观测值数是 m_j（j=1,2,...,J），设第j组中因变量y=1的观测值个数是 y_j，各组拟合概率的平均值是 $\bar{p}_j$，H-L检验统计量的计算公式为：

$$\text{H-L} = \sum_{j=1}^{J} \frac{(y_j - m_j \bar{p}_j)^2}{m_j \bar{p}_j (1 - \bar{p}_j)} \tag{5.7}$$

H-L统计量的分布形式未知，但Hosmer和Lemeshow指出在模型拟合完全充分的原假设成立的条件下，该统计量近似地服从自由度为J-2的 χ^2 分布。

Andrews检验的基本原理是：仍将样本观测值分为J组，则任何二元观测值都会落入2J个单元中，因此将实际观测值数的这2J个向量与从二元选择模型预测得到的向量值进行比较从而得到Andrews统计量。在原假设成立的条件下，该统计量近似地服从自由度为J的 χ^2 分布。

▶ 实验目的与要求

1. 实验目的

（1）通过本次实验，掌握二元选择模型的视图操作和过程操作。
（2）熟悉二元选择模型估计的评价方法，掌握对二元选择模型进行预测。

2. 实验要求

（1）理解二元选择模型中因变量的实际值、拟合值以及残差值的含义。
（2）熟练绘制二元选择模型的期望-预测表，理解该预测表的含义和用途。
（3）熟练使用EViews进行拟合优度检验，理解检验输出结果。
（4）熟练地对二元选择模型进行预测，理解预测结果的含义。

▶ 实验内容及数据来源

在实验5-1中，我们利用Logit模型对方程（5.5）进行了参数估计。本实验将在实验5-1估计结果的基础上，对二元选择模型（5.6）进行模型分析，包括显示因变量的实际值、拟合值以及残差值，绘制期望-预测表，拟合优度检验以及模型预测。这些操作都可以通过使用方程对象窗口中的View功能键和Proc功能键有关选项实现。

▶ 实验操作指导

1. 显示因变量的实际值、拟合值及残差值

打开保存二元选择模型（5.5）估计结果的方程对象eq_logit，然后选择方程窗口工具栏中的View | Actual,Fitted,Residual | Actual,Fitted,Residual Table命令，将以表格的形式显示因变量的实际值、拟合值以及残差值，输出结果如图5.4所示。

在图5.4中，Actual列显示因变量的实际值（Grade序列的样本观测值）；Fitted列显示二元选择模型因变量Grade取0或者取1的概率拟合值，即因变量选择的概率拟合值 $\hat{p} = P(Grade = 0 | X, \hat{\beta})$ 或 $\hat{p} = P(Grade = 1 | X, \hat{\beta})$；Residual列显示残差，即因变量实际值与概率拟合值的差；Residual Plot列显示残差序列图，与OLS估计不同的是，二元选择模型的残差序列图并没有绘制出虚线置信带（正负一个标准误差范围）区域。

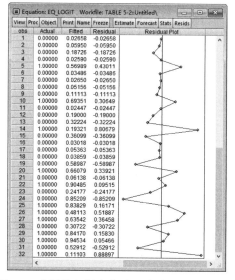

图 5.4 实际值、拟合值以及残差值的表格显示

2. 绘制期望-预测表

期望-预测表（E-P表）的原理是依据用户指定的预测准则和期望值对因变量观测值进行分组，其中预测准则是指概率预测模型（例如Logit模型等）和用户给出的截断概率值。由于在二元选择模型中，因变量取值要么为0，要么为1，如果所预测的概率大于截断概率值，则将其归类为1，否则，将其归类为0，借助E-P表可以显示对因变量观测值的分组是否恰当。分组恰当是指预测概率小于或等于指定的某个截断概率值（归类为0）且因变量的观测值等于0，或者预测概率大于截断值（归类为1）且因变量观测值等于1，否则分组为不恰当。分组恰当往往表明预测概率值与实际值（1或0）较为接近，分组恰当的观测值数越多，模型拟合的效果就越好。因此，我们可以使用E-P表评价模型拟合效果的好坏。

绘制二元选择模型（5.5）估计结果的 E-P 表格的主要过程为：

01 打开保存二元选择模型（5.5）估计结果的方程对象“eq_logit”，然后选择方程窗口工具栏中的 View | Expectation-Prediction Evaluation 命令，屏幕会弹出如图 5.5 所示的对话框。

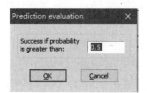

图 5.5　指定 E-P 表的截断值

该对话框用于指定[0，1]之间预测成功的截断概率值，EViews 默认的截断值是 0.5，然后每个观测值都会按照其预测概率是否大于 p 而进行分组。

02 根据实际情况在对话框中输入预测截断值。本实验采用 EViews 默认的 0.5，单击 OK 按钮，屏幕会输出如图 5.6 所示的 E-P 表。

Expectation-Prediction Evaluation for Binary Specification
Equation: EQ_LOGIT
Date: 02/21/19　Time: 12:41
Success cutoff: C = 0.5

	Estimated Equation			Constant Probability		
	Dep=0	Dep=1	Total	Dep=0	Dep=1	Total
P(Dep=1)<=C	18	3	21	21	11	32
P(Dep=1)>C	3	8	11	0	0	0
Total	21	11	32	21	11	32
Correct	18	8	26	21	0	21
% Correct	85.71	72.73	81.25	100.00	0.00	65.63
% Incorrect	14.29	27.27	18.75	0.00	100.00	34.38
Total Gain*	-14.29	72.73	15.63			
Percent Gain**	NA	72.73	45.45			

	Estimated Equation			Constant Probability		
	Dep=0	Dep=1	Total	Dep=0	Dep=1	Total
E(# of Dep=0)	16.88	4.12	21.00	13.78	7.22	21.00
E(# of Dep=1)	4.12	6.88	11.00	7.22	3.78	11.00
Total	21.00	11.00	32.00	21.00	11.00	32.00
Correct	16.88	6.88	23.75	13.78	3.78	17.56
% Correct	80.36	62.50	74.22	65.63	34.38	54.88
% Incorrect	19.64	37.50	25.78	34.38	65.63	45.12
Total Gain*	14.73	28.13	19.34			
Percent Gain**	42.86	42.86	42.86			

*Change in "% Correct" from default (constant probability) specification
**Percent of incorrect (default) prediction corrected by equation

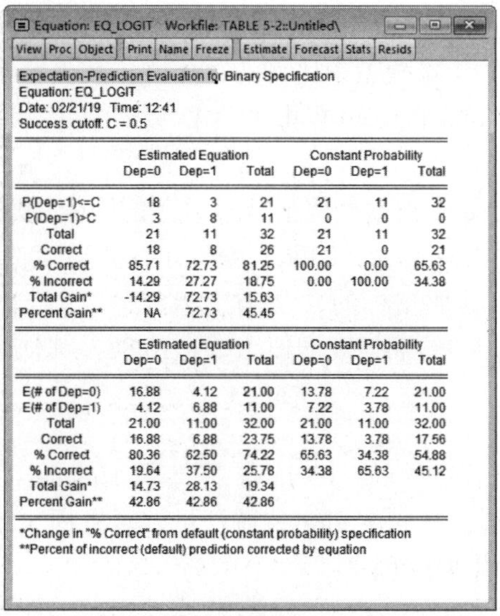

图 5.6　截断概率值为 0.5 的 E-P 表

在图5.6中，E-P表的顶端显示了预测成功（归类为1）的截断概率值cutoff C＝0.5。图5.6所示的E-P表分为上下两部分，上半部分包含左右两个子表。左边的子表是依据因变量Grade取1的预测概率$\hat{p}$来进行分组的，即将P（Dep＝1）与截断概率值C进行大小比较，其中$\hat{p}=P(Grade=1\mid X\hat{\beta})$，它是根据当前所估计的方程（Estimated Equation）得到的。右边的子表主要用于与左边的子表进行对比，该子表是按照因变量Grade＝1的样本比率$\bar{p}$作为预测概率进行分组的，可以计算得到$\bar{p}=11/32=0.3438$（32个观测值中Grade＝1的有11个），这个概率也可以在仅仅包含常数项的零模型中得到。零模型预测$\hat{p}=P(Grade=1\mid c)=0.3438$，预测概率全小于截断概率值0.5，因此根据零模型，因变量Grade＝1的11个观测值全部被归类为0；零模型预测$\hat{p}=P(Grade=0\mid c)=0.6563$，预测概率全大于截断概率值0.5，因此根据零模型，因变量Grade＝0的21个观测值全部被归为1。对于左边的子表，也可以根据预测概率值和截断概率值进行比较而对观测值进行归类。

Correct所在行显示分组正确的观测值数，即分别是上部分表格P（Dep＝1）<=C且Dep＝0或者P（Dep＝1）>C且Dep＝1相应单元中的数值。例如，在Estimated Equation子表中，P（Dep＝1）<=C且Dep＝0单元中的数值是18，因此依据Logit模型所预测的概率，因变量Grade＝0预测正确的观测值数是18。依此可以得到Logit模型和零模型Grade＝0、Grade＝1预测正确的观测数。从E-P表可以看到，尽管对于因变量（Dep）Grade＝0，零模型预测正确的观测数是21，多于Logit模型的18个，但是对于因变量（Dep）Grade＝1，Logit模型预测正确的观测数是8，零模型预测正确的个数是0。因此，在32个观测值中，Logit模型预测正确的总观测数（Total）是26个，优于零模型的21个。Correct行以下分别是分组正确和分组不正确的百分比，其中分组正确的比率值等于Correct/Total。同时，Logit模型预测正确的总比率为81.25%，优于零模型的65.63%，也表明Logit模型比零模型的预测效果好。

Gain（效果）指标用于衡量模型的预测能力，其含义是与零模型相比较，Logit模型（或者其他估计模型）在预测效果上所提高的程度。Total Gain（总效果）显示的是当前模型比零模型在预测正确率上提高的绝对百分比。例如，对于Grade＝0的观测值，Logit模型预测正确的百分比是85.71%，零模型预测正确的百分比是100%，因此总效果为-14.29%。Percent Gain（效果百分比）是总效果相对于零模型中比例的百分比，其表示当前模型比零模型预测效果提高的程度。总效果百分比（Total Percent Gain）为45.45%，也说明Logit模型比零模型预测效果更好。

E-P表的下半部分前两行显示依据期望值计算得到的因变量取0或1的预测结果。下半部分的左边是按照当前模型计算样本Grade＝0和Grade＝1的观测值期望数，右边是按照零模型计算得到的观测值相应期望数。其他指标的含义与上半部分类似。根据Logit模型估计结果，在Grade＝0的21个观测值中，y＝0的期望观测值个数是16.88，其他的以此类推。

3. 拟合优度检验

类似于皮尔逊的x^2-拟合优度检验，EViews 提供了 Hosmer-Lemeshow 检验，输出结果给出了两个检验统计量：H-L 统计量和 Andrews 统计量。对方程（5.5）的 Logit 模型估计结果进行 Hosmer-Lemeshow 检验的主要过程是：

01 打开保存二元选择模型（5.5）估计结果的方程对象 eq_logit，然后选择方程窗口工具栏中的 View | Goodness-of-Fit Test（Hosmer-Lemeshow）命令，屏幕会弹出如图 5.7 所示的拟

合优度检验对话框。

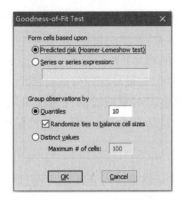

图 5.7 拟合优度检验对话框

对话框中的Form cells based upon选项组供用户确定分组变量，有两个选择：一是以预测的风险（Predicted risk(Hosmer-Lemeshow test)）作为分组变量，即使用Hosmer-Lemeshow检验自动给出的分组变量；二是使用用户选择的序列或者序列表达式（Series or series expression）作为分组变量，若选择该项，则需要在下面的编辑框中输入序列名或序列表达式。

对话框中的Group observations by选项组用于根据分组变量确定合适的分组数。如果各组只有少数几个观测值，则应该选择Distinct values选项，EViews可以将每个不同的值形成一个单独的组。由于EViews默认的最大分组数（Maximum）是100，因此如果超过最大数，则EViews将会给出错误信息提示。用户可以通过设置Maximum # of cell选项来增加最大分组数。如果每组中包含的样本观测值相当多，则应该选择Quantiles选项，并在其后面的编辑框中输入设定的组数。EViews将按照这个组数依据分组序列的排序值进行分组，即按照分位数分组。如果此时分组变量中存在结（tie），即出现观测值相等，EViews将不能按照指定的组数进行精确分组，除非存在结的观测值被分在不同的组中。由于样本观测值中存在结会导致各组观测值数分配不均衡，因此为了均衡可以选择Randomize ties to balance cell sizes选项将存在结的观测值随机分配到相邻的组中。

由于拟合优度检验统计量要求每组中观测值数不能太少，因此分组时不应把组数设定得太多。用户在不清楚合理的分组数时，可以使用 EViews 默认的分组变量，即选择Predicted risk (Hosmer-Lemeshow)选项。

02 本实验使用对话框各选项默认的设置，单击 OK 按钮，屏幕会弹出如图 5.8 所示的拟合优度检验结果。

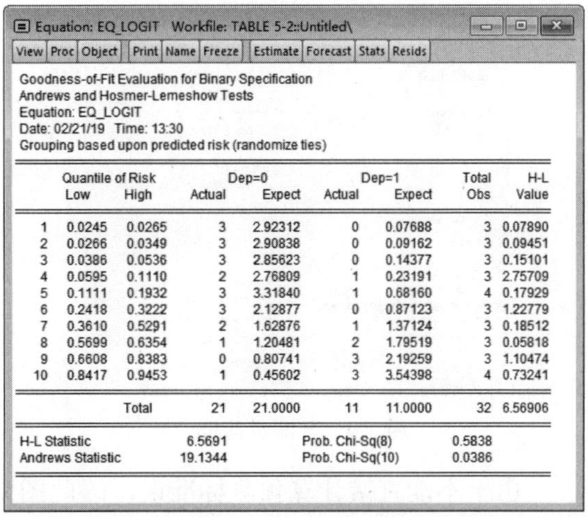

在图 5.8 所示的检验结果中，样本观测值被分为 10 组。Quantile of Risk 一栏详细给出了每组中的预测概率的低值（Low）和高值（High），然后是各组因变量观测值分别取 0、1 的实际观测值数（Actual）和预测数

图 5.8 方程（5.6）的拟合优度检验结果

（Expect）、总观测值数（Total Obs）以及每组的 H-L 统计量值。某个组的 H-L 统计量数值越大，说明该组的预测数与实际数的差异越大。检验结果的底部给出了 H-L 统计量和 Andrews 统计量的值，这两个统计量都服从 χ^2 分布，自由度分别是 8 和 10。

H-L统计量为6.5691，其相应的概率P为0.5838，概率值比较大，H-L检验统计量表明不能拒绝原假设，即可以认为模型的拟合效果是比较好的。然而，Andrews统计量为19.1344，其相应的概率P为0.0386，概率值比较小，对原假设的判断结果依据检验水平而定。此时，对原假设的判断将依据用户对H-L统计量检验和Andrews统计量检验的偏好而确定。

4．模型预测

对方程（5.5）的 Logit 模型估计结果进行预测的主要过程是：

01 打开保存二元选择模型（5.5）估计结果的方程对象"eq_logit"，然后选择方程窗口工具栏中的 Proc | Forecast（Fitted Probability/Index）…命令，屏幕会弹出如图 5.9 所示的预测对话框。

图 5.9 所示的预测对话框基本上与简单线性回归方程的 OLS 估计预测对话框相同，对话框中的 Series to forecast 选项供用户选择要预测的序列对象，有两种选择：一是因变量的拟合概率（Probability），即 $\hat{p}=1-F(-X'\hat{\beta})$；二是潜变量的拟合值，即 $X'\hat{\beta}$ 的拟合值。EViews 默认的预测对象是拟合概率值。与其他模型估计方法一样，用户可以选择预测样本的范围（Forecast sample）和预测输出结果（Output）。如果二元选择模型的解释变量向量 X 中包含因变量的滞后值，用户可以选择 Dynamic 选项进行动态预测（该选项目前不可用）。对于动态预测方法，预测评价指标和预测标准误通常都不能直接计算得到，预测标准误可以从执行 View | Covariance Matrix 选项操作得到的系数协方差矩阵计算得到。

02 使用各项 EViews 默认设置，单击 OK 按钮，屏幕会输出如图 5.10 所示的预测结果，并且 EViews 会在工作文件对象目录中自动生成一个名为 gradef 的序列，用于保存预测概率值。

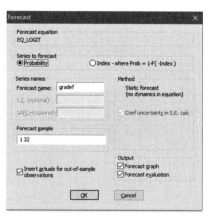

图 5.9　预测对话框

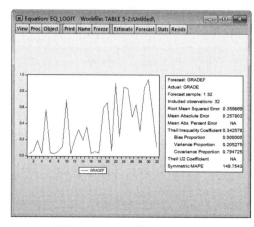

图 5.10　Logit 模型预测结果

由于不能直接计算预测标准误，因此图5.10所示的Grade预测概率折线图并没有给出置信带区域。预测图的右边方框给出了预测评价指标。其中，希尔不等系数Theil IC为0.3426，协变率CP为0.7947，这些预测指标说明Logit模型的预测效果一般。

在Eviews中能生成方程估计结果的3种残差包括普通残差（Ordinary）、标准残差（Standardized）、一般化残差（Generalized），可以通过执行Proc | Make Residual Series命令来实现。

实验 5-3 排序选择模型

素材文件：sample/Example/table 5-3.wfl
多媒体教学文件：视频/实验 5-3.mp4

 实验基本原理

当因变量取离散的数值且有多个选择时，这样的模型被称为多元选择模型。在多元选择模型中，当因变量的多个选择之间存在排序问题时，我们需要建立多元排序选择模型（Ordered choice model）。设有下面的多元排序选择模型：

$$P(y=y_i \mid X_i, \beta) = P(y=y_i \mid x_0, x_1, x_2, ..., x_k) \tag{5.8}$$

其中 y_i 有 $0,1,2,...,m-1$ 共m个选择。为了对多元排序选择模型进行分析，引入不可观测的潜在变量 y_i^*：

$$y_i^* = X_i'\beta + \varepsilon_i^* \tag{5.9}$$

其中，ε_i^* 是相互独立且同分布的随机扰动项，y_i 的取值和潜在变量 y_i^* 有下面的对应关系：

$$y_i = \begin{cases} 0, & y_i^* \leq c_1 \\ 1, & c_1 < y_i^* \leq c_2 \\ 2, & c_2 < y_i^* \leq c_3 \\ \vdots \\ m-1, & c_{m-1} < y_i^* \end{cases} \tag{5.10}$$

假设 ε_i^* 的分布函数为 $F(x)$，可以得到因变量 y 取各个选择值的概率：

$$\begin{aligned} P(y_i = 0) &= F(c_1 - X'\beta) \\ P(y_i = 1) &= F(c_2 - X'\beta) - F(c_1 - X'\beta) \\ P(y_i = 2) &= F(c_3 - X'\beta) - F(c_2 - X'\beta) \\ &\vdots \\ P(y_i = m-1) &= 1 - F(c_{m-1} - X'\beta) \end{aligned} \tag{5.11}$$

与二元选择模型一样，多元排序选择模型的分布函数 $F(x)$ 也有 3 种常见的类型：Normal 分布、Logistic 分布和 Extreme value 分布。方程（5.9）的参数仍然使用最大似然估计，同时 $m-1$ 个临界值 c_1、c_2、…、c_{m-1} 事先也是不确定的，因此也作为模型待估计的参数与模型系数一起进行估计。

实验目的与要求

1. 实验目的

（1）通过本次实验，理解排序选择模型的基本思想和主要用途。

（2）熟悉排序选择模型的估计方法和操作过程，着重理解解释变量参数的实际意义。

2. 实验要求

（1）掌握排序选择模型的基本形式及其意义。

（2）掌握排序选择模型估计方法，熟悉各选项和参数的设置，理解模型回归输出结果和参数意义。

（3）理解排序选择模型估计中的问题，熟悉模型估计的视图操作和过程操作。

实验内容及数据来源

某地政府执行了一项新的收入政策，不同收入阶层的人对于这一收入政策的态度也有所不同。通过民意调查测试，获得了受调查者收入（Income）以及他们对该收入政策的态度（Attitude）有关数据。其中，如果他们支持该项政策，则Attitude＝0；中立则Attitude ＝1；反对则Attitude ＝2。表5.3是对32位受访者调查得到的有关数据，这些数据保存在本书下载资源的Example文件夹下的table 5-3.wfl工作文件中。

表5.3 受访者收入以及他们对该收入政策态度有关数据

obs	income	attitude	obs	income	attitude	obs	income	attitude
1	900	0	12	2000	1	23	3100	2
2	1000	0	13	2100	1	24	3200	2
3	1100	0	14	2200	1	25	3300	2
4	1200	0	15	2300	1	26	3400	2
5	1300	0	16	2400	1	27	3500	2
6	1400	0	17	2500	1	28	3600	2
7	1500	0	18	2600	1	29	3700	2
8	1600	0	19	2700	1	30	3800	2
9	1700	0	20	2800	1	31	3900	0
10	1800	1	21	2900	2	32	4000	0
11	1900	1	22	3000	2			

根据所研究的问题，建立度量受访者收入与他们对该收入政策态度的如下排序选择模型：

$$Attitude^* = \beta_1 * Income + \varepsilon^* \tag{5.12}$$

其中，$Attitude^*$是因变量 Attitude 不可观测的潜在变量，并假定ε^*的分布函数是正态分布。

第 5 章 离散及受限因变量模型

▶ 实验操作指导

1. 排序选择模型估计

使用 EViews 估计方程（5.12）所示的排序选择模型的主要过程为：

01 打开工作文件 table 5-3.wfl，在菜单栏中选择 Quick | Estimate Equation 命令，屏幕会弹出方程定义对话框，在对话框的 Method 下拉列表中选择 ORDERED-Ordered Choice 估计方法，原来的方程定义对话框会发生变化，如图 5.11 所示。

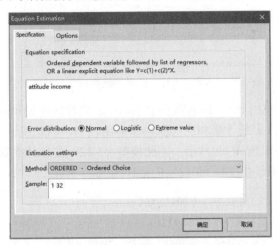

图 5.11　排序选择模型方程定义对话框

图 5.11 所示对话框的 Equation specification 编辑框要求用户输入变量列表，先输入多元选择因变量名称，然后输入解释变量名。用户只能使用列表法对排序选择模型进行设定，不能使用公式法。与二元选择模型不同的是，在排序选择模型设定过程中，由于 EViews 不能将常数项和临界值区分开来，因此 EViews 会在方程定义式中忽略常数项，即在方程定义编辑框中，有无常数项 c 都会被 EViews 视为没有。Error 选项组供用户选择排序选择模型随机误差项的分布类型，有 Normal、Logistic 和 Extreme value 三种分布。

02 在对话框的 Equation specification 编辑框中输入"attitude income"，在 Error distribution 选项组选择 Normal，且不对 Options 选项卡做更改，单击"确定"按钮，屏幕输出如图 5.12 所示的排序选择模型估计结果。

图 5.12 所示的估计结果顶端显示模型估计的基本信息，如估计方法（Method）、使用的样本以及迭代收敛有关信息、用来计算系数协方差矩阵的方法（Quadratic hill climbing）等；中间部分是模型参数估计值；接下来的部分是 Limit Points（临界点）有关数据，给出模型中临界值 c_i 的估计值、参数估计标准误差、z 统计量及其相应的概率；底下部分是模型估计的有关统计量信息。

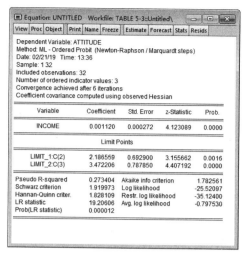

图5.12 方程（5.12）的排序选择模型估计结果

模型（5.12）有 3 个估计值，即解释变量 Income 系数估计值和两个临界值。估计结果显示，这 3 个参数估计值的 z 统计量相应的概率值都比较小，因此统计上都是显著的。LR 统计量为 19.2061，相应的概率值 P 非常小，因此模型（5.12）的估计系数整体上是显著的。根据估计输出结果，我们可以写出方程（5.12）的估计形式：

$$Attitude^* = 0.00112 * Income \tag{5.13}$$

z 统计量＝（4.1231）

LR 统计量＝19.2061，伪 R^2（似然比指数）＝0.2734

方程（5.13）中变量 Income 的系数估计值为正，即收入对潜在变量 $Attitude^*$ 的影响为正，说明收入水平越高，$Attitude^*$ 值越大，从而表明收入水平越高的受访者对这项收入政策持反对态度的概率越大。同时，两个临界点的估计值 $\hat{c}_1$＝2.1866、$\hat{c}_1$＝3.4722，临界点的估计值是递增的，而且其他统计量表明所建立的排序选择模型整体拟合效果比较好。

2. 排序选择模型估计中的问题

在排序选择模型参数估计过程中，可能会存在如下问题而使模型参数估计不能正常进行：

（1）EViews要求因变量取整数值，否则EViews将会给出错误信息提示并停止模型估计，因此在进行估计之前，需要检查因变量的取值是否合理。

（2）以因变量为分组变量得到样本观测值的分组结果，如果有的组观测值较少，则可能会遇到模型识别问题和估计困难。此时，应该把适当相邻的组进行合并然后重新进行估计。

（3）有时EViews会给出错误信息提示：临界点的参数估计并非单调递增。这样的情况大多发生在参数估计的第一步迭代过程中，表明临界点的参数估计值设置不正确。出现这种情况，EViews并不能自动调整这些值，用户可以先检查是否使用了自定义的不合理的参数初始值。

3. 显示排序选择模型的预测值

与实验5-2中绘制二元选择模型的E-P表类似，也可以绘制排序选择模型的E-P表，绘制过

程为：在方程估计结果窗口工具栏中，选择View|Prediction Evalution命令，屏幕会输出如图5.13所示的排序选择模型的E-P表。

Prediction Evaluation for Ordered Specification
Equation: UNTITLED
Date: 02/21/19 Time: 13:37

Estimated Equation

Dep. Value	Obs.	Correct	Incorrect	% Correct	% Incorrect
0	11	9	2	81.818	18.182
1	11	7	4	63.636	36.364
2	10	9	1	90.000	10.000
Total	32	25	7	78.125	21.875

Constant Probability Spec.

Dep. Value	Obs.	Correct	Incorrect	% Correct	% Incorrect
0	11	11	0	100.000	0.000
1	11	0	11	0.000	100.000
2	10	0	10	0.000	100.000
Total	32	11	21	34.375	65.625

Gain over Constant Prob. Spec.

Dep. Value	Obs.	Equation % Incorrect	Constant % Incorrect	Total Gain*	Pct. Gain**
0	11	18.182	0.000	-18.182	NA
1	11	36.364	100.000	63.636	63.636
2	10	10.000	100.000	90.000	90.000
Total	32	21.875	65.625	43.750	66.667

*Change in "% Correct" from default (constant probability) specification
**Percent of incorrect (default) prediction corrected by equation

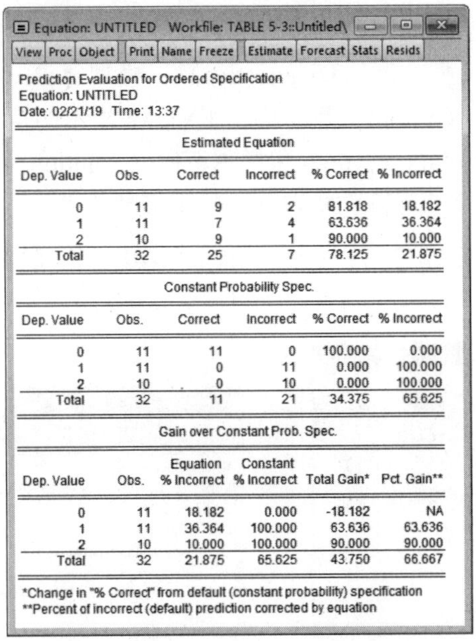

图 5.13　方程（5.12）估计结果的 E-P 表

图5.13所示的排序选择模型的E-P表比二元选择模型的简单，它是把样本观测值按照因变量多元选择进行分类。Dep.Value列显示因变量的排序选择，共有0、1、2三类；Obs.列显示因变量相应选择的实际观测值数。具体的结果排列与二元选择模型类似，请参照解释。

4. 模型预测

由于排序选择模型的因变量表示选择种类或类别，因此排序选择模型不能直接利用已建立的估计模型进行预测，而只能预测每一类选择相对应的概率值。方程估计结果对象窗口工具栏中的 Proc | Forecast 命令对排序选择模型并不适用，而只能通过创建模型对象的方法来进行预测。对方程（5.12）的估计结果进行预测的过程为：

01 在方程（5.12）估计结果对象窗口工具栏中，选择 Proc|Make Model 命令，建立并打开包含方程系统的模型对象窗口，如图 5.14 所示。

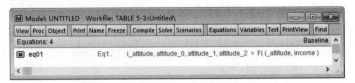

图 5.14　包含方程系统的模型对象窗口

在图 5.14 中，由于在方程（5.12）中因变量的名称是 attitude，因此所拟合的潜在变量 $Attitude^*$ 序列被命名为 i_attitude，其拟合值落入第一类选择的拟合概率被命名为序列 attitude_0，落入第二类为 attitude_1，落入第三类为 attitude_2，以此类推。对于每一个观测值，其落入每一类选择的拟合概率值相加之和是 1。

02 在图 5.14 所示的窗口工具栏中，单击 Solve 功能键，此时屏幕会弹出如图 5.15 所示的对话框，用于设置预测选项。

在图 5.15 中，单击对话框顶端的各个标签可以在各选项卡之间进行切换，包括被追踪变量（Tracked Variables）、模型诊断（Diagnostics）、模型算法（Solver）、基本选项（Basic Options）及随机选项（Stoch Options）等。当前 EViews 显示的是 Basic Options 选项卡，该选项卡包括模拟类型选择（Simulation type）和样本范围（Solution sample）等选项。对于这些选项卡和选项卡中的选项，用户没有特殊要求，一般不需要修改。

03 本实验使用 EViews 的默认设置，单击"确定"按钮后，屏幕会输出如图 5.16 所示的有关模型对象信息。

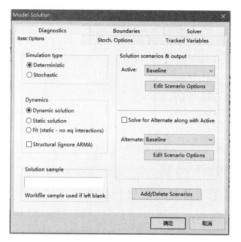

图 5.15　Model Solution 对话框

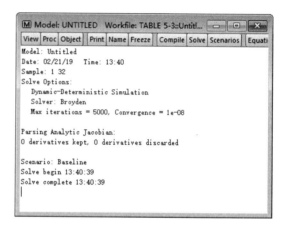

图 5.16　建立模型对象有关信息窗口

图 5.16 给出了建立包含方程系统的模型对象的有关信息，包括模型名称、样本、模型建立选项（Solve Options）、模拟情景（Scenario）等信息。其中，Solve Options 选项给出了模型对象预测所使用的方法 Dynamic-Deterministic Simulation、算法（Gauss-Seidel）、迭代最大次数（Max iterations）以及收敛准则（Convergence）。

执行上述有关模型对象预测后，EViews 会在工作文件窗口对象目录中生成 4 个序列，分别是 attitude_0_0、attitude_1_0、attitude_2_0、i_attitude_0，前 3 个序列是因变量 attitude 分别取 0、1、2 时的拟合概率值，i_attitude_0 是潜在变量的拟合值。我们可以在工作文件 table 5-4.wfl 中建立一个包含这些序列的序列组，在 EViews 命令窗口中输入命令"group g2 attitude attitude_0_0 attitude_1_0 attitude_2_0 income"，然后按 Enter 键，EViews 将建立序列组 g2。打开序列组 g2，将得到如图 5.17 所示的结果，请注意因变量各选项的拟合概率值之和为 1。

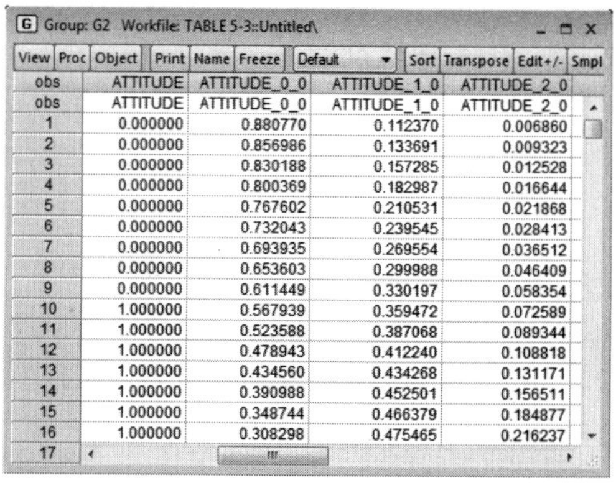

图 5.17　包含拟合概率值的序列组窗口

实验 5-4　受限因变量模型

素材文件：sample/Example/table 5-4.wfl
多媒体教学文件：视频/实验 5-4.mp4

 实验基本原理

对多元线性回归模型：$y_i = X_i'\beta + \varepsilon_i$（其中 X_i' 是解释变量在观测点 i 上的行向量），因变量取值是连续的，但是由于受到某种限制，因变量的观测值只来源于总体的一个受限制的子集而不能完全反映总体的实际特征。此时，我们需要建立受限因变量模型，有审查回归模型（Censored Regression Model）和截断回归模型（Truncated Regression Model）两种。

1．审查回归模型

对于方程 $y_i = X_i'\beta + \varepsilon_i$，引入因变量 y 的潜在变量，考虑如下的模型：

$$y_i^* = X_i'\beta + \sigma\varepsilon^* \tag{5.14}$$

其中，σ 是比例参数（Scale），建立因变量 y_i 与其潜在变量 y^* 如下的对应关系：

$$y_i = \begin{cases} \underline{c_i} & y_i^* \leq \underline{c_i} \\ y_i^* & \underline{c_i} < y_i^* < \overline{c_i} \\ \overline{c_i} & \overline{c_i} \leq y_i^* \end{cases} \tag{5.15}$$

其中 $\underline{c_i}$、$\overline{c_i}$ 分别是左审查点和右审查点，代表临界点的固定值，为常数。如果没有左审查点，则 $\underline{c_i} = -\infty$；如果没有右审查点，则 $\overline{c_i} = +\infty$。当 $\underline{c_i} = 0$ 和 $\overline{c_i} = +\infty$ 时，称模型为规范的审查回归模型，又称为 Tobit 模型。对因变量观测值进行审查并不是把观测不到的 $y_i^* \leq \underline{c_i}$ 或 $\overline{c_i} \leq y_i^*$ 从样本中删除，其本质是对出现审查数据的普通回归模型进行（5.15）所示的适当处理。

2．截断回归模型

在截断回归模型中，因变量只能在特定范围内取值，要么没有全部自变量的观测值，要么由于实际情况而无法得到因变量的观测值。截断回归模型有如下的形式：

$$y_i = X_i'\beta + \sigma\varepsilon_i \tag{5.16}$$

其中，y_i 只有在 $\underline{c_i} < X_i'\beta + \varepsilon_i < \overline{c_i}$ 范围内才能取得样本观测值，$\underline{c_i}$ 和 $\overline{c_i}$ 都是临界值。

审查回归模型和截断回归模型的参数的估计都可以使用最大似然估计方法，对于这两类模型具体的对数似然函数估计推导过程，读者可以参考有关的计量经济学图书。在 EViews 中，受限因变量模型的随机扰动项 ε_i 的分布函数形式有标准正态分布、标准逻辑分布和极值分布3种，而且使用EViews估计两种模型参数的步骤是完全相同的。

实验目的与要求

1. 实验目的

（1）通过本次实验，理解审查回归模型的基本思想和主要用途。

（2）理解截断回归模型的基本思想和主要用途。

（3）熟悉审查回归模型和截断回归模型的估计方法和操作过程，理解解释变量参数的实际意义。

2. 实验要求

（1）掌握受限因变量模型的基本形式及类型，根据实际问题建立适当的模型。

（2）掌握受限因变量模型估计方法，熟悉各选项和参数的设置，理解模型回归输出结果和参数意义。

（3）熟悉模型估计的视图操作和过程操作。

实验内容及数据来源

本实验研究已婚妇女工作时间问题，假设已婚妇女的工作时间（Hours，单位小时/年）与她们的年龄（Age）、受教育年限（Educ）、她们丈夫的年收入（Husinc，单位美元）以及她们的未成年子女个数（Kids）这些因素有关。针对我们所研究的问题，调查得到100个有关数据，数据来自美国人口调查局。表5.4列出了部分有关数据，完整的数据保存在本书下载资源的Example文件夹下的table 5-4.wf1工作文件中。

表5.4 已婚妇女工作时间及其影响因素等有关数据

Obs	Hours	Age	Educ	Husinc	Kids	Obs	Hours	Age	Educ	Husinc	Kids
1	1610	32	12	10909.99	1	16	1224	35	11	15499.93	3
2	1656	30	12	19500.1	2	17	1400	43	12	13199.89	2
3	0	35	12	10999.91	4	18	0	39	12	13837.05	5
4	456	34	12	6800.064	3	19	2000	45	12	14000.01	0
5	1300	31	14	20000	3	20	0	35	12	9999.967	4
6	0	54	12	6979.024	0	21	2215	42	16	13024.96	2
7	2500	37	16	9151.959	2	22	1680	30	12	8000	0
8	1020	54	12	10499.82	0	23	0	48	13	17478.93	0
9	1458	48	12	8420.097	2	24	800	45	12	9159.98	1
10	1600	39	12	12000.03	2	25	1955	31	12	8274.922	2
11	1969	33	12	23999.96	1	26	2300	43	17	27000.62	2
12	1960	42	11	19000	1	27	0	59	12	15999.88	0
13	240	30	12	15000.13	3	28	1904	32	12	17000	3
14	997	43	12	14400.09	2	29	1516	31	17	15000.12	1
15	1848	43	10	22000.88	1	30	346	42	12	9999.936	0

尽管我们可以得到影响已婚妇女工作时间的各种数据，但只要她们没有提供实际劳动，则

只能将她们的劳动时间看作零。因此，根据所研究的问题建立以下度量已婚妇女工作时间的审查回归模型：

$$\text{Hours}^* = \beta_0 + \beta_1 * Age + \beta_2 * Educ + \beta_3 * Hu\sin c + \beta_4 * Kids + \varepsilon^* \quad (5.17)$$

其中，Hours^* 是因变量 Hours 的潜在变量。

▶ 实验操作指导

1. 模型估计

使用 EViews 估计方程（5.17）所示的审查回归模型的主要过程为：

01 打开已建立的工作文件 table 5-4.wfl，在菜单栏中选择 Quick | Estimate Equation 命令，屏幕会弹出方程定义对话框，在对话框的 Method 下拉列表中选择 CENSORED-Censored or Truncated Data（including Tobit）估计方法，原来的方程定义对话框会发生变化，如图 5.18 所示。

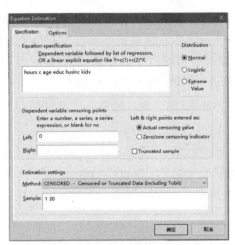

图 5.18 受限因变量模型对话框

在图 5.18 所示的对话框中，Equation specification 编辑框要求用户输入被审查的（Censored）因变量名以及解释变量名，用户只能使用列表法设定方程的形式。对话框右上角的 Distribution 选项组用于确定随机误差项的分布类型，有 3 种可供选择：Normal、Logistic 和 Extreme Value。

对话框中的 Dependent variable censoring points 选项组提供有关模型被审查因变量的临界点信息。用户可以输入数值、序列、序列表达式或者空白（Enter a number, a series, a series expression, or blank for n.）。对于 Dependent variable censoring points 编辑框的输入需要考虑以下两种情况：

- 临界点对样本所有个体都是已知的。按照要求在编辑框的左编辑区（Left）和右编辑区（Right）输入临界点。如果其中一个编辑区为空，则 EViews 会认为该模型相应类型的观测值没有被审查。例如，对于 Tobit 模型估计，样本观测值在 0 值左边进行审查，在 0 值右边不被审查（没有右审查点）。这种情况下可以设定为：Left 编辑框输入"0",Right 编辑框不用输入任何数值(即为 Blank)。一般情况下,可以设定为:Left 编辑框输入"$\underline{c}_i$";Right 编辑框输入"$\overline{c}_i$"。此外,EViews 还允许临界值是已知的,但对不同的观测值是不同的,此时可以在适当的编辑框中输入包含临界值点的序列名。

- 临界点通过设定的指示变量产生并且只对有被审查观测值的个体已知。在某些情况下,假设临界点对于一些个体($\underline{c}_i$ 和 $\overline{c}_i$ 并不是对所有样本观测值都是可观测得到的)是未知的,此时可以通过设置取值为 0 或 1 的虚拟变量来审查数据。EViews 提供了一种数据审查的方法来适应这种情况,即在估计对话框中选择 Zero/one censoring indicator 选项,然后在适当的编辑区中输入审查指示变量的序列名。对应于审查指示变量值为 1 的观测值需要进行审查处理,而对应于审查指示变量值为 0 的观测值则不进行审查处理。

例如,假设我们有某个人失业时间的观测值,但其中的一些观测值反映的是在取得样本时其仍然继续失业的情况,这些观测值可以看作在报告期的右审查(因为失业时间大于报告时间的因变量仍然按报告时间取值)。如果设定变量 Rcensor 是对数据右审查的虚拟指示变量,则可以选择 Zero/one censoring indicator 选项,并在编辑框设定:Left 编辑区空白,Right 编辑区输入"Rcensor"。如果数据在左边和右边都需要审查,则对于每种形式的审查分别使用单独的审查虚拟指示变量,即在编辑框中设定:Left 编辑区输入"Lcensor(对观测值进行左审查的审查虚拟指示变量)",Right 编辑区输入"Rcensor"。

用户如果选择 Truncated sample 复选项,则表示进行截断回归模型估计。截断点的设置和审查点的设置基本类似。

02 本实验是一个规范的 Tobit 模型,因此可以使用 EViews 默认的审查临界点选项设置。在 Equation specification 编辑框中输入"hours c age educ husinc kids",其他估计选项采用 EViews 默认设置,然后单击"确定"按钮,屏幕会输出如图 5.19 所示的审查回归模型(5.17)的估计结果。

在图 5.19 中,模型估计结果先给出一些基本信息,包括误差分布函数(Normal)、估计所用样本和估计算法、达到收敛所用的迭代次数以及临界值指定有关信息(Left censoring(value)at zero)。如果模型是左审查为零的规范审查模型,则 EViews 会在估计结果的上端显示"TOBIT",对于其他情况,也会标出左、右审查的详细信息。估计结果的底部给出了对样本观测值的审查结果。左审查的观测值数是 6 个,右审查的观测值数是零,未审查的观测值数是 24。

估计结果显示,除了变量 Educ 和 Husinc 的系数估计不显著外,其他的参数估计值在 5% 的检验水平上是显著的,说明相应的因素对已婚妇女的工作时间有较大的影响。根据输出结果,可以写出方程(5.17)

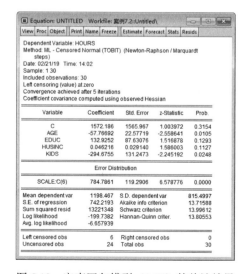

图 5.19 审查回归模型(5.17)的估计结果

的估计形式：

$Hours^* = 1572.186 - 57.76692*Age + 132.9252*Educ + 0.046216*Husinc - 294.6755*Kids$

（5.18）

与二元选择模型一样，审查回归模型的估计系数不能直接解释为相应自变量对因变量的边际效应，而应该被解释为自变量的变化对因变量均值的影响以及对因变量被观测到的概率的影响。解释变量 Age 和 Kids 的系数估计值为负，分别表明，就平均而言，已婚妇女年龄每增加一岁会使得她们年工作时间减少 57.76692 小时；而已婚妇女每增加一个子女使得她们的工作时间减少 294.6755 小时。解释变量 Educ 的系数估计值为正，即受教育年限对已婚妇女的工作时间有正的影响，表明就平均而言，已婚妇女受教育年限每增加一年，她们工作的时间增加 132.9252 小时。然而，解释变量 Husinc 的系数估计值不显著而且比较小，说明已婚妇女的丈夫收入对她们的工作时间影响并不大。此外，EViews 还给出了比例系数（SCALE）的估计值 $\hat{\sigma} = 784.7861$，其中 SCALE（6）表示模型估计的第 6 个参数。我们可以根据误差项假定分布的方差估计值（比例系数的平方）来计算残差项的方差，对于标准正态分布，残差的方差 $Var(\varepsilon) = \hat{\sigma}^2$；对于标准逻辑分布，$Var(\varepsilon) = \frac{\pi^2 \hat{\sigma}^2}{3}$；对于极值分布，$Var(\varepsilon) = \frac{\pi^2 \hat{\sigma}^2}{6}$。

2. 模型回归结果的视图操作和过程操作

审查回归模型中的大多数视图操作和过程操作与前面所介绍的二元选择模型、排序选择模型类似。通过选择方程估计结果窗口工具栏中的View | Categorical Regressor Stats命令，可以查看估计样本中因变量和解释变量的有关统计量，而且还可以显示整个样本观测值以及左审查、右审查和无审查下个体的有关统计量。

通过选择方程估计结果窗口工具栏中的Proc | Make Residual Series命令可以得到三种残差：普通残差、标准化残差以及一般化残差。

EView提供了两种预测对象：因变量期望值 $E(y|X,\beta,\sigma)$ 和潜在变量期望值 $E(y^*|X,\beta,\sigma)$，只需单击方程窗口工具栏中的Forecast，打开预测对话框并加以选择即可实现。如果用户要预测因变量期望值，则可以选择预测对话框中的Expected dependent variable选项，并输入一个合法的序列名称用于保存预测结果，$E(y|X,\beta,\sigma)$ 的值由潜在变量值乘以落入所在区间的概率然后相加得到。如果用户要预测潜在变量期望值，则可以选择Index-Expected latent variable选项，其中 $E(y^*|X,\beta,\sigma) = X\beta$。

3. 截断回归模型估计

截断回归模型的估计遵循与审查回归模型估计同样的步骤：在菜单栏中，选择Quick|Estimate Equation 命令，并在 Method 下拉列表中选择 CENSORED 估计方法，出现如图5.18 所示的审查数据和截断数据模型对话框；在 Equation specification 编辑框中输入因变量名和解释变量，并选择误差分布函数以及选择 Truncated sample 选项，从而进行截断回归模型估计。但需要注意以下两点：

（1）只有当截断点已知时才可以估计模型，否则无法定义模型估计的似然函数。如果用户使用虚拟指示变量来指定截断点，则EViews将会给出错误信息提示，指出用户的选择是无效的。

（2）如果因变量有一些取值在截断点之外，则EViews会给出错误信息提示，并进一步自动剔除等于截断点的观测值。例如，用户设定左截断点为零时，如果有样本观测值小于零，则EViews将会给出错误信息，并把因变量等于零的观测值剔除掉。

上机练习

练习 5-1　分析心肌梗塞与 HDL 和 Fib 之间的关系

素材文件：sample/Exercise/exercise 5-1.wfl
多媒体教学文件：视频/习题 5-1.mp4

有关医学临床数据表明，心肌梗塞与人体内的高密度脂肪蛋白（HDL）和纤维蛋白原（Fib）两项指标值的大小有着密切的关系。现为了研究这两项指标是否对心肌梗塞有影响，调查得到45个样本。其中变量Y表示受调查者是否有心肌梗塞，若有，则Y=1；否则，Y=0。HDL和Fib分别是这两项医学指标的化验值，单位是mg/dL。表5.5列出了这45位受调查者的有关数据。

表 5.5　受调查者的有关数据

Obs	Y	HDL	Fib	Obs	Y	HDL	Fib	Obs	Y	HDL	Fib
1	1	43	0.41	16	0	41	0.36	31	1	35	0.44
2	0	43	0.45	17	0	57	0.33	32	1	46	0.42
3	0	60	0.4	18	0	51	0.42	33	1	35	0.44
4	1	54	0.42	19	0	57	0.33	34	1	46	0.42
5	0	50	0.48	20	0	46	0.41	35	1	71	0.36
6	1	38	0.45	21	0	62	0.38	36	0	57	0.39
7	0	54	0.4	22	1	27	0.41	37	1	38	0.4
8	0	44	0.47	23	1	53	0.4	38	1	54	0.29
9	1	32	0.42	24	0	39	0.45	39	0	44	0.42
10	0	58	0.48	25	0	48	0.44	40	0	44	0.37
11	0	40	0.39	26	0	54	0.33	41	1	27	0.41
12	0	35	0.42	27	0	59	0.37	42	0	59	0.44
13	0	50	0.38	28	0	45	0.42	43	1	38	0.38
14	1	44	0.45	29	1	51	0.42	44	1	40	0.42
15	1	34	0.45	30	0	58	0.37	45	0	39	0.42

相关数据保存在本书下载资源的 Exercise 件夹下的 exercise 5-1.wfl 工作文件中，请使用EViews 完成以下操作：

（1）建立合适的二元选择模型并估计方程的参数，分析心肌梗塞与高密度脂肪蛋白和纤维蛋白原之间的关系，并对方程系数做出合理的解释说明。

（2）利用估计结果生成回归方程的残差序列，并对因变量的实际值与拟合值进行分析。

(3）绘制回归方程的期望-预测表（E-P表），并对E-P表的结果进行解释，从而评价模型的拟合效果。

（4）对回归方程进行拟合优度检验，并对检验结果进行分析。

（5）利用回归方程对模型进行预测，并对预测结果进行适当的评价。

（6）对于该问题，你认为二元选择模型中，Probit模型、Logit模型和Extreme value模型哪种比较好？这些模型回归结果的系数含义是什么？

练习 5-2　民意测验调查选民态度

素材文件：sample/Exercise/exercise 5-2.wfl
多媒体教学文件：视频/习题 5-2.mp4

在调查选民对总统候选人支持率的民意测验中，某位候选人提出了一项有关收入政策的施政策略。不同收入的选民对该候选人提出的收入政策持不同的态度：支持、中立、反对。为了进行分析，对选民的这三种态度分别用0、1、2表示，选民收入用变量Inc表示。通过调查获得了选民收入与他们对该收入政策态度的有关数据，如果选民支持，则Y=0；如果选民中立，则Y=1；如果选民反对，则Y=2。表5.6所示的是我们选取的24个样本数据。

表 5.6　选民态度及其收入有关数据

Obs	Y	Inc	Obs	Y	Inc	Obs	Y	Inc
1	0	550	9	1	850	17	2	1250
2	0	600	10	1	950	18	2	1350
3	0	650	11	1	1050	19	2	1450
4	0	700	12	1	1100	20	2	1500
5	0	750	13	1	1150	21	2	1550
6	0	800	14	1	1200	22	2	1600
7	0	900	15	1	1300	23	2	1650
8	0	1000	16	1	1400	24	2	1700

相关数据保存在本书下载资源的 Exercise 件夹下的 exercise 5-2.wfl 工作文件中，请使用EViews 完成以下操作：

（1）建立排序选择模型，选择合适的分布函数估计方程参数并对这些解释变量的意义做出合理的解释。

（2）绘制排序选择模型的E-P表，并解释输出结果。

（3）对所建立的排序选择模型进行预测，并建立一个包含因变量以及因变量预测概率拟合值的序列组。

练习 5-3　分析已婚妇女工作时间的影响因素

素材文件：sample/Exercise/exercise 5-3.wfl
多媒体教学文件：视频/习题 5-3.mp4

已知已婚妇女每周的工作劳动时间（Y）与许多因素有关。某社会调查部门从这些因素中挑选了4个比较重要的因素，分别是已婚妇女的未成年子女数（X1）、年龄（X2）、受教育年限（X3）以及已婚妇女的丈夫收入（X4）。为了研究分析这些因素对已婚妇女工作时间的影响，调查得到50组数据，表5.7所示的是其中30位受调查者的有关数据。

表5.7 部分受调查者的有关数据

Obs	Y	X1	X2	X3	X4	Obs	Y	X1	X2	X3	X4
1	0	0	69	16	0	16	40	2	34	12	39000
2	40	0	27	12	37400	17	0	3	38	16	39750
3	0	0	58	12	30000	18	14	5	34	11	1200
4	40	2	29	12	18000	19	0	0	48	11	0
5	20	0	58	12	60000	20	0	3	27	12	14500
6	0	1	36	12	55000	21	48	1	43	13	16887
7	38	0	52	13	33000	22	40	2	33	12	28320
8	37	0	29	16	28000	23	0	0	58	12	500
9	37	0	46	14	33000	24	10	0	46	13	1000
10	0	0	67	7.5	0	25	50	0	52	21	99999
11	0	0	65	12	0	26	4	2	23	11	2300
12	38	0	51	12	29650	27	0	2	32	14	11000
13	5	2	36	13	0	28	40	1	34	20	8809
14	6	0	22	2.5	12000	29	0	1	37	11	32800
15	32	1	30	14	45000	30	3	0	53	11	0

完整的数据保存在本书下载资源的 Exercise 件夹下的 exercise 5-3.wf1 工作文件中，请使用 EViews 完成以下操作：

（1）根据所研究问题的特征建立合适的受限因变量模型，选择合适的分布函数估计方程的参数并对这些解释变量的意义做出合理的解释。

（2）对所估计的受限因变量模型进行预测并生成残差序列。

第 6 章　传统时间序列分析

本章主要介绍经济时间序列的传统分析，即时间序列的分解、简单外推和平滑技术。其中，经济时间序列的分解包括季节调整和趋势分解，平滑技术中目前比较常用的是指数平滑方法。

经济统计指标的月度或者季度时间序列常包含4种变动成分：长期趋势成分T、循环变动成分C、季节变动成分S以及不规则变动成分I。长期趋势要素代表经济时间序列长期发展趋势特性。循环变动要素是以数年为周期的一种周期性变动，其可能是一种经济景气变动或者其他周期变动。季节变动要素是每年重复出现的循环变动，以12个月（月度数据）或4个季度（季度数据）为周期的周期性影响，它可能是由于气候、温度、假期和政策等因素所引起的。季节变动和循环变动的区别在于前者是一种变动周期间矩固定（季度或月）的自我循环，而后者是从一个周期变动到另一个周期，其间距比较长且通常不固定。不规则要素又被称为随机变动因子、残余变动或噪声变动，其变动无规律可循，通常是由于偶然发生的事件所引起的，例如地震、水灾、罢工以及战争等因素。

在经济时间序列分析中，季节变动要素和不规则要素变动往往掩盖了经济发展中的客观变化，给研究和分析经济发展趋势和判断目前经济所处的状态带来了困难。因此，我们需要在经济分析之前对经济时间序列进行季节调整，剔除掉其所包含的季节变动因素和不规则要素。而利用趋势分解方法则可以把长期趋势和循环要素分离开来，从而可以分别研究经济长期趋势变动和经济周期循环变动。对于分解出来的长期趋势序列，我们还可以利用各种简单的外推模型进行初步的预测和分析，从而把握事物发展的规律。但有些经济时间序列（例如股票指数）不存在明显的趋势变动和季节变动。对于这样的经济时间序列，我们通常使用各种指数平滑方法进行拟合以及预测。

下面的实验将介绍各种季节调整方法、趋势分解、简单外推模型以及各种指数平滑技术。

实验 6-1　季节调整

素材文件：sample/Example/table 6-1.wfl
多媒体教学文件：视频/实验 6-1.mp4

 实验基本原理

经济指标的季度、月度时间序列观测值常显示出季度或者月度的循环变动，这些季节性变动掩盖了经济发展的客观规律。因此，我们在利用季度或者月度时间序列进行计量分析之前，需要对这些时间序列数据进行季节调整（Seasonal Adjustment）。季节调整可以从时间序列中去除季节变动要素，从而显示出序列潜在的趋势循环分量，这些分量能够真实地反映经济时间序列运动的客观规律。EViews提供了4种季节调整方法：Census X-12、X-11（历史方法）、Tramo/Seats方法以及移动平均方法，但只有季度、月度数据才能进行季节调整。

传统时间序列分析把时间序列的波动分为4类要素：长期趋势变动（T）、季节变动（S）、经济周期循环变动（C）以及不规则变动（I）。常用的季节调整分解形式（原时间序列$\{Y_t\}$与这4种变动成分之间的关系）有加法模型和乘法模型：

（1）加法模型　　　　　　　$Y_t = TC_t + S_t + I_t$

（2）乘法模型　　　　　　　$Y_t = TC_t \cdot S_t \cdot I_t$

其中，TC_t表示趋势循环，这是由于季节调整并不能把长期趋势和循环变动分开来。

此外，Census-X12方法还提供了两种扩展的季节调整分解形式，即：

（1）对数加法模型　　　　　$\ln Y_t = \ln TC_t + \ln S_t + \ln I_t$

（2）伪对数加法模型　　　　$Y_t = TC_t(S_t + I_t - 1)$

在季节调整方法中，X-11方法、Tramo/Seats方法以及移动平均方法的基本原理和EViews操作比较简单。Census X-12季节调整方法是在X-11方法的基础上发展而来的，其对X-11方法进行了以下3方面改进：

（1）扩展了X-11贸易日和节假日影响的调节功能，增加了季节变动、趋势循环变动和不规则要素分解模型的选择功能。

（2）增加了对季节调整结果进行稳定性诊断的功能。

（3）增加了X-12-ARIMA模型的建模和模型选择功能。

对于这些季节调整方法，有兴趣的读者可以参考有关的计量经济学图书。

⊙ 实验目的与要求

1. 实验目的

（1）通过本次实验，掌握季节调整方法的基本原理和用途。

（2）熟悉4种季节调整方法的操作过程。

2. 实验要求

（1）熟练掌握Census X-12季节调整方法的操作过程，熟悉其中各个选项和参数的设置。

（2）掌握X-11季节调整方法操作，熟悉其中各选项和参数的设置。

（3）掌握Tramo/Seats方法及移动平均方法的季节调整过程。

（4）熟练使用EViews对经济时间序列进行季节调整，并对季节调整后的序列进行适当分析。

第6章 传统时间序列分析

> 实验内容及数据来源

表6.1所示的是我国社会消费品零售总额月度时间序列（单位是亿元），样本范围是从1997年1月至2007年12月共132个数据，这些数据保存在本书下载资源的Example文件夹下的table 6-1.wfl工作文件中，其中序列Sale是社会消费品零售总额的月度数据。

表6.1 我国社会消费品零售总额

年\月	1997	1998	1999	2000	2001	2002	2003	2004	2005	2006	2007
1	2288.5	2549.5	2662.1	2962.9	3332.8	3596	3907.4	4753.4	5300.9	6641.6	7488.3
2	2213.5	2306.4	2538.4	2804.9	3047.1	3324	3706.4	4328.3	5012.2	6001.9	7013.7
3	2130.9	2279.7	2403.1	2626.6	2876.1	3115	3494.8	4213.4	4799.1	5796.5	6685.8
4	2100.5	2252.7	2356.8	2571.5	2820.9	3052	3406.9	4156.2	4666.3	5774.6	6672.5
5	2108.2	2265.2	2364	2636.9	2929.6	3202	3463.3	4343.3	4899.2	6175.6	7157.5
6	2164.7	2326	2428.8	2645.2	2908.7	3159	3576.9	4371.0	4935	6057.8	7026
7	2102.5	2286.1	2380.3	2596.9	2851.4	3097	3562	4378.8	4934.9	6012.2	6998.2
8	2104.4	2314.6	2410.9	2636.3	2889.4	3143.7	3609.6	4480.7	5040.8	6077.4	7116.6
9	2239.6	2443.1	2604.3	2854.3	3136.9	3422.4	3971.8	4876	5495.2	6553.6	7668.4
10	2348	2536	2743.9	3029.3	3347.5	3661.9	4204.4	5183.2	5846.6	6997.7	8263
11	2454.9	2652.2	2859	3108	3421.7	3733.1	4202.7	5257.1	5909	6821.7	8104.7
12	2881.7	3131.4	3383	3680	4033.3	4404.4	4735.7	6089.2	6850.4	7499.2	9015.3

数据来源：《中国统计年鉴》（中国统计出版社）

绘制社会消费品零售总额序列 sale 的折线图，发现该序列虽然具有比较明显的长期趋势，但具有比较明显的季节变动和不规则变动。为了能更好地把握社会消费品零售总额的未来发展趋势，我们运用季节调整方法对序列 sale 进行季节调整。本实验重点介绍 Census X-12 方法以及分析 Census X-12 季节调整后的结果，其他方法只给出操作说明，并不给出操作结果和分析。

> 实验操作指导

1. Census X-12 季节调整方法

运用 Census X-12 方法对序列 sale 进行季节调整的步骤如下：

01 打开工作文件"table 6-1.wfl"，双击序列 sale，在序列 sale 窗口工具栏中单击 Proc 功能键，会出现下拉菜单，选择 Seasonal Adjustment 命令还将弹出下一级菜单，如图 6.1 所示。

在图 6.1 中，Generate by Equation 命令用于根据方程或者序列表达式生成新序列；Resample 命令用于重新设置样本范围以及其他样本操作；Seasonal

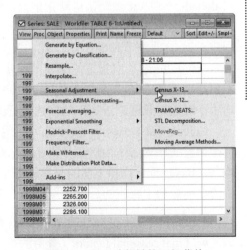

图 6.1 Proc 功能键的下拉菜单

Adjustment 命令用于对所选定的序列进行季节调整，其有 6 种方法：Census X-13、Census X-12、TRAMO/SEATS…、STL Decomposition、MoveReg 以及 Moving Average Methods；Exponential Smoothing 命令用于对序列进行指数平滑；Hodrick-Prescott Filter 和 Frequency Filter 命令分别表示 H-P 滤波和频率滤波，这两个命令用于分解出长期趋势要素和循环变动要素。

02 选择 Proc | Seasonal Adjustment | Census X-12…命令，屏幕会出现如图 6.2 所示的 X12 Options 对话框。

该对话框用于设置 Census X-12 季节调整各个选项，对话框顶端有 5 个标签，分别是 Trading Day/Holiday（贸易日或节假日）、Outliers（外部影响）、Diagnostics（诊断）、Seasonal Adjustment（季节调整）以及 ARIMA Options（ARIMA 模型选项）。对话框当前显示的是 Seasonal Adjustment 选项卡，以下将分别介绍各选项卡中的选项。

（1）Seasonal Adjustment 选项卡

X-11 Method选项供用户选择指定季节调整的分解形式，有 Multiplicative（乘法）、Additive（加法）、Pseudo-additive（伪加法）和Log-additive（对数加法）4

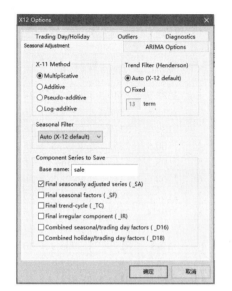

图 6.2　X12 Options 对话框

种。其中乘法、伪加法和对数加法模型不允许被调整的序列观测值中含有零值和负数值。

Census X-12方法使用对称的Henderson移动平均进行趋势滤波。Trend Filter选项用于在估计趋势循环分量时，供用户选择Henderson移动平均的项数，所选择的项必须为大于1且小于等于101的奇数，只需选中Fixed选项，并在下面的编辑框中输入数值，默认由EViews自动选择项数（选择Auto（X-12 default）选项）。

Seasonal Filter选项用于在估计季节因子时选择季节移动平均滤波的项数，共有Auto（X-12 default）（EViews默认自动指定）、S3×1、S3×3、S3×5、S3×9、S3×15、Stable和X-11 default八项。需要注意的是：①在Census X-12中，季节调整步骤中的第一阶段第3步使用的是固定的3×3项季节移动平均，这与X-11季节调整方法中所使用的移动平均项数相同；②在Seasonal Filter选项所指定的季节调整步骤中的第二阶段第3步使用的是季节移动平均项数，而X-11季节调整在该步骤中使用固定的3×5项移动平均；③在Census X-12中，S3×15项移动平均用于对数据长度超过20年的序列进行滤波。

Component Series to Save 选项组用于选择保存季节调整后的分量序列。Census X-12 方法将被调整的序列名作为默认序列名列示在 Base name（基础名）编辑框中，用户也可以改变序列名。Base name 选项下面的复选框用于选择需要保存的季节调整后分量序列，EViews 将被调整的序列名加上相应的后缀名保存在工作文件中。有以下 6 个选择项。

- Final seasonally adjusted series（最后的季节调整后序列）：后缀名是_SA。
- Final seasonal factors（最后的季节因子）：后缀名是_SF。
- Final trend-cycle（最后的趋势-循环序列）：后缀名是_TC。

- Final irregular component（最后的不规则要素分量）：后缀名是_IR。
- Combined seasonal/trading day factors（复合的季节/贸易日因子）：后缀名是_D16。
- Combined holiday/trading day factors（复合的节假日/贸易日因子）：后缀名是_D18。

（2）ARIMA Options 选项卡

单击如图6.2所示对话框顶端的ARIMA Options标签，打开如图6.3所示的选项卡。该选项卡用于在季节调整前对被调整的序列建立一个合适的ARIMA模型，从而可以在进行季节调整和得到用于季节调整的向前/向后预测之前，先除去确定性的影响（如节假日和贸易日影响）。

Data Transformation（数据变换）选项组用于在选择一个合适的 ARIMA 模型之前先对序列数据进行变换，有以下4种选择。

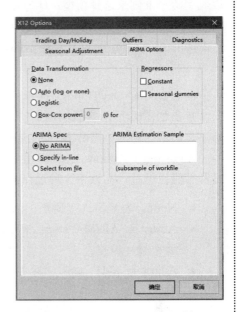

图 6.3　ARIMA Options 选项卡

- None：表示不进行变换。
- Auto（log or none）：表示根据程序计算出来的 AIC 准则自动确定是进行对数变换还是不进行变换。
- Logistic：表示将序列 y 变换为 $\log(y/(1-y))$，要求序列 y 的数值必须在 0 和 1 之间。
- Box-Cox power：表示对序列进行 Box-Cox 幂变换，若用户选择该项，则需要在后面的编辑框中输入参数 λ 的值。

Regressors 选项组用于选择回归因子，即允许在 ARIMA 模型中指定一些外生自变量，有 Constant（常数）和 Seasonal dummies（季节虚拟变量）两个复选项。这些事先定义的外生回归因子可以测定贸易日和节假日的影响。

ARIMA Spec 选项组用于选择 ARIMA 模型，有以下3种选择。

- No ARIMA：表示无 ARIMA 模型。
- Specify in-line：表示在线选择 ARIMA 模型。
- Select from file：表示从文件选择 ARIMA 模型。

选中 Specify in-line，对话框底端会出现空白编辑框，要求用户提供 ARIMA 模型的阶数，即确定（p d q）（P D Q）；需要注意的是，ARIMA 模型中总的 AR、MA 和差分的阶数不能超过 25，AR 或 MA 阶数的最大延迟为 24，最大差分阶数不能超过 3。

选中Select from file，对话框底端将会出现3个空白编辑框，EViews将从一个外部文件提供的说明集合中选择ARIMA模型。EViews利用一个包含一系列默认模型指定说明的文件（x12a.mdl）来指定ARIMA模型的选项，文件格式有（0 1 1）（0 1 1）、（0 1 2）（0 1 1）×、（2 1 0）（0 1 1）×、（0 2 2）（0 1 1）×和（2 1 2）（0 1 1）。在文件选择方法中，可以利用两个准则来选择模型：①Select best（default is first）检验文件列表中的所有模型，选择其中一个最小预测误差的模型，默认情况下使用的是第一个模型；②Select by out-of-sample-fit（default in-sample error）对模型的评价使用样本外预测误差，默认情况下使用的是样本内误差。

（3）Trading Day/Holiday 选项卡

单击如图6.2所示对话框顶端的Trading Day/Holiday标签，屏幕会出现如图6.4所示的选项卡。

Adjustment Options 选项组用于决定是否进行贸易日和节假日调整，有以下3种选择。

- None：表示不进行调整。
- Adjust in ARIMA step：表示在 ARIMA 模型步骤中进行调整。
- Adjust in X-11 step：表示在 X-11 步骤中进行调整。

若用户选中 Adjust in ARIMA step 选项和 Adjust in X-11 step 选项，则对话框下半部分的灰色选项将被激活。

Trading Day Effects 选项组用于设置贸易日影响调整，有以下4种选择。

- No trading day effects：表示不进行贸易日影响调整。

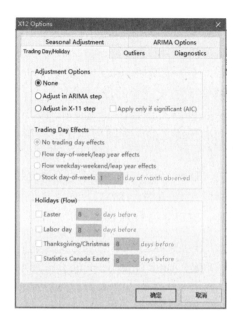

图 6.4 Trading Day/Holiday 选项卡

- Flow day-of-week/leap year effects：表示对流量序列（Flow）的周工作日影响进行调整。
- Flow weekday- weekend/leap year effects：表示仅对流量序列的周日-周末影响进行调整。
- Stock day-of-week：表示仅对月度数据的存量序列（Stock）进行调整，若选择该项，则需要在后面的编辑框中输入被调整序列的月天数（day of month）。

Holiday(Flow)选项组仅用于对流量序列进行节假日调整，有如下节假日：Easter（复活节）、Labor day（劳动节）、Thanksgiving（感恩节）/Christmas（圣诞节）等。对于这些节日，用户必须给出到某个节日之前节假日影响持续的天数。注意这些节日只针对美国，而不能应用于其他国家。

（4）Outliers 选项卡

单击如图6.2所示对话框顶端的Outliers标签，屏幕会出现如图6.5所示的选项卡。

外部影响调整也是分别在ARIMA步骤（Outliers in ARIMA step）和X-11步骤（Additive Outliers in X-11 step）中进行的。然而，用户只有在X-11步骤中进行了贸易日/节假日影响调整才能在X-11步骤中进行外部影响调整，而且只能进行附加的（Additive）外部影响调整。单击Outliers in ARIMA step选项区域的Add按钮，屏幕会弹出一个对话框，该对话框用于提供ARIMA步骤中的4种可供选择的外部调整：Additive Outlier（附加的外部调整）、Level Shift（水平变化调整）、Temporary Level Change（暂时的水平变化调整）以及Ramp Effect（弯道影响调整）。通过这些调整可以平滑掉原始数据中的奇异值（Outliers）数据。

（5）Diagnostics 选项卡

单击如图 6.2 所示对话框顶端的 Diagnostics 标签，屏幕会出现如图 6.6 所示的选项卡。

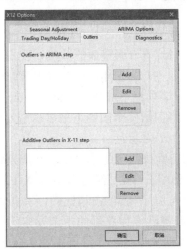 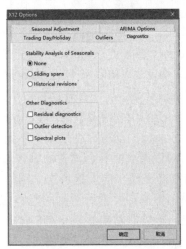

图 6.5　Outliers 选项卡　　　　图 6.6　Diagnostics 选项卡

在图 6.6 中，Stability Analysis of Seasonals 选项组用于提供季节因素的稳定性分析，有以下 3 种选择。

- None：表示不进行稳定性分析。
- Sliding spans（移动间距诊断）：表示检验被调整序列在固定大小的移动样本上的变化。
- Historical revisions（历史修正诊断）：表示检验被调整序列增加一个新观测值，即增加一个样本时的变化。

Other Diagnostics 选项组用于提供其他诊断，有如下 3 种诊断。

- Residual diagnostics（残差诊断）：该诊断用于 ARIMA 模型的检验，输出一个标准的残差诊断报告（如自相关函数和偏自相关函数以及 Q-统计量）。要注意的是，这个诊断要求有被估计的 ARIMA 模型，若没有，则这个诊断被应用于原序列。
- Outlier detection（外部探测诊断）：该诊断利用指定的 ARIMA 模型自动检验和报告外部影响。选择该诊断要求指定一个 ARIMA 模型或者至少一个外生回归因子，若没有回归模型，则该诊断将被忽略掉。
- Spectral plots（频谱图）：该图用于显示被调整序列和经过修正后的不规则序列的不同谱图。红色垂直点线表示季节频率，黑色垂直点线表示贸易日频率。若在这些垂直点线中观测到谱峰，则表明序列调整不充分。如果选择了这一项，则谱数据将以矩阵的形式（名字给定为：序列名_SA_SP1 和序列名_SA_SP2）保存在工作文件中。矩阵的第一列是频率，第二列是 10 个相应频率的对数谱。

03 在 Seasonal Adjustment 标签对话框中的 X-11 Method 选项组中选择 Multiplicative 方法，并选择 Component Series to Save 选项组的前 4 个复选项，Seasonal Adjustment 标签对话框

以及其他标签对话框中的各个选项采用 EViews 默认设置，然后单击"确定"按钮。EViews 进行 Census X-12 季节调整后将得到两个结果：一是给出一个被调整序列的说明文件和数据文件；二是将调整后的结果（如季节调整后的序列、趋势循环序列、季节因子以及不规则要素分量等）保存在 EViews 工作文件对象目录中。

对序列 sale 执行 Census X-12 季节调整后，工作文件 table 6-1.wfl 中多了 4 个序列：sale_ir、sale_sa、sale_sf、sale_tc。为了查看原序列 sale 季节调整后的效果，我们建立包含 4 个序列 sale、sale_tc、sale_sf 以及 sale_ir 的序列组 g1。打开序列组 g1，在其窗口工具栏中选择 View | Graphs 命令，在打开的窗口中，在 Specific 选项组下选择 Line&Symble 命令，且在 Multiple Series 选项后采用默认的 Multiple Graphics，将在同一个图中单独显示这 4 个序列的折线图，单击 Freeze 功能键冻结生成一个图对象，如图 6.7 所示。

从图6.7可以看到，社会消费品零售总额序列SALE具有明显的季节变动和周期循环变动等影响，其折线图呈现出向上趋势的"锯齿"状。序列SALE_TC是经过Census X-12季节调整消除季节变动和不规则要素所得到的趋势-循环序列，与原序列SALE相比较，其折线图比较光滑，其向上的趋势非常明显。序列SALE_SF是社会消费品零售总额的季节要素因子，其形状呈"波形"状，并且其周期较为固定，可以看出其周期大致为一年，其振幅大致为0.3亿元。序列SALE_IR是社会消费品零售总额的不规则要素，其形状杂乱无章，且在2004年1月以及2007年1月不规则变动比较大。

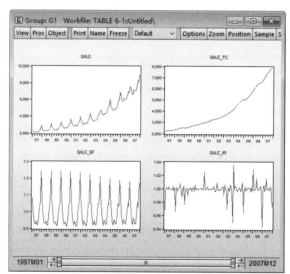

图 6.7　4 个序列的折线图

对月度数据序列SALE进行季节调整还有其他方法，下面仅仅介绍这些方法的操作过程和对话框有关的选项设置，并不给出执行这些季节调整方法后的结果。对于这些方法所得到的结果可以参考Census X-12方法的有关分析。相对于Census X-12季节调整方法，这些方法的对话框都比较简单。

2. X-13 季节调整方法

Census X-13 调整方法通过序列窗口工具栏的 Proc|Seasonal Adjustment|Census X-13 命令实现。之后会弹出如图 6.8 所示的 X-13 Options 对话框。

- Variables 选项组：该选项组包括 Transform、X-13 built in regressors、User-defined regressors 和 Automatic outliers，运用于进行 ARIMA 模型分析之前的预处理。
- ARIMA 选项组：该选项组包括 Model、Estimation 和 Forecast，用于设定模型、进行模型估计以及模型预测。
- Seasonal Adjustment 选项：该选项用于设定季节调整选项。
- Output 选项：该选项用于设定输出结果。

3. TRAMO/SEATS 季节调整方法

在序列sale窗口工具栏中选择Proc | Seasonal Adjustment | Tramo/Seats命令，屏幕会弹出如图6.9所示的对话框。

该对话框顶端有3个标签：TRAMO/SEATS、Regressors（回归变量）和Outliers（外部影响）。当前，EViews显示的是TRAMO/SEATS选项卡。下面对这几个选项卡中的内容做简要介绍。

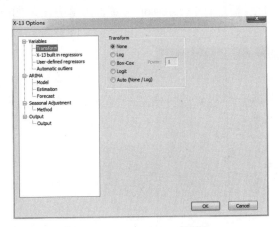

图 6.8 X-13 Options 对话框

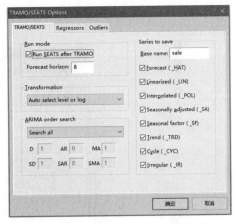

图 6.9 TRAMO/SEATS Options 对话框

（1）TRAMO/SEATS 选项卡

Run mode选项组用于选择运行程序模式。若用户选择下面的Run SEATS after Tramo复选框，则EViews在运行Tramo季节调整程序后，继续运行SEATS程序；若没有选择该复选项，则EViews只运行Tramo季节调整程序。Forecast horizon编辑框要求用户给出运行方式中进行样本外预测的期间长度。如果用户输入的预测期间长度小于利用SEATS程序进行预测所要求的期间长度，则Tramo程序会增加预测的期间长度，直至达到要求为止。

Transformation 选项用于选择数据变换方式，其下拉列表中有 3 个选项。

- None（level）：表示不进行数据变换。
- Log：表示进行对数变换。
- Auto select level or log：表示由 EViews 自动选择是进行水平变换（level）还是对数变换（log）。EViews 默认的设置是 Auto select level or log。

ARIMA order search 选项组用于选择 ARIMA 模型的阶数，该选项下拉列表中有 4 个选择：Fix order（固定阶数）、Fix only difference orders（仅仅固定差分阶数）、Search all（自动搜索所有的阶数）以及 Search all and unit complex roots（自动搜索所有的阶数并且具有单位复根）。

Series to save 选项组用于选择需要保存的序列。用户需要在 Base name 编辑框中输入要进行季节调整的序列名，并选择需要保存的序列，有以下选择。

- Forecast（预测序列）：后缀名是_HAT。
- Linearized（线性变换序列）：后缀名是_LIN。
- Interpolated（插值序列）：后缀名是_POL。
- Seasonally adjusted（季节调整后的序列），后缀名是_SA。
- Seasonal factor（季节因子）：后缀名是_SF。
- Trend（趋势序列）：后缀名是_TRD。
- Cycle（循环序列）：后缀名是_CYC。
- Irregular（不规则序列）：后缀名是_IR。

（2）Regressors 选项卡

单击如图6.9所示的TRAMO/SEATS Options对话框顶端的Regressors标签，屏幕会出现如图6.10所示的选项卡。

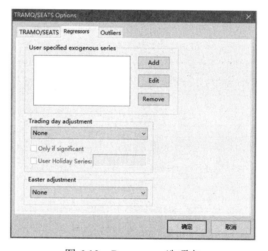

图 6.10　Regressors 选项卡

在图6.10中，User specified exogenous series选项组供用户指定外生变量，单击其后面的Add按钮，会出现一个对话框，用于输入外生变量序列名/序列组名，而且还可以在该对话框中对回归变量影响进行指派（Allocate regression effect in）。

Trading day adjustment 选项用于选择贸易日调整方式，其下拉列表提供了5种选择。

- None：表示不进行调整。
- Weekday/weekend：表示进行工作日调整。
- Weekday/weekend and length-of-month：表示进行工作日和月长度调整。
- 5 day effect：表示进行5天影响调整。
- 5 day effect and length-of-month：表示进行5天和月长度调整。

Easter adjustment 选项组用于选择复活节影响调整方式，其下拉列表提供了3种选择。

- None：表示不进行调整。
- Always：表示总是进行调整。
- Only if significant：表示只在显著的时候进行调整。

（3）Outliers 选项卡

单击如图6.9所示的TRAMO/SEATS Options对话框顶端的Outliers标签，屏幕会出现如图6.11所示的选项卡。

在图 6.11 中，Automatic detection 选项用于选择自动探测外部影响的方式，其下拉列表有5种选择。

- None：表示不进行探测外部影响。
- Auto detect all types：表示探测所有的外部影响。
- Additive（AO）and Temporary Change（TC）：表示探测附加的外部影响（AO）和暂时的变换（TC）。
- AO,TC, and Level Shift（LS）：表示探测附加的外部影响、暂时的变换和水平变换。
- Additive（AO）and Level Shift（LS）：表示探测附加的外部影响和水平变换。

User specified outliers 选项用于供用户设定外部冲击，该选项当前是灰色的，不能使用。

4．移动平均方法（Moving Average Methods）

在序列sale窗口工具栏中，选择Proc | Seasonal Adjustment | Moving Average Methods命令，屏幕会弹出如图6.12所示的对话框。

图 6.11　Outliers 选项卡

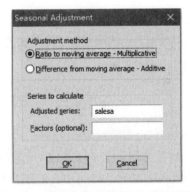

图 6.12　移动平均季节调整方法对话框

在图6.12中，Adjustment method选项组用于选择季节调整方法，有Ratio to moving average-Multiplicative（移动平均比率-乘法模型）和Differences from moving average-Additive（移动平均差分-加法模型）两种选择。Series to calculate选项组用于对季节调整后的序列（Adjusted Series）和季节因子序列（Factors(optional)）命名，从而保存这两个序列。对于季节调整后的序列名，EViews在原序列名后加sa，用户也可以根据需要自定义其他合法的序列名来保存季节调整后的序列。

实验 6-2　趋势分解

素材文件：sample/Example/table 6-2.wf1
多媒体教学文件：视频/实验 6-2.mp4

实验基本原理

在实验6-1中,我们介绍了如何使用各种季节调整方法对经济时间序列进行季节调整,但是运用这些季节调整方法后,长期趋势变动要素(Trend)和经济周期循环变动要素(Cycle)仍然在一起。本实验将讨论如何对季节调整后的序列进行趋势分解,即使用Hodrick-Prescott Filter(H-P滤波方法)和Frequency Filter(频谱滤波方法,简称BP滤波)来分解出季节调整后序列的长期趋势要素和循环要素。

1. H-P 滤波方法

假设 $\{Y_t^{TC}\}$ 是经过季节调整后仅包含长期趋势成分和经济周期循环变动成分的经济时间序列,序列 $\{Y_t^T\}$、$\{Y_t^C\}$ 分别表示仅含有长期趋势成分和循环波动成分的时间序列,则有：

$$Y_t^{TC} = Y_t^T + Y_t^C, t=1,2,\ldots,n \tag{6.1}$$

对序列进行H-P滤波是指将 Y_t^T 从 Y_t^{TC} 中分离出来。H-P滤波的基本原理是使得式(6.2)的损失函数达到最小：

$$\min\left\{\sum_{t=1}^{n}(Y_t^{TC}-Y_t^T)^2 + \lambda\sum_{t=1}^{n}\left[(Y_{t+1}^T-Y_t^T)-(Y_t^T-Y_{t-1}^T)\right]^2\right\} \tag{6.2}$$

H-P 滤波方法依赖于参数 λ,该参数需要事先给定。对于式(6.2)的最小化问题,我们需要在趋势要素对实际时间序列的拟合程度和趋势光滑程度之间进行权衡选择。当 $\lambda=0$ 时,满足最小化问题的长期趋势序列是 $\{Y_t^{TC}\}$ 本身；随着 λ 值的增加,所估计的序列趋势越来越光滑；当 λ 趋于正无穷时,所估计的趋势将接近线性函数。一般情况下,对于年度数据,$\lambda=100$；对于季度数据,$\lambda=1600$；对于月度数据,$\lambda=14400$。

2. BP 滤波方法

对经济时间序列进行BP滤波是一种谱分析方法(Spectral Analysis)。谱分析方法是将经济时间序列看作不同频率波的叠加,研究时间序列在频率域(Frequency Domain)里的结构特征,其主要是借助功率谱概念进行讨论的。谱分析的基本思想是：将时间序列看作独立的频率分量的叠加,通过研究和比较各个分量的周期变换,以充分揭示时间序列的频域结果。B-P滤波方法包括分析经济时间序列的功率谱特征、频率响应函数、设计低通滤波以及设计高通滤波和带通滤波等,其具体分析过程比较复杂,有兴趣的读者可以参考有关图书。

实验目的与要求

1. 实验目的

(1) 通过本次实验,掌握两种趋势分解方法的基本原理和用途。
(2) 掌握H-P滤波方法和BP滤波方法的操作步骤和分析过程。

2. 实验要求

(1) 掌握对经济时间序列进行趋势分解,包括H-P滤波方法和BP滤波方法。
(2) 理解时间序列趋势分解的输出结果,得出有意义的结论和分析说明。

实验内容及数据来源

在实验6-1中,我们对社会消费品零售总额序列sale进行了季节调整,利用Census X-12方法得到了仅包含长期趋势成分和循环变动成分的序列sale_tc。表6.2所示的是序列sale_tc有关数据(2007年只有1月份的数据),完整的数据保存在本书下载资源的Example文件夹下的table 6-2.wf1工作文件中。

表 6.2 经过季节调整后的序列 sale_tc

	1997	1998	1999	2000	2001	2002	2003	2004	2005	2006
1	2180.783	2347.679	2513.34	2737.555	2986.855	3282.049	3619.102	4206.268	5035.448	5901.285
2	2205.488	2370.538	2518.069	2755.344	3011.843	3291.49	3652.21	4318.123	5031.823	6017.341
3	2230.33	2393.674	2526.378	2770.978	3039.321	3305.531	3685.908	4422.873	5042.371	6132.525
4	2253.459	2417.005	2539.397	2786.367	3066.323	3326.252	3723.877	4509.718	5080.184	6242.153
5	2270.954	2440.407	2556.585	2802.497	3090.356	3350.706	3766.128	4586.357	5143.263	6336.892
6	2279.787	2462.655	2576.987	2821.721	3109.952	3373.54	3814.633	4661.418	5226.861	6413.288
7	2282.478	2480.217	2599.126	2845.97	3128.5	3393.94	3870.646	4737.389	5318.033	6475.027
8	2283.888	2491.337	2622.415	2871.743	3150.689	3419.379	3922.063	4816.153	5409.088	6525.483
9	2287.057	2497.212	2647.125	2897.397	3179.021	3456.864	3963.155	4892.821	5493.62	6567.283
10	2295.233	2500.864	2671.157	2921.545	3212.309	3500.494	3999.63	4960.158	5581.793	6605.117
11	2309.079	2505.014	2694.783	2943.547	3244.347	3543.451	4043.896	5007.849	5680.471	6658.001
12	2326.627	2509.285	2717.233	2964.851	3268.488	3583.256	4110.819	5031.808	5788.135	6738.894

本实验将使用 H-P 滤波方法和 BP 滤波方法对经过季节调整后所得到的序列 sale_tc 进行趋势分解,分解出长期趋势序列和循环变动序列,并对这两个序列进行分析。

实验操作指导

1. H-P 滤波方法

利用 H-P 滤波方法分解出序列 sale_tc 的长期趋势的主要过程如下:

01 打开工作文件 table 6-2.wf1,双击打开序列 sale_tc,在其窗口工具栏中选择 Proc | Hodrick-Prescott Filter...命令,屏幕会弹出如图 6.13 所示的对话框。

在图 6.13 中，Output series 选项组用于对趋势分解后所得到的输出序列命名，其中 Smoothed series 编辑框用于对趋势分解后的长期趋势序列命名，EViews 默认的序列名是 hptrend01，用户可以输入一个自定义的合法序列名来保存该序列；Cycle series 编辑框用于选择是否输出循环变动序列以及为序列命名，若该编辑框空白，则不保存分解出的循环变动序列。Smoothing Parameter 选项用于输入参数 λ 的值，有 Edit lambda directly（直接输入 λ 值）和 Set lambda by Ravn Uhlig frequency rule（根据 Ravn Uhlig 频率设置 λ 值）两个选项。若选择后一项，则要求用户在 Power 编辑框中输入幂次数（Power）。

02 采用 EViews 默认的长期趋势序列名，并在 Cycle Series 编辑框中输入"cycle01"作为输出循环变动序列名，参数 λ 采用 EViews 默认的月度数据值"14400"，然后单击 OK 按钮，屏幕会输出如图 6.14 所示的分解结果。

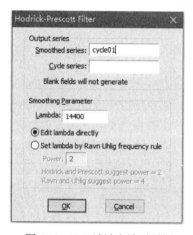

图 6.13 H-P 滤波方法对话框

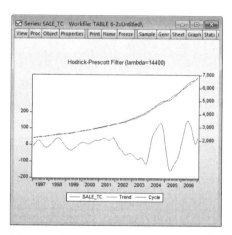

图 6.14 序列 sale_tc 的 H-P 滤波输出结果

在图6.14中，蓝色曲线表示原序列SALE_TC，红色曲线（Trend）表示分解出的长期趋势序列，绿色曲线（Cycle）表示分解出的循环变动序列。在图中我们可以看到，分解出来的序列hptrend01比原序列sale_tc光滑许多，其呈现出的长期趋势非常明显。而且可以看到，随着时间的推移，序列hptrend01曲线图的斜率逐渐变大，从而表明最近几年社会消费品零售总额的增长速度逐渐变大。假如我们将分解出来的序列hptrend01看作潜在的社会消费品零售总额，那么循环要素序列cycle01实际上表示的是围绕长期趋势曲线上下波动的缺口序列。从图6.14中可以看到，该缺口在2003年之前都比较小，大约在正负50亿元以内，之后缺口变化幅度增大，达到正负150亿元左右。这是一个绝对量的零售总额缺口，实际上我们也可以使用相对量来表示零售总额缺口，其计算公式为：$Gap_t = \dfrac{Cycle_t}{Y_t^{TC}} \times 100\%$。我们可以绘制相对缺口序列的折线图，从而进一步分析所研究的问题。

2. BP 滤波方法

利用 BP 滤波方法分解出序列 sale_tc 的长期趋势的主要过程如下：

01 双击打开序列 sale_tc，在其窗口工具栏中选择 Proc | Frequency Filter…命令，屏幕会弹出如图 6.15 所示的对话框。

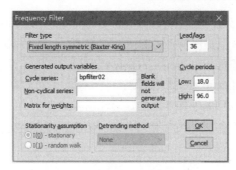

图 6.15 BP 滤波方法对话框

对话框的 Filter type 选项组用于选择滤波的类型，其下拉列表中有 3 种选择类型。

- Fixed length symmetric（Baxter-King）：表示 BK 固定长度对称滤波。
- Fixed length symmetric（Christiano-Fitzgerald）：表示 CF 固定长度对称滤波。
- Full sample asymmetric（Christiano-Fitzgerald）：表示 CF 全样本长度非对称滤波。

EViews 默认使用的是 BK 固定长度对称滤波。如果用户使用前两种固定长度对称滤波，则还需要在后面的 Lead/lags 编辑框中输入先行/滞后项数。

Generated output variables选项组用于选择BP滤波的输出结果。其中，Cycle series是包含循环变动要素的序列对象；Non-cyclical series是包含长期趋势成分的序列；Matrix for weights编辑框用于输入保存BP滤波中所使用的Band-Pass滤波频率响应函数的权重序列名。若Non-cyclical series和Matrix for weights编辑框空白，则EViews不会产生相应的输出结果。

Cycle periods选项组要求用户必须设定循环周期的区间以便计算Band-Pass（带通）滤波频率响应函数的权重序列。该区间由[Low,High]进行描述，Low,High分别由Band-Pass滤波需要保留的循环变动成分所对应的周期来确定。月度数据输入月数，季度数据输入季度数，EViews将根据数据类型填入默认数值。

若用户在Filter type下拉列表中选择Fixed length symmetric（Christiano-Fitzgerald）或Full sample asymmetric（Christiano-Fitzgerald），则对话框底端的选项将被激活，这些是EViews提供的处理趋势数据的额外选项。

Stationarity assumption 选项组表示平稳性假设，有两种选择。

- I（0）：表示设定序列是零阶平稳的。
- I（1）：表示设定序列是一阶平稳的。

Detrending method 选项用于选择剔除趋势的方式。若在 Stationarity assumption 下选择 I（0），则 Detrending method 选项有 3 种选择：None（不进行剔除）、Remove mean（去除均值）以及 Remove liner trend（去除线性趋势）；若选择 I（1），则 Detrending method 选项除了包含上述 3 种选择外，还有另一种选择：Drift adjust（漂移调整）。

02 使用 EViews 默认的滤波类型，在 Non-cyclical series 编辑框中输入"sale_trend"，对话框的其他选项采用 EViews 默认设置，然后单击 OK 按钮，屏幕会输出如图 6.16 所示的结果，并且在工作文件对象目录中生成两个新的序列 bpfilter01 和 sale_trend。

在图 6.16 所示的输出结果中，左图显示 SALE_TC 序列、Non-cyclical 序列以及 Cycle 序列；右图显示频率响应函数（Frequency Response Function）曲线，其频率区间（Cycle/period）是[0,0.5]。由于 BP 滤波方法两端各损失了 36 个月的数据，因此循环要素序列 bpfilter01 和长期趋势要素序列 sale_trend 的数据长度为 2000 年 1 月至 2004 年 1 月。在左图中，我们可以看到趋势序列 sale_trend 比原序列光滑，并且循环要素序列 cycle01 显示其在 2002 年之前波动并不大，之后波动有所增加。

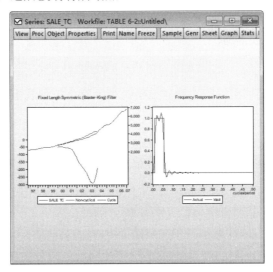

图 6.16　BP 滤波输出结果

实验 6-3　指数平滑技术

素材文件：sample/Example/table 6-3.wfl
多媒体教学文件：视频/实验 6-3.mp4

▶ 实验基本原理

当有些经济时间序列数据（例如股票指数等）不具有明显的季节变动和趋势变动时，我们通常采用指数平滑方法对这些单个指标时间序列数据进行拟合以及预测。EViews提供了5种平滑技术，分别是：单指数平滑、双指数平滑、Holt-Winters无季节性模型、Holt-Winters加法模型以及Holt-Winters乘法模型。由于前两种平滑技术比较简单，应用也较为广泛，因此下面简单介绍一下它们的基本原理，对于后3种平滑技术，有兴趣的读者可以参考有关计量经济学图书。

1. 单指数平滑

单指数平滑技术适用于时间序列值在一个常数上下随机波动、无趋势要素以及季节要素的情况。时间序列 y_t 的单指数平滑序列 $\hat{y}_t$ 的计算公式为：

$$\hat{y}_t = \alpha y_t + (1-\alpha)\hat{y}_{t-1}, \quad 0 \leq \alpha \leq 1, \quad t=2,3,\ldots,n \tag{6.3}$$

其中，$\hat{y}_1 = \alpha y_1$，α 为平滑因子，α 越小，$\hat{y}_t$ 越平缓。我们可以重复迭代，得到：

$$\hat{y}_t = \alpha \sum_{l=0}^{t-1}(1-\alpha)^l y_{t-l} \tag{6.4}$$

由式（6.3）可知，平滑序列 $\hat{y}_t$ 是 y_t 过去值的加权平均，而权重被定义为以时间为指数的形式。使用单指数平滑技术进行预测对所有未来的观测值都是常数，即 $\hat{y}_{n+k} = \hat{y}_n$（对所有的 $k > 0$）。

2. 双指数平滑

双指数平滑是指采用相同的参数进行两次单指数平滑，适用于有线性趋势的时间序列。对时间序列 y_t 进行双指数平滑使用如下的递归形式进行计算：

$$\begin{cases} S_t = \alpha y_t + (1-\alpha)S_{t-1} \\ D_t = \alpha S_t + (1-\alpha)S_{t-1} \end{cases} \tag{6.5}$$

其中，$0 \leq \alpha \leq 1$，S_t 是单指数平滑后的序列，D_t 是对 S_t 序列又进行一次单指数平滑，即对原序列 y_t 进行双指数平滑后所得到的序列。双指数平滑对未来观测值的预测公式如下：

$$\hat{y}_{n+k} = (2 + \frac{\alpha k}{1-\alpha})S_n - (1 + \frac{\alpha k}{1-\alpha})D_n，k > 0 \tag{6.6}$$

▶ 实验目的与要求

1. 实验目的

通过本次实验，掌握几种指数平滑技术，尤其是单指数平滑技术和双指数平滑技术。

2. 实验要求

（1）理解单指数平滑和双指数平滑的基本思想和计算公式。
（2）熟练使用EViews进行各种指数平滑，对平滑输出结果进行合理的分析。

▶ 实验内容及数据来源

表6.3所示的是S&P 100指数从1990年1月至2007年12月的月收盘价（月度时间序列数据），数据保存在本书下载资源的Example文件夹下的table 6-5.wfl工作文件中，其中序列SP是S&P 100指数的月度数据。

表 6.3 S&P 100 指数从 1990 年 1 月至 2007 年 12 月收盘价的月度数据

	1	2	3	4	5	6	7	8	9	10	11	12
1990	307.88	312.48	320.03	314.23	342.66	339.8	338.68	306.4	291.46	289.83	305.73	310.45
1991	325.83	348.08	355.43	355.42	370.13	353.11	370.08	373.49	364.02	368.09	352.01	385.56
1992	380.21	384.91	377.62	389.48	390.84	383.78	395.81	384.32	384.2	382.61	392.74	396.64

(续表)

	1	2	3	4	5	6	7	8	9	10	11	12
1993	401.57	407.66	414.36	407.12	417.56	416.74	414.41	428.32	421.7	428.19	425.74	429.46
1994	445.69	433.76	412.33	415.1	423.88	410.28	425.11	437.46	428.12	437.78	421.47	428.63
1995	436.51	455.61	469.67	487.67	507.35	518	534.84	530.52	556.09	555.88	577.33	585.92
1996	609.96	617.07	622.2	630.47	646.02	647.53	616.35	629.62	661.78	680.7	733.39	719.98
1997	771.8	768.54	737.2	785.7	826.7	861.15	929.89	868.94	913.83	873.43	459.1	459.94
1998	468.79	501.93	528.91	536.48	529.04	554.56	550.93	470.91	493.1	536.97	577.19	604.03
1999	640.44	618.42	646.59	675.65	658.66	704.47	683.29	692.24	672.37	717.03	738.74	792.83
2000	754.26	738.64	815.06	781.42	761.55	790.25	782.64	827.41	759.83	750.93	697.28	686.45
2001	715.2	640.71	591.63	645.47	646.23	632.02	622.16	577.4	533.1	544.43	584.8	584.28
2002	573.49	562.41	577.87	532.4	529.2	490.12	458.87	460.8	407.25	451.2	478.85	444.75
2003	432.57	425.36	429.13	465.53	483.2	490.39	499.27	503.36	498.56	519.98	520.74	550.78
2004	560.31	564.54	551.13	540.88	545.13	553.87	537.67	538.77	534.86	540.65	557.47	575.29
2005	564.88	574.41	561.83	552.74	564.49	558.07	572.59	564.28	566.8	556.74	574.56	570.0
2006	578.77	580.82	587.75	595.89	581.2	579.56	588.74	602.03	620.03	640.57	649.64	660.41
2007	666.78	643.74	649.89	680.65	702.43	692.77	675.75	687.47	714.49	724.4	692.03	685.65

我们可以绘制序列 SP 的折线图，如图 6.17 所示。从图 6.17 可以看出，序列 SP 并没有表现出很明显的趋势变动或季节变动。因此，本实验将采用指数平滑方法对时间序列 SP 数据进行拟合以及预测，其中，平滑估计的样本区间是从 1990 年 1 月至 2006 年 12 月，预测区间是从 2007 年 1 月至 2007 年 12 月。由于 EViews 默认使用的平滑技术是 Holt-Winters 无季节性模型，因此采用此平滑方法对序列 SP 进行平滑，其平滑公式由下式给出：

$$\hat{SP}_{t+k} = a_t + b_t k \tag{6.7}$$

其中，$k > 0$，a_t 表示截距，b_t 表示斜率，这两个参数由如下递归公式计算得到：

$$\begin{cases} a_t = \alpha SP_t + (1-\alpha)(a_{t-1} - b_{t-1}) \\ b_t = \beta(a_t - a_{t-1}) + (1-\beta)b_{t-1} \end{cases} \tag{6.8}$$

其中，α、β 取值在[0，1]之间，这两个参数是阻尼系数。序列 SP 的预测值由下式给出：

$$SP_{T+k} = a_T + b_T k \tag{6.9}$$

其中，T 为时间序列平滑估计样本区间的最后一期。

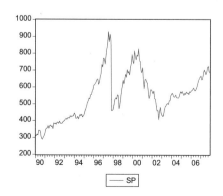

图 6.17 S&P 100 指数时间序列 SP 的折线图

实验操作指导

使用 EViews 对 S&P 100 指数时间序列 SP 进行指数平滑的主要过程如下：

01 打开工作文件 table 6-5.wfl，双击打开序列 SP，在其窗口工具栏中选择 Proc | Exponential Smoothing 命令，屏幕会弹出如图 6.18 所示的对话框。

在图 6.18 中，对话框左上角的 Smoothing method 选项组供用户选择平滑方法，有 Single （单指数平滑）、Double（双指数平滑）、Holt-Winters-No seasonal（Holt-Winters 无季节性模型）、Holt-Winters-Additive（Holt-Winters 加法模型）以及 Holt-Winters-Multiplicative（Holt-Winters 乘法模型）5 种方法。平滑方法选项后面的数值表示对应平滑方法中所需参数个数。

不同平滑方法有不同的适用情况。

- 单指数平滑技术适用于时间序列值在一个常数上下随机波动、无趋势及季节要素的情况。
- 双指数平滑技术适用于有线性趋势的时间序列。
- Holt-Winters 无季节性模型平滑技术适用于具有线性时间趋势但无季节变动的时间序列。
- Holt-Winters 加法模型平滑技术适用于具有线性趋势和加法季节变化的时间序列。
- Holt-Winters 乘法模型平滑技术适用于具有线性时间趋势但无季节变化的时间序列。

对话框左下角的 Smoothing parameters 选项组用于输入平滑参数，这些参数都是介于 0 和 1 之间的数值。对于该选项，用户既可以指定平滑参数，又可以让 EViews 自动估计这些参数值。当前 3 个参数编辑框 Alpha（mean）、Beta（trend）和 Gamma（seasonal）中填入的是字母 E，表示让 EViews 自动估计相应平滑方法中的参数，其估计的准则是使得误差平方和（序列实际值与序列平滑值之差的平方和）达到最小。如果 EViews 所估计的参数值趋于 1，则表明该序列趋于随机游走，最近的观测值对估计未来值最有用。

用户指定平滑参数值并在参数编辑框中输入参数值，有效的参数值在[0,1]之间。如果所输入的参数值超出了[0,1]区间，则EViews将视用户所输入的参数值无效，并且自动估计这些参数。

对话框右上角的Smoothed series选项用于对平滑和预测后的序列命名（Series name for smoothed and forecasted values）。默认情况下，EViews将在原序列名后加上SM来指定平滑后的序列名，用户也可以输入自定义的合法序列名。

Estimation sample选项用于设定平滑估计的样本区间。用户必须在该编辑框中输入预测的样本区间，EViews默认值是当前工作文件的样本区间。EViews将从样本区间末尾开始计算预测值（Forecasts begin in period following estimation endpoint）。

对话框右下角的 Cycle for seasonal 选项用于设定季节循环期数。对于月度数据和季度数据，EViews 默认的值分别是 12 个月、4 个季度。当然，用户还可以改变每年的季节循环期数，该选项允许输入预测不规则间距的数据，只需在空白处输入循环期数即可。

02 在对话框的 Estimation sample 编辑框中将估计样本更改为 1990m01 2006m12，对话框的其他选项采用 EViews 默认设置，单击 OK 按钮，屏幕会输出如图 6.19 所示的参数估计结果，并且在工作文件对象目录中生成一个新的序列 SPSM。

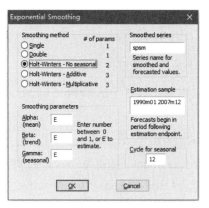

图 6.18 指数平滑对话框

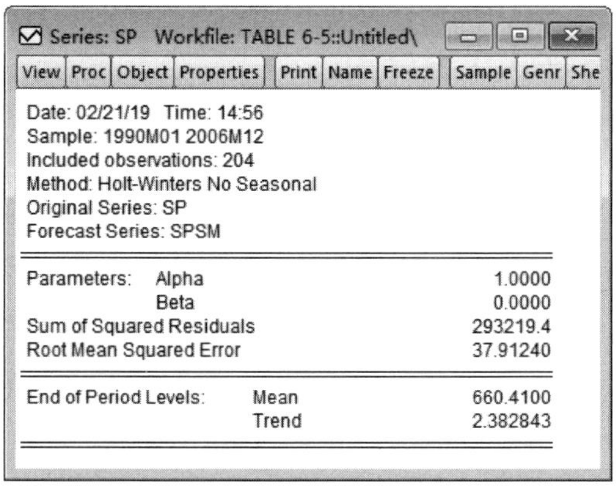

图 6.19 指数平滑参数估计结果

在图6.19中，估计结果窗口首先显示样本区间、所包含的观测值数、平滑方法、原序列以及预测序列等信息；接下来显示参数估计值（Alpha和Beta）；底部显示的是平滑估计样本最后一期的均值（Mean）和趋势值（Trend）。估计结果显示，阻尼因子 $\alpha = 1.0000$，而 β 非常小，其小于0.0001。利用参数估计结果，可以得到式（6.8）中参数 a_t 和 b_t 的递推公式：

$$\begin{cases} a_t = SP_t \\ b_t = b_{t-1} \end{cases} \tag{6.10}$$

公式（6.10）表明参数 b_t 为常数，令 $b_t = c$，将式（6.9）代入式（6.6）中，可以得到序列SP的平滑公式：

$$\hat{SP}_{t+k} = SP_t + c * k \tag{6.11}$$

特别是，当k＝1时，可以写出如下的方程：

$$SP_{t+1} = SP_t + c + \varepsilon_t \tag{6.12}$$

其中，ε_t 是随机扰动项。因此，我们可以认为序列SP是带截距项的随机游走的非平稳时间序列。对于这种序列，后面的章节将利用其他模型进一步进行分析。

03 建立一个包含原序列 SP_t 和平滑预测序列 $\hat{SP}_t$ 的序列组 group1，在其窗口工具栏中，选择 View | Graph | Line 命令，得到如图 6.20 所示的图形。

从图 6.20 可以看到，对原序列 SP_t 的平滑效果还是比较好的。整个样本观测值被分为两部分：从 1990 年 1 月至 2006 年 12 月的样本用于平滑，从 2007 年 1 月至 2007 年 12 月共一年的样本用于预测。从图 6.20 中可以看到，预测序列是一条直线，与原序列的真实值有较大的偏差，而且预测时期越

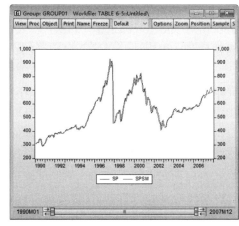

图 6.20 原序列和平滑预测序列的曲线图

远，预测效果越差。对于该预测，我们可以计算其预测标准误差和预测置信区间，从而能更加合理地对预测效果进行评价。为了得到比较精确的预测效果，我们需要借助其他更好的模型，如 ARMA，后面的章节对此详细介绍。

上机练习

练习 6-1　对公司销售数据进行时间序列分析

素材文件：sample/Exercise/exercise 6-1.wfl
多媒体教学文件：视频/习题 6-1.mp4

表 6.4 所示的是某公司 1986 年 1 月至 1995 年 12 月销售总额（Sale，单位为百万元）的月度时间序列数据，共 120 个数据，这些数据保存在本书下载资源的 Exercise 文件夹下的 exercise 6-1.wfl 工作文件中。

表 6.4　某公司 1986 年 1 月至 1995 年 12 月销售总额的月度数据

	1986	1987	1988	1989	1990	1991	1992	1993	1994	1995
1	11181	11887	12498	13471	14035	14113	15358	16612	17752	19409
2	11258	12181	12297	13055	14127	14413	15666	16425	18040	19081
3	11459	12023	12687	13388	14435	14761	15421	16067	18304	19392
4	11508	12251	12736	13555	14048	14761	15433	16669	18161	19375
5	11519	12472	12855	13567	13965	14782	15636	16814	18076	19485
6	11621	12365	12847	13675	14394	14569	15607	16847	18464	19656
7	11769	12394	12879	13717	14270	14888	15681	17132	18486	19766
8	11834	12516	12924	13743	14281	14988	15936	17162	18718	19614
9	11836	12445	13113	14014	14221	14805	16017	17377	18724	19776
10	11766	12534	13280	13915	14197	14863	16188	17616	19016	19531
11	11655	12411	13323	13990	14333	15045	16242	17470	19008	19795
12	11723	12611	13382	14079	14280	15046	16382	17637	19064	19685

为了能更好地分析该公司的销售数据，需要对其进行基本的时间序列分析，请使用 EViews 完成以下操作。

（1）绘制序列 Sale 的折线图，并分析其特征。
（2）使用 Census X-12 方法和 TRAMO/SEATS 方法对序列 Sale 进行季节调整，并比较这两种方法季节调整后的结果。
（3）对序列 Sale 季节调整后的序列与原序列 Sale 进行比较分析。
（4）运用 H-P 滤波方法和 BP 滤波方法对季节调整后所得到的包含长期趋势成分和循环变动成分的序列 Sale_TC 进行趋势分解，并分析趋势序列（Sale_Trend）和循环变动序列（Sale_Cycle）的特征。
（5）对趋势分解出的长期趋势成分序列 Sale_Trend 建立各种合适的外推模型，估计模型参数并对序列进行外推预测以及评价这些模型的外推预测效果。

练习 6-2 股指数据序列分析

素材文件：sample/Exercise/exercise 6-2.wfl
多媒体教学文件：视频/习题 6-2.mp4

表6.5所示的是香港恒生指数从1997年1月至2006年12月的月收盘价（月度时间序列数据），共120个数据，这些数据保存在本书下载资源的Exercise文件夹下的exercise 6-2.wfl工作文件中，其中序列HSZS是恒生指数的月度数据。

表6.5 恒生指数从1997年1月至2006年12月收盘价的月度数据

	1997	1998	1999	2000	2001	2002	2003	2004	2005	2006
1	13321.8	9252.4	9506.9	15532.34	16102.35	10725.3	9258.95	13289.37	13721.69	15753.14
2	13398.7	11480.7	9858.49	17169.44	14787.87	10482.55	9122.66	13907.03	14195.35	15918.48
3	12534.3	11518.7	10942.2	17406.54	12760.64	11032.92	8634.45	12681.67	13516.88	15805.04
4	12903.3	10383.68	13333.2	15519.3	13386.04	11497.58	8717.22	11942.96	13908.97	16661.3
5	14757.8	8934.56	12147.12	14713.86	13174.41	11301.94	9487.38	12198.24	13867.07	15857.89
6	15196.8	8543.1	13532.14	16155.78	13042.53	10598.55	9577.12	12285.75	14201.06	16267.62
7	16365.7	7936.2	13186.86	16840.98	12316.69	10267.36	10134.83	12238.03	14880.98	16971.34
8	14135.2	7275.04	13482.77	17097.51	11090.48	10043.87	10908.99	12850.28	14903.55	17392.27
9	15049.3	7883.46	12733.24	15648.98	9950.7	9072.21	11229.87	13120.03	15428.52	17543.05
10	10623.8	10154.94	13256.95	14895.34	10073.97	9441.25	12190.1	13054.66	14386.37	18324.35
11	10526.9	10402.32	15377.19	13984.39	11279.25	10069.87	12317.47	14060.05	14937.14	18960.48
12	10722.8	10048.58	16962.1	15095.53	11397.21	9321.29	12575.94	14230.14	14876.43	19964.72

数据来源：雅虎财经

对香港恒生指数时间序列 HSZS，请使用 EViews 完成以下操作和分析。

（1）绘制序列HSZS的折线图，分析其特征。

（2）对序列HSZS进行季节调整和趋势分解，判断该序列是否存在明显的趋势变动和季节变动。

（3）若序列HSZS不存在明显的趋势变动和季节变动，则利用合适的平滑技术对其进行指数平滑，平滑估计的样本范围是1997年1月至2005年12月，剩下的样本用于预测。

（4）将原序列与平滑和预测后的结果进行比较分析，并对平滑预测效果进行适当的评价。

第7章　ARMA模型及其应用

本章主要介绍ARMA模型的建模方法及其应用。ARMA模型是一类常用的随机时间序列模型，是由Box和Jenkins创立的，ARMA模型通常借助时间序列的随机特性来描述事物的发展变化规律，即运用时间序列的过去值、当期值以及滞后随机扰动项的加权来建立模型，从而解释并预测时间序列的变化发展规律。

ARMA 模型有自回归（Auto-Regressive，AR）模型、移动平均（Moving Average，MA）模型和自回归移动平均（Auto-Regressive Moving Average，ARMA）模型三种基本类型。其中AR 模型依赖于序列滞后项的加权之和与一个随机扰动项，MA 模型则完全由随机扰动项的当前值和滞后项的加权之和确定，而 ARMA 模型则是序列滞后项和随机扰动项的当期以及滞后期的线性函数。本章的主要内容包括：

（1）当时间序列回归模型残差存在自相关时，如何利用AR模型对其进行修正。
（2）如何检验时间序列的平稳性，即时间序列的各种单位根检验方法。
（3）如何对平稳的时间序列建立ARMA模型，包括模型的识别、估计与预测。
（4）如何对非平稳的且包含季节性的时间序列建立ARIMA模型，包括时间序列的特性分析、模型识别与估计以及预测等。

实验 7-1　序列自相关与 AR 模型

素材文件：sample/Example/table 7-1.wfl
多媒体教学文件：视频/实验 7-1.mp4

▶ 实验基本原理

对于如下线性回归模型：

$$y_t = \beta_0 + \beta_1 x_{1t} + \beta_2 x_{2t} + \cdots + \beta_k x_{kt} + \varepsilon_t \tag{7.1}$$

假如对于不同的样本点，方程（7.1）的随机扰动项之间存在序列自相关，那么应用最小二乘法估计会引起以下后果：

（1）参数估计量$\hat{\beta}$不再是有效的。
（2）使用OLS估计所得到的参数估计量标准差不正确，从而导致回归方程参数估计量的显著性检验不可靠。

（3）如果方程解释变量中含有滞后的因变量，则OLS估计是有偏的且不一致。

对于序列自相关，有 3 种检验方法：D.W 统计量检验、相关图和 Q 统计量检验以及 LM 检验。其中，利用 D.W 统计量检验序列自相关有以下缺点：

（1）该检验仅能够检验残差序列是否存在一阶序列相关，而不能检验高阶。
（2）假如方程解释变量中含有滞后因变量，则D.W统计量检验不再有效。
（3）对于处于某一区间的D.W值，无法做出合理的判断。

相关图和 Q 统计量检验以及 LM 检验克服了 D.W 统计量检验的这些不足之处，这两种检验方法已经在实验 4-3 中介绍过了。

当检验出线性回归模型的扰动项存在序列自相关时，我们可以建立 AR（p）模型来刻画平稳序列的自相关结构，即定义：

$$\varepsilon_t = \phi_1 \varepsilon_{t-1} + \phi_2 \varepsilon_{t-2} + \cdots + \phi_p \varepsilon_{t-p} + u_t \tag{7.2}$$

其中，p 是随机扰动项的滞后阶数，u_t 是均值为零、方差为常数的白噪声序列。我们可以讨论 AR（p）模型的性质，其中最重要的是自相关函数（AC）和偏自相关函数（PAC），可以用来确定 AR 模型的滞后阶数（后面将要介绍的 ARMA 模型和 ARIMA 模型的阶数（p,q）也是由此决定的）。

1. 自相关函数

时间序列 ε_t 滞后k阶的自相关函数计算公式如下：

$$\rho_k = \frac{\sum_{t=k+1}^{n}(\varepsilon_t - \bar{\varepsilon})(\varepsilon_{t-k} - \bar{\varepsilon})}{\sum_{t=1}^{n}(\varepsilon_t - \bar{\varepsilon})^2} \tag{7.3}$$

其中，$\bar{\varepsilon}$ 是时间序列的样本均值。通常，AR（p）模型的自相关函数 ρ_k 随着滞后阶数k的增加而呈指数衰减或者正弦波衰减（表现出"拖尾性"）。如果 ρ_k 随着滞后阶数k的增加而呈几何级数减小，则表明序列是一个低阶的自回归过程。

2. 偏自相关函数

序列 ε_t 的偏自相关函数是指在给定 ε_{t-1}、ε_{t-2}、$\cdots$、ε_{t-k+1} 的条件下，ε_t 与 ε_{t-k} 之间的条件相关性，序列 ε_t 滞后k阶的偏自相关函数的计算公式如下：

$$\gamma_{k,k} = \begin{cases} \rho_1 & k=1 \\ \dfrac{\rho_k - \sum_{j=1}^{k-1} \gamma_{k-1,j} \rho_{k-j}}{1 - \sum_{j=1}^{k-1} \gamma_{k-1,j} \rho_{k-j}} & k>1 \end{cases} \tag{7.4}$$

偏自相关函数度量了不考虑k－1期相关的k期间距相关,如果这种自相关的形式可以由滞后小于k阶的自相关表示,则偏自相关函数在k阶滞后下的值趋于零。一个纯p阶自回归过程AR(p)的偏自相关函数在p阶截尾。

实验目的与要求

1. 实验目的

(1)通过本次实验,掌握序列自相关检验方法及其基本原理。
(2)熟悉识别AR模型阶数的方法,从而有效地对序列进行自相关检验。

2. 实验要求

(1)熟练掌握使用EViews判断回归方程的残差是否存在序列自相关。
(2)根据序列的自相关函数和偏自相关函数识别自回归模型的阶数。
(3)熟练使用EViews估计AR模型,并对模型估计结果进行合理的解释说明。

实验内容及数据来源

表7.1所示的是美国1959年第一季度至1996年第一季度的人均消费支出(CS)和人均可支配收入(INC)前16年的部分数据,完整的数据保存在本书下载资源的Example文件夹下的table 7-1.wf1工作文件中。

表 7.1 美国 1959 年 Q1 至 1996 年 Q1 的 CS 和 INC 部分数据

Obs	CS	INC	Obs	CS	INC	Obs	CS	INC	Obs	CS	INC
1959Q1	310.4	341.9	1963Q1	375.1	412.1	1967Q1	496.8	558.3	1971Q1	681.6	768.1
1959Q2	316.4	349.1	1963Q2	379.4	416.7	1967Q2	506.2	566.1	1971Q2	695.8	786.9
1959Q3	321.7	350.3	1963Q3	386.4	423.5	1967Q3	513.7	576.7	1971Q3	708.2	797.4
1959Q4	323.8	354.8	1963Q4	391.1	432.3	1967Q4	521.2	586.4	1971Q4	724.5	808.4
1960Q1	327.3	359.1	1964Q1	400.5	442.5	1968Q1	539.5	602.7	1972Q1	741.9	819.8
1960Q2	333.2	362.7	1964Q2	408.3	454.8	1968Q2	553.5	618.8	1972Q2	759.9	834.2
1960Q3	333.1	364.4	1964Q3	417.1	462.7	1968Q3	569.1	626.2	1972Q3	778.1	862.9
1960Q4	335	365.6	1964Q4	419.8	470.1	1968Q4	577.5	637.9	1972Q4	802.9	904.1
1961Q1	335.7	369.3	1965Q1	430.6	476.6	1969Q1	588.8	643.9	1973Q1	827.2	924.5
1961Q2	340.6	374.9	1965Q2	437.8	485.2	1969Q2	599.4	658.1	1973Q2	842.1	950.4
1961Q3	343.5	381.4	1965Q3	447.2	500.9	1969Q3	609.2	679	1973Q3	860.8	972.4
1961Q4	350.7	389.6	1965Q4	461.5	513	1969Q4	621.1	692.5	1973Q4	876.1	1012.8
1962Q1	355.3	394	1966Q1	472	521.2	1970Q1	632.4	702.5	1974Q1	894.4	1022.9
1962Q2	361.3	399.7	1966Q2	477.1	526.7	1970Q2	642.7	721.5	1974Q2	922.4	1036.5
1962Q3	365.4	403.6	1966Q3	486.4	538	1970Q3	655.2	737.6	1974Q3	950.1	1068.7
1962Q4	371.7	407.9	1966Q4	492	549	1970Q4	662.1	746.9	1974Q4	957.8	1088.7

本实验建立简单的消费函数方程:$CS_t = c_0 + c_1 * INC_t + \varepsilon_t$,并使用 OLS 估计方程参数。然后检验回归方程的残差是否存在序列自相关。如果残差序列确实存在自相关,则通过其自相关函数和偏自相关函数识别 AR 模型的阶数 p 并建立合适的 AR 模型,从而消除残差自相关。我们打算将样本观测值分为两部分:1959Q1 至 1995Q4 间的样本观测值用于估计方程参数,

1996Q1 的用于预测。

实验操作指导

1. 消费方程的 OLS 估计

我们可以通过在EViews命令窗口中输入命令的方式来估计简单方程。首先，将样本范围Sample更改为1959Q1 1995Q4；然后在EViews命令窗口中输入命令ls cs c inc，按Enter键，得到消费函数方程的估计结果，并将方程估计结果命名为eq01：

$$CS_t = -29.8942 + 0.9260 * INC_t \qquad (7.5)$$

t 统计量＝（-6.5465）（514.771）

R^2＝0.9994，F 统计量＝264989.2，D-W 统计量＝0.3523

边际消费倾向（变量 INC 的系数）估计值是正数且小于 1，符合模型要求，其系数估计值的 t 统计量表明系数是显著的，拟合优度 R^2 也接近于 1，从而表明方程（7.5）的拟合效果较好。但 D-W 统计量比较小，表明回归残差可能存在自相关。接下来，我们使用相关图和 Q 统计量检验以及 LM 检验来判断残差是否存在自相关。

2. 自相关检验和 AR 模型识别

在方程估计结果eq01的窗口工具栏中选择View | Residual Diagnostics | Serial Correlation LM Test...命令，在弹出的对话框中输入滞后阶数“2”，然后单击OK按钮，得到如图7.1所示的LM检验结果。

在图7.1中，LM检验统计量Obs*R-squared＝105.6082，其相应的概率值P非常小，因此可以拒绝残差不存在序列自相关的原假设，即可以认为残差存在序列自相关。

Equation: EQ01 Workfile: TABLE 7-1::Untitled\

View | Proc | Object | Print | Name | Freeze | Estimate | Forecast | Stats | Resids

Breusch-Godfrey Serial Correlation LM Test:

F-statistic	179.3697	Prob. F(2,144)	0.0000
Obs*R-squared	105.6082	Prob. Chi-Square(2)	0.0000

Test Equation:
Dependent Variable: RESID
Method: Least Squares
Date: 02/21/19 Time: 16:45
Sample: 1959Q1 1995Q4
Included observations: 148
Presample missing value lagged residuals set to zero.

Variable	Coefficient	Std. Error	t-Statistic	Prob.
C	-0.388696	2.461549	-0.157907	0.8748
INC	0.000296	0.000970	0.305116	0.7607
RESID(-1)	0.539952	0.078781	6.853819	0.0000
RESID(-2)	0.345582	0.079348	4.355263	0.0000

R-squared	0.713569	Mean dependent var	-3.56E-13
Adjusted R-squared	0.707602	S.D. dependent var	34.08310
S.E. of regression	18.43004	Akaike info criterion	8.692496
Sum squared resid	48911.97	Schwarz criterion	8.773502
Log likelihood	-639.2447	Hannan-Quinn criter.	8.725409
F-statistic	119.5798	Durbin-Watson stat	1.958462
Prob(F-statistic)	0.000000		

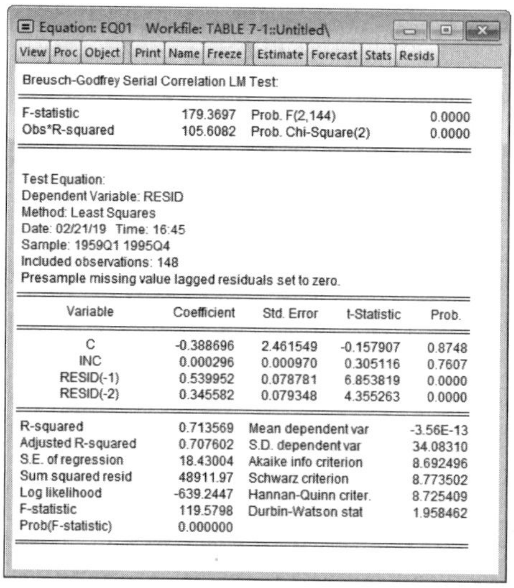

图 7.1 序列自相关 LM 检验结果

为了识别AR模型的具体阶数，我们需要运用序列自相关函数和偏自相关函数。在方程估计结果eq01的窗口工具栏中选择View | Residual Diagnostics | Correlogram-Q-statistics命令，在弹

出的对话框中输入滞后阶数（本实验使用EViews默认的阶数），然后单击OK按钮，将得到如图7.2所示的相关图和Q统计量。

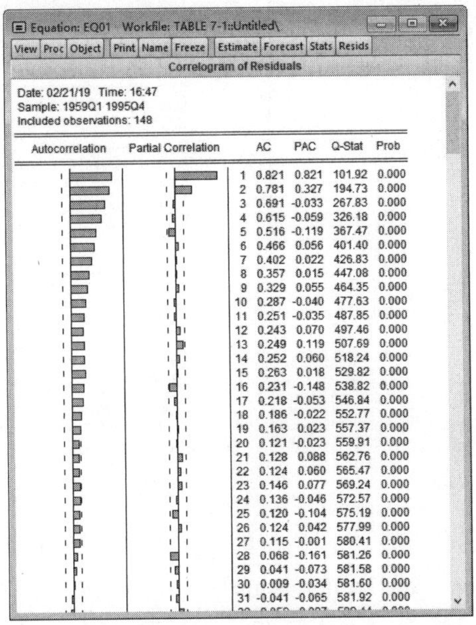

图 7.2　方程回归残差的相关图和 Q 统计量

从图7.2可以看到，从1阶至30阶的Q统计量相应的概率值小于0.001，因此可以认为残差存在自相关。残差的自相关函数呈指数衰减趋势，从滞后1阶至18阶，自相关函数（AC）值都位于95％置信区域之外（图7.2中的虚线区域），其他各阶滞后的自相关函数值都位于置信区域之内，从而表明是低阶的AR过程；残差的偏自相关函数（PAC）值在滞后1阶和2阶处位于95％置信区域之外，然后在滞后2阶后截尾（趋于零），其他各阶滞后的偏自相关函数值都位于置信区域之内。因此，我们建立AR（2）模型来消除残差自相关。

3. AR（p）模型估计及残差检验

根据前面的分析，建立如下的消费函数模型：

$$\begin{cases} CS_t = c_0 + c_1 * INC_t + \varepsilon_t \\ \varepsilon_t = \phi_1 \varepsilon_{t-1} + \phi_2 \varepsilon_{t-2} + u_t \end{cases} \tag{7.6}$$

使用 EViews 估计 AR 模型的主要过程为：

01　在工作文件 table 7-1.wfl 窗口，选择菜单栏 Quick | Estimate Equation 命令，屏幕弹出如图 7.3 所示的对话框。

02　在图 7.3 所示对话框的 Equation specification 编辑框中输入"cs c inc ar(1) ar(2)"。其中 ar(1)和 ar(2)分别表示随机误差项的一阶滞后和二阶滞后，或者可以使用如下的公式来定义方程：

$$cs = c(1) + c(2)*inc + [ar(1)=c(3)，ar(2)=c(4)]$$

设定完方程定义对话框后，单击"确定"按钮，屏幕会输出如图 7.4 所示的 AR 模型估计结果。

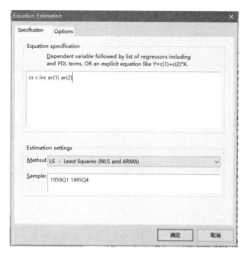

图 7.3 方程定义对话框   图 7.4 消费函数方程的 AR 模型估计结果

AR 模型的参数是使用迭代算法进行估计的，图 7.4 所示的估计结果显示了达到收敛的迭代次数（Convergence achieved after 18 iterations）。在图 7.4 中，除了常数项外，AR 模型的其他参数估计值的 t 统计量都很显著，而且 F 统计量＝229633.6，其相应的概率值 P 非常小，从而表明所估计的 AR 模型整体上是非常显著的。

03 由于回归方程的常数项不显著，因此将消费函数方程中的常数项去掉，重新估计如下的 AR 模型：

$$\begin{cases} CS_t = c_1 * INC_t + \varepsilon_t \\ \varepsilon_t = \phi_1 \varepsilon_{t-1} + \phi_2 \varepsilon_{t-2} + u_t \end{cases} \quad (7.7)$$

在如图7.3所示的方程定义对话中的Equation specification编辑框中输入"cs inc ar(1) ar(2)"，把样本区间设定为"1959Q3 1995Q4"。在Options选项卡中找到ARMA选项，在其中的Method中选择"CLS"方法。其中ar(1)和ar(2)分别表示随机误差项的一阶滞后和二阶滞后，按Enter键，得到如图7.5所示的估计结果。

图7.5所示的估计结果显示，不包含常数项的AR模型的所有参数估计值都是显著的。方程（7.7）的拟合优度 $R^2 = 0.9998$，非常接近于1，表明模型拟合效果很好。D-W统计量＝1.9780，很接近于2，表明AR模型估计结果的残差不存在一阶自相关。在图7.5的底部，显示输出的是AR模型滞后多项式根的倒数（Inverted AR Roots）。如果根的倒数在单位圆之内，则AR（p）模型是平稳的；如果AR模型滞后多项式根的倒数在单位圆外（大于1），则表明自回归过程AR是发散的。估计结果显示，AR模型的滞后多项式有两个实数根，根的倒数分别为0.94和-0.38，都小于1，从而表明我们所估计的AR模型是平稳的。

我们可以对方程（7.7）估计结果的残差进行LM检验，如图7.6所示是滞后阶数为16的残差的LM检验结果。

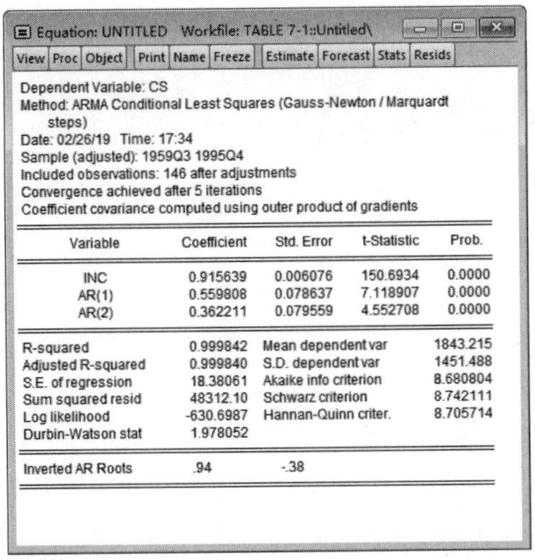

Dependent Variable: CS
Method: ARMA Conditional Least Squares (Gauss-Newton / Marquardt steps)
Date: 02/26/19 Time: 17:34
Sample (adjusted): 1959Q3 1995Q4
Included observations: 146 after adjustments
Convergence achieved after 5 iterations
Coefficient covariance computed using outer product of gradients

Variable	Coefficient	Std. Error	t-Statistic	Prob.
INC	0.915639	0.006076	150.6934	0.0000
AR(1)	0.559808	0.078637	7.118907	0.0000
AR(2)	0.362211	0.079559	4.552708	0.0000

R-squared	0.999842	Mean dependent var	1843.215
Adjusted R-squared	0.999840	S.D. dependent var	1451.488
S.E. of regression	18.38061	Akaike info criterion	8.680804
Sum squared resid	48312.10	Schwarz criterion	8.742111
Log likelihood	-630.6987	Hannan-Quinn criter.	8.705714
Durbin-Watson stat	1.978052		

Inverted AR Roots	.94	-.38

图 7.5　方程（7.7）的 AR 模型估计结果

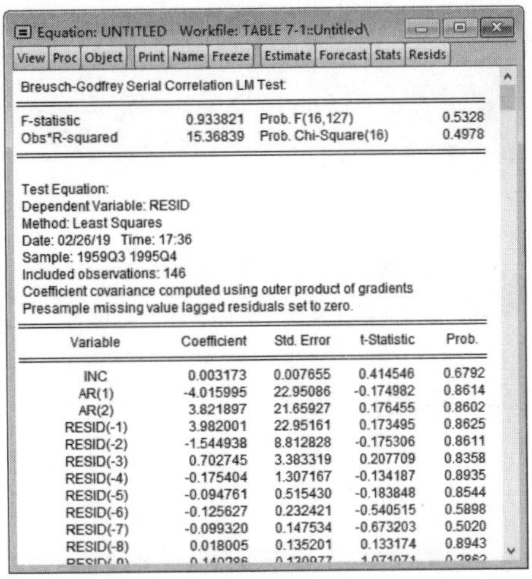

Breusch-Godfrey Serial Correlation LM Test:

F-statistic	0.933821	Prob. F(16,127)	0.5328
Obs*R-squared	15.36839	Prob. Chi-Square(16)	0.4978

Test Equation:
Dependent Variable: RESID
Method: Least Squares
Date: 02/26/19 Time: 17:36
Sample: 1959Q3 1995Q4
Included observations: 146
Coefficient covariance computed using outer product of gradients
Presample missing value lagged residuals set to zero.

Variable	Coefficient	Std. Error	t-Statistic	Prob.
INC	0.003173	0.007655	0.414546	0.6792
AR(1)	-4.015995	22.95086	-0.174982	0.8614
AR(2)	3.821897	21.65927	0.176455	0.8602
RESID(-1)	3.982001	22.95161	0.173495	0.8625
RESID(-2)	-1.544938	8.812828	-0.175306	0.8611
RESID(-3)	0.702745	3.383319	0.207709	0.8358
RESID(-4)	-0.175404	1.307167	-0.134187	0.8935
RESID(-5)	-0.094761	0.515430	-0.183848	0.8544
RESID(-6)	-0.125627	0.232421	-0.540515	0.5898
RESID(-7)	-0.099320	0.147534	-0.673203	0.5020
RESID(-8)	0.018005	0.135201	0.133174	0.8943

图 7.6　方程（7.7）估计残差的 LM 检验结果

在图 7.6 中，LM 检验统计量 Obs*R-squared＝15.3684，其相应的概率值 P＝0.4978，因此不能拒绝残差不存在序列自相关的原假设，即可以认为方程（7.7）估计结果的残差不存在序列自相关，从而表明用 AR（2）模型修正消费函数方程的估计结果是有效的。因此，我们可以写出消费函数方程 AR 模型（7.7）的估计结果：

$$CS_t = 0.9156 * INC_t + \hat{\varepsilon}_t$$

t 统计量＝（150.6934）

$$\hat{\varepsilon}_t = 0.5598\,\hat{\varepsilon}_{t-1} + 0.3622\,\hat{\varepsilon}_{t-2} + u_t$$

t 统计量＝（7.1189）　（4.5527）

$$R^2 = 0.9998，\text{D-W 统计量} = 1.9781$$

残差自回归项 AR（1）和 AR（2）的系数估计为正数，说明消费函数方程的残差之间存在正相关。与方程（7.5）的边际消费倾向 0.9260 相比，加入 AR 模型后的边际消费倾向变化不大，但是修正后的参数估计的标准差和统计量比之前的模型更加有效和可靠。我们可以利用方程（7.7）的估计结果对 1996Q1 的消费（简记为 CS_T）进行预测，其预测计算公式为：

$$\begin{cases} \hat{CS}_T = 0.9156 * INC_T + 0.5598\,\hat{\varepsilon}_{t-1} + 0.3622\hat{\varepsilon}_{t-2} \\ \hat{\varepsilon}_{t-1} = CS_{T-1} - 0.9156 * INC_{T-1} \\ \hat{\varepsilon}_{t-2} = CS_{T-2} - 0.9156 * INC_{T-2} \end{cases}$$

其中，T、T-1、T-2 分别表示 1996Q1、1995Q4、1995Q3。代入相应的收入和消费支出，得到 1996Q1 的消费支出预测值 $\hat{CS}_T$＝5057.303；利用方程（7.5）估计结果得到的 1996Q1 消费支出预测值 $\hat{CS}_T$＝5034.398；而 1996Q1 消费支出的真实值 CS_T＝5063.032。因此，利用 AR 模型（7.7）预测比利用方程（7.5）预测更为接近。同时我们可以利用这两个模型对整个样本范围内的观测值进行预测，然后比较这两个模型的预测效果，具体的操作过程类似于实验 6-3 中，模型预测的比较结果表明在整个样本范围内消费函数方程的 AR 模型（7.7）比方程（7.5）的预测效果好。

实验 7-2 序列平稳性检验

素材文件：sample/Example/table 7-2.wfl
多媒体教学文件：视频/实验 7-2.mp4

▶ 实验基本原理

如果时间序列 y_t 的均值、方差和自协方差不随时间而发生改变，且序列的各阶自协方差只与滞后阶数有关，则称时间序列 y_t 是弱平稳的或协方差平稳的，即满足下面 3 个性质：

$$\begin{cases} E(y_t) = \mu \\ var(y_t) = \sigma^2 \\ cov(y_t, y_{t-l}) = \gamma_l \end{cases} \qquad (7.8)$$

其中，l 是序列的滞后阶数。对于序列平稳性的判断，有时我们可以借助序列的自相关函数，不过 EViews 提供了 6 种单位根检验方法来判断序列的平稳性。其中应用较多的是 Dickey-Fuller test（DF 检验）和 Augmented Dickey-Fuller test（ADF 检验，即增广的 DF 检验）。下面简单介绍这两种检验方法的基本原理。

1. DF 检验

在 DF 检验之前，需要考虑不含截距项、含截距项但不含趋势项、含截距项和趋势项 3 种形式的检验回归模型，它们分别对应如下回归模型：

$$\begin{aligned} y_t &= \rho y_{t-1} + \varepsilon_t \\ y_t &= a + \rho y_{t-1} + \varepsilon_t \\ y_t &= a + \delta t + \rho y_{t-1} + \varepsilon_t \end{aligned} \qquad (7.9)$$

其中，a 是截距项，为常数；δt 是时间趋势；ε_t 是独立同分布，且服从均值为零、方差为 σ^2 的正态分布。若 $|\rho|<1$，则序列 y_t 是平稳的；若 $\rho=1$，则序列 y_t 是非平稳的，但其一阶差分是平稳的；若 $|\rho|>1$，则序列 y_t 是发散的。DF 检验的原假设是 H_0：序列有一个单位根。通常，式（7.9）所对应的几种检验回归方程修改如下：

$$\begin{aligned} \Delta y_t &= \gamma y_{t-1} + \varepsilon_t \\ \Delta y_t &= a + \gamma y_{t-1} + \varepsilon_t \\ \Delta y_t &= a + \delta t + \gamma y_{t-1} + \varepsilon_t \end{aligned} \qquad (7.10)$$

通过检验式（7.9）中的 ρ 是否等于 1 可以转化为检验式（7.10）中的 γ 是否等于 0，从而判断一个序列是否平稳。DF 单位根检验只有当序列为 AR(1)时才有效。如果序列存在高阶滞后相关，则违背了随机扰动项独立同分布的假设，此时可以使用 ADF 单位根检验方法来检查存在高阶序列相关的序列单位根。

2. ADF 检验

ADF 检验方法是通过在检验回归方程（7.10）的右边加入因变量 y_t 的滞后差分项来控制高阶序列相关的，即相应的3种检验回归模型如下：

$$\Delta y_t = \gamma y_{t-1} + \sum_{i=1}^{l} \beta_i \Delta y_{t-i} + \varepsilon_t$$

$$\Delta y_t = a + \gamma y_{t-1} + \sum_{i=1}^{l} \beta_i \Delta y_{t-i} + \varepsilon_t \quad (7.11)$$

$$\Delta y_t = a + \delta t + \gamma y_{t-1} + \sum_{i=1}^{l} \beta_i \Delta y_{t-i} + \varepsilon_t$$

其中，l 是因变量的滞后阶数。

DF检验和ADF检验都采用t统计量进行检验，但这个t统计量在原假设下并不服从t分布，Mackinnon进行了大量模拟，给出了3种不同检验回归模型以及不同样本下t统计量在1%、5%、10%检验水平下的临界值。若检验t统计量值小于临界值，则拒绝原假设；反之接受原假设。

▶ 实验目的与要求

1. 实验目的

（1）通过本次实验，理解序列平稳的性质，掌握平稳检验过程的基本原理。
（2）熟悉序列单位根检验过程和操作方法，尤其是DF检验和ADF检验。

2. 实验要求

（1）理解序列平稳的含义和基本性质。
（2）掌握DF单位根检验和ADF单位根检验的具体操作过程，选择合理的检验回归方程。
（3）理解序列单位根检验的输出结果，对检验结果做出合理的判断。

▶ 实验内容及数据来源

表7.2所示的是我国从1994年1月至2007年12月城市居民消费价格指数（CPI），数据来源于CCER，单位是百分比（%），这些数据保存在本书下载资源的Example文件夹下的table 7-2.wf1工作文件中。

表7.2 1994年1月至2007年12月我国城市居民消费价格指数

	1994	1995	1996	1997	1998	1999	2000	2001	2002	2003	2004	2005	2006	2007
1	122.5	123.6	109.3	106.3	100.8	98.8	100.2	101.3	98.7	100.4	102.5	101.4	102	102
2	125.4	121.6	109.7	105.9	100.2	98.8	101.1	99.8	99.8	100.2	101.4	103.6	100.9	102.5
3	123.9	120.6	110.5	104	101.3	98.2	100.1	100.7	98.9	101	102.4	102.3	100.8	103.1
4	122.8	120	110.4	103.2	100.1	97.8	100.1	101.8	98.3	101	103.2	101.5	101.2	102.9
5	122	119.9	109.3	103	99.4	97.8	100.5	101.9	98.6	100.5	103.9	101.4	101.4	103.1

(续表)

	1994	1995	1996	1997	1998	1999	2000	2001	2002	2003	2004	2005	2006	2007
6	123.1	118	109.2	103.1	99	97.9	100.9	101.5	99.1	100	104.6	101.3	101.6	104.1
7	124.6	116.7	108.6	103.2	98.7	98.6	101	101.5	99	100.2	104.9	101.6	101	105.3
8	127	114.3	108.5	102.2	98.7	98.8	100.7	100.8	99.2	100.6	104.8	101.2	101.3	106.2
9	127.9	112.9	107.9	102	98.5	99.3	100.4	99.8	99.2	100.9	104.5	100.8	101.6	105.8
10	128	112	107.6	101.7	98.9	99.5	100.4	100.1	99.1	101.5	103.7	101.2	101.4	106.1
11	127.2	111.5	107.4	101.4	98.8	99.3	101.7	99.4	99.2	102.4	102.4	101.3	101.8	106.6
12	124.9	110.7	107.3	100.8	98.9	99.1	101.9	99.4	99.4	102.7	102	101.6	102.7	106.2

我们需要判断序列 CPI 是否是平稳的，由于可能存在序列高阶相关，因此采用 ADF 检验，其检验步骤为：①判断检验回归模型的形式；②进行 ADF 检验，并根据检验结果的 AIC 准则重新设定滞后阶数。另外，还可根据序列 CPI 的自相关函数直观地判断其平稳性。

实验操作指导

1. 使用自相关函数判断序列的平稳性

序列的自相关函数（AC）可以用来判断序列的平稳性，如果一个时间序列是平稳的，则其自相关函数将随着滞后阶数k的增加而快速地下降为0。因此，若序列的样本自相关函数$\hat{\rho}_k$不随着滞后阶数k的增加而快速地下降为0，则表明该序列是非平稳的。平稳时间序列存在一些自相关函数在各滞后点上取值的解析约束条件，对于这方面的知识，有兴趣的读者可以参考有关计量经济学和统计学图书。

打开序列CPI，在其窗口工具栏中选择View | Correlogram…命令，得到序列CPI的自相关图和Q统计量（滞后阶数为36）。为了更好地进行观察，我们绘制了序列CPI的自相关函数AC序列的Spike图，如图7.7所示。

从图7.7可以看到，序列CPI的自相关函数序列CPI_AC虽然呈指数衰减，但其衰减速度非常缓慢，因此可以认为序列CPI是非平稳的。对序列CPI进行一阶差分，得到序列DCPI，然后绘制序列DCPI自相关函数序列DCPI_AC的Spike图，如图7.8所示。

从图7.8可以看到，序列DCPI的自相关函数在滞后3阶上为零，因此可以认为序列DCPI是平稳的，即序列CPI的一阶差分是平稳的。对于序列平稳性检验，通常更为正式地使用各种单位根检验。

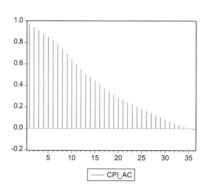

图7.7 序列 CPI 的自相关函数序列 CPI_AC 的 Spike 图

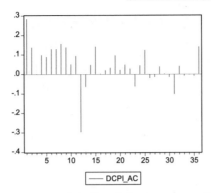

图 7.8　序列 DCPI 的自相关函数序列 DCPI_AC 的 Spike 图

2. 序列平稳的单位根检验

对序列 CPI 进行 ADF 单位根平稳性检验的主要过程为：

01 在进行 ADF 检验之前，需要确定检验回归模型的形式。可以通过绘制序列 CPI 的曲线图来判断是否需要加入截距项和时间趋势项。有时，对于包含季节变动和其他不规则变动因素的时间序列，需要先对该序列进行季节调整，再绘制其图形来进行判断。在序列 CPI 窗口工具栏中，选择 View | Graph 命令，然后在弹出的对话框中采用默认设置，即绘制 Line&Symble 图，单击 OK 按钮提交设置，屏幕会输出如图 7.9 所示的曲线图。

从图 7.9 可以看到，序列 CPI 在偏离零值附近波动（可以进行均值检验），但无明显的趋势。因此，我们利用包含截距项但不含有趋势项的检验回归模型对序列 CPI 进行 ADF 检验。

02 在序列 CPI 窗口工具栏中，单击选择 View | Unit Root Test…选项，屏幕会弹出如图 7.10 所示的单位根检验对话框。

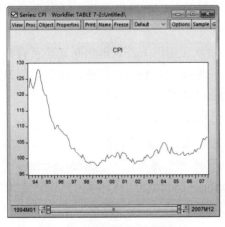

图 7.9　序列 CPI 的线状图

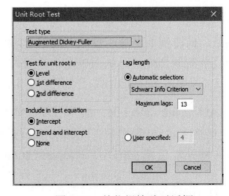

图 7.10　单位根检验对话框

对话框左上角的 Test type 选项供用户选择单位根检验类型，在其下拉列表中提供了6种单位根检验方法：Augmented Dickey-Fuller（ADF）检验、Dickey-Fuller GLS（ERS）检验、Phillips-Perron（PP）检验、Kwiatkowski-Phillips-Schmidt-Shin（KPSS）检验、Elliott-Rothenberg-Stock Point-Optimal（ERS）检验和 Ng-Perron（NP）检验。对于这些方法的检验原理，有兴趣的读者可以参考有关计量经济学图书。

Test for unit root in 选项组供用户选择序列的检验形式，从而确定序列中单位根的个数，有 3 种选择。

- Level：表示对序列的水平值（原序列）进行单位根检验。
- 1st difference：表示对序列的一阶差分进行单位根检验。
- 2nd difference：表示对序列的二阶差分进行单位根检验。

一般来说，如果对原序列进行单位根检验的原假设没有被拒绝，而序列的一阶差分检验拒绝原假设，则序列含有一个单位根，即该序列是一阶单整 I(1)的；如果序列一阶差分检验仍然没有拒绝原假设，则需要对序列进行二阶差分检验。

Include in test equation 选项组用于选择单位根检验回归方程的形式，也有 3 种选择。

- Intercept：表示检验回归方程中仅含有截距项。
- Trend and intercept：表示检验回归方程中含有趋势项和截距项。
- None：表示检验回归方程中不包含趋势项和截距项。

该选项组的选择比较重要，因为单位根检验统计量在原假设下的临界值会因这 3 种选择而有所不同。

在进行ADF单位根检验时，需要注意的是，在进行ADF检验之前，需要合理地选择检验回归方程的形式，因为检验估计量 $\hat{\gamma}$ 显著性水平的t统计量在原假设下的渐近分布依赖于对 Include in test equation的定义。对此，我们可以绘制被检验序列的图形来判断检验回归方程的形式：

（1）如果序列的图形显示其偏离0而随机变动，则表明序列的均值不为零，此时需要在检验回归方程包含截距项。

（2）如果序列的图形显示被检验序列的波动趋势随时间变化而变化，或者呈现出比较明显的趋势，此时需要在检验回归方程包含时间趋势项。

有时，对于一些比较复杂的时间序列数据，很难从其图形上直观地判断其是否有截距项和时间趋势，此时需要对截距项、时间趋势项以及单位根前面的系数反复进行检验，以及它们之间较为复杂的联合检验，从而确定被检验时间序列的具体数据生成过程。

对话框中的 Lag length 选项组用于确定序列单位根检验的滞后长度，有两种选择。

- Automatic selection：表示根据一些信息准则来确定检验的滞后长度。该项的下拉列表框提供了 6 种准则：Akaike Info Criterion（赤池信息准则）、Schwarz Info Criterion（施瓦茨信息准则）、Hannan-Quinn Criterion、Modified Akaike（修正的赤池信息准则）、Modified Schwarz（修正的赤池信息准则）以及 Modified Hannan-Quinn（修正的HQ 准则）。
- User specified：表示使用用户设定的滞后阶数，若选择该项，则需要在后面的编辑框中输入滞后阶数。

03 在 Test type 下拉列表中选择 Augmented Dickey-Fuller，在 Test for unit root in 选项组选择 Level，在 Include in test equation 选项组选择 Intercept，使用 EViews 根据 Schwarz Info Criterion 准则自动选择的滞后长度，然后单击 OK 按钮，屏幕会输出如图 7.11 所示的单

位根检验结果。

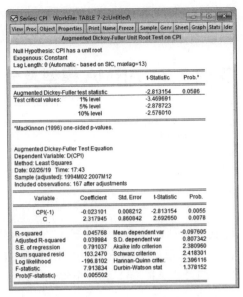

图 7.11　序列 CPI 的 ADF 单位根检验结果

图 7.11 所示的检验结果首先显示单位根检验的原假设（Null Hypothesis）、检验回归方程外生变量（Exogenous）、滞后长度（Lag Length）等信息。接下来显示检验结果，其主要分上下两部分：上半部分显示 ADF 检验统计量及其概率值以及检验的临界值；下半部分显示 ADF 检验回归方程的估计结果，这与前面介绍的方程估计结果基本类似。在上半部分中，ADF 检验统计量是 t 统计量，其值为-2.8132，相应的概率值 P=0.0586（注意，该概率值是 Mackinnon 单侧概率值）；Test critical values 栏中显示的是在检验水平分别为 1%、5%、10% 下 t 统计量的临界值。与临界值相比较，在 1% 和 5% 的检验水平下不能拒绝原假设，即可以认为序列 CPI 至少有一个单位根。然而，在 10% 的检验水平下，我们可以拒绝 CPI 有一个单位根的原假设。

04 假设设定检验水平为 5%，则序列 CPI 的检验结果表明其至少有一个单位根。重新检验序列 CPI 一阶差分的平稳性，具体的检验步骤可以参考上述过程。在图 7.10 所示的单位根检验对话框中，在 Test for unit root in 选项组选择 1st difference，在 Include in test equation 选项组选择 None，其他选项采用 EViews 默认设置，然后单击 OK 按钮，得到序列 CPI 一阶差分的单位根检验结果，如图 7.12 所示。

在图 7.12 中，ADF 检验 t 统计量为-3.713771，其相应的概率值 P=0.0003，在 1%、5%、10% 检验水平下 t 统计量的临界值分别为-2.57997、-1.9429、-1.6153。序列 CPI 一阶差分的 ADF 检验的

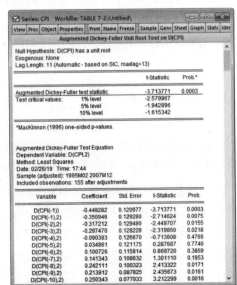

图 7.12　序列 CPI 一阶差分的单位根检验结果

t 统计量都比 1%、5%、10%检验水平下的临界值小，因此可以拒绝原假设，可以认为序列 CPI 一阶差分（D（CPI））没有单位根，即序列 CPI 是一阶差分平稳 $I(1)$ 的。

实验 7-3　ARMA 模型及分析

素材文件：sample/Example/table 7-3.wfl
多媒体教学文件：视频/实验 7-3.mp4

▶ 实验基本原理

对于平稳的时间序列（如利率波动、收益率变化等），自回归移动平均（Autoregressive Moving Average，ARMA）模型可以很好地研究这些经济变量的变化规律。一般情况下，ARMA（p,q）模型包含一个自回归过程 AR（p）和一个移动平均 MA（q），其形式如下：

$$\varepsilon_t = c + \phi_1\varepsilon_{t-1} + \phi_2\varepsilon_{t-2} + \cdots + \phi_p\varepsilon_{t-p} + u_t + \theta_1 u_{t-1} + \theta_2 u_{t-2} + \cdots + \theta_q\varepsilon_{t-q} \tag{7.12}$$

其中，p，q 分别表示滞后的阶数，u_t 是白噪声序列。为了方便分析，引入滞后算子，将式（7.12）以滞后算子多项式的形式表示：

$$(1 - \phi_1 L - \phi_2 L^2 - \cdots \phi_p L^p)\varepsilon_t = c + (1 + \theta_1 + \theta_2 L^2 + \cdots + \theta_q L^q)u_t \tag{7.13}$$

其中，L 是滞后算子，L^i 表示滞后 i 阶，即对序列逐期差分 i 次。利用差分多项式的性质，我们令 $\Phi(z) = 1 - \phi_1 - \phi_2 z^2 - \cdots - \phi_p z^p = 0$，$\theta(z) = 1 + z + \theta_2 z^2 + \cdots + \theta_q z^q = 0$，则 ARMA 模型（7.12）平稳的充要条件是多项式 $\Phi(z)$ 的根全部位于单位圆之外，即其根的倒数位于单位圆之内；ARMA 模型（7.12）可逆的条件则是多项式 $\theta(z)$ 的根都在单位圆外。

对式（7.13）两边同时除以滞后算子多项式 $1 - \phi_1 - \phi_2 L^2 - \cdots - \phi_p L^p$，得到：

$$\varepsilon_t = \frac{c}{1 - \phi_1 - \phi_2 L^2 - \cdots - \phi_p L^p} + \frac{1 + \theta_1 + \theta_2 L^2 + \cdots + \theta_q L^q}{1 - \phi_1 - \phi_2 L^2 - \cdots - \phi_p L^p} u_t \tag{7.14}$$

因此，可以看到 ARMA 模型是白噪声序列的线性组合，ARMA 模型的平稳性完全取决于自回归过程 AR（p）的参数（$\phi_1, \phi_2, \cdots, \phi_p$），而与移动平均过程参数（$\theta_1, \theta_2, \cdots, \theta_p$）无关。

对平稳时间序列建立ARMA（p,q）模型，首先需要确定模型阶数（p,q），可以借助序列的自相关函数和偏自相关函数。AR（p）部分的自相关函数随着滞后阶数 k 的增加呈指数衰减或者正弦波衰减而趋于零（表现出"拖尾性"），其偏自相关函数在滞后阶数 k 大于p以后为零，即表现出"截尾性"；而MA（q）过程恰恰与AR（p）过程相反。

第 7 章 ARMA 模型及其应用

实验目的与要求

1. 实验目的

（1）通过本次实验，掌握ARMA模型的建模方法和建模过程。
（2）熟悉ARMA模型估计方法和操作过程，利用ARMA模型进行预测。

2. 实验要求

（1）理解ARMA模型平稳的充要条件。
（2）能够利用时间序列的相关图确定ARMA模型的阶数（p,q）。
（3）熟练掌握ARMA模型的估计过程，熟悉估计过程中各选项和参数的设置。
（4）能利用所建立的ARMA模型进行合理的预测分析。

实验内容及数据来源

表7.3所示的是按1987年的美元价值计算的美国从1959年第一季度至1996年第一季度商业存货投资（BIN，单位是亿美元）前18年的部分数据，完整的数据保存在本书下载资源的Example文件夹下的table 7-3.wf1工作文件中。

表 7.3 商业存货投资部分数据

Obs	BIN	Obs	BIN	Obs	BIN	Obs	BIN	Obs	BIN	Obs	BIN
1959Q1	0	1962Q1	26.3	1965Q1	38.2	1968Q1	15.4	1971Q1	25.5	1974Q1	35
1959Q2	0	1962Q2	17	1965Q2	26	1968Q2	27.7	1971Q2	18.7	1974Q2	27.7
1959Q3	8.2	1962Q3	19.7	1965Q3	25.6	1968Q3	23	1971Q3	18.8	1974Q3	11
1959Q4	18.7	1962Q4	9.3	1965Q4	21.1	1968Q4	25.6	1971Q4	9.1	1974Q4	53.7
1960Q1	34.6	1963Q1	17	1966Q1	41.4	1969Q1	29.7	1972Q1	14.4	1975Q1	-39.5
1960Q2	6.9	1963Q2	14.9	1966Q2	43.6	1969Q2	24.3	1972Q2	27.4	1975Q2	-32.8
1960Q3	10.8	1963Q3	21.2	1966Q3	39.7	1969Q3	33.9	1972Q3	35.8	1975Q3	-0.7
1960Q4	-17.1	1963Q4	12.7	1966Q4	53.9	1969Q4	21.4	1972Q4	24	1975Q4	-1.1
1961Q1	-10.2	1964Q1	19.6	1967Q1	39.9	1970Q1	0.4	1973Q1	47	1976Q1	31.1
1961Q2	2.3	1964Q2	19.3	1967Q2	15	1970Q2	11.6	1973Q2	29.2	1976Q2	42.5
1961Q3	18.1	1964Q3	18.7	1967Q3	30.8	1970Q3	19.8	1973Q3	22.2	1976Q3	29.9
1961Q4	14.5	1964Q4	20.3	1967Q4	32.5	1970Q4	1.2	1973Q4	55.6	1976Q4	25

本实验打算对序列 BIN 建立 ARMA（p,q）模型，然后利用该模型进行预测分析，主要有以下内容：

（1）对序列BIN进行单位根检验，从而确定序列BIN是平稳的。
（2）绘制序列BIN的相关图，并分析序列自相关函数和偏自相关函数的特性，从而识别确定ARMA模型的阶数（p,q）。
（3）估计ARMA模型参数并分析其结果。
（4）利用所估计的ARMA模型对序列BIN进行预测。

将样本观测值分为两部分：1959 年第一季度至 1994 年第四季度样本数据用于估计 ARMA

模型参数，余下的样本用于模型预测。

实验操作指导

1. 序列 BIN 的单位根检验

由于只有对平稳的时间序列才能建立 ARMA 模型，因此在建立模型之前，有必要对序列 BIN 进行单位根检验。我们采用 ADF 单位根检验，其主要过程为：

01 绘制序列 BIN 的图形，从而确定单位根检验回归方程的形式。如图 7.13 所示是序列 BIN 的折线图。

从图 7.13 可以看到，序列 BIN 并没有表现出随时间变化的趋势，因此检验回归方程中不包含时间趋势；同时，序列 BIN 偏离零值而随机变动，因此检验回归方程中应该包含常数截距项。

02 对序列 BIN 进行 ADF 单位根检验。在打开的单位根检验对话框中，在 Test for unit root in 选项组选择 Level，在 Include in test equation 选项组选择 Intercept，其他选项采用 EViews 默认设置，然后单击 OK 按钮，屏幕会输出如图 7.14 所示的单位根检验结果。

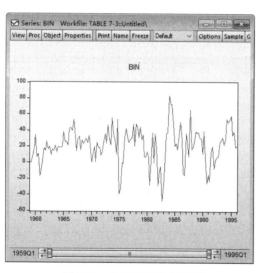

图 7.13　序列 BIN 的折线图　　　　图 7.14　序列 BIN 的 ADF 单位根检验结果

从图 7.14 可以看到，ADF 检验的 t 统计量为-6.601323，小于检验水平为 1%、5%、10%的 t 统计量临界值，而且 t 统计量相应的概率值 P 非常小，因此拒绝序列 BIN 存在单位根的原假设，即可以认为序列 BIN 是平稳的。

2. ARMA 模型识别

由于检验出序列 BIN 是平稳的，因此可以建立 ARMA 模型，在建模之前需要识别 ARMA 模型的阶数（p,q）。模型阶数的确定通常借助序列的相关图，即序列的自相关函数和偏自相关函数。因为每一随机过程都有其典型的自相关函数（AC）和偏自相关函数（PAC）。表7.4所示的是时间序列的AC与PAC的理论模式。AR（p）过程的AC和PAC与MA（q）过程的AC和PAC相比较，有相反的变化模式。对于AR（p）模型，其AC按指数或几何规律下降（从图形上表现为“拖尾性”），而PAC则在一定的滞后阶数后忽然截断（从图形上表现为“截尾性”）。MA（q）过程的情况恰恰与AR（p）过程相反。如果所研究的时间序列适用于其中的某个样式，我们就能识别时间序列的ARMA模型。

表 7.4　时间序列的 AC 与 PAC 理论模式

模型类型	自相关函数（AC）的典型模式	偏自相关函数（PAC）的典型模式
AR（p）模型	指数衰减或衰减的正弦波或两者	显著地直至滞后 p 阶的尖柱
MA（q）模型	显著地直至滞后 q 阶的尖柱	指数衰减
ARMA（p，q）模型	指数衰减	指数衰减

在序列 BIN 窗口工栏中选择 View|Correlogram...命令，对于弹出的对话框，采用 EViews 默认的滞后阶数（默认值为 36），然后单击 OK 按钮，屏幕会输出如图 7.15 所示的序列 BIN 的相关图与 Q 统计量（图 7.15 只显示出滞后阶数从 1 至 28 的自相关函数和偏自相关函数）。

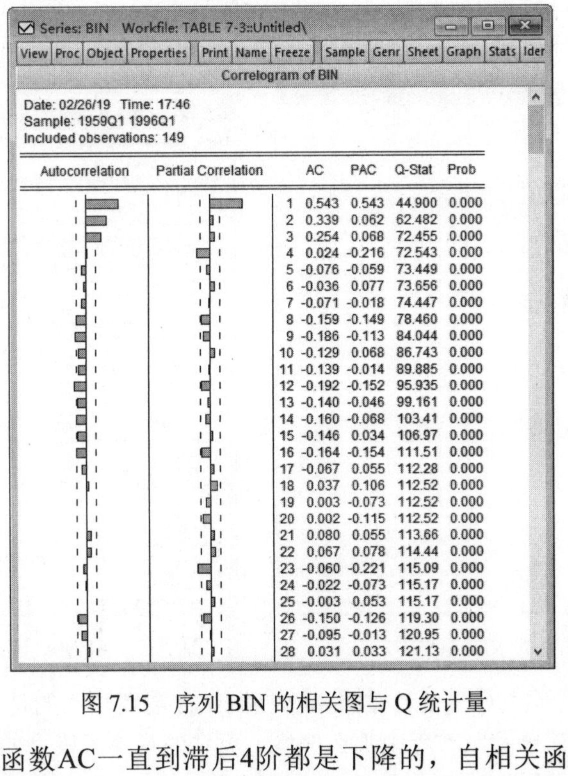
Series: BIN　Workfile: TABLE 7-3::Untitled\
View | Proc | Object | Properties | Print | Name | Freeze | Sample | Genr | Sheet | Graph | Stats | Ider
Correlogram of BIN

Date: 02/26/19　Time: 17:46
Sample: 1959Q1 1996Q1
Included observations: 149

	AC	PAC	Q-Stat	Prob
1	0.543	0.543	44.900	0.000
2	0.339	0.062	62.482	0.000
3	0.254	0.068	72.455	0.000
4	0.024	-0.216	72.543	0.000
5	-0.076	-0.059	73.449	0.000
6	-0.036	0.077	73.656	0.000
7	-0.071	-0.018	74.447	0.000
8	-0.159	-0.149	78.460	0.000
9	-0.186	-0.113	84.044	0.000
10	-0.129	0.068	86.743	0.000
11	-0.139	-0.014	89.885	0.000
12	-0.192	-0.152	95.935	0.000
13	-0.140	-0.046	99.161	0.000
14	-0.160	-0.068	103.41	0.000
15	-0.146	0.034	106.97	0.000
16	-0.164	-0.154	111.51	0.000
17	-0.067	0.055	112.28	0.000
18	0.037	0.106	112.52	0.000
19	0.003	-0.073	112.52	0.000
20	0.002	-0.115	112.52	0.000
21	0.080	0.055	113.66	0.000
22	0.067	0.078	114.44	0.000
23	-0.060	-0.221	115.09	0.000
24	-0.022	-0.073	115.17	0.000
25	-0.003	0.053	115.17	0.000
26	-0.150	-0.126	119.30	0.000
27	-0.095	-0.013	120.95	0.000
28	0.031	0.033	121.13	0.000

图 7.15　序列 BIN 的相关图与 Q 统计量

序列BIN的自相关函数AC一直到滞后4阶都是下降的，自相关函数在滞后1阶、2阶、3阶、9阶处超出了95%置信区域，其余各阶的自相关函数都位于置信区域之内，即这些AC统计上都不是显著地异于零。偏自相关函数PAC在滞后1阶、4阶和23阶处显示出统计上的尖柱，但在其余各阶处则均在统计上不显著。在滞后4阶后，序列BIN的偏自相关函数变得很小，因此可以认为ARMA模型的自回归过程可能是4阶的。序列BIN的自相关函数在滞后4阶后才开始变小，说明移动平均过程MA应该是低阶的。因而，我们估计两种模型形式：ARMA（4,1）和

ARMA（4,2）。

实际上，由于我们无法观测到总体的AC和PAC，而只能依赖于样本的AC和PAC，因此所估计的AC和PAC将不会与表7.4所示的理论模型一致。但我们可以根据理论与样本AC和PAC之间的类似性来识别ARMA的形式。

3. ARMA 模型估计

识别 ARMA 模型的形式后，可以使用 EViews 估计方程参数。下面以 ARMA（4,2）为例来说明其参数估计过程。

01 由于我们只使用 1959 年第一季度至 1994 年第四季度样本数据估计 ARMA 模型参数，因此在方程估计之前，需要修改样本范围。在 EViews 命令窗口中输入命令：smpl 1959Q1 1994Q4，然后按 Enter 键，窗口中的 Sample 更改为所需的样本范围。

02 选择 EViews 窗口菜单栏中的 Quick|Estimate Equation...命令，屏幕会弹出如图 7.16 所示的方程定义对话框。该对话框与简单回归方程的对话框完全相同。

03 ARMA（p,q）模型中 AR 部分和 MA 部分使用关键字 ar 和 ma 来定义。因此，在 Equation specification 编辑框中输入"bin c ar(1) ar(2) ar(3) ar(4) ma(1) ma(2)"，在 Options 选项卡中找到 ARMA 选项，在其中的 Method 中选择 CLS 方法。然后单击"确定"按钮，屏幕会输出如图 7.17 所示的 ARMA（4,2）模型估计结果。

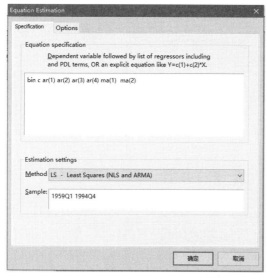
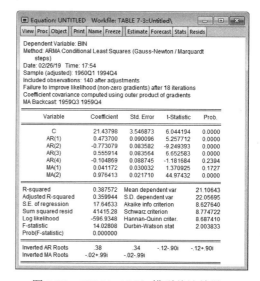

图 7.16　方程定义对话框　　　　图 7.17　ARMA（4,2）模型估计结果

图7.17所示的估计结果与OLS估计结果基本相同。但需要注意的是，对参数估计量的t检验显著性水平要求并不像简单回归方程中那么严格，更多的是考虑模型的整体拟合效果。调整后的可决系数以及AIC准则和SC准则都是选择模型的重要标准。模型估计结果的拟合优度 $R^2 = 0.3876$、$\bar{R}^2 = 0.3599$、F统计量＝14.0281，其相应的概率值非常小，说明模型整体上是显著的，且模型的拟合效果比较好。估计结果的底部给出的是AR过程和MA过程滞后多项式根的倒数（Inverted AR roots和Inverted MA roots），只有AR过程根的倒数的模在单位圆内，ARMA模型才是平稳的。所估计的ARMA（4,2）模型的AR部分有4个倒数复根，分别是0.38、0.34、

-0.12±0.9i，这4个复根的模都小于1；MA部分有两个倒数复根，分别是-0.02±0.99i，这两个复根的模也小于1。因此，可以认为所估计的ARMA（4,2）模型是平稳的且是可逆的。

我们可以利用滞后多项式写出模型 ARMA（4,2）的估计结果：

$$(1-0.4737L+0.7731L^2-0.5559L^3+0.1049L^4)BIN_t = 21.4380+(1+0.04117L+0.9764L^2$$

$$R^2 = 0.3876 \quad \bar{R}^2 = 0.3599 \quad AIC准则 = 8.6276 \quad SC准则 = 8.7747 \quad (7.15)$$

对于 ARMA（4,1）模型估计，在 Equation specification 编辑框中输入 "bin c ar(1) ar(2) ar(3) ar(4) ma(1)"，在 Options 的选项卡中找到 ARMA 选项，在其中的 Method 中选择 CLS 方法。然后单击"确定"按钮，所得到的模型估计结果如图7.18所示。

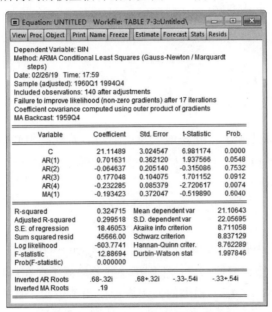

图7.18 ARMA（4,1）模型估计结果

在图7.18中，模型估计的拟合优度 $R^2 = 0.3347$、$\bar{R}^2 = 0.2995$、F统计量=12.8870，其相应的概率值非常小，说明模型整体上是显著的。所估计的ARMA（4,1）模型的AR过程有4个倒数复根，分别是0.68±0.32i、-0.33±0.54i，可以计算，这4个复根的模都小于1；MA过程有一个实数根，等于0.19，也小于1。因此，可以认为所估计的ARMA（4,1）模型是平稳的且是可逆的。AIC准则=8.7111，SC准则=8.8371。

然后利用滞后多项式写出模型 ARMA（4,1）的估计结果：

$$(1-0.7016L+0.06464L^2-0.177L^3+0.2323L^4)BIN_t = 21.1149+(1-0.1934L)\varepsilon_t \quad (7.16)$$

$$R^2 = 0.3347, \quad \bar{R}^2 = 0.2995, \quad AIC准则 = 8.7111, \quad SC准则 = 8.8371$$

可以对所估计的两个模型进行比较，模型 ARMA（4,2）调整后的可决系数大于模型 ARMA（4,1）调整后的可决系数；模型 ARMA（4,2）的 AIC 准则和 SC 准则都小于模型 ARMA（4,1）相应的值。因此，可以认为模型 ARMA（4,2）比模型 ARMA（4,1）较好。

4. 模型诊断检验

ARMA 模型参数估计后，应该检验模型的确认是否正确，该诊断检验过程通常有两步：

（1）将模型生成的序列的自相关函数与原序列的样本自相关函数进行比较分析。如果两个自相关函数存在显著的差异，则应该怀疑模型的有效性，因而需要对模型重新确认。

（2）如果两个自相关函数不存在显著差异，则应该对模型的残差序列进行白噪声检验，即检验残差序列的随机性：对于滞后期$k \geqslant 1$，检验残差序列的样本自相关函数是否近似为零。

残差序列的白噪声检验常用的是 Q 统计量检验，检验的原假设是残差序列$\hat{\varepsilon}_t$不存在自相关。残差序列的样本自相关函数为：

$$\rho_k(\hat{\varepsilon}) = \frac{\sum_{t=k+1}^{n} \hat{\varepsilon}_t \hat{\varepsilon}_{t-k}}{\sum_{t=1}^{n} \hat{\varepsilon}_t^2} \quad k=1,2,\cdots,m \tag{7.17}$$

其中，n是计算ρ_k的序列观测量，m是最大滞后期数。若观测值较多，则m可以取$[n/10]$或$[\sqrt{n}]$；若样本量较小，则m一般取$[n/4]$。由此构造检验统计量Q：

$$Q = n(n+2)\sum_{k=1}^{m} \frac{\rho_k^2}{n-k} \tag{7.18}$$

在检验原假设成立的条件下，Q渐近地服从自由度为$m-p-q$的x^2分布。若统计量Q相应的概率值大于检验水平，则接受原假设；否则拒绝残差序列不存在自相关的原假设。

下面对所估计的ARMA（4,2）模型的残差进行自相关检验。首先生成ARMA（4,2）模型的残差序列，并命名为resid02；然后在序列窗口工具栏中选择View | Correlogram…命令，并在弹出的对话框中输入最大滞后阶数15，然后单击OK按钮，屏幕会输出如图7.19所示的相关图和Q统计量。

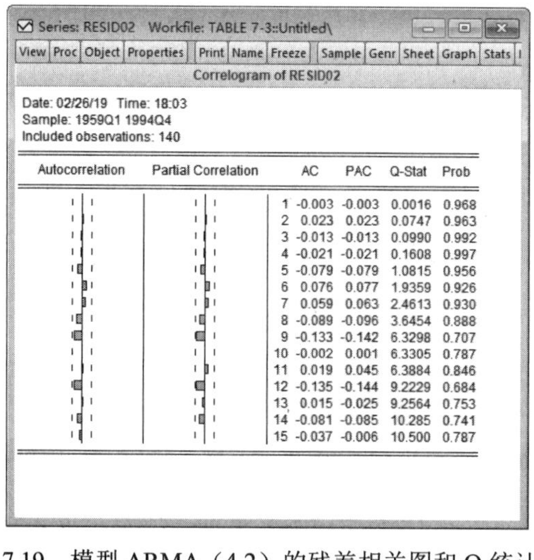

	AC	PAC	Q-Stat	Prob
1	-0.003	-0.003	0.0016	0.968
2	0.023	0.023	0.0747	0.963
3	-0.013	-0.013	0.0990	0.992
4	-0.021	-0.021	0.1608	0.997
5	-0.079	-0.079	1.0815	0.956
6	0.076	0.077	1.9359	0.926
7	0.059	0.063	2.4613	0.930
8	-0.089	-0.096	3.6454	0.888
9	-0.133	-0.142	6.3298	0.707
10	-0.002	0.001	6.3305	0.787
11	0.019	0.045	6.3884	0.846
12	-0.135	-0.144	9.2229	0.684
13	0.015	-0.025	9.2564	0.753
14	-0.081	-0.085	10.285	0.741
15	-0.037	-0.006	10.500	0.787

图 7.19 模型 ARMA（4,2）的残差相关图和 Q 统计量

从图7.19可以看到，残差序列的样本自相关函数都在95％的置信区域以内，从滞后1阶至15阶的自相关函数相应的概率值P都大于0.7，远大于检验水平0.05，因此不能拒绝原假设，即可以认为模型ARMA（4,2）估计结果的残差序列不存在自相关。

5. ARMA 模型预测

根据以上分析，所建立的 ARMA（4,2）模型是合适的，因此可以用它来进行预测。预测的主要思想是使得预测误差的方差达到最小。因为预测误差是随机变量，因此最小化预测误差的期望值，即：

$$\min E[e_T^2(l)] = \min \left\{ [y_{T+l} - \hat{y}_T(l)]^2 \right\} \tag{7.19}$$

其中，$\hat{y}_T(l)$ 是在时期T对未来 l 步的预测值，可以证明 $\hat{y}_T(l)$ 是 y_{T+l} 的条件期望。

ARMA模型预测的EViews操作命令是：在回归模型估计的Equation窗口工具栏中，单击如图7.20所示的Forecast快捷菜单按钮，打开如图7.21所示的Forecast对话框。

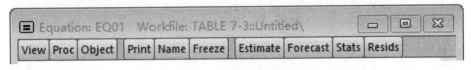

图 7.20　Equation 窗口

Forecast对话框是用户利用回归模型进行预测分析的主窗口。Forecast对话框的设定包括命名预测变量、选择预测方法、设定预测区间和设定预测输出结果等部分。

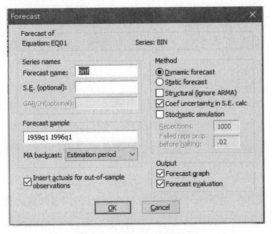

图 7.21　Forecast 对话框

（1）命名预测变量

Series names选项组用于命名模型预测的变量、预测误差变量和GARCH条件方差变量。其中，Forecast文本框用于输入因变量的预测变量名，系统默认的预测变量名是在当前使用的因变量名称前加英文字母f。注意，该名称要区别于方程中被解释变量名称，以防止预测值替代被解释变量的真实值。S.E.文本框用于输入预测变量的预测标准差名称。GARCH（optional）输入框用于定义GARCH条件方差变量名，该输入框仅在GARCH系列模型的回归窗口中可用。如果这些变量名都被定义，则可以在Workfile工作文件窗口中得到相应预测变量。

（2）选择预测方法

Method选项组用于选择预测的方法。其中，Dynamic forecast单选按钮表示采用动态预测方法来预测被解释变量。该方法除了第一个预测值是用解释变量的实际值预测外，其后各期预测值都是采用递归预测的方法，即用滞后的被解释变量的前期预测值带入预测模型来预测下一期的预测值。注意，Dynamic forecast单选按钮只有在动态模型中使用，即模型中存在被解释变量的滞后项时该选项才可以被激活。Static forecast单选按钮表示采用静态预测方法来预测被解释变量。该方法用解释变量的真实值来进行预测。只要真实数据可以获得就可以使用静态预测，因此绝大部分数据模型下这种方法都可以使用。

Structural(ignore ARMA)复选框用于计算预测值时是否考虑模型中含有的ARMA项。该选项系统默认不选择状态，即计算预测值将考虑模型中含有的ARMA项。注意，该选项仅在回归模型含有AR、MA或者ARMA项时被激活。Structural(ignore ARMA)复选框是针对用户运用AR或MA设定项修正序列自相关的情况。对于带有AR误差项的方程，系统首先根据方程计算预测期之前所有观测值的残差，系统根据AR设定预测各个预测期内的残差，最后系统根据残差的预测值以及自变量或滞后因变量的值计算各个预测期内的预测值。对带有MA的方程，EViews将根据方程计算预测期之前的观测值的信息（ARMA模型的残差）；然后用该方程预测各个预测期的残差，此过程要求估计方程所涉及的整个时期没有丢失数据。

Coef uncertainty in S.E. Calc复选按钮表示系统预测因变量时，会考虑系数不确定性对预测偏差的影响。注意，EViews默认选择该选项。

（3）设定预测区间

Forecast sample输入框用于定义预测的样本区间，系统默认的预测区间是当前估计模型的样本区间。预测区间不能超出工作文件样本范围，即默认预测都是做样本内预测。如果用户需要进行样本外预测，则需要先扩大工作文件的样本范围或者设定的估计样本范围小于工作文件整体样本范围。

我们利用所估计的ARMA（4,2）模型对1995年第一季度至1996年第一季度的商业存货投资BIN进行预测，在模型估计结果窗口工具栏中单击Forecast功能键，并在弹出的模型预测对话框中将Forecast Sample更改为1995Q1 1996Q1，预测对话框的其他选项采用EViews默认设置，然后单击OK按钮，EViews将序列预测值保存在名为BINF的序列对象中。表7.5所示的是1995Q1至1996Q1的BIN预测值和实际值。

表7.5　1995Q1 至 1996Q1 的 BIN 预测值和实际值

	1995Q1	1995Q2	1995Q3	1995Q4	1996Q1
实际值	58.1	33.8	38.3	19.5	20
预测值	42.67	31.63	26.06	20.25	17.04

从表 7.5 可以看到，模型预测值与实际值存在较大差距，预测效果并不理想。因此，需要选择更好的 ARMA 模型或其他模型来提高预测的精度。

实验 7-4 ARIMA 模型及分析

素材文件：sample/Example/table 7-6.wfl
多媒体教学文件：视频/实验 7-4.mp4

实验基本原理

实验 7-3 中的 ARMA 模型只适用于平稳的时间序列。对于非平稳的时间序列，需要先对其进行 d 阶差分，使其成为平稳序列。同时，对于包含季节性的时间序列不能直接建立 ARMA 模型，必须对其进行季节差分以消除序列的季节性，差分步长应该与季节周期 S 一致。因此，对于非平稳且包含季节性的原序列 y_t，我们可以对其建立 ARIMA$(p,d,q)(P,D,Q)^s$ 模型，即：

$$\phi_p(L)\Phi_P(L)(1-L)^d(1-L^S)^D y_t = \theta_q(L)\Theta_Q(L)\varepsilon_t \tag{7.20}$$

其中，P是季节自回归过程SAR的阶数，Q是季节移动平均过程SMA的阶数，p、q分别是非季节自回归过程AR的阶数和非季节移动平均过程MA的阶数，d、Q分别是对序列 y_t 的非季节差分阶数和季节差分阶数。$\phi_p(L)$、$\Phi_P(L)$ 分别是非季节自回归过程AR和季节自回归过程SAR的滞后算子多项式，$(1-L)^d$、$(1-L^S)^D$ 分别是对序列 y_t 的非季节差分和季节差分滞后算子，S是季节差分的步长，$\theta_q(L)$、$\Theta_Q(L)$ 分别是非季节移动平均过程MA和季节移动平均过程SMA的滞后算子多项式。

BOX-Jenkins 提出了 ARIMA 建模思想（B-J 方法），该思想可以指导实际建模过程，其实就是 ARIMA(p,d,q)模型的识别，或者说其中具体的 3 个参数 p、d、q 的确定，主要有以下几个重要过程：

（1）在ARIMA(p,d,q)模型中，关于d参数的确定是最简单的。先对原序列进行平稳性检验，若序列是非平稳的，则对其进行d阶差分变换或者其他变换（对时间序列进行自然对数差分变换较为普遍），使其满足平稳性条件。如果d阶差分后序列为平稳的，则称序列为d阶单整序列，对这个差分后序列建立ARMA模型即可。要注意的是，差分次数过多会影响模型参数估计，如果d阶差分无平稳序列或虽已经平稳但对差分后的序列研究已经没意义，就不用再建立ARMA模型了。

（2）对原序列或者变换后的序列的特征进行分析，尤其着重分析这些序列的自相关函数和偏自相关函数，分析其是否包含季节性变动。这些分析有助于确定ARIMA模型的形式。

在 ARIMA(p,d,q)模型中，一般可以借助自相关函数 ACF 图和偏自相关函数 PACF 图对 p 和 q 进行初步的判断。时间序列 yt 与 yt-j 的自相关函数定义为：

$$\rho_j = \frac{\text{cov}(y_t, y_{t-j})}{\sqrt{\text{var}(y_t)\text{var}(y_{t-j})}}, \ j=0,\pm 1,\pm 2,\cdots$$

一般把不同的j对应的ρ_j值绘制成图称为自相关图。

关于q参数的确定，以MA（1）过程为例：

$$y_t = c + \varepsilon_t + \theta_1 \varepsilon_{t-1}$$

基于自相关函数ACF的定义可以推导：$\rho_j = \frac{\theta_1}{(1+\theta_1^2)}, j=1,$
$\rho_j = 0, j>1$

可以证明，MA（q）过程ACF值在q期后为零。MA(q)模型的自相关函数ACF呈现q期后截尾特征。

关于p参数的确定，以AR（1）过程为例：$y_t = c + \alpha y_{t-1} + \varepsilon_t$

$$y_t = c + c\alpha + \alpha^2 y_{t-2} + \alpha \varepsilon_{t-1} + \varepsilon_t$$

由此可见，y_t与y_{t-2}之间通过y_{t-1}是相关的。而偏自相关函数PACF是指y_t与y_{t-k}之间剔除了这两期之间由$y_{t-1}y_{t-2}\cdots y_{t-k+1}$而形成的线性关系后存在的相关性。可见一个AR(1)过程的PACF值在滞后一期后将变为零。可以证明，AR(p)过程PACF值在滞后p期后变为零。AR(p)模型的偏自相关函数PACF呈现p期后截尾特征。

结合上述理论，针对AR(p)模型，其PACF应该在p期滞后之后突然降为零，而对于MA(q)模型，因为其可以转化为AR(∞)形式，所以对应的PACF应该呈现逐渐衰减向零趋近的态势。MA(q)模型，其ACF应该在q期之后陡然变为零；而对于AR(p)模型，因为其可以转化为MA(∞)形式，所以其ACF应该呈现逐渐衰减向零趋近的态势。由于ARMA(p，q)可以转化为AR(∞)或MA(∞)，因此其对应的特征为两种函数均表现为逐渐衰减的态势。若称陡然降为零为"截尾"，逐渐衰减为"拖尾"，则可以总结AR(p)和MA(q)的识别方法如表7.6所示。

表7.6 ARIMA(p,d,q)模型中关于q参数和p参数的确定

	AR(p)模型	MA(q)模型	ARMA(p, q)模型
ACF	拖尾	Q期后截尾	拖尾
PACF	P期后截尾	拖尾	拖尾

（3）估计模型的参数，并根据滞后多项式根的倒数判断模型是否平稳，同时判断模型的拟合效果和合理性。

（4）对模型残差进行诊断检验，主要是检验模型估计结果的残差序列是否满足随机性要求。

（5）确认模型的形式。可能会有多个模型（我们也需要建立多个模型），对于这些模型需要综合评价分析，从而选择合适、简洁有效的模型。最优模型确定的常用准则是：第一，通过试设模型后进行比较，选择SIC和AIC值最小的、调整R2最大的模型，这种方法在ARMA(p,q)模型中最重要；第二，如果上述方法无法得到统一的结果，就依"简约原则"进行选择，即选择模型设立单一、滞后期较小的模型；第三，对于AR（p）模型可以进行稳健性检验，排除残

差具有序列相关性的模型。

（6）利用所建立的模型进行预测，从而评价模型的好坏。

实验目的与要求

1. 实验目的

（1）通过本次实验，掌握ARIMA模型的基本形式和建模过程。

（2）熟悉ARIMA模型的估计方法和操作过程，利用ARMA模型进行预测以解决实际的问题。

2. 实验要求

（1）理解序列的平稳性条件，熟练分析序列的一些特征。
（2）根据序列及其变换序列的自相关函数和偏自相关函数，能识别ARIMA模型的形式。
（3）掌握ARIMA模型估计的操作过程，熟悉估计过程中各选项和参数设置。
（4）熟练地对模型估计的残差进行诊断检验，能判断模型的合理性，从而改进模型。
（5）能利用所估计的ARIMA模型进行预测分析。

实验内容及数据来源

表7.7所示的是我国从1993年第三季度至2007年第四季度的货币供应量（M1，单位是亿元），数据来源于CCER，这些数据保存在本书下载资源的Example文件夹下的table 7-6.wfl工作文件中。

表 7.7　我国从 1993 年第三季度至 2007 年第四季度的 M1 货币供应量

Obs	M1	Obs	M1	Obs	M1	Obs	M1	Obs	Obs
1993Q3	7069.1	1996Q3	16437	1999Q3	29629	2002Q3	45158.4	2005Q3	71438.8
1993Q4	7280.8	1996Q4	17676.4	1999Q4	31074.7	2002Q4	48024.4	2005Q4	75923.2
1994Q1	7972.2	1997Q1	19009.5	2000Q1	32244.6	2003Q1	50616.9	2006Q1	79163.9
1994Q2	8635.2	1997Q2	20540.7	2000Q2	34826.3	2003Q2	53147.2	2006Q2	84118.6
1994Q3	8877.6	1997Q3	21026.2	2000Q3	33110.7	2003Q3	53033.4	2006Q3	85815.6
1994Q4	9666.6	1997Q4	21420.4	2000Q4	33775.7	2003Q4	55187.4	2006Q4	88627.1
1995Q1	10556.4	1998Q1	22493	2001Q1	36501.4	2004Q1	56824	2007Q1	90439.1
1995Q2	11720.2	1998Q2	23987.1	2001Q2	38953.7	2004Q2	59871.6	2007Q2	95969.7
1995Q3	14032.5	1998Q3	23909.3	2001Q3	38053.6	2004Q3	59474.8	2007Q3	94743.2
1995Q4	14701.1	1998Q4	24620.1	2001Q4	38821.8	2004Q4	63144	2007Q4	98597.3
1996Q1	14422.9	1999Q1	26336	2002Q1	41913.9	2005Q1	66797		
1996Q2	16280.4	1999Q2	28514.8	2002Q2	45837.2	2005Q2	70882		

本实验打算对序列 M1 建立 ARIMA(p,q)模型，然后利用该模型进行预测分析，主要有以下内容：

（1）分析序列M1的特征，并对其进行单位根检验，判断序列M1是否有长期趋势以及是否平稳。

（2）对序列M1进行一阶自然对数差分得到新的序列R，绘制序列R的自相关图，分析其自相关函数和偏自相关函数,并分析自相关函数是否包含季节性。

（3）利用序列的自相关函数和偏自相关函数识别ARIMA模型的形式。

（4）估计ARIMA模型参数,并分析其结果以及进行残差检验。

（5）利用所估计的ARIMA模型对序列M1进行预测。

本实验打算将样本分为两部分,1993 年第一季度至 2006 年第四季度样本数据用于估计ARIMA 模型参数,余下的样本用于预测。

实验操作指导

1. 序列 M1 的特征分析

我们首先绘制序列M1的折线图。在序列M1的窗口工具栏中选择View|Graph命令,打开图形设置对话框,采用绘图默认设置,单击OK按钮,输出如图7.22所示的序列M1的折线图。

从图7.22可以看到,序列M1存在明显的时间趋势,并大致包含周期为4个季度的季节变动（可以对序列M1进行季节调整得到季节因子）。可以对序列M1进行单位根检验（在单位根检验对话框的Include in test equation选项中应该选择Trend and intercept）,得到如图7.23所示的检验结果。

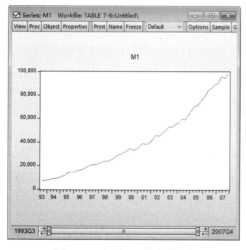

图 7.22　序列 M1 的折线图

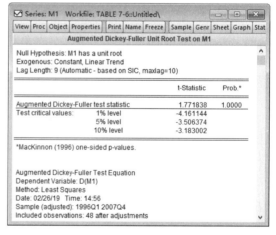

图 7.23　序列 M1 的单位根检验结果

图7.23的检验结果显示,t统计量的值远大于检验水平1%、5%、10%的临界值,因此拒绝原假设,即可以认为序列M1是非平稳的。

绘制序列M1的相关图和Q统计量,如图7.24所示。从图7.24可以看到,序列M1的自相关函数呈指数衰减,但衰减速度非常缓慢,因此可以认为序列M1是非平稳的。同时,从图7.24不容易看出序列M1自相关函数的季节性,这是由于序列M1的长期趋势掩盖了自相关函数的季节性。

为了消除序列M1的趋势并同时减小序列M1的波动,对序列M1进行一阶自然对数差分。在EViews命令窗口中输入命令series r＝d(log(m1)),按Enter键,将生成新的序列R。然后绘制序列R的相关图和Q统计量,如图7.25所示。

从图7.25可以看到,新生成序列R的自相关函数没有像原序列M1那样呈指数缓慢衰减,而是快速衰减，从而表明序列M1的趋势基本得到消除。序列R的自相关函数在滞后4阶、8阶、12阶、16阶超出了95％的置信区域，表明这些自相关函数显著地不为零。因此，可以认为序列R存在周期为4的季节性。

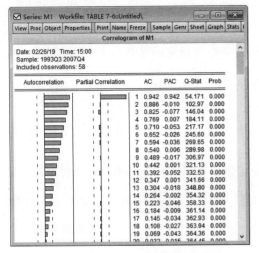

图 7.24　序列 M1 的相关图与 Q 统计量　　　图 7.25　序列 R 的相关图与 Q 统计量

为了消除季节性，需要对序列R进行季节差分。在EViews命令窗口中输入命令series sr＝r－r(-4)，然后按Enter键，得到新的序列SR。绘制序列SR的相关图和Q统计量，如图7.26所示。

从图7.26可以看到，与序列R的自相关函数相比，序列SR的自相关函数除了在滞后4阶处显著地不为零外，其他各阶滞后的自相关函数都在95％的置信区域内，说明序列的季节性已经基本得到消除。不过滞后4阶处的自相关函数仍然比较大，我们对序列SR进行一阶季节差分（得到序列SSR），即对序列R进行二阶季节差分，发现序列SSR在滞后4阶处的自相关函数并没有显著减少，因此只对序列R进行一阶季节差分即可。

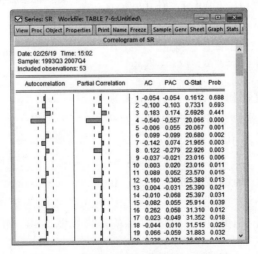

图 7.26　序列 SR 的相关图与 Q 统计量

2. ARIMA 模型识别

我们打算对序列M1建立ARIMA$(p,d,q)(P,D,Q)^4$模型，在估计模型之前需要确认模型的形式，可以通过分析序列的自相关函数和偏自相关函数来识别。由于序列M1经过一阶自然对数差分（序列R），序列的趋势被消除，因此d=1；经过一阶季节差分（序列SR），季节性变动基本被消除，因此D=1。观察序列SR的相关图，序列SR的偏自相关函数只在滞后4阶、12阶处显著地不为零，因此p=4（尽量选取低阶，但只包含AR(4)，不包含AR(1)、AR(2)、AR(3)）。序列SR的自相关函数直到滞后4阶后才降为零，表明MA过程应该是低阶的，因此q=1。由于在滞后4阶处，序列SR的自相关函数和偏自相关函数都显著地不为零，因此P=1、Q=1或者0。

综合上述分析，考虑建立模型$ARIMA(4,1,1)(1,1,1)^4$或模型$ARIMA(4,1,1)(1,1,0)^4$。

3. 模型建立与估计

为了方便直接对原序列 y 进行预测，EViews 提供了如下的差分算子，可以方便操作：

$$d(y,n,s) = (1-L)^n(1-L^s)y \tag{7.21}$$

式（7.21）表示对序列 y 进行 n 阶差分和一次步长为 s 的季节差分。

对模型 $ARIMA(4,1,1)(1,1,1)^4$ 进行估计的过程如下：

01 选择 EViews 菜单栏中的 Quick | Estimate Equation…命令，在弹出的方程定义对话框的 Equation specification 编辑框中输入 d(log(m1),1,4) c ar(4) ma(1) sar(1) sma(1)，其中，sar(s) 和 sma(s)分别表示季节自回归部分和季节移动平均部分的变量，并修改估计样本范围 Sample：1996Q1 2006Q4，在 Options 选项卡中找到 ARMA 选项，在其中的 Method 中选择 CLS 方法。然后单击"确定"按钮，屏幕会输出如图 7.27 所示的模型估计结果。

在图 7.27 中，AR 过程和 SAR 过程滞后多项式有 1 个实数根和 4 个复根，这 5 个根的倒数分别是 0.78、0.59±0.59i 以及 -0.59±0.59i，可以计算，这 5 个根的模都小于 1；MA 过程和 SMA 滞后多项式有两个实数根，其倒数分别为 0.91 和

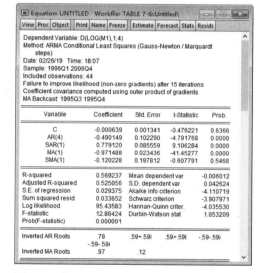

图 7.27 模型 $ARIMA(4,1,1)(1,1,1)^4$ 的估计结果

0.12，这两个根的模都小于 1。因此，各滞后多项式倒数根的模都在单位圆内，从而表明 ARIMA 模型是平稳的，也是可逆的。模型估计的拟合优度、SIC 准则等统计量需要与另一个模型的估计结果进行比较。

02 对模型 $ARIMA(4,1,1)(1,1,1)^4$估计结果的残差进行白噪声假设检验。具体检验过程可以参考实验 7-3。图 7.28 所示是该模型估计结果残差的相关图和 Q 统计量。

从图7.28可以看到，模型估计结果的残差序列的样本自相关函数都在95％的置信区域以内，从滞后1阶至15阶的自相关函数相应的概率值P都大于0.336，即大于检验水平0.05，因此不能拒绝原假设，即可以认为模型$ARIMA(4,1,1)(1,1,1)^4$估计结果的残差序列满足随机性假设。

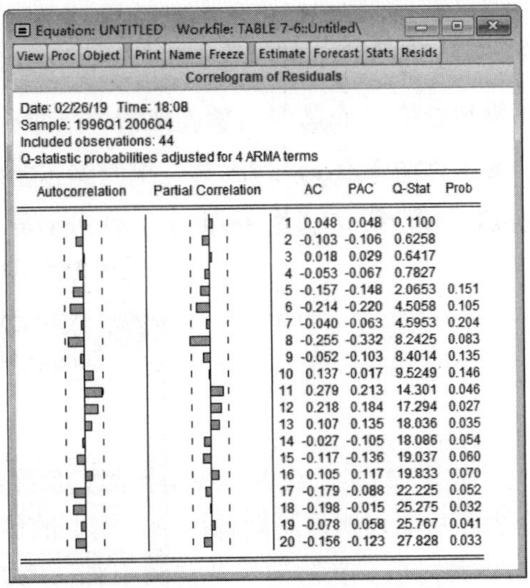

对于模型$ARIMA(4,1,1)(1,1,0)^4$的参数估计，其估计过程与前一个模型估计过程相同。在打开的方程定义对话框的Equation specification编辑框中输入$d(\log(m1),1,4)$ ar(4) ma(1) sar(1)。模型$ARIMA(4,1,1)(1,1,0)^4$估计结果的各滞后多项式的倒数根的模都在单位圆内，从而表明该模型是平稳和可逆的。而且模型$ARIMA(4,1,1)(1,1,0)^4$估计结果的残差检验表明残存序列满足随机性假设。

对这两个模型的估计结果进行比较分析，表7.8所示的是主要比较统计量。

图 7.28 模型 $ARIMA(4,1,1)(1,1,1)^4$ 的残差相关图

表7.8 两个模型的比较结果

模型	拟合优度 R^2	Adjusted $\bar{R}^2$	AIC 准则	SC 准则
$ARIMA(4,1,1)(1,1,1)^4$	0.5651	0.5205	-4.1013	-3.8985
$ARIMA(4,1,1)(1,1,0)^4$	0.5651	0.5325	-4.1467	-3.9845

从表 7.7 可以看到，$ARIMA(4,1,1)(1,1,0)^4$ 模型的 $\bar{R}^2$ 大于 $ARIMA(4,1,1)(1,1,1)^4$ 模型的 $\bar{R}^2$，对于 AIC 准则和 SC 准则，$ARIMA(4,1,1)(1,1,0)^4$ 模型都比 $ARIMA(4,1,1)(1,1,1)^4$ 模型要小，而且 $ARIMA(4,1,1)(1,1,0)^4$ 模型比 $ARIMA(4,1,1)(1,1,1)^4$ 模型简洁。因此，选择 $ARIMA(4,1,1)(1,1,0)^4$ 模型比较合适。

利用滞后多项式写出 $ARIMA(4,1,1)(1,1,0)^4$ 的估计结果：

$$(1+0.48997L^4)(1-0.7417L^4)(1-L)(1-L^4)\log(M1_t)$$
$$=-0.000977+(1-0.9782L)\varepsilon_t \qquad (7.22)$$

$$R^2=0.5651 \quad \bar{R}^2=0.5325 \quad \text{AIC 准则}=-4.1467 \quad \text{SC 准则}=-3.9845$$

4. 模型预测

下一步利用所估计的模型$ARIMA(4,1,1)(1,1,0)^4$对2007年第一季度至2007年第四季度的货币供应量M1进行预测。在模型估计结果的窗口工具栏中单击Forecast功能键，并在弹出的模型预测对话框中将Forecast Sample更改为2007Q1 2007Q4，预测方法采用EViews默认的Dynamic（动态方法），预测对话框的其他选项也采用EViews默认设置，并将预测值序列命名为M1F，然后单击OK按钮，屏幕会输出如图7.29所示的预测结果。

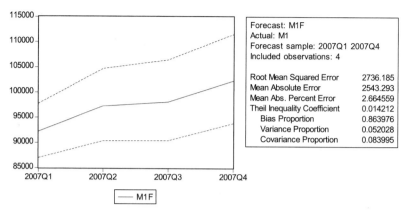

图 7.29 模型预测结果

在图7.29中,红色虚线是预测置信区间,可以看到随着向后预测期的增加,预测置信区间变大,从而表明预测期越往后,模型的预测精度越差。表7.9所示的是2007Q1至2007Q4的序列M1的预测值、实际值以及预测相对误差。从表中可以看到,序列M1的预测值与真实值的相对误差都比较小,都小于5%,从而表明模型的预测效果比较好,但是也要看到,随着预测期增加,模型预测的相对误差也在变大。

表 7.9 2007Q1 至 2007Q4 的 M1 预测值、实际值和相对误差

	2007Q1	2007Q2	2007Q3	2007Q4
实际值	90439.1	95969.7	94743.2	98597.3
预测值	92245.74	97276.57	98106.37	102293.8
相对误差	1.9976%	1.3618%	3.5498%	3.7491%

上机练习

练习 7-1 分析预测银行的三个月再贷款利率

素材文件:sample/Exercise/exercise 7-1.wfl
多媒体教学文件:视频/习题 7-1.mp4

表7.10所示的是我国1994年1月至2007年12月三个月再贷款利率(Rate,我国央行重要的货币政策工具)的月度时间序列数据,共168个数据,数据来源于CCER,这些数据保存在本书下载资源的Exercise文件夹下的exercise 7-1.wfl工作文件中。

表 7.10 我国 1994 年 1 月至 2007 年 12 月的三个月再贷款利率

	1994	1995	1996	1997	1998	1999	2000	2001	2002	2003	2004	2005	2006	2007
1	10.26	10.44	10.62	9.72	8.82	4.86	3.51	3.51	3.51	2.97	2.97	3.6	3.6	3.6
2	10.26	10.44	10.62	9.72	8.82	4.86	3.51	3.51	2.97	2.97	2.97	3.6	3.6	3.6
3	10.26	10.44	10.62	9.72	6.84	4.86	3.51	3.51	2.97	2.97	3.6	3.6	3.6	3.6
4	10.26	10.44	10.62	9.72	6.84	4.86	3.51	3.51	2.97	2.97	3.6	3.6	3.6	3.6

(续表)

	1994	1995	1996	1997	1998	1999	2000	2001	2002	2003	2004	2005	2006	2007
5	10.26	10.44	10.08	9.72	6.84	4.86	3.51	3.51	2.97	2.97	3.6	3.6	3.6	3.6
6	10.26	10.44	10.08	9.72	6.84	3.51	3.51	3.51	2.97	2.97	3.6	3.6	3.6	3.6
7	10.26	10.62	10.08	9.72	5.49	3.51	3.51	3.51	2.97	2.97	3.6	3.6	3.6	3.6
8	10.26	10.62	9.72	9.72	5.49	3.51	3.51	3.51	2.97	2.97	3.6	3.6	3.6	3.6
9	10.26	10.62	9.72	9.72	5.49	3.51	3.51	3.51	2.97	2.97	3.6	3.6	3.6	3.6
10	10.26	10.62	9.72	8.82	5.49	3.51	3.51	3.51	2.97	2.97	3.6	3.6	3.6	3.6
11	10.26	10.62	9.72	8.82	5.49	3.51	3.51	3.51	2.97	2.97	3.6	3.6	3.6	3.6
12	10.26	10.62	9.72	8.82	4.86	3.51	3.51	3.51	2.97	2.97	3.6	3.6	3.6	3.6

为了能够更好地分析预测三个月再贷款利率，需要建立合适的时间序列模型，请使用EViews完成以下操作：

（1）绘制序列Rate的折线图，分析序列Rate的特征，包括序列的趋势、季节变动和序列均值等。

（2）采用合适的单位根检验回归方程对序列Rate进行单位根检验，判断序列Rate是否平稳。

（3）绘制序列的相关图，并分析序列Rate自相关函数和偏自相关函数的特征。

（4）根据以上（1）～（3）对序列Rate的分析，建立合适的ARMA模型或者ARIMA模型。

（5）假如有多个模型，根据这些模型的估计结果，评价这些模型并选择合适的模型。

（6）根据所选择的模型对序列Rate进行预测，并分析评价预测效果。

（7）假如所建立的模型预测效果不好，重新建立模型。

练习 7-2　用 ARMA 模型分析居民消费价格指数

素材文件：sample/Exercise/exercise 7-2.wfl
多媒体教学文件：视频/习题 7-2.mp4

表7.11所示的是我国1995年1月至2007年12月全国居民消费价格指数（CPI）的月度时间序列数据，共156个数据，这些数据保存在本书下载资源的Exercise件夹下的exercise 7-2.wfl工作文件中。

表 7.11　我国 1995 年 1 月至 2007 年 12 月全国居民消费价格指数

	1995	1996	1997	1998	1999	2000	2001	2002	2003	2004	2005	2006	2007
1	124.1	109	105.9	100.3	98.8	99.8	101.2	99	100.4	103.2	101.9	101.9	102.2
2	122.4	109.3	105.6	99.9	98.7	100.7	100	100	100.2	102.1	103.9	100.9	102.7
3	121.3	109.8	104	100.7	98.2	99.8	100.8	99.2	100.9	103	102.7	100.8	103.3
4	120.7	109.7	103.2	99.7	97.8	99.7	101.6	98.7	101	103.8	101.8	101.2	103
5	120.3	108.9	102.8	99	97.8	100.1	101.7	98.9	100.7	104.4	101.8	101.4	103.4
6	118.2	108.6	102.8	98.7	97.9	100.5	101.4	99.2	100.3	105	101.6	101.5	104.4
7	116.7	108.3	102.7	98.6	98.6	100.5	101.5	99.1	100.5	105.3	101.8	101	105.6
8	114.5	108.1	101.9	98.6	98.7	100.3	101	99.3	100.9	105.3	101.3	101.3	106.5
9	113.2	107.4	101.8	98.5	99.2	100	99.9	99.3	101.1	105.2	100.9	101.5	106.2
10	112.1	107	101.5	98.9	99.4	100	100.2	99.2	101.8	104.3	101.2	101.4	106.5
11	111.2	106.9	101.1	98.8	99.1	101.3	99.7	99.3	103	102.8	101.3	101.9	106.9
12	110.1	107	100.4	99	99	101.5	99.7	99.6	103.2	102.4	101.6	102.8	106.5

请使用 EViews 完成以下操作：

（1）绘制序列CPI指数的折线图，分析其时间特征，包括序列的趋势、季节变动和序列均值等。

（2）正确选取单位根检验回归方程，对序列CPI进行单位根检验，判断序列CPI是否平稳。

（3）绘制序列CPI的相关图，并分析其自相关函数和偏自相关函数的特征。

（4）根据（1）～（3）对序列CPI的分析，建立合适的ARMA模型或者ARIMA模型。

（5）假如有多个模型，根据这些模型的估计结果，评价这些模型并选择合适的模型。

（6）根据所选择的模型对序列CPI进行预测，并分析评价模型预测效果。

（7）假如所建立的模型预测效果不好，重新建立模型。

第8章　动态计量经济模型

  本章主要讨论动态计量经济模型，深入分析了三个问题。第一个问题是分布滞后模型及其估计。因为经济决策对政策变量的影响会有一定的时间滞后，因此在建立模型的过程中应该包含滞后的解释变量，即建立分布滞后模型。其中，在对分布滞后模型进行估计时，根据对模型中系数约束限制的不同方法而将分布滞后模型分为几何分布滞后模型（考伊克方法）和多项式分布滞后模型（阿尔蒙多项式方法）。前者假定诸系数是按照几何级数衰减的，后者则运用一个多项式拟合模型中的各系数。虽然分布滞后模型的考伊克方法只是从代数演算所得到的一种精美形式，但是适应预期模型和存量调整模型从理论上说明了考伊克方法的合理性。对于多项式分布滞后模型，最主要的问题是事先确定模型的滞后长度和多项式次数，通常并没有简单有效的方法，而只能通过试错法对多个模型进行估计，根据AIC信息准则和SC准则对这些模型进行比较分析，从而确定较为合适的模型。

  第二个问题是如何检验变量之间的因果关系，即判断一个变量的变化能否被看成另一个变量变化的原因，可以通过Granger因果关系检验来实现。由于Granger因果关系检验方法是利用简单的滞后模型来检验的，而模型滞后长度的选取是任意的，因此Granger因果关系的检验结果十分依赖于滞后长度。这样，对于变量之间的Granger因果关系检验，应该考察多个滞后长度的检验结果。

  第三个问题是变量之间的协整关系和误差修正模型。在第7章中所介绍的ARMA模型要求经济时间序列是平稳的，但是实际应用中很多时间序列是非平稳的。尽管我们可以对序列进行各种差分或者其他变换以消除序列中所含有的非平稳趋势，在使得序列平稳后，再建立ARMA模型，但是对序列所进行的差分可能导致变量之间的长期关系的信息损失。针对该问题，Engle和Granger提出了变量之间的协整关系理论及误差修正模型。他们指出，虽然一些经济变量是非平稳序列，但是这些变量的线性组合却可能是平稳的，即这些变量之间存在协整关系，从而可将该线性组合解释为变量之间的长期稳定的均衡关系。当变量之间存在协整关系时，我们可以通过误差修正模型来分析被解释变量的短期波动变化，即分析变量之间的动态非均衡关系。

  本章主要介绍的模型有：考伊克分布滞后模型、多项式分布滞后模型、Granger因果关系检验以及协整与误差修正模型。

实验 8-1　考伊克分布滞后模型

素材文件：sample/Example/table 8-1.wfl
多媒体教学文件：视频/实验 8-1.mp4

实验基本原理

如果回归模型中不仅包含解释变量的当前值，还含有其滞后值，则称该模型为分布滞后模型：

$$y_t = \alpha + \beta_0 x_{t-1} + \beta_1 x_{t-1} + \beta_2 x_{t-2} + \cdots + u_t \tag{8.1}$$

若式（8.1）有无限滞后长度，则称该模型为无限分布滞后模型；若滞后长度为有限数 k，则称该模型为有限分布滞后模型。对于分布滞后模型的估计，一般采用限定诸 β 遵从某个变化模式的先验约束方法，如考伊克方法和阿尔蒙多项式方法。考虑无限分布滞后模型，考伊克方法假定全部的 β 有相同的符号，且这些 β 按照几何级数衰减，即：

$$\beta_k = \beta_0 \lambda^k \qquad k = 0,1,\cdots \tag{8.2}$$

其中，λ (0<l<1)称为分布滞后的衰减率，而 $1-\lambda$ 称为调节速度。

利用式（8.2）对无限分布滞后模型（8.1）进行整理得到：

$$y_t = \alpha(1-\lambda) + \beta_0 x_t + \lambda y_{t-1} + v_t \tag{8.3}$$

其中，$v_t = u_t - \lambda u_{t-1}$。

式（8.3）所示的是一个自回归分布滞后（Auto-regressive Distribution Lag，ADL）模型，即因变量的取值与其滞后值有关。利用式（8.3）可以度量一单位 x 的连续变化对 y 值的影响作用，在第一个时间段，该影响是 β_0；在第二个时间段，y_{t-1} 增加了 β_0，因此 x 的变化对 y 总的影响是 $\beta_0(1+\lambda)$；T时间段后的影响是 $\beta_0 \sum_{i=0}^{T-1} \lambda^i = \beta_0(1-\lambda^T)/(1-\lambda)$；长期影响为 $\beta_0/(1-\lambda)$。

定义滞后中值，即 x 连续的变化，y 值对此做出反应调整变化达到其长期影响的一半所需要的时间。对于考伊克模型，其滞后中值为：

$$\text{滞后中值 T} = -\frac{\log 2}{\log \lambda} \tag{8.4}$$

考伊克方法减少了分布滞后模型所需估计的参数，但其估计也存在以下问题：

（1）由于式（8.3）中 y_{t-1} 作为解释变量，因此模型中包含随机解释变量。

（2）即使原模型中的 u_t 不存在序列相关，但变换后的模型（8.3）中的 v_t 也是序列相关的。

（3）解释变量 y_{t-1} 和误差项 v_t 存在序列相关。

因此，使用 OLS 估计将导致估计量不仅是有偏的，而且是非一致的。我们可以采用前面介绍的工具变量方法估计模型（8.3），利维亚坦建议用 x_{t-1} 作为 y_{t-1} 的工具变量，该方法将给出模型（8.3）参数的一致性估计。

实验目的与要求

1．实验目的

（1）通过本次实验，掌握分布滞后模型的基本形式和主要用途。
（2）熟悉分布滞后模型的考伊克方法和模型估计方法。
（3）了解适应预期模型和存量调整模型的建模方法和过程。

2．实验要求

（1）理解考伊克模型解释变量的系数含义以及滞后中值的含义。
（2）熟练掌握估计考伊克模型的操作过程，对输出结果做出合理的解释，从而得出有意义的结论。

实验内容及数据来源

表8.1所示的是从1978年至2006年北京市城镇家庭平均每人全年消费性支出（PPCE，单位元）和城镇家庭平均每人可支配收入（PPDI，单位元）数据，数据来源于CCER。这些数据保存在本书下载资源的Example文件夹下的table 8-1.wfl工作文件中。

表8.1　1978年至2006年北京市城镇家庭平均每人全年消费性支出和可支配收入

Obs	PPCE	PPDI	Obs	PPCE	PPDI	Obs	PPCE	PPDI
1978	359.86	365.40	1988	1455.55	1436.97	1998	6970.83	8472.00
1979	408.66	414.95	1989	1520.41	1597.08	1999	7498.48	9182.80
1980	490.44	501.36	1990	1646.05	1787.08	2000	8493.49	10349.70
1981	511.43	514.14	1991	1860.17	2040.43	2001	8922.72	11577.80
1982	534.82	561.05	1992	2134.83	2556.12	2002	10284.60	12463.90
1983	574.06	590.47	1993	2939.6	3546.78	2003	11123.84	13882.62
1984	666.75	693.70	1994	4134.04	5084.70	2004	12200.40	15637.84
1985	923.32	907.72	1995	5019.77	6235.00	2005	13244.20	17653.00
1986	1067.38	1067.52	1996	5729.52	7332.01	2006	14825.41	19977.52
1987	1147.6	1181.87	1997	6531.81	7813.16			

由于人们消费习惯等原因，使得收入对消费支出的影响存在时间滞后，因此需要建立消费函数的分布滞后模型。尽管本例中不可能存在无限滞后，但为了说明考伊克方法，我们仍然做出这种假设。本实验打算建立如下模型：

$$PPCE_t = \alpha(1-\lambda) + \beta_0 PPDI_t + \lambda PPCE_{t-1} + v_t \tag{8.5}$$

我们先对模型（8.5）进行OLS估计，然后以 $PPDI_{t-1}$ 为滞后解释变量 $PPCE_{t-1}$ 的工具变量，对模型（8.5）采用工具变量方法估计。

实验操作指导

1. 考伊克模型的 OLS 估计

对于简单的回归模型，仍然可以采用EViews命令方式，即在EViews命令窗口中输入命令：ls ppce c ppdi ppce(-1)，然后按Enter键，得到如图8.1所示的估计结果。

Dependent Variable: PPCE
Method: Least Squares
Date: 02/21/19 Time: 17:11
Sample (adjusted): 1979 2006
Included observations: 28 after adjustments

Variable	Coefficient	Std. Error	t-Statistic	Prob.
C	199.8245	55.87193	3.576474	0.0015
PPDI	0.433992	0.085859	5.054715	0.0000
PPCE(-1)	0.469875	0.123431	3.806777	0.0008

R-squared	0.998218	Mean dependent var	4745.006
Adjusted R-squared	0.998075	S.D. dependent var	4498.283
S.E. of regression	197.3612	Akaike info criterion	13.50891
Sum squared resid	973786.6	Schwarz criterion	13.65164
Log likelihood	-186.1247	Hannan-Quinn criter.	13.55254
F-statistic	7000.495	Durbin-Watson stat	1.666054
Prob(F-statistic)	0.000000		

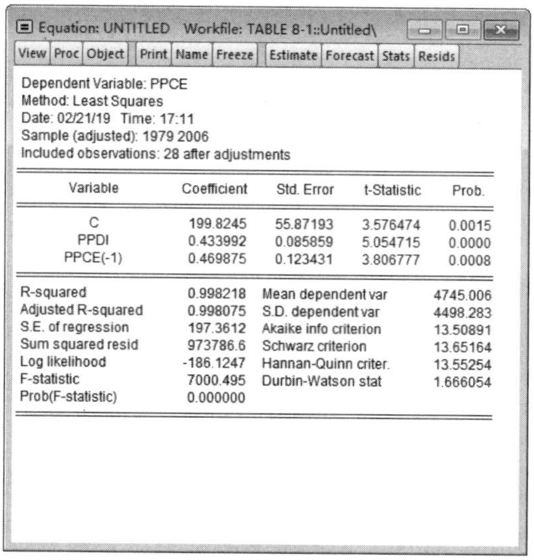

图 8.1　模型（8.5）的 OLS 估计结果

假如不考虑模型（8.5）的OLS估计所存在的问题，那么图8.1所示的估计结果是比较好的，方程调整后的 $\bar{R}^2$ 高达0.998，表明模型的拟合程度相当高。而且所有参数的估计值高度显著，解释变量PPDI的系数估计为正数，符合方程参数要求。且解释变量PPDI的系数估计值 $\hat{\beta}_0$ ＝0.4340，其度量的是收入增加对消费支出的短期影响，即收入增加1元在短期内将增加0.4元左右的消费支出。如果我们假定OLS估计是对考伊克模型变换的估计结果，则分布滞后的衰减率 λ ＝0.4699（滞后解释变量 $PPDI_{t-1}$ 的系数）。计算收入变化对消费支出的长期影响 $\beta_0/(1-\lambda)$ ＝0.8187（长期乘数），表示收入增加1元长期将使得消费支出增加0.8187元。计算滞后中值T＝$-\dfrac{\log 2}{\log \lambda}$＝0.9177，即收入增加使得消费支出增加到长期影响的一半（消费支出增加0.4094元）所需要的时间大约为11个月，表明消费支出对收入变化做出调整的速度比较缓慢。同时，利用OLS估计结果可以计算得到模型（8.5）中的参数 α 的估计值为376.9385。

需要注意的是，OLS估计结果中的D.W＝1.6661，比较接近于2。但是由于模型（8.5）中包含滞后因变量为解释变量，因此残差一阶自相关的D.W检验不再有效。此时可以运用序列自相关的LM检验，其不仅在大样本中，而且在有限或小样本中都是统计上有效的。运用LM检验方法检查方程（8.5）的OLS估计所得到的残差是否存在序列自相关，其检验结果如图8.2所示，其中该检验的最大滞后长度是4阶。

在图8.2中，LM检验统计量Obs*R-squared =3.3475，其相应的概率值P＝0.5014，因此不能拒绝残差不存在序列自相关的原假设。虽然从理论上讲，考伊克变换模型（8.5）中的误差项存在序列自相关，但模型估计的检验结果却表明直到滞后4阶，方程估计所得到的残差不存在序列自相关。

2. 考伊克模型的工具变量估计

这里以 $PPDI_{t-1}$ 作为滞后解释变量 $PPCE_{t-1}$ 的工具变量，采用工具变量方法估计方程（8.5），其主要过程为：

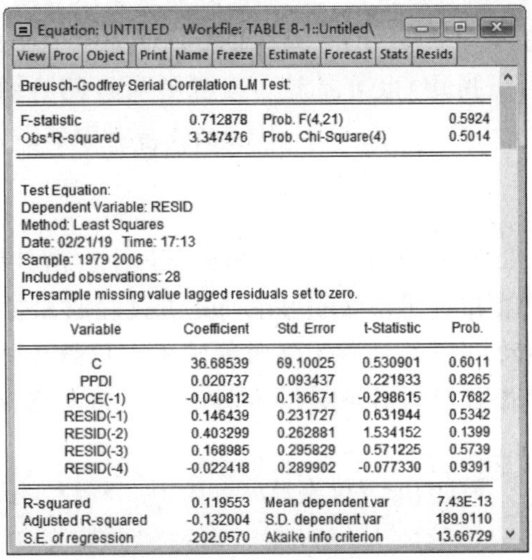

图8.2 方程（8.5）OLS估计残差的LM检验结果

01 在工作文件窗口中，选择菜单栏中的 Quick | Estimate Equation…命令，弹出方程定义对话框，在对话框的 Method 下拉列表中选择 TSLS_Two_Stage Least Square(TSNLS and ARMA)，对话框会发生变化，如图 8.3 所示。

02 在对话框的 Equation specification 编辑框中对方程进行设定：ppce c ppdi；在 Instrument list 编辑框中输入工具变量列表，并加上常数项，即 c ppdi(-1)。设定完毕后，单击"确定"按钮，屏幕会输出如图 8.4 所示的工具变量估计结果。

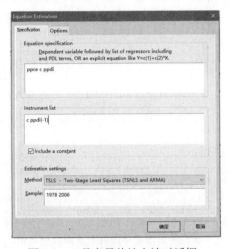

图8.3 工具变量估计方法对话框

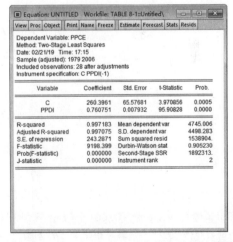

图8.4 方程（8.5）的工具变量方法估计结果

图 8.4 的估计结果显示，参数估计的 t 统计量都很显著，而且解释变量 PPDI 的系数估计值为正数，符合方程参数要求。方程调整后的 $\bar{R}^2$ 高达 0.997，表明模型的拟合程度相当高。解释变量 PPDI 的系数估计值为 0.7608（长期边际消费倾向），其表示收入增加 1 元，从长期看，消费支出将增加大约 0.76 元，小于我们前面使用 OLS 估计方法所得到的收入变化对消费支出的长期影响 0.8187。虽然工具变量法可以消除考伊克变换模型中解释变量的随机性以及解

释变量与误差项之间的序列相关等问题，但由于引入的工具变量是 $PPDI_{t-1}$，其与 $PPDI_t$ 存在高度的相关性，两者的相关系数高达 0.9986，因此模型估计存在多重共线性问题。这样，虽然工具变量方法给出了方程（8.5）的一致性估计，但是这些估计量很可能是低效的。

3. 考伊克模型的合理化解释

可以看到，考伊克模型（8.3）是一种进行纯代数演算所得到的结果。但是适应预期模型（Adaptive Expectation Model）和存量调整模型（Stock Adjustment Model）对考伊克分布滞后模型进行了很好的理论补充。我们先考察如下的适应预期模型：

$$Y_t = \beta_0 + \beta_1 X_t^* + u_t \tag{8.6}$$

其中，X_t^* 表示 X_t 的期望值，比如消费中的永久收入或者价格需求模型中的均衡价格等。预期变量 X_t^* 是不可以直接观测的量，假设 X_t^* 是当前观测值与 X_t 的前期期望值之间的调整，即有如下关系式：

$$X_t^* - X_{t-1}^* = \theta(X_t - X_{t-1}^*) \tag{8.7}$$

利用式（8.7）对适应预期模型（8.6）进行整理，得到：

$$Y_t = \theta\beta_0 + \theta\beta_1 X_t + (1-\theta)Y_{t-1} + u_t - (1-\theta)u_{t-1} \tag{8.8}$$

可以看到，适应预期模型（8.8）和考伊克模型（8.3）虽然系数含义有所不同，但这两个模型从形式看是完全相同的，而且这两个模型的误差项的形式类似。

接下来我们讨论如下的存量调整模型：

$$Y_t^* = \beta_0 + \beta_1 X_t + u_t \tag{8.9}$$

其中，Y_t^* 表示均衡、最优、理想或者长期值，是不可以直接观测的量，对其进行如下的存量调整：

$$Y_t - Y_{t-1} = \delta(Y_t^* - Y_{t-1}) \tag{8.10}$$

利用式（8.10）对存量调整模型（8.9）进行整理后得到：

$$Y_t = \delta\beta_0 + \delta\beta_1 X_t + (1-\delta)Y_{t-1} + \delta u_t \tag{8.11}$$

可以看到，存量调整模型类似于考伊克模型和适应预期模型，但其误差项的形式比较简单。需要注意的是，适应预期模型和存量调整模型虽然形式上很相似，但两者概念上有很大区别：前者以（例如未来价格、利率等）不确定性为依据，而后者则是由于技术上或制度上的限制或者惰性等原因造成的。但是这两个模型都从理论上对考伊克模型进行了补充说明。

实验 8-2　多项式分布滞后模型

素材文件：sample/Example/table 8-2.wfl
多媒体教学文件：视频/实验 8-2.mp4

▶ 实验基本原理

由于考伊克分布滞后模型假设诸系数 β 是按几何级数衰减的，因此其应用比较有限。一个更加一般的模型是阿尔蒙提出的多项式分布滞后模型（Polynomial Distribution Lag Model，PDL模型）。对于滞后长度为 k 的有限分布滞后模型：

$$y_t = \alpha + \beta_0 x_{t-1} + \beta_1 x_{t-1} + \beta_2 x_{t-2} + \cdots + \beta_k x_{t-k} + u_t \tag{8.12}$$

阿尔蒙假定模型（8.12）中的诸系数 β 可用适当的多项式来逼近，即：

$$\beta_i = a_0 + a_1 i + a_2 i^2 + \cdots + a_m i^m \tag{8.13}$$

其中，m 是多项式的最高次数，且假定 m 小于最大滞后长度 k。利用式（8.13）对式（8.12）进行整理，得到如下模型：

$$y_t = \alpha + a_0 z_{0t} + a_1 z_{1t} + a_2 z_{2t} + \cdots + a_m z_{mt} + u_t \tag{8.14}$$

其中，$z_{jt} = \sum_{i=0}^{m} i^j x_{t-j}, j = 0, 1, \cdots, m$，模型（8.14）比模型（8.12）可以少估计（$k-m$）个参数。同时，还可以对模型（8.14）施加某些端点约束限制（End-Point Restrictions），包括近端（near end）约束和远端（far end）约束。近端约束是指解释变量 x 对 y 的一期前导作用（Lead）为0，即

$$\beta_{-1} = a_0 - a_1 + a_2 + \cdots + (-1)^m a_m = 0 \tag{8.15}$$

远端约束是指超过滞后时期 k 后，解释变量 x 对 y 的作用为0，即：

$$\beta_{k+1} = a_0 + a_1(k+1) + a_2(k+1)^2 + \cdots + a_m(k+1)^m = 0 \tag{8.16}$$

多项式分布滞后模型估计需要确定两个因素：滞后项数 k 和多项式次数 m。其中，滞后项数可以根据AIC准则和SC准则来确定，即选择使AIC和SC最小的滞后项数 k。而多项式次数一般可以选择二次或者三次。

▶ 实验目的与要求

1. 实验目的

（1）通过本次实验，掌握多项式分布滞后模型的基本形式和用途。

（2）熟悉该模型的建模方法，根据实际问题建立合适的多项式分布滞后模型。

2. 实验要求

（1）理解多项式分布滞后模型的一般形式和简化过程。
（2）确定多项式分布滞后模型的滞后项数和多项式次数，建立合适的模型。
（3）熟悉多项式分布滞后模型的估计过程，对输出结果做出合理的解释。

实验内容及数据来源

表8.2所示的是美国1954年至1999年制造业的库存量（Inventory，单位为百万美元）和销售量（Sale，单位为百万美元）有关数据，这些数据保存在本书下载资源的Example文件夹下的table 8-2.wf1工作文件中。

表8.2 美国1954年至1999年制造业的库存和销售

Obs	Inventory	Sale	Obs	Inventory	Sale	Obs	Inventory	Sale
1954	41612	23355	1970	101599	52805	1986	322654	194657
1955	45069	26480	1971	102567	55906	1987	338109	206326
1956	50642	27740	1972	108121	63027	1988	369374	224619
1957	51871	28736	1973	124499	72931	1989	391212	236698
1958	50203	27248	1974	157625	84790	1990	405073	242686
1959	52913	30286	1975	159708	86589	1991	390905	239847
1960	53786	30878	1976	174636	98797	1992	382510	250394
1961	54871	30922	1977	188378	113201	1993	384039	260635
1962	58172	33358	1978	211691	126905	1994	404877	279002
1963	60029	35058	1979	242157	143936	1995	430985	299555
1964	63410	37331	1980	265215	154391	1996	436729	309622
1965	68207	40995	1981	283413	168129	1997	456133	327452
1966	77986	44870	1982	311852	163351	1998	466798	337687
1967	84646	46486	1983	312379	172547	1999	470377	354961
1968	90560	50229	1984	339516	190682			
1969	98145	53501	1985	334749	194538			

数据来源：《计量经济学基础（第4版）》[美]古扎拉蒂著，费剑平、孙春霞等译，中国人民大学出版社，2005，第693~694页）

由于销售对库存的影响并不是瞬时的，存在时间上的滞后，因此本实验打算以库存Inventory为因变量，销售Sale为解释变量，建立有限分布滞后模型，并利用阿尔蒙多项式对模型参数进行估计。由于必须事先确定模型最大滞后长度，但又无简单且行之有效的方法，因此我们打算利用多个滞后长度对模型进行估计，然后比较这些模型估计所得到的SIC信息准则和SC准则，从而选择比较合适的模型。在选定模型滞后长度后，还必须确定阿尔蒙多项式的次数，打算采用次数为2或者3的多项式。所建立的模型如下：

$$Inventory_t = \alpha + \beta_0 Sale_t + \beta_1 Sale_{t-1} + \beta_2 Sale_{t-2} + \cdots + \beta_k Sale_{t-k} + u_t \tag{8.17}$$

其中，$\beta_i = a_0 + a_1 i + a_2 i^2$ 或 $\beta_i = a_0 + a_1 i + a_2 i^2 + a_3 i^3$。

第 8 章 动态计量经济模型

▶ 实验操作指导

建立多项式分布滞后模型的主要过程如下：

01 为了大致分析模型的滞后长度，先考察序列 Inventory 和序列 Sale 的交叉相关系数（Cross Correlation）。因此，先建立包含这两个序列的序列组。在 EViews 命令窗口中输入命令 group g1 inventory sale，然后按 Enter 键，EViews 将生成一个序列组 g1。

02 打开序列组 g1，在其窗口工具栏中选择 View | Cross Correlation(2)…命令，此时屏幕会弹出一个对话框，该对话框用于输入滞后长度。本例采用 EViews 默认的滞后长度，然后单击 OK 按钮，会得到如图 8.5 所示的交叉相关系数图。

图 8.5 所显示的是序列 Inventory 和序列 Sale 最大滞后长度为 20 的交叉相关系数图。左边两列分别显示了序列 Inventory 与序列 Sale 的滞后（lag）交叉相关系数图和先行（lead）交叉相关系数图。由于此实验中我们考察的是序列 Inventory 与序列 Sale 的滞后交叉相关，因此只需要观察左边的交叉相关图。

左边第一列显示出序列 Inventory 与序列 Sale 的滞后交叉相关系数基本上呈指数衰减，滞后长度越大，两者的相关系数越小。右边 lag 列给出了序列 Inventory 与序列 Sale 各阶滞后的交叉相关系数，可以看到：序列 Inventory 与序列 Sale 相关系数（0 阶滞后相关系数）为 0.988；序列 Inventory 与序列 Sale 的 1 阶、2 阶、3 阶、4 阶滞后的相关系数分别为 0.847、0.7205、0.6132、0.5276；大于 5 阶的滞后，这两个序列的交叉相关系数小于 0.5。因此，根据序列 Inventory 与序列 Sale 滞后交叉相关系数的分析，分布滞后模型的最大滞后长度应该小于 5。为了比较分析，我们打算建立滞后长度 k 分别为 2、3、4 的分布滞后模型。为了说明估计过程，先估计滞后长度为 2 的多项式分布滞后模型，由于多项式次数 m 必须小于 k，因此相应的多项式次数只能为 2。

03 在工作文件菜单栏中，选择 Quick | Estimate Equation 命令，屏幕会弹出方程定义对话框，如图 8.6 所示。该对话框与普通最小二乘估计方法的对话框完全相同。

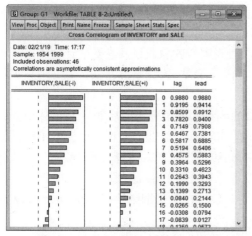

图 8.5 序列 Inventory 和序列 Sale 的交叉相关系数图

图 8.6 方程定义对话框

04 在模型中设定多项式分布滞后项（PDL 项），其格式为：

PDL（滞后序列名，滞后长度，多项式次数，[数字码]）

其中，数字码有 4 种选择：1 表示施加近端约束；2 表示施加远端约束；3 表示施加近端和远端两个约束；4 省略，则表示不施加约束限制。本实验采用不施加约束限制对模型进行估计。在对话框的 Equation specification 编辑框中输入："inventory c pdl（sale,2,2）"，然后单击"确定"按钮，会得到如图 8.7 所示的多项式分布滞后模型估计结果。

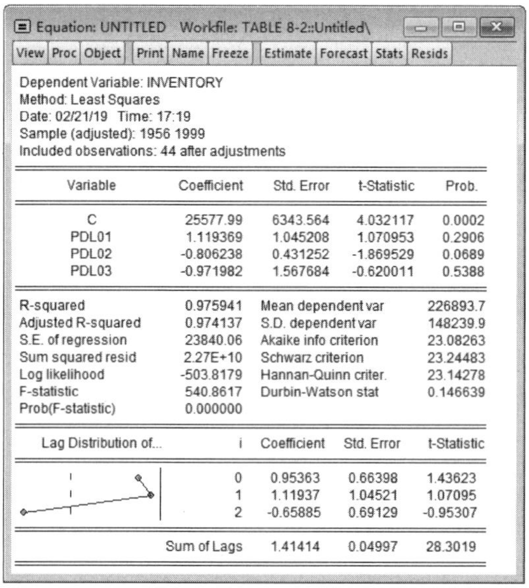

Equation: UNTITLED Workfile: TABLE 8-2::Untitled\

View | Proc | Object | Print | Name | Freeze | Estimate | Forecast | Stats | Resids

Dependent Variable: INVENTORY
Method: Least Squares
Date: 02/21/19 Time: 17:19
Sample (adjusted): 1956 1999
Included observations: 44 after adjustments

Variable	Coefficient	Std. Error	t-Statistic	Prob.
C	25577.99	6343.564	4.032117	0.0002
PDL01	1.119369	1.045208	1.070953	0.2906
PDL02	-0.806238	0.431252	-1.869529	0.0689
PDL03	-0.971982	1.567684	-0.620011	0.5388

R-squared	0.975941	Mean dependent var	226893.7
Adjusted R-squared	0.974137	S.D. dependent var	148239.9
S.E. of regression	23840.06	Akaike info criterion	23.08263
Sum squared resid	2.27E+10	Schwarz criterion	23.24483
Log likelihood	-503.8179	Hannan-Quinn criter.	23.14278
F-statistic	540.8617	Durbin-Watson stat	0.146639
Prob(F-statistic)	0.000000		

Lag Distribution of...	i	Coefficient	Std. Error	t-Statistic
	0	0.95363	0.66398	1.43623
	1	1.11937	1.04521	1.07095
	2	-0.65885	0.69129	-0.95307
Sum of Lags		1.41414	0.04997	28.3019

图 8.7　无约束限制的多项式分布滞后模型估计结果

图 8.7 所示输出结果的上半部分格式与一般的回归方程相同，给出了模型参数估计值、t 检验统计及其概率值以及模型其他统计量。窗口的下半部分则给出了模型解释变量 sale 及 sale 各滞后变量的系数β_i估计值、标准误、t 统计量以及滞后系数之和（Sum of Lags）等信息。

图 8.7 上半部分的 PDL01、PDL02、PDL03 分别代表式（8.14）中的z_{0t}、z_{1t}、z_{2t}。由于多项式次数为 2，因此除了常数项外，共有 3 个参数估计值。在 3 个 PDL 变量系数估计值中，变量 PDL01 和 PDL03 系数估计值的 t 统计量没有通过显著性检验，而只有 PDL02 的系数估计值在 10%的检验水平是显著的。但是，F 统计量为 540.8617，其相应的概率值 P 非常小，从而可以拒绝"整体上诸 PDL 变量对 Inventory 没有影响"的原假设，参数估计值不显著很可能是由于诸 PDL 变量之间存在多重共线性问题。同时，D.W 统计量非常低，意味着模型可能是错误设定的。

在图 8.7 的下半部分，Lag Distribution of SALE 列绘制出了分布滞后变量 Sale 的诸β系数的分布图，其图形大致是二次抛物线形状。紧接着，EViews 给出了分布滞后模型中诸β的估计值。这些系数估计值分别为 0.9536、1.1194、-0.6589，分别表示销售 Sale 增加一个单位，在当前期将使库存 Inventory 增加 0.9536 个单位，由于存在时间滞后的影响，Sale 增加一个单位还将在下一期使得库存 Inventory 增加 1.1194 个单位；在第二期则使得库存 Inventory 减少 0.6589 个单位。

图 8.7 所示的估计结果的最后一行 Sum of Lags 是诸β系数估计值的总和，其反映的是分布滞后变量 Sale 对因变量 Inventory 的长期影响（长期乘数），即从长期看，Sale 增加一个单

位将使得 Inventory 增加 1.4141 个单位。

05 假如认为解释变量 Sale 对因变量 Inventory 的一期先导作用为零，即 $Sale_{t+1}$ 不会对当期 $Inventory_t$ 产生任何影响，则可以对模型估计施加近端约束。在 EViews 命令窗口中输入命令重新估计分布滞后模型，其命令形式为：ls inventory c pdl(sale,2,2,1)，然后按 Enter 键，得到如图 8.8 所示的有近端约束限制的模型估计结果。

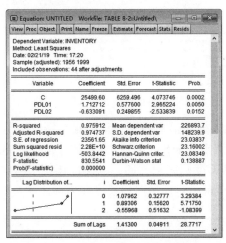

图 8.8 有近端约束限制的多项式分布滞后模型估计结果

由于施加了近端约束限制，因此模型除了常数项之外，只有两个参数估计值 PDL01 和 PDL02。将图 8.8 与图 8.7 比较后可以发现，加入近端约束后的模型参数估计值变得显著，调整后的可决系数 $\bar{R}^2$ 略高于无约束模型的估计结果，且模型的 AIC 准则和 SC 准则低于无约束模型，因此可以认为加入近端约束的分布滞后模型较优，而且这两个模型的 PDL01 和 PDL02 的系数估计值有较大差异。

针对所研究的问题，为了进行比较分析，我们给出了几个分布滞后模型无约束限制的估计结果，如表 8.3 所示。对于施加约束限制的模型估计，读者可以自己进行比较分析。

表 8.3 多个无约束限制的分布滞后模型估计结果

模型滞后长度	多项式次数	$\bar{R}^2$	AIC 准则	SC 准则
2	2	0.9741	23.0826	23.2448
3	2	0.9736	23.0935	23.2573
3	3	0.9730	23.1371	23.3419
4	2	0.97397	23.0699	23.2354
4	3	0.9734	23.1131	23.3199

从所估计模型的 $\bar{R}^2$、AIC 准则以及 SC 准则这些值可以判断，模型滞后长度为 2 且多项式次数为 2 与滞后长度为 4 且多项式次数为 2 的这两个模型优于表 8.3 中的其他模型，同时从模型简洁性来看，滞后长度为 2 且多项式次数为 2 的模型优于滞后长度为 4 且多项式次数为 2 的模型。由于我们所估计的多项式分布滞后模型是一个受限制的最小二乘估计模型，假定我们用二期滞后，但不使用阿尔蒙多项式方法重新估计模型，即在 EViews 命令窗口中输入命令：ls inventory c sale sale(-1) sale(-2)，然后按 Enter 键，将得到如图 8.9 所示的 OLS 估计结果。

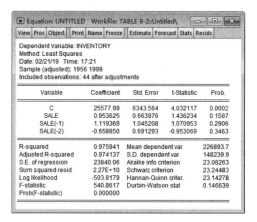

图 8.9　无限制模型的 OLS 估计结果

将图8.7所示的二次多项式分布滞后模型估计结果与图8.9所示的无限制模型的OLS估计结果相比较会发现，常数项和滞后变量Sale的诸β系数估计值几乎毫无差异。同时，这两个模型估计结果的$\overline{R}^2$、AIC准则和SC准则完全相同。因此，在使用阿尔蒙多项式分布滞后模型时必须谨慎，因为模型估计结果很可能对模型滞后长度和多项式次数的选取比较敏感。

实验 8-3　Granger 因果关系检验

素材文件：sample/Example/table 8-4.wfl
多媒体教学文件：视频/实验 8-3.mp4

实验基本原理

Granger 因果关系检验可以用来确定经济变量之间是否存在因果关系以及影响的方向，其检验思想为：如果 X 的变化引起了 Y 的变化，则 X 的变化应当发生在 Y 的变化之前。假设要检验变量 X 与变量 Y 之间的因果关系以及这种关系影响的方向，需要构建如下的检验回归方程：

$$Y_t = \sum_{i=1}^{m} \alpha_i X_{t-i} + \sum_{j=1}^{m} \beta_j Y_{t-j} + u_t \tag{8.18}$$

$$X_t = \sum_{i=1}^{m} \lambda_i X_{t-i} + \sum_{j=1}^{m} \delta_j Y_{t-j} + v_t \tag{8.19}$$

其中，假定随机误差项u_t和v_t之间是不相关的。Granger因果关系检验的原假设是："X不是引起Y变化的Granger原因"或"Y不是引起X变化的Granger原因"。对于上述检验回归方程的估计结果可分如下4种情况讨论：

（1）如果对式（8.18）中滞后X所估计的系数在统计上是整体显著地异于零的（$\sum \alpha_i \neq 0$），并且对式（8.19）中滞后Y所估计的系数在统计上不是整体显著地异于零的

($\sum \delta_j = 0$),则表明存在从X到Y的单向因果关系,即表示为$X \rightarrow Y$。

(2)如果对式(8.18)中滞后X所估计的系数在统计上不是整体显著地异于零的($\sum \alpha_i = 0$),并且对式(8.19)中滞后Y所估计的系数在统计上是整体显著地异于零的($\sum \delta_j \neq 0$),则表明存在从Y到X的单向因果关系,即表示为$Y \rightarrow X$。

(3)如果对式(8.18)中滞后X所估计的系数在统计上是整体显著地异于零的($\sum \alpha_i \neq 0$),并且对式(8.19)中滞后Y所估计的系数在统计上也是整体显著地异于零的($\sum \delta_j \neq 0$),则表明存在从X到Y的双向因果关系,即表示为$Y \leftrightarrow X$。

(4)如果对式(8.18)中滞后X所估计的系数以及对式(8.19)中滞后Y所估计的系数在统计上都不是显著地异于零的,则表明X和Y之间各自的独立性,即X和Y之间不存在任何的单向因果关系。

实验目的与要求

1. 实验目的

通过本次实验,掌握Granger因果关系检验的基本原理和操作方法。

2. 实验要求

(1)掌握Granger因果关系检验的操作过程,熟悉选项和参数设置。
(2)熟练使用EViews对两个序列进行Granger因果关系检验,分析检验结果。
(3)在进行因果关系检验时,注意滞后长度的选取对检验结果的影响。

实验内容及数据来源

表8.4所示的是从1993年第二季度至2007年第一季度我国央行三个月再贷款利率(R)和广义货币供应量(M2,单位为亿元)的季度数据,且这些数据经过季节调整,数据来源于CCER。本实验所用数据保存在本书下载资源的Example文件夹下的table 8-4.wf1工作文件中。

表8.4 1993年Q2至2007年Q1我国三个月再贷款利率和广义货币供应量

Obs	R	M2	Obs	R	M2	Obs	R	M2	Obs	R	M2
1993Q2	8.64	31039.4	1996Q4	9.72	75632	2000Q2	3.51	129500	2003Q4	2.97	220379.5
1993Q3	10.26	31986.4	1997Q1	9.72	79674.7	2000Q3	3.51	134048.6	2004Q1	3.6	230188.6
1993Q4	10.26	34539	1997Q2	9.72	83043.6	2000Q4	3.51	137835.9	2004Q2	3.6	237138.8
1994Q1	10.26	37034.4	1997Q3	9.72	85865.4	2001Q1	3.51	142767.6	2004Q3	3.6	242762.5
1994Q2	10.26	40255.5	1997Q4	8.82	90625.4	2001Q2	3.51	148052.4	2004Q4	3.6	252982.5
1994Q3	10.26	43883.7	1998Q1	6.84	91791.6	2001Q3	3.51	152179.6	2005Q1	3.6	262578.4
1994Q4	10.26	46433.9	1998Q2	6.84	94921.4	2001Q4	3.51	157235.2	2005Q2	3.6	272761
1995Q1	10.44	50311.1	1998Q3	5.49	99963.2	2002Q1	2.97	162456.7	2005Q3	3.6	287438.2
1995Q2	10.44	53417.8	1998Q4	4.86	103961.8	2002Q2	2.97	169379	2005Q4	3.6	298605.1
1995Q3	10.62	57303.3	1999Q1	4.86	108334.1	2002Q3	2.97	177157.5	2006Q1	3.6	308485.7
1995Q4	10.62	60118.9	1999Q2	3.51	112022.3	2002Q4	2.97	183421.7	2006Q2	3.6	320564.5
1996Q1	10.62	64551.7	1999Q3	3.51	115085.5	2003Q1	2.97	193447.4	2006Q3	3.6	332215.2
1996Q2	10.08	68447.6	1999Q4	3.51	118941.9	2003Q2	2.97	204246.7	2006Q4	3.6	344247.2
1996Q3	9.72	72069.3	2000Q1	3.51	124307.5	2003Q3	2.97	213405.7	2007Q1	3.6	361918.7

利率是由货币供应量和货币需求共同决定的。为了研究利率和货币供应量之间的关系，我们对利率 R 和广义货币供应量 M2 进行 Granger 因果关系检验。由于检验回归模型中的变量滞后长度 m 是任意的，因此本实验将试验多个不同的 m 值，这样做是为了保证检验结果不受 m 选择的影响。同时，需要注意的是，进行 Granger 因果关系检验之前必须保证序列是平稳的。

实验操作指导

对三个月再贷款利率序列 R 和广义货币供应量序列 M2 进行 Granger 因果关系检验的过程如下：

01 对序列 R 和 M2 进行单位根检验，检验结果发现这两个序列都存在单位根，即它们是非平稳序列。对序列 R 进行一阶差分，即令 $R1_t = R_t - R_{t-1}$；对序列 M2 进行一阶自然对数差分，即令 $M2P_t = \ln M2_t - \ln M2_{t-1}$，这两个序列可以通过在 EViews 命令窗口中输入命令生成，分别为"series r1 = d(R)"和"series m2p = d(log(M2))"。对这两个新生成的序列进行单位根检验，其检验结果如图 8.10 和图 8.11 所示。

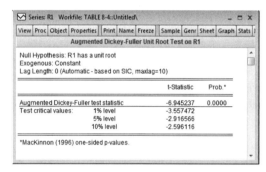

图 8.10 序列 R1 的单位根检验结果

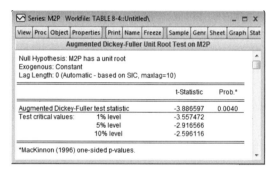

图 8.11 序列 M2P 的单位根检验结果

从图 8.10 可以看到，序列 R1 的 ADF 检验 t 统计量值为-6.9452，其相应的概率值 P 非常小，远小于 1%检验水平，因此拒绝序列 R1 存在单位根的原假设，可以认为序列 R1 是平稳的，即序列 R 是一阶差分平稳的。从图 8.11 可以看到，序列 M2P 的 ADF 检验 t 统计量值为-3.8866，其相应的概率值 P＝0.004，也小于 1%检验水平，因此可以认为序列 M2P 是平稳的，即序列 M2 是一阶自然对数差分平稳的。

02 建立一个包含序列 R1 和 M2P 的序列组。在 EViews 命令窗口中输入命令 group g1 R1 M2P，然后按 Enter 键，EViews 将生成序列组 g1。打开序列组 g1，在其窗口工具栏中选择 View | Granger Causality…命令，屏幕会弹出如图 8.12 所示的对话框，要求用户输入检验回归模型中的滞后长度，EViews 会给出默认值。

03 在图 8.12 所示的对话框中输入滞后长度"2"，单击 OK 按钮，屏幕会输出 Granger 因果关系检验结果，如图 8.13 所示。

第 8 章 动态计量经济模型

图 8.12 滞后长度设定对话框

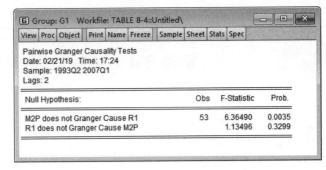

图 8.13 Granger 因果关系检验结果

在图8.13中，Null Hypothesis列给出了Granger因果关系检验的两个原假设："M2P不是引起R1变化的Granger原因"和"R1不是引起M2P变化的Granger原因"。根据前面所介绍的检验回归方程，可以知道Granger因果关系检验是通过检验有限制条件回归和无限制条件回归的残差平方和是否发生显著变化来实现的，因此检验统计量是F统计量。对于第一个原假设，其F统计量为6.36490，相应的概率值P为0.0035，小于1%的检验水平，因此拒绝该原假设，即可以认为"M2P是引起R1变化的Granger原因"，简单记为 $M2P \to R1$。对于第二个原假设，其F统计量为1.13496，相应的概率值P为0.3299，大于10%的检验水平，因此不能拒绝该原假设，即可以认为"R1不是引起M2P变化的Granger原因"，记为 $R1 \nrightarrow M2P$。因此，根据上述分析，序列R1和M2P之间存在从M2P到R1的单向因果关系，即 $M2P \to R1$，而不存在反方向的因果关系，即 $R1 \nrightarrow M2P$。

Granger因果关系检验依赖于检验回归模型中的滞后长度，表8.5提供了几个滞后长度的F检验结果。

表 8.5 多个滞后长度的 Granger 因果关系检验结果

检验的原假设	滞后长度	F 检验统计量	F 统计量的概率值	对原假设的判断
$M2P \nrightarrow R1$	2	6.3649	0.00353	拒绝原假设
$R1 \nrightarrow M2P$	2	1.13496	0.3299	不能拒绝原假设
$M2P \nrightarrow R1$	3	3.2489	0.03040	拒绝原假设
$R1 \nrightarrow M2P$	3	1.3228	0.2787	不能拒绝原假设
$M2P \nrightarrow R1$	4	2.3037	0.07416	在 5% 检验水平上不能拒绝
$R1 \nrightarrow M2P$	4	1.0705	0.3832	不能拒绝原假设

根据表 8.5 的分析结果可知，从滞后长度 2 至滞后长度 4，不存在从序列 R1 至 M2P 的单向因果关系，即 $R1 \nrightarrow M2P$；对于滞后长度 2 和 3，存在从 M2P 到 R1 的单向因果关系，即 $M2P \to R1$；对于滞后长度 4，其检验 F 统计量在 5% 的检验水平上不显著，因此不能拒绝"$M2P \nrightarrow R1$"的原假设。根据分析的结果，可以大致地认为存在从 M2P 到 R1 的单向因果关系，但是不存反方向的因果关系。

实验 8-4　协整与误差修正模型

素材文件：sample/Example/table 8-6.wfl
多媒体教学文件：视频/实验 8-4.mp4

▶ 实验基本原理

本实验讨论的是两个序列之间的协整关系及误差修正模型，对于多个序列的情形将在 10.2 节中详细讨论。假设有两个序列 y_{1t}、y_{2t}，如果满足如下条件：

（1）序列 y_{1t}、y_{2t} 是 d 阶单整的，即 $y_{it} \sim I(d)$，$i=1,2$。
（2）存在非零向量 $\alpha = (\alpha_1, \alpha_2)$，使得 $\alpha_1 y_{1t} + \alpha_2 y_{2t} \sim I(d-b)$，其中 $0 < b < d$。
则称这两个序列是 (d,b) 阶协整的，且称向量 $\alpha = (\alpha_1, \alpha_2)$ 为协整向量。

1. 协整检验

协整检验根据检验对象可分为基于模型回归系数的协整检验（Johansen 协整检验）和基于模型回归残差的协整检验。本实验讨论的是后一种检验方法，其协整检验的思想是对回归方程的残差进行单位根检验，若残差序列是平稳序列，则表明方程的因变量和解释变量之间存在协整关系，否则不存在协整关系。

2. 误差修正模型（Error Correction Model，ECM）

考虑如下的一阶自回归分布滞后模型，记为 ADL(1,1)：

$$y_t = \beta_0 + \beta_1 x_t + \beta_2 y_{t-1} + \beta_3 x_{t-1} + \varepsilon_t \tag{8.20}$$

其中，ε_t 独立同分布且服从均值为零、方差为 σ^2 的正态分布，对式（8.20）两边取期望，得到：

$$E(y_t) = \frac{\beta_0}{1-\beta_2} + \frac{\beta_1 + \beta_3}{1-\beta_2} E(x_t) \tag{8.21}$$

式（8.21）度量的是解释变量 x_t 与因变量 y_t 的长期均衡关系。同时，对式（8.20）移项并整理得到：

$$\Delta y_t = \beta_0 + \beta_1 \Delta x_t + (\beta_2 - 1)(y_{t-1} - \frac{\beta_1 + \beta_3}{1 - \beta_2} x_{t-1}) + \varepsilon_t \tag{8.22}$$

其中，$\Delta y_t = y_t - y_{t-1}$，$\Delta x_t = x_t - x_{t-1}$，记 $ecm_{t-1} = y_{t-1} - \frac{\beta_1 + \beta_3}{1-\beta_2} x_{t-1}$，表示误差修正项。因此，式（8.22）所表示的方程即为误差修正模型。模型（8.22）解释了因变量的短期变动 Δy_t 受两方面的影响：一方面受自变量短期波动 Δx_t 的影响；另一方面受误差修正项 ecm_{t-1} 的影

响，即受变量之间在短期波动中偏离其长期均衡关系（8.21）的影响。

实验目的与要求

1．实验目的

（1）理解协整的含义，熟悉协整关系的检验方法和操作过程。
（2）通过本次实验，掌握误差修正模型的建模方法和操作步骤。

2．实验要求

（1）掌握协整检验的分析过程，熟悉检验过程中各选项和参数的设置。
（2）根据实际问题，能建立合适的误差修正模型，并分析模型。

实验内容及数据来源

本实验打算研究消费支出与可支配收入之间的协整关系以及它们之间的误差修正模型。表8.6所示的是我国从1978年至2006年居民总消费支出（CS，单位亿元）、名义国内生产总值（GDP，单位亿元）、政府税收总额（Tax，单位亿元）以及以1978年为基年的居民消费价格指数（CPI，1978年的CPI为100）数据，数据来源于CCER。本实验所用的数据保存在本书下载资源的Example文件夹下的table 8-6.wf1工作文件中。

表8.6 我国1978年至2006年消费支出、名义GDP、政府税收总额以及居民消费价格指数

Obs	CS	GDP	Tax	CPI	Obs	CS	GDP	Tax	CPI
1978	1759.1	3645.2	1132.26	1.000	1993	16412.1	35333.9	4348.95	2.6696
1979	2011.5	4062.6	1146.4	1.020	1994	21844.2	48197.9	5218.1	3.313
1980	2331.2	4545.6	1159.93	1.081	1995	28369.7	60793.7	6242.2	3.8789
1981	2627.9	4891.6	1175.8	1.107	1996	33955.9	71176.6	7407.99	4.200
1982	2902.9	5323.4	1212.3	1.128	1997	36921.5	78973	8651.14	4.318
1983	3231.1	5962.7	1367.0	1.145	1998	39229.3	84402.3	9875.95	4.2836
1984	3742.0	7208.1	1642.9	1.177	1999	41920.4	89677.1	11444.08	4.2235
1985	4687.4	9016.0	2004.82	1.281	2000	45854.6	99214.6	13395.23	4.24011
1986	5302.1	10275.2	2122	1.363	2001	49213.2	109655.2	16386.04	4.269573
1987	6126.1	12058.6	2199.4	1.464	2002	52571.3	120332.7	18903.64	4.234986
1988	7868.1	15042.8	2357.2	1.7396	2003	56834.4	135822.8	21715.25	4.286226
1989	8812.6	16992.3	2664.9	2.0505	2004	63833.5	159878.3	26396.47	4.400582
1990	9450.9	18667.8	2937.1	2.115	2005	71217.5	183867.9	31649.29	4.311639
1991	10730.6	21781.5	3149.48	2.188	2006	80120.5	210871	38760.2	4.298932
1992	13000.1	26923.5	3483.37	2.3276					

我们打算用居民消费价格指数 CPI 对居民消费支出 CS 进行调整，得到实际消费支出，即 $ACS = CS/CPI$。实际可支配收入（Dinc）由如下计算得到：$Dinc = (GDP - Tax)/CPI$。本实验的主要内容有：

（1）为了减少波动，对实际消费支出 ACS_t 和实际可支配收入 $Dinc_t$ 取自然对数，得到序列 $\ln ACS_t$ 和 $\ln Dinc_t$，对这两个序列进行平稳性检验，并建立如下方程：

$$\ln ACS_t = c_0 + c_1 \ln Dinc_t + \varepsilon_t \tag{8.23}$$

（2）估计方程（8.23），得到回归残差 $\hat{u}_t = \ln ACS_t - c_0 - c_1 \ln Dinc_t$，对 $\hat{u}_t$ 进行单位根检验。若残差 $\hat{u}_t$ 是平稳的，则表明序列 $\ln ACS_t$ 和 $\ln Dinc_t$ 是协整的。

（3）若序列 ACS_t 和 $Dinc_t$ 之间是协整的，为了研究分析消费变动，建立如下的误差修正模型：

$$\Delta \ln ACS_t = c + c_1 \Delta \ln Dinc_t + c_1 ecm_t + \varepsilon_t \tag{8.24}$$

其中，ecm_t 是误差修正项，且 $ecm_t = \ln ACS_{t-1} - c_0 - c_1 \ln Dinc_{t-1}$。

▶ 实验操作指导

1. 序列单位根检验与模型估计

首先，利用已知序列生成序列 $\ln ACS_t$ 和序列 $\ln Dinc_t$，在EViews命令窗口中分别输入命令"series lnacs=log（cs/cpi）"和"series lndinc=log（(gdp−tax)/cpi）"，按Enter键（需要注意的是，EViews每次只能执行一个命令），EViews将生成这两个序列。

其次，对序列 $\ln ACS_t$ 和序列 $\ln Dinc_t$ 进行单位根检验，需要注意的是在检验之前要选择合理的检验回归方程，即是否包含截距项和趋势项等。表8.7所示是这些序列及其一阶差分序列的单位根检验结果。

表8.7 序列及其一阶差分序列检验结果

检验序列	检验 t 统计量	t 统计量概率值
$\ln ACS_t$	-0.1713	0.9314
$\Delta \ln ACS_t$	-3.5354	0.0147
$\ln Dinc_t$	-0.07149	0.9428
$\Delta \ln Dinc_t$	-3.8255	0.0077

检验结果显示，序列 $\ln ACS_t$ 和序列 $\ln Dinc_t$ 的ADF检验 t 统计量相应的概率值远大于10%的检验水平，从而可以认为序列 $\ln ACS_t$ 和 $\ln Dinc_t$ 是非平稳的；序列 $\ln ACS_t$ 和 $\ln Dinc_t$ 的一阶差分序列 $\Delta \ln ACS_t$ 和 $\Delta \ln Dinc_t$ 的 ADF 检验 t 统计量相应的概率值小于 5%的检验水平，因此可以认为序列 $\Delta \ln ACS_t$ 和 $\Delta \ln Dinc_t$ 是平稳的，即 $\ln ACS_t \sim I(1)$，$\ln Dinc_t \sim I(1)$。

最后，估计方程（8.23），得到如图8.14所示的估计结果。

从图8.14可以看到，方程估计的参数都很显著，方程调整后的可决系数 $\bar{R}^2$ 为0.9974，非常接近于1，表明模型拟合效果较好。LNDINC的系数估计值表示

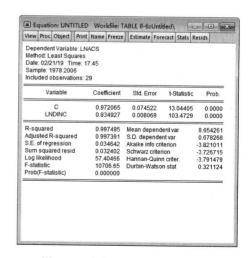

图8.14 方程（8.23）的估计结果

消费支出的收入弹性，该系数估计值等于0.8349，表示实际可支配收入增加1%，实际消费支出将增加0.8349%。除了D.W统计量值较小外，其他统计量表明模型估计效果比较理想。

为了对残差序列进行单位根检验，需要利用模型估计结果生成残差序列，可以选择图8.14窗口工具栏中的Proc | Make Residual Series命令，会弹出相应的对话框。对于OLS估计，只能生成普通残差（Ordinary）。在对话框中输入用于保存的残差序列名，然后单击OK按钮，EViews将生成模型估计的残差序列，本例中所生成的残差序列名为resid01。

2. 协整检验与误差修正模型估计

首先进行协整检验，打开残差序列resid01，选择其窗口工具栏中的View|Unit Root Test...命令，在弹出的对话框中进行相应的设定。本例在对话框的Test for unit root in选项组选择Level（对残差序列进行均值检验后会发现残差的均值在统计上不显著地异于零），在Include in test equation选项组选择None，其他选项采用EViews默认设置，然后单击OK按钮，得到如图8.15所示的残差序列的单位根检验结果。

从图8.15可以看到，残差单位根检验的t统计量为-2.3363，其相应的概率值P为0.0214，小于5%的检验水平，因此拒绝残差序列resid01存在单位根的原假设，即可以认为残差序列resid01是平稳的。根据协整关系的定义，可以认为序列$\ln ACS_t$和序列$\ln Dinc_t$之间存在协整关系，且协整向量为（1,-0.8349）。

模型（8.23）刻画了序列$\ln ACS_t$和序列$\ln Dinc_t$的长期均衡关系，为了考察实际消费支出与实际可支配收入之间的动态关系，需要借助误差修正模型（8.24）来进行分析。误差修正项ecm_t等于残差序列$\hat{u}_t$，因此需要生成误差修正项序列ecm，在EViews命令窗口中输入命令series ecm=resid01，然后按Enter键，即生成该序列。接着，估计误差修正模型（8.24），在EViews命令窗口中输入命令ls d(lnacs) c d(lndinc) ecm(-1)，然后按Enter键，得到如图8.16所示的模型估计结果。

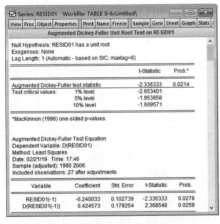

图 8.15 残差序列的单位根检验结果

图 8.16 误差修正模型（8.24）的估计结果

从图8.16可以看到，模型估计结果的F统计量相应的概率值P非常小，从而表明模型估计整体上是显著的。$\Delta \ln Dinc_t$的系数估计值很显著，可以解释为消费支出对收入变化的短期弹性，即收入增加1%，那么在短期内，消费支出将增加0.7190%左右，稍微小于长期收入弹性0.8349%。误差修正项ECM(-1)的系数估计值在10%的检验水平下是显著的，该系数反映了对居民消费支出偏离长期均衡关系的调整力度，其绝对值越大，则将非均衡状态恢复到均衡的速度就越快。特别是，若误差修正项ECM(-1)的系数估计值为0，则表明 $\ln ACS_t$ 对 $\ln Dinc_t$ 的变化在同一时期会立即进行调整。

利用所估计的模型，我们可以对消费支出的短期变动进行分析。消费支出的短期变动可以分为两部分：一部分是由于短期收入变动（$\Delta \ln Dinc_t$）的影响；另一部分是由于前一期消费支出偏离长期均衡关系（ecm_{t-1}）的影响。假如前一期消费没有偏离长期均衡关系，即 $ecm_{t-1}=0$，那么当期消费支出变动全部来自于当期实际可支配收入变动的影响；假如前一期消费偏离了长期均衡关系，即 $ecm_{t-1} \neq 0$，则为了维持实际消费支出与实际可支配收入的长期均衡关系，当期将以-0.1849的速度（误差修正项的系数估计值）对前一期消费支出与收入之间的非均衡状态进行调整，将其拉回到长期均衡状态。例如，假如前期过度消费，那么本期消费支出将应该有所减少。

上机练习

练习 8-1　货币需求模型估计

素材文件：sample/Exercise/exercise 8-1.wfl
多媒体教学文件：视频/习题 8-1.mp4

货币主义学派认为实际货币需求与利率、产出及货币供应量等因素有关。表8.8所示的是加拿大1979年第一季度至1988年第四季度的货币供应量M1（单位，百万加拿大元）、价格指数P（1981年的物价水平为100）、国内生产总值GDP（以1981年不变价格计算所得到的值）和3个月公司利率R（%）数据。

表 8.8　加拿大 1979Q1 至 1988 年 Q4 的货币供应量、利率、价格指数以及 GDP

Obs	M1	R	P	GDP	Obs	M1	R	P	GDP
1979Q1	22175	11.13333	0.77947	334800	1984Q1	28715.66	10.08333	1.17117	368280
1979Q2	22841	11.16667	0.80861	336708	1984Q2	28996.33	11.45	1.17406	376768
1979Q3	23461	11.8	0.82649	340096	1984Q3	28479.33	12.45	1	17795
1979Q4	23427	14.18333	0.84863	341844	1984Q4	28669	10.76667	1.18438	385396
1980Q1	23811	14.38333	0.86693	342776	1985Q1	29018.66	10.51667	1.1899	390240
1980Q2	23612.33	12.9833	0.8895	342264	1985Q2	29398.66	9.66667	1.20625	391580
1980Q3	24543	10.71667	0.91553	340716	1985Q3	30203.66	9.03333	1.21492	396384
1980Q4	25638.66	14.53333	0.93743	347780	1985Q4	31059.33	9.01667	1.21805	405308
1981Q1	25316	17.13333	0.96523	354836	1986Q1	30745.33	11.03333	1.22408	405680
1981Q2	25501.33	18.56667	0.98774	359352	1986Q2	30477.66	8.73333	1.22856	408116
1981Q3	25382.33	21.01666	1.01314	356152	1986Q3	31563.66	8.46667	1.23916	409160
1981Q4	24753	16.61665	1.0341	353636	1986Q4	32800.66	8.4	1.25368	409616
1982Q1	25094.33	15.35	1.05743	349568	1987Q1	33958.33	7.25	1.27117	416484
1982Q2	25253.66	16.04999	1.07748	345284	1987Q2	35795.66	8.3	1.28429	422916

(续表)

Obs	M1	R	P	GDP	Obs	M1	R	P	GDP
1982Q3	24936.66	14.31667	1.09666	343028	1987Q3	35878.66	9.3	1.29599	429980
1982Q4	25553	10.88333	1.11641	340292	1987Q4	36336	8.7	1.31001	436264
1983Q1	26755.33	9.61667	1.12303	346072	1988Q1	36480.33	8.61667	1.32325	440592
1983Q2	27412	9.31667	1.13395	353860	1988Q2	37108.66	9.13333	1.33219	446680
1983Q3	28403.33	9.33333	1.14721	359544	1988Q3	38423	10.05	1.35065	450328
1983Q4	28402.33	9.55	1.16059	362304	1988Q4	38480.66	10.83333	1.36648	453516

数据来源：《计量经济学基础（第 4 版）》[美]古扎拉蒂著，费剑平、孙春霞等译，中国人民大学出版社，2005，第 683~684 页）

根据货币主义学派的观点，我们可以建立如下度量长期实际货币需求方程：

$$M_t^* = \alpha R_t^\beta Y_t^\gamma e^{\varepsilon_t} \tag{8.25}$$

其中，M^* 表示长期实际货币需求，该变量是不可以观测的；R_t 表示长期利率；Y_t 表示实际产出。为了对模型（8.25）进行估计，必须对 M^* 做出某种合理的假设。考虑实验8-1中所介绍的存量调整模型，即：

$$\frac{M_t}{M_{t-1}} = \left(\frac{M_t^*}{M_{t-1}}\right)^\delta, \quad 0 < \delta \leq 1 \tag{8.26}$$

对模型（8.25）两边取对数，并代入式（8.26），整理得到：

$$\ln M_t = \delta \ln \alpha + \beta\delta \ln R_t + \gamma\delta \ln Y_t + (1-\delta)\ln M_{t-1} + \delta\varepsilon_t \tag{8.27}$$

本题所用数据保存在本书下载资源的 Exercise 文件夹下的 exercise 8.1.wfl 工作文件中。利用这些数据，请使用 EViews 完成以下操作和分析：

（1）由于模型（8.27）中的 M_t 是实际货币需求，因此需要将名义货币需求M1对价格指数P进行调整。

（2）在对模型（8.27）进行估计之前，根据理论和推理可以认为 M_t 和 R_t 是负相关的，而 M_t 和 Y_t 是正相关的。使用EViews对模型（8.27）进行估计，并判断模型的估计参数是否符合模型要求以及对所估计的模型进行适当的分析。

（3）由于模型（8.27）中含有滞后因变量作为解释变量，因此D.W统计量失效，请检验模型估计的残差是否存在序列自相关。

（4）由于模型（8.27）中滞后因变量 $\ln M_{t-1}$ 作为解释变量，因此模型中含有随机解释变量。对此你能够找到较好的工具变量以消除随机解释变量与随机误差项之间的序列相关吗？

练习 8-2　城镇居民消费函数模型估计

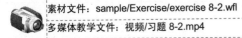

素材文件：sample/Exercise/exercise 8-2.wfl
多媒体教学文件：视频/习题 8-2.mp4

在实验 8-1 中，我们利用 1978 年至 2006 年北京市城镇家庭平均每人全年消费性支出（PPCE）和城镇家庭平均每人可支配收入（PPDI）有关数据建立并估计了消费函数的考伊克分布滞后模型。本题打算重新建立如下消费函数的有限分布滞后模型：

$$\text{PPCE}_t = \alpha + \beta_0 PPDI_{t-1} + \beta_1 PPDI_{t-1} + \beta_2 PPDI_{t-2} + \cdots + \beta_k PPDI_{t-k} + u_t \quad (8.28)$$

为了方便读者操作，将实验 8-1 中所使用的数据保存在本书下载资源的 Exercise 件夹下的 exercise 8.2.wf1 工作文件中。利用这些数据，使用 EViews 完成以下操作和分析：

（1）根据序列 PPCE 和序列 PPDI 的特征，大致判断确定模型（8.28）的最大滞后长度。

（2）确定模型（8.28）一个合适的滞后长度，并利用一个次数适当的阿尔蒙多项式对模型（8.28）进行有约束条件限制估计和无约束限制估计，并比较分析所估计的结果。

（3）将所得到的多项式分布滞后模型的估计结果与实验 8-1 中所得到的考伊克分布滞后模型的估计结果进行比较。

（4）一般并没有什么简单有效的方法确定模型（8.28）的最大滞后长度和阿尔蒙多项式次数，因此，我们只能利用 AIC 准则和 SC 准则对不同滞后长度和不同阿尔蒙多项式次数的模型估计结果进行比较分析，从而确定比较合适的模型滞后长度和多项式次数。请设定多个滞后长度和不同的多项式次数，分别估计模型（8.28）并比较分析这些模型的估计结果。

练习 8-3 分析季节调整后的居民消费指数

素材文件：sample/Exercise/exercise 8-4.wf1
多媒体教学文件：视频/习题 8-3.mp4

表 8.9 所示的是上海市 1978 年至 2006 年经过季节调整后的城镇家庭平均每人全年消费性支出（CS，单位为元）、城镇家庭平均每人可支配收入（DINC）和居民消费价格指数（CPI，以 1978 年价格为 100），数据来源为上海市统计网。

表 8.9 上海市 1978 年至 2006 年城镇家庭人均消费性支出、人均可支配收入和价格指数

Obs	CS	DINC	CPI	Obs	CS	DINC	CPI
1978	488	560	100	1993	3530.07	4297.33	318.5
1979	518	578	100.9	1994	4668.96	5889.13	394.6
1980	553	637	106.9	1995	5868.11	7191.77	468.4
1981	585	637	108.3	1996	6763.12	8178.48	511.5
1982	576	659	108.7	1997	6819.94	8438.89	525.8
1983	615	691	108.9	1998	6866.41	8773.1	525.8
1984	726	834	111.3	1999	8247.69	10931.6	533.7
1985	992	1075	128.2	2000	8868.19	11718	547
1986	1170	1293	136.3	2001	9336.1	12883.5	547
1987	1282	1437	147.3	2002	10464	13249.8	549.8
1988	1648	1723	176.9	2003	11040.34	14867.49	550.3
1989	1812	1975	205.1	2004	12631.03	16682.82	562.2
1990	1936	2182	218	2005	13773.4	18645	567.6
1991	2167	2486	240.9	2006	14761.75	20667.91	574.4
1992	2509.49	3026.58	265				

本题所用数据保存在本书下载资源的 Exercise 文件夹下的 exercise 8.4.wf1 工作文件中。利用这些数据，使用 EViews 完成以下操作和分析：

（1）利用居民消费价格指数对序列CS和序列DINC进行调整，得到序列PCS和序列PDINC。

（2）检验序列PCS和序列PDINC的平稳性，若是非平稳的，则检验它们的一阶差分序列的平稳性。

（3）检验序列PCS和序列PDINC之间是否存在协整关系。

（4）若序列PCS和序列PDINC是协整的，则建立适当的误差修正模型，并对此模型进行分析。

第9章 自回归条件异方差模型

本章主要讨论的是对外汇汇率、股票价格等金融资产价格时间序列的波动率（条件方差）进行建模。这些金融资产的波动率在期权定价以及金融风险管理等领域有着重要的作用。一般来说，金融资产的收益率序列常常表现出"尖峰厚尾（Leptokurtosis）""波动聚集性（Volatility Clustering or Volatility Pooling）"以及"杠杆效应（Leverage Effects）"等特征。其中，"波动聚集性"是指收益率序列的波动（方差）往往表现出大的波动后面跟随着大的波动，小的波动后面跟随着小的波动，从而表明收益率序列存在异方差性。因此，Engle于1982年提出了自回归条件异方差（Auto-Regressive Conditional Heteroskedasticity，ARCH）模型，该模型可以很好地描述金融资产收益率的这种特征，其假定随机误差项的条件方差依赖于误差项前期值平方的大小。但是，ARCH模型存在滞后长度难以确定以及违反参数非负数约束等缺陷，使得人们在ARCH模型的基础上提出了各种扩展形式。

在1986年，Bollerslev提出了广义的ARCH（Generalized ARCH，GARCH）模型，其假定随机误差项的条件方差不仅依赖于误差项前期值平方的大小，而且依赖于误差项条件方差的前期值，因此GARCH模型在实际中被广泛应用。同时，在GARCH模型的基础上，人们提出了均值GARCH（GARCH-M）模型，即将资产收益率的条件方差或者条件方差的其他形式加入其均值方程中，其原因在于人们一般认为金融资产的收益率应当与其风险成正比，即风险越大，预期收益率应当越高。

然而有关研究表明，金融资产价格的下跌比相同幅度的价格上涨对资产价格波动的冲击影响更大，即存在所谓的"杠杆效应"。基于金融资产的这种特征，人们提出了非对称的ARCH模型，包括门限ARCH（Threshold ARCH，TARCH）模型或者称为GJR模型、指数GARCH（Exponential GARCH，EGARCH）模型以及幂ARCH（Power ARCH，PARCH）模型。这些模型假定负的冲击（坏消息）比正的冲击（好消息）对收益率的波动影响更大，即在条件方差模型中加入非对称项。

本章的主要内容包括：回归方程残差的ARCH效应检验、ARCH模型和GARCH模型、非对称的ARCH模型（主要是TARCH模型和EGARCH模型）。

实验 9-1 ARCH 效应检验

素材文件：sample/Example/table 9-1.wfl
多媒体教学文件：视频/实验 9-1.mp4

▶ 实验基本原理

对于如下的线性回归模型（9.1），经典线性回归模型通常假定随机误差项 u_t 是同方差的。

$$y_t = \beta_0 + \beta_1 x_{1t} + \beta_2 x_{2t} + \cdots + \beta_k x_{kt} + u_t \tag{9.1}$$

但是对于金融时间序列，尤其是高频数据序列，该假设通常不太可能成立，然而其方差是时变的，并常表现出"波动聚集性"特征，从而表明随机误差项是异方差的。ARCH 模型可以较好地刻画金融时间序列的这种特征，该模型假定随机误差项的条件方差与其误差项滞后的平方有关，对于 ARCH(q)模型，其一般形式为：

$$\sigma_t^2 = \alpha_0 + \alpha_1 u_{t-1}^2 + \alpha_2 u_{t-2}^2 + \cdots + \alpha_q u_{t-q}^2 \tag{9.2}$$

假如我们对金融时间序列建模，应该检验模型估计所得到的残差序列是否存在如式（9.2）所示的 ARCH 效应，有残差平方的相关图检验和 ARCH LM 检验两种检验方法。

1. 残差平方相关图

残差平方序列的相关图给出了残差平方序列 $\hat{u}_t^2$ 直到任意指定的滞后长度 k 的自相关函数和偏自相关函数，并且计算相应滞后阶数的Q统计量。残差平方相关图可以用于检验残差序列是否存在ARCH效应。如果残差序列不存在ARCH效应，则残差在所有的滞后阶数上的自相关函数和偏自相关函数统计上都不是显著地异于零的，而且其相应的Q统计量也不显著；否则说明残差序列存在ARCH效应。

2. ARCH LM 检验

Engel 在 1982 年提出了检验残差序列是否存在 ARCH 效应的拉格朗日乘数检验（Lagrange Multiplier Test，LM 检验），即 ARCH LM 检验。检验的原假设为：残差序列直到 q 阶都不存在 ARCH 效应，其检验辅助回归方程的形式为：

$$\hat{u}_t^2 = \alpha_0 + \sum_{i=1}^{q} \alpha_i \hat{u}_{t-i}^2 + \varepsilon_t \tag{9.3}$$

使用 EViews 对回归模型的残差进行 ARCH LM 检验将会输出如下两个统计量：

- F 统计量：用于检验对所有滞后残差平方项的联合显著性。
- T× R^2 统计量：为 ARCH LM 检验统计量，表示观测值个数乘以检验回归方程的 R^2。

在原假设成立的条件下，F 统计量准确的有限样本分布未知，但 LM 检验统计量渐近地服从 $\chi^2(q)$ 分布。

实验目的与要求

1. 实验目的

通过本次实验，掌握ARCH LM检验的基本原理，熟悉如何判断残差是否存在ARCH效应。

2. 实验要求

（1）根据模型估计的残差平方的相关图，能够判断残差是否存在ARCH效应。
（2）掌握ARCH LM检验的操作过程，熟悉各选项和参数的设置，检查残差是否存在

ARCH效应。

实验内容及数据来源

本实验将检验股票价格指数的波动是否存在ARCH效应，即其条件方差是否具有如式（9.2）所示的形式。本实验采用从2000年1月3日至2007年12月31日美国道琼斯混合指数（Dow Jones Composite Index）的每日收盘价（Close）数据，由于存在节假日休市，因此共有2010个实际观测值。表9.1所示的是道琼斯混合指数日收盘价格（DJC）的前100个数据，完整的数据保存在本书下载资源的Example文件夹下的table 9-1.wf1工作文件中。

表9.1 道琼斯混合指数日收盘价的部分数据

Obs	DJC	Obs	DJC	Obs	DJC	Obs	DJC	Obs	DJC
1/03/2000	3170.2	1/31/2000	3101.96	2/28/2000	2854.78	3/27/2000	3083.35	4/24/2000	3146.51
1/04/2000	3090.91	2/01/2000	3099.08	2/29/2000	2851.85	3/28/2000	3072.34	4/25/2000	3107.71
1/05/2000	3133.61	2/02/2000	3110.58	3/01/2000	2909.48	3/29/2000	3081.15	4/26/2000	3127.54
1/06/2000	3177.96	2/03/2000	3088.04	3/02/2000	2845.14	3/30/2000	3128.59	4/27/2000	3105.74
1/07/2000	3242.06	2/04/2000	3065.74	3/03/2000	2751.55	3/31/2000	3122.44	4/28/2000	3047.69
1/10/2000	3251.86	2/07/2000	3084.99	3/06/2000	2774.89	4/03/2000	3119.25	5/01/2000	3042.18
1/11/2000	3230.85	2/08/2000	3027.37	3/07/2000	2799.81	4/04/2000	3134.91	5/02/2000	3084.47
1/12/2000	3242.31	2/09/2000	2999.48	3/08/2000	2793.04	4/05/2000	3131.34	5/03/2000	3108.64
1/13/2000	3242.06	2/10/2000	2947.49	3/09/2000	2799.86	4/06/2000	3159.03	5/04/2000	3086.49
1/14/2000	3271.9	2/11/2000	2973.18	3/10/2000	2768.48	4/07/2000	3194.46	5/05/2000	3055.9
1/17/2000	3229.2	2/14/2000	3006.7	3/13/2000	2873.18	4/10/2000	3180.08	5/08/2000	3110.56
1/18/2000	3216.94	2/15/2000	2976.71	3/14/2000	3017.24	4/11/2000	3147.8	5/09/2000	3108.25
1/19/2000	3193.64	2/16/2000	2967.62	3/15/2000	2989.87	4/12/2000	2979.84	5/10/2000	3142.79
1/20/2000	3179.81	2/17/2000	2896.23	3/16/2000	2997.82	4/13/2000	3026	5/11/2000	3166.43
1/24/2000	3103.17	2/21/2000	2886.11	3/20/2000	3040.96	4/17/2000	3068.86	5/15/2000	3119.46
1/25/2000	3113.7	2/22/2000	2839.69	3/21/2000	3105.04	4/18/2000	3113.04	5/16/2000	3083.05
1/26/2000	3103.6	2/23/2000	2781.69	3/22/2000	3094.49	4/19/2000	3128.53	5/17/2000	3069.04
1/27/2000	3036.26	2/24/2000	2830.4	3/23/2000	3080.22	4/20/2000	3205.19	5/18/2000	3044.91
1/28/2000	3086.09	2/25/2000	2853.08	3/24/2000	3055.04	4/21/2000	3174.75	5/19/2000	3080.03

股票价格指数一般都可以用随机游走模型来描述，为了分析方便，对道琼斯混合指数序列DJC取自然对数，建立随机游走模型，然后检验该回归模型的残差是否存在ARCH效应。本实验主要有以下内容。

（1）对于道琼斯混合指数序列DJC，对其建立如下随机游走模型：

$$\ln(DJC_t) = \alpha + \beta \ln(DJC_{t-1}) + u_t \tag{9.4}$$

（2）对方程（9.4）估计所得到的残差序列进行ARCH效应检验。

实验操作指导

1. 随机游走模型建立

首先，需要生成道琼斯混合指数的自然对数序列，这样做是为了减少估计时的舍入误差。

在EViews命令窗口中输入命令："series lndjc=log(djc)"，然后按Enter键，EViews将生成序列lnDJC。

其次，估计随机游走模型（9.4）。在EViews命令窗口中输入命令："ls lndjc c lndjc(-1)"，然后按Enter键，得到如图9.1所示的模型估计结果。

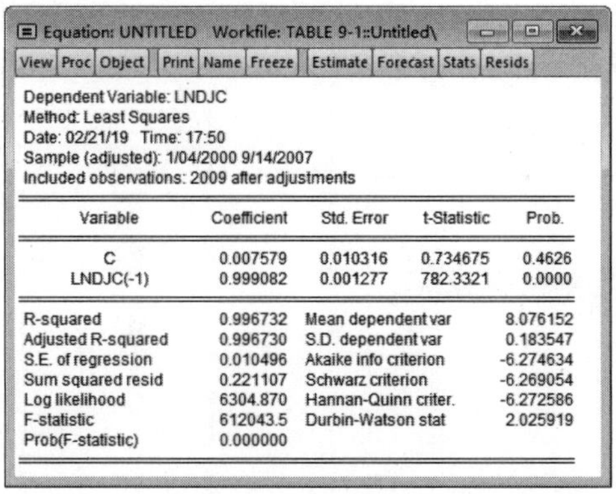

Dependent Variable: LNDJC
Method: Least Squares
Date: 02/21/19 Time: 17:50
Sample (adjusted): 1/04/2000 9/14/2007
Included observations: 2009 after adjustments

Variable	Coefficient	Std. Error	t-Statistic	Prob.
C	0.007579	0.010316	0.734675	0.4626
LNDJC(-1)	0.999082	0.001277	782.3321	0.0000

R-squared	0.996732	Mean dependent var	8.076152
Adjusted R-squared	0.996730	S.D. dependent var	0.183547
S.E. of regression	0.010496	Akaike info criterion	-6.274634
Sum squared resid	0.221107	Schwarz criterion	-6.269054
Log likelihood	6304.870	Hannan-Quinn criter.	-6.272586
F-statistic	612043.5	Durbin-Watson stat	2.025919
Prob(F-statistic)	0.000000		

图 9.1　随机游走模型（9.4）的估计结果

方程估计结果显示：F 统计量显著，从而表明方程整体上是显著的；并且 $\bar{R}^2$ 为 0.9967，表明方程拟合效果比较好。但常数项不显著，解释变量 LNDJC(-1)的系数估计值非常显著且接近 1。事实上，可以对 LNDJC(-1)的系数估计值进行 Wald 系数约束检验，该检验结果表明该估计值与 1 无显著差异。因此，所估计的结果表明，序列 lndjc 是一个不带漂移项的随机游走过程，或者说道琼斯混合指数的对数收益率 $r_t = \ln(DJC_t) - \ln(DJC_{t-1})$ 是均值为零的随机过程。大多数金融资产价格都服从这样的随机游走过程。根据图 9.1 的输出结果，我们可以写出方程（9.4）的估计结果：

$$\ln(DJC_t) = 0.007579 + 0.9991\ln(DJC_{t-1}) + \hat{u}_t \tag{9.5}$$

t 统计量=（0.7347）　（782.3321）

R^2 =0.9967，$\bar{R}^2$ =0.9967，对数似然值 L=6304.87，AIC=-6.2746，SC=-6.2691

接下来，我们对随机游走模型（9.5）的残差 $\hat{u}_t$ 进行ARCH效应检验。

2. 残差序列的 ARCH 效应检验

首先，需要生成残差序列 $\hat{u}_t$。在图9.1所示的估计结果窗口工具栏中选择Proc|Make Residual Series...命令，屏幕会打开一个对话框，要求输入一个序列名以便保存回归方程的残差。本例将残差序列命名为resid01。在对残差序列resid01进行ARCH效应检验之前，先观察一下其特征。打开序列resid01，然后在其表格形式窗口的工具栏中选择View|Graph命令，打开绘图对话框，采用系统默认设置，再单击"确定"按钮，则屏幕会显示如图9.2所示的折线图。

从图9.2可以看到，回归方程的残差表现出波动"聚集性"，即大的波动后面常常伴随着较大的波动，较小的波动后面的波动也较小。例如，在2004年至2006年的这段时间，残差的波动较小，然而在2002年至2003年时间段，却表现出比一段时期较大的波动。残差序列的这种特征表明其可能具有如式（9.2）所示的条件异方差性，即可能存在ARCH效应。

接下来，我们先利用残差平方的自相关图来判断回归方程的残差是否存在ARCH效应，在图9.1所示的估计结果窗口工具栏中选择View | Residual Diagnostic | Correlogram Squared Residuals...命令，会打开一个对话框，要求用户输入滞后长度。本例设定滞后长度为25，然后单击OK按钮，得到如图9.3所示的相关图。

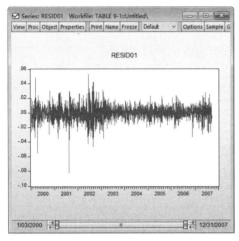

图9.2　残差序列resid01的折线图　　　　图9.3　残差平方的相关图

从图9.3可以看到，残差平方的自相关函数大多数都超出了95%的置信区域，统计上显著地不为0，而且其Q统计量值非常显著，其相应的概率值小于0.001，从而表明方程（9.5）的残差平方序列存在自相关，即残差序列存在ARCH效应。对于回归方程残差的ARCH效应检验，更为一般的方法是使用ARCH LM检验，其主要过程为：

① 在图9.1所示的估计结果窗口工具栏中选择View|Residual Diagnostics|Heteroskedasticity Tests命令，屏幕会弹出一个对话框，如图9.4所示，在Test type中单击选择ARCH，在Number of lags后填入10。

该对话框要求用户输入检验辅助回归方程（9.3）的滞后长度。由于检验辅助回归方程（9.3）是残差平方的一个AR(q)过程，因此对于滞后长度的选择，可以借助回归方程残差平方的自相关函数和偏自相关函数。从图9.3可以看到，残差平方的偏自相关函数PAC直到滞后10阶后才截断为0，因此我们将滞后长度设定为10。需要注意的是，对于残差的ARCH效应检验，应该尽量使用较大的滞后长度。

② 在图9.4所示的对话框中，输入滞后长度"10"，然后单击OK按钮，屏幕会输出如图9.5所示的残差序列的ARCH LM检验结果。

图9.5所示的检验结果分为上下两部分，上半部分显示ARCH LM检验结果；下半部分显示检验辅助回归方程的估计结果。在上半部分，EViews给出了ARCH效应检验的两个统计量，分别是F统计量和$T \times R^2$统计量。F统计量为27.2559，其概率值P非常小，从而表明检验辅助回归方程中的所有滞后残差平方项是联合显著的。ARCH效应的检验统计量是Obs*R-squared，其值等于241.0223，相应的概率值P非常小，因此拒绝"残差不存在ARCH效应"的原假设，即可以认为残差序列存在条件异方差性。当残差存在ARCH效应时，需要运用ARCH模型或者其扩展形式来刻画残差ARCH效应的这种特征，后面的内容

将对此做详细介绍。

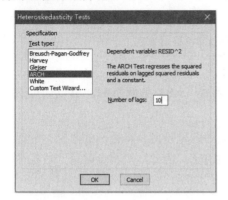

图 9.4 ARCH LM 检验对话框

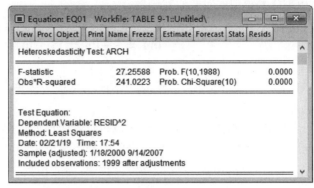

图 9.5 残差序列的 ARCH LM 检验结果

实验 9-2 ARCH 模型和 GARCH 模型

素材文件：sample/Example/table 9-2.wfl
多媒体教学文件：视频/实验 9-2.mp4

实验基本原理

当检查到回归方程（9.1）的随机误差项存在 ARCH 效应时，即残差存在条件异方差时，可以使用自回归条件异方差（ARCH）模型和广义的 ARCH（GARCH）模型来拟合随机误差项的条件方差。对于 ARCH(q)模型，有如下的一般形式：

$$\begin{cases} r_t = \mu_t + u_t \\ \sigma_t^2 = \alpha_0 + \alpha_1 u_{t-1}^2 + \alpha_2 u_{t-2}^2 + \cdots + \alpha_q u_{t-q}^2 \end{cases} \quad (9.6)$$

式（9.6）的第一个方程称为均值方程，第二个方程为条件方差方程。对于均值方程，我们可以拟合一个 ARMA 过程。为了保证误差项的条件方差是非负数，通常要求 $\alpha_i \geqslant 0 \quad \forall i = 1, 2, \cdots, q$。由于 ARCH 模型存在滞后长度 q 如何选取以及违反系数非负数约束等问题，因此通常使用的是 GARCH 模型。对于 GARCH(p,q)模型，误差项的条件方差有如下的一般形式：

$$\sigma_t^2 = \alpha_0 + \alpha_1 u_{t-1}^2 + \alpha_2 u_{t-2}^2 + \cdots + \alpha_q u_{t-q}^2 + \beta_1 \sigma_{t-1}^2 + \beta_2 \sigma_{t-2}^2 + \cdots + \beta_p \sigma_{t-p}^2 \quad (9.7)$$

在 GARCH(p,q)模型中，p 是自回归 GARCH 项的阶数，q 是 ARCH 项的阶数。对于金融时间序列，误差项的分布往往比正态分布假设有更厚的尾部。为了更精确地描述这些金融时间序列分布的"厚尾"特征，需要对误差项的分布进行假设。GARCH 模型的随机误差项的分布形式一般有正态分布、学生 t 分布和广义误差分布 3 种假设。若给定一个分布假设，GARCH 模型常使用极大似然估计方法进行参数估计。对于学生 t 分布和广义误差分布的有关知识，读者可以参考有关计量经济学和统计学图书。若假定随机误差项服从正态分布,我们可以写出GARCH(1,1)模型的对数似然函数:

$$\ln L = -\frac{1}{2}\ln(2\pi) - \frac{1}{2}\ln\sigma_t^2 - \frac{1}{2}\frac{(y_t - \mu_t)^2}{\sigma_t^2} \tag{9.8}$$

其中,$\sigma_t^2 = \alpha_0 + \alpha_1(y_{t-1} - \mu_{t-1})^2 + \beta_1\sigma_{t-1}^2$。由于不能得到式(9.8)的解析解,可以通过迭代算法得到其数值解。

金融理论中的大多数模型都假设投资者应该为承担额外的风险而获得更高的收益,处理这一问题的方法之一是设定金融资产的收益可部分由其风险决定。因此,可将金融资产收益率的条件方差引入 GARCH 模型的均值方程中,其中的一种形式如下:

$$\begin{cases} r_t = \mu_t + \delta\sigma_t + u_t \\ \sigma_t^2 = \alpha_0 + \sum_{i=1}^{q}\alpha_i u_{t-i}^2 + \sum_{j=1}^{p}\beta_j\sigma_{t-j}^2 \end{cases} \tag{9.9}$$

我们称式(9.9)所示的模型为 GARCH-M 模型,其还有其他两种形式,分别是用 σ_t^2 或 $\ln\sigma_t^2$ 代替式(9.9)均值方程中的 σ_t。

实验目的与要求

1. 实验目的

通过本次实验,了解ARCH模型和GARCH模型的一般形式,熟悉各ARCH模型估计的操作过程和估计方法。

2. 实验要求

(1)掌握ARCH模型、GARCH模型和GARCH-M模型的估计方法和操作过程,熟悉估计过程中各选项和参数的设置。

(2)熟练掌握这些模型估计的视图操作和过程操作。

(3)合理地解释模型估计结果,得出有意义的结论。

实验内容及数据来源

在实验 9-1 中,我们检验到所估计回归方程(9.5)的残差存在 ARCH 效应,由于 GARCH 模型比 ARCH 模型应用得广泛,因此本实验将建立一个 GARCH 模型。一般来说,GARCH 模型主要是对金融资产收益率序列进行建模,因此先对道琼斯混合指数日收盘价进行一阶自然对数差分,从而得到对数收益率,即 $r_t = \ln(DJC_t) - \ln(DJC_{t-1})$。本实验主要有以下内容:

(1)对于均值方程,对收益率 r_t 拟合一个AR(p)过程,因此需要观察 r_t 的相关图。

(2)对于条件方差方程,一般可以拟合一个 GARCH(1,1)模型,即:

$$\sigma_t^2 = \alpha_0 + \alpha_1 u_{t-1}^2 + \beta_1 \sigma_{t-1}^2 \tag{9.10}$$

为了保证条件方差的非负数，通常要求参数估计值非负，即要求 $\alpha_0 > 0$、$\alpha_1 > 0$、$\beta_1 > 0$。而且当系数估计值 $\hat{\alpha}_1 + \hat{\beta}_1 < 1$ 时，收益率的条件方差将收敛到无条件方差 $\frac{\alpha_0}{1-\alpha_1-\beta_1}$。同时为了进行比较，将条件标准差引入均值方程中，估计一个 GARCH(1,1)-M 模型。

（3）模型估计后，对模型进行一些基本分析，包括显示模型估计的残差以及生成条件方差等。

（4）在估计GARCH模型之后，本实验将对波动率进行预测。因此，需要将实际的样本观测值范围2000年1月3日至2007年9月14日分为两部分：2000年1月3日至2006年12月29日的样本观测值用于估计模型；剩下的样本用于预测。为了方便分析，本实验将所用数据保存在本书下载资源的Example文件夹下的table 9-2.wfl工作文件中。

▶ 实验操作指导

1. 收益率序列相关图

首先，需要生成对数收益率序列 r_t。在EViews命令窗口中输入命令"series r = d(log(djc))"，然后按Enter键，EViews将生成该序列。

其次，为了进行模型预测，需要修改样本范围。在EViews命令窗口中输入命令"smpl 1/03/2000 12/29/2006"，然后按Enter键，EViews将更改样本范围。

最后，为了识别AR(p)过程的阶数，需要借助序列r的相关图。打开序列r，在其窗口工具栏中选择View | Correlogram…命令，会打开一个对话框，要求用户输入滞后长度。本例设定滞后长度为"20"，然后单击OK按钮，将得到如图9.6所示的相关图。

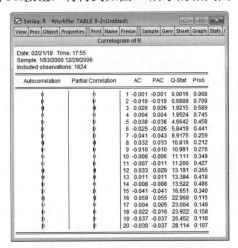

图9.6　收益率序列的相关图

从图9.6可以看到，收益率序列r的自相关函数和偏自相关函数绝大多数都在95%的置信区域内，只有在滞后阶数为15和16处的自相关函数和偏自相关函数稍微超出了置信区域。同时，Q统计量的值不显著，其相应的概率值都大于10%的检验水平，因此可以认为收益率序列r不存在自相关。因此，对收益率序列的均值方程为 $r_t = c + u_t$。

2. GARCH 模型估计

GARCH 模型估计的主要过程如下：

01 在 EViews 菜单栏中，选择 Quick | Estimate Equation…命令，会打开一个方程定义对话框，在对话框的 Method 下拉列表中选择 ARCH-Autoregressive Conditional Heteroskedasticity 选项，原对话框会发生变化，如图 9.7 所示。

对话框左上角 Mean equation 项下面的编辑框用于设定均值方程的形式，可以使用列表法分别列出均值方程的因变量和解释变量。当均值方程比较复杂时，用户还可以使用公式法进行设定。而且对于均值方程，用户可以为其设定一个 ARMA 过程。编辑框右边的 ARCH-M 项供用户选择是否在均值方程中加入 ARCH 均值，该选项的下拉列表框提供了 4 种选择。

图 9.7　方程定义对话框

- None：表示均值方程中不包含 ARCH-M 项。
- Std. Dev：表示在均值方程中加入条件标准差 σ。
- Variance：表示在均值方程中包含条件方差 σ^2。
- Log(Var)：表示在均值方程中加入条件方差的自然对数 $\ln(\sigma^2)$ 作为解释变量。

对话框中间的 Variance and distribution specification 项用于对条件方差方程和误差项的分布形式进行设定。Model 选项的下拉列表框提供了 5 种 ARCH 模型的类型，如图 9.8 所示，分别是 GARCH/TARCH、EGARCH、PARCH 和 Component ARCH(1,1)。

Options 选项用于设定所要估计模型的 ARCH 项的阶数、GARCH 项的阶数以及模型的其他项。用户只需要在 ARCH 项和 GARCH 项后面的编辑框中输入相应的数字即可，EViews 默认的形式是条件方差方程中包含一阶 ARCH 项和一阶 GARCH 项。如果用户需要估计一个非对称的 ARCH 模型，则需要在 Threshold 编辑框中输入非对称项的个数，该项默认情况下的值是 0，表示不估计非对称的模型。EViews 5.0 及以上版本可以估计条件方差方程中含有多个非对称项的 ARCH 模型。

Variance 项下面的编辑框供用户根据需要列出包含在条件方差方程中的外生变量。由于 EViews 在进行条件方差回归时会自动包含常数项，因此用户不必在编辑框中列出常数项。

Error 项用于选择设定随机误差项的分布形式，该项的下拉列表提供了 5 种分布形式，如图 9.9 所示，分别是 Normal（Gaussian）、Student's t（学生 t 分布）、Generalized Error（GED）（广义误差分布）、Student's t with fixed df（固定自由度的学生 t 分布）、GED with fixed parameter（固定参数的 GED 分布）。若用户选择了 Student's t 或者 Generalized Error（GED），则 EViews 会将学生 t 分布的自由度或 GED 分布的参数与 GARCH 模型的其他参数一起估计，并在输出估计结果中包含这些参数估计值。若用户选择了后面两种误差项的分布形式，则 Error 项后面会出现 Parameter 编辑框，要求用户输入这两种分布形式所需要的参数。

第 9 章 自回归条件异方差模型

图 9.8 Model 项的下拉列表框

图 9.9 Error 项下拉列表框

=== 说　明 ===

由于金融资产收益率表现出"尖峰厚尾（Leptokurtosis）"特征，即比正态分布假设具有更厚的"尾巴"，使用学生 t 分布或者 GED 分布能够比正态分布假设较好地描述收益率序列的这种厚尾特征。

02 单击图 9.7 所示的对话框顶端的 Options 标签，会出现 ARCH 模型估计选项对话框，如图 9.10 所示。

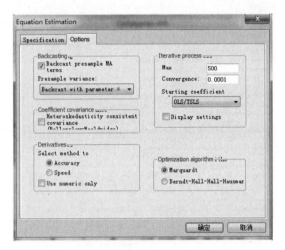

图 9.10 GARCH 模型估计选项对话框

图 9.10 所示的对话框为用户提供了多种关于 GARCH 模型估计的选项设置，包括以下几个部分：

- Backcasting：由于 GARCH 模型是采用迭代算法进行估计的，因此要求有初始方差值。EViews 默认选择 Backcasting 选项，表示将使用回推技术来确定模型估计所需的初始值（包括均值方程的 ARMA 过程初始值）。若用户没有选择 Backcasting 选项，则 EViews 将使用无条件方差来设置初始方差值。需要注意的是，使用回推指数平滑方法初始化 GARCH 模型所获得的效果通常比使用无条件方差的效果要好。
- Coefficient covariance：该项用于设置估计模型系数协方差的计算方法。其下面的 Heteroskedasticity consistent covariance 复选项表示将利用 Bollerslev 和 Wooldridge 给出的方法计算准最大似然估计（QML）的协方差和标准差。当用户怀疑随机误差项不服从正态分布时，应该选择这个选项。只有选择这一选项，参数的协方差估计才可能是一致的，从而可能产生参数估计的正确标准差。需要注意的是，选择该项进行参数估计时，模型估计值将保持不变，改变的只是参数的协方差矩阵。
- Derivatives：Eviews 是使用数值导数方法给出 GARCH 模型的数值解的。对话框的

Derivatives 选项组提供了两个计算导数的方法，分别是 Accuracy（精确计算）和 Speed（快速计算）。前者采用较小的步长进行计算，从而可以获得较高的精度，后者采用较大的步长进行计算，从而可以提高计算的速度。

- Iterative process 和 Optimization algorithm：对话框右边的 Iterative process 和 Optimization algorithm 选项组供用户控制迭代过程和选择数值计算过程中的优化算法。如果使用 EViews 默认设置对 GARCH 模型进行估计却不能收敛，则可以通过调整优化算法（Marquardt 方法和 BHHH 方法）、增加迭代的最大次数（Max）、改变收敛准则（Convergence）或者改变参数初始值（Starting coefficient）等选项来进行迭代控制。

03 本例在图 9.7 所示对话框的 Mean equation 项下面的编辑框中输入"r c"，其他选项采用 EViews 默认设置，然后单击"确定"按钮，屏幕会输出如图 9.11 所示的估计结果。

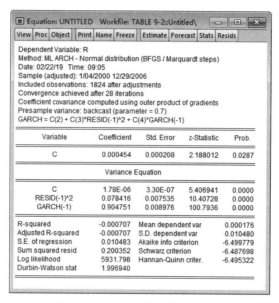

图 9.11　GARCH 模型的估计结果

在图9.11中，估计结果先显示估计方法、优化算法、误差分布、是否进行初始方差回推方法（ON表示选用了）以及条件方差的GARCH模型形式等信息。接着给出均值方程和条件方差方程的估计结果，最后给出模型估计的一些统计量。

在均值方程中，常数项估计值等于0.000454，非常小，但是在5％的检验水平下是显著的。一般情况下，股票价格指数的日对数收益率的均值为零，因此均值方程的参数估计是符合要求的。条件方差方程中的参数估计的z统计量非常显著，其相应的概率值P非常小，说明这些参数估计值都是显著的。而且这些参数估计值都大于0，从而保证条件方差的非负数要求符合GARCH模型参数要求。ARCH项和GARCH项的系数估计值$\hat{\alpha}_1$、$\hat{\beta}_1$分别为0.0784和0.9048，$\hat{\alpha}_1 + \hat{\beta}_1 = 0.9832 < 1$，满足GARCH模型参数约束条件，从而表明随机误差项的条件方差能够收敛到无条件方差 $\sigma^2 = \dfrac{\hat{\alpha}_0}{1 - \hat{\alpha}_1 - \hat{\beta}_1} = 0.000106$。由于系数之和非常接近1，因而前期的冲击对后面的条件方差的影响是持久的，即以前的冲击影响对未来的条件方差预测有着重要的作用。在高频的金融数据分析中，该结果是普遍存在的。可以看到，我们所估计的GARCH模型的 R^2 或 $\bar{R}^2$

是负数，这并不表明所估计的模型拟合效果不好，因为 R^2 或 $\bar{R}^2$ 并不是评价模型的唯一指标。

根据图9.11所示的输出结果，我们可以写出模型估计结果。

收益率序列 r 的均值方程：

$$r_t = 0.000454 + \hat{u}_t$$
$$\text{z 统计量} = (2.188)$$

条件方差方程：

$$\hat{\sigma}_t^2 = 1.78\text{E-}06 + 0.078416\,\hat{u}_{t-1}^2 + 0.904751\,\hat{\sigma}_{t-1}^2$$
$$\text{z 统计量} = (5.4069) \quad (10.4073) \quad (100.7936)$$

对数似然 L=5931.798，AIC＝-6.4998，SC＝-6.4877。

为了进行比较分析，我们对收益率r估计GARCH-M模型，估计过程和上述GARCH模型估计过程基本相同，不同的是需要在图9.7所示对话框的ARCH-M项的下拉列表中选择Std. Dev，其他选项设置和GARCH模型估计相同。需要注意的是，对于GARCH-M模型估计，其均值方程的设定只能使用列表法，否则，EViews将会给出错误信息提示。设定完成后，单击“确定”按钮，会得到如图9.12所示的GARCH-M模型估计结果。

从图9.12可以看到，均值方程中的条件标准差 σ_t 的系数估计值为正数，满足模型要求，即金融资产的收益率应该与其风险成正比，对于风险较高的资产，投资者要求获得较高的收益，从而为所承担的高风险进行补偿。GARCH-M模型的条件方差方程中的参数估计值也都为正数，且都非常显著。同时，与GARCH模型的条件方差方程的参数估计结果相比，GARCH-M模型的参数估计值并没有很大变化。由于均值方程的参数估计值不显著，因此可以考虑去掉均值方程中的常数项，重新估计GARCH-M模型，即可以在均值方程Mean equation编辑框中设定为“r”，然后按照上述步骤进行估计，得到如图9.13所示的估计结果。

Equation: UNTITLED　Workfile: TABLE 9-2::Untitled\

View | Proc | Object | Print | Name | Freeze | Estimate | Forecast | Stats | Resids

Dependent Variable: R
Method: ML ARCH - Normal distribution (BFGS / Marquardt steps)
Date: 02/22/19　Time: 09:10
Sample (adjusted): 1/04/2000 12/29/2006
Included observations: 1824 after adjustments
Convergence achieved after 32 iterations
Coefficient covariance computed using outer product of gradients
Presample variance: backcast (parameter = 0.7)
GARCH = C(3) + C(4)*RESID(-1)^2 + C(5)*GARCH(-1)

Variable	Coefficient	Std. Error	z-Statistic	Prob.
@SQRT(GARCH)	0.104231	0.087283	1.194166	0.2324
C	-0.000409	0.000754	-0.542992	0.5871
		Variance Equation		
C	1.81E-06	3.55E-07	5.080798	0.0000
RESID(-1)^2	0.079707	0.007616	10.46574	0.0000
GARCH(-1)	0.903323	0.009167	98.54409	0.0000

R-squared	-0.000847	Mean dependent var	0.000176
Adjusted R-squared	-0.001396	S.D. dependent var	0.010480
S.E. of regression	0.010487	Akaike info criterion	-6.499504
Sum squared resid	0.200380	Schwarz criterion	-6.484403
Log likelihood	5932.548	Hannan-Quinn criter.	-6.493934
Durbin-Watson stat	1.993908		

图 9.12　GARCH-M 模型估计结果

Equation: UNTITLED　Workfile: TABLE 9-2::Untitled\

View | Proc | Object | Print | Name | Freeze | Estimate | Forecast | Stats | Resids

Dependent Variable: R
Method: ML ARCH - Normal distribution (BFGS / Marquardt steps)
Date: 02/22/19　Time: 09:57
Sample (adjusted): 1/04/2000 12/29/2006
Included observations: 1824 after adjustments
Convergence achieved after 28 iterations
Coefficient covariance computed using outer product of gradients
Presample variance: backcast (parameter = 0.7)
GARCH = C(2) + C(3)*RESID(-1)^2 + C(4)*GARCH(-1)

Variable	Coefficient	Std. Error	z-Statistic	Prob.
@SQRT(GARCH)	0.058351	0.023762	2.455634	0.0141
		Variance Equation		
C	1.79E-06	3.32E-07	5.376663	0.0000
RESID(-1)^2	0.079206	0.007601	10.42098	0.0000
GARCH(-1)	0.904002	0.009062	99.75951	0.0000

R-squared	-0.000620	Mean dependent var	0.000176
Adjusted R-squared	-0.000620	S.D. dependent var	0.010480
S.E. of regression	0.010483	Akaike info criterion	-6.500429
Sum squared resid	0.200335	Schwarz criterion	-6.488348
Log likelihood	5932.391	Hannan-Quinn criter.	-6.495972
Durbin-Watson stat	1.995651		

图 9.13　GARCH-M 模型重新估计结果

从图9.13中可以看到，均值方程中的条件标准差的系数估计值变为显著，且是正数，从而满足方程要求。重新估计的GARCH-M模型的条件方差方程的参数估计值只有微小的改变。与GARCH模型估计结果相比，该模型估计结果的对数似然值有所提高，而且AIC准则和SC准则也有所减少。根据图9.13所示的输出结果,我们可以写出GARCH-M模型重新估计结果。

收益率序列r的均值方程:

$$r_t = 0.05835\hat{\sigma}_t + \hat{u}_t$$

z 统计量=(2.4554)

条件方差方程:

$$\hat{\sigma}_t^2 = 1.79E\text{-}06 + 0.079206\hat{u}_{t-1}^2 + 0.9040\hat{\sigma}_{t-1}^2$$

z 统计量=(5.3767) (10.4210) (99.7595)

对数似然 L=5932.391,AIC=-6.5004,SC=-6.4883

从所估计的均值方程可以看到,$\hat{\sigma}_t$ 的系数估计值为 0.05835,表明当市场中预期风险增加 1%时,会导致预期收益率相应地增加 0.05835%。由于所估计的均值方程中不含常数项的 GARCH-M 模型优于 GARCH 模型,因此接下来将对该模型的估计结果进行分析,包括各种视图操作和过程操作。

3. GARCH-M 模型分析

模型估计之后,可以通过选择图9.13所示模型估计结果窗口工具栏中的View功能键和Proc功能键的各选项对模型进行分析。

View功能键包含几种主要的操作:显示实际值、拟合值以及残差(Actual,Fitted, Residual),显示模型的GARCH项图形(Garch Graph,包括条件方差和条件标准差),给出参数估计的方差(Covariance)、系数检验(Coefficients Tests)以及残差检验(Residual Tests)等。Proc功能键包含几种主要的操作:预测(Forecast)、生成残差序列(Make Residual Series)以及生成GARCH模型条件方差序列(Make GARCH Variance Series)等。对GRACH-M模型的估计结果进行如下分析。

在图9.13所示模型估计结果的窗口工具栏中,选择View| Actual,Fitted,Residual| Actual,Fitted,Residual Graph命令,屏幕会显示如图9.14所示的图形。

从图9.14中可以看到,由于收益率序列的拟合值 $\hat{r}_t = 0.05835\hat{\sigma}_t$,而 $\hat{\sigma}_t > 0$ 且非常小,因此收益率的拟合值都大于零且非常小。虽然模型估计的残差值与实际值从图形上非常相似,仍对GARCH-M模型估计的残差进行ARCH LM检验,指定滞后阶数为9,则检验结果如图9.15所示。ARCH LM检验统计量Obs*R-squared=3.0027,其概率值P=0.9642,因此可以接受"残差不存在ARCH效应"的原假设。

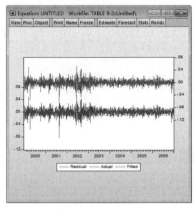
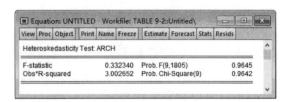

图 9.14　GARCH-M 模型的实际值、拟合值及残差值图　　图 9.15　模型残差的 ARCH LM 检验结果

同时，我们还可以生成 GARCH-M 模型的条件方差。其主要过程如下：

01 在图 9.13 所示的模型估计结果的窗口工具栏中选择 Proc|Make GARCH Variance Series… 命令，会弹出如图 9.16 所示的对话框。

02 在 Conditional Variance 编辑框输入序列名，以便保存条件方差。默认情况下，条件方差序列名为"garch01"。本例使用 EViews 自动给出的序列名，然后单击 OK 按钮，EViews 会在工作文件对象目录中生成序列 garch01，且会打开该序列。在序列 garch01 窗口工具栏中，选择 View|Graph 命令打开图形绘制对话框，采用默认设置并且单击"确定"按钮，则屏幕显示如图 9.17 所示的折线图。

从图 9.17 中可以看到，2001 年至 2002 年以及 2002 年至 2003 年共有三个时间段的条件方差较大，从而表明道琼斯混合指数在这些时间段存在较大的波动。从 2003 年至 2006 年，条件方差波动较小。

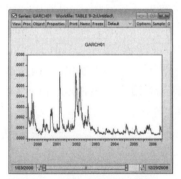

图 9.16　生成条件方差对话框　　　　　　　图 9.17　条件方差的折线图

4．模型预测

金融资产的波动率是一个比较重要的变量，而 GARCH 模型是对方差进行建模，因此可以利用所估计的 GARCH 模型对波动率进行预测。对于 GARCH(1,1)模型，可以得到在 T 时刻超前 s 期的条件方差的预测值，即：

$$\hat{\sigma}_{T+s}^2 = \alpha_0 \sum_{i=1}^{s-1}(\alpha_1+\beta_1)^{i-1} + (\alpha_1+\beta_1)^{s-1}\sigma_T^2 = \frac{1-(\alpha_1+\beta_1)^s}{1-(\alpha_1+\beta_1)}\alpha_0 + (\alpha_1+\beta_1)^{s-1}\sigma_T^2 \quad (9.11)$$

从式（9.11）可以看到，当 $0<\alpha_1+\beta_1<1$，且 $s\to+\infty$ 时，$\hat{\sigma}_{T+s}^2$ 收敛于无条件方差 $\frac{\alpha_0}{1-(\alpha_1+\beta_1)}$。

利用所估计的 GARCH-M 模型对条件方差进行预测，其主要过程如下：

01 在 GARCH-M 模型估计结果的窗口工具栏中选择 Proc|Forecast…命令，屏幕会弹出如图 9.18 所示的预测对话框。

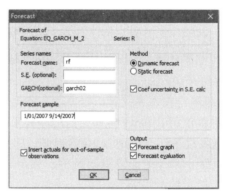

图 9.18　预测对话框

02 图 9.18 所示的对话框顶端显示了所要预测的方程（Equation: EQ_GARCH_M_2）以及预测对象（Series: R）。Forecast 编辑框用于为预测对象命名从而保存该序列，默认情况下是预测序列名后面加 f，即如图 9.18 所示的"rf"。S.E.（optional）编辑框用于为预测的标准误差序列命名；GARCH（optional）编辑框用于为预测的条件方差命名，本例在编辑框中输入"garch02"。Forecast sample 编辑框用于设置模型预测的样本范围，本例将样本范围更改为：1/01/2007 9/14/2007。对话框右边的 Method 选项组供用户选择预测的方法，有动态预测（Dynamic forecast）和静态预测（Static forecast）。Output 选项组下面的复选框用于选择预测输出结果，包括预测图形（Forecast graph）和预测评价指标（Forecast evaluation）。设置完对话框后，单击 OK 按钮，屏幕会输出如图 9.19 所示的动态预测结果。

图 9.19 上面的图形显示收益率序列 R 的预测值，其动态预测结果具有平直的结构，这是因为条件均值方程 $\hat{r}_t = 0.05835\hat{\sigma}_t$ 中的 $\hat{\sigma}_t$ 非常小，从而各期的预测值都在零值周围。同时可以看到，虚线表示的是收益率 R 的置信水平为 95% 的预测区间，随着预测期的增加，置信区域稍微变宽。下面的图形显示的是条件方差的预测结果。可以看到，条件方差预测值缓慢增加，呈"上凸"形状（曲线的一阶导数逐渐减小），最后收敛于 0.0001 和 0.00011 之间的某个值，即收敛到无条件方差。

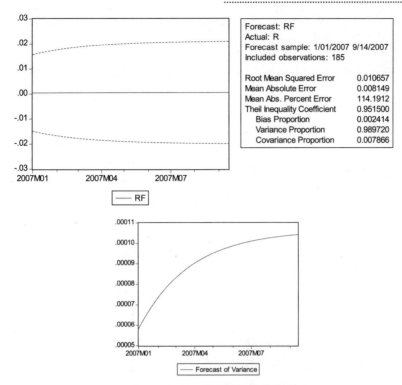

图 9.19　GARCH-M 模型的动态预测结果

实验 9-3　非对称的 ARCH 模型

素材文件：sample/Example/table 9-2.wfl

多媒体教学文件：视频/实验 9-3.mp4

▶ 实验基本原理

尽管实验9-2所介绍的GARCH模型能够很好地解释金融资产收益率序列的波动"聚集性"特征，但是它不能解释金融时间序列经常存在"杠杆效应"，即资产价格的下跌（负的冲击或者坏消息）比同样程度的价格上涨（正的冲击或者好消息）产生的波动更大。因此，人们提出了非对称的ARCH模型，包括TARCH模型、EGARCH模型和PARCH模型。下面简单介绍这3种非对称的ARCH模型。

1. TARCH 模型

TARCH 模型也被称为 GJR 模型，该模型加入了解释可能存在的非对称性的附加项。为了简单说明，考虑 TARCH(1,1)模型，其将条件方差设定为如下的形式：

$$\sigma_t^2 = \alpha_0 + \alpha_1 u_{t-1}^2 + \beta \sigma_{t-1}^2 + \gamma u_{t-1}^2 I_{t-1} \quad (9.12)$$

其中，I_{t-1} 为虚拟变量，且 $I_{t-1} = \begin{cases} 1 & u_{t-1} < 0 \\ 0 & u_{t-1} \geq 0 \end{cases}$

从式（9.12）可以看到，好消息（$u_{t-1} > 0$）和坏消息（$u_{t-1} < 0$）对条件方差 σ_t^2 有不同的冲击影响，前者的冲击影响为 $\alpha_1 u_{t-1}^2$，后者的冲击影响为 $(\alpha_1 + \gamma)u_{t-1}^2$。对于条件方差的非负数的要求是 $\alpha_0 \geq 0$、$\alpha_1 \geq 0$、$\beta \geq 0$ 和 $\alpha_1 + \gamma \geq 0$。若 $\gamma = 0$，则表示不存在非对称效应；若 $\gamma > 0$，则表示存在非对称效应。

2. EGARCH 模型

EGARCH 模型被称为指数 GARCH 模型（Exponential GARCH 模型）。为了简单说明，考虑 EGRCH(1,1)模型，其将条件方差设定为如下的形式：

$$\ln(\sigma_t^2) = \omega + \beta \ln(\sigma_{t-1}^2) + \gamma \frac{u_{t-1}}{\sqrt{\sigma_{t-1}^2}} + \alpha \left[\frac{|u_{t-1}|}{\sqrt{\sigma_{t-1}^2}} - \sqrt{\frac{2}{\pi}} \right] \tag{9.13}$$

由于式（9.13）是对 $\ln(\sigma_t^2)$ 建模，即使参数估计值是负数，条件方差 σ_t^2 仍然是正数。因此，EGARCH 模型不需要人为假定模型参数非负数约束限制。同时，如果参数 $\gamma < 0$，则表明存在杠杆效应；如果参数 $\gamma = 0$，则表明不存在非对称效应。

需要注意的是，EViews 中所指定的 EGARCH 模型的形式与式（9.13）所示的形式有些不同，其最后一项为 $\alpha \frac{|u_{t-1}|}{\sqrt{\sigma_{t-1}^2}}$。

3. PARCH 模型

PARCH 模型被称为幂 ARCH 模型。该模型是对标准差建模，因此大幅冲击对条件方差的影响比标准的 GARCH 模型中的要小。为了简单说明，考虑 PRCH(1,1)模型，其将条件方差设定为如下的形式：

$$\sigma_t^\delta = \omega + \alpha(|u_{t-1}| - \gamma u_{t-1})^\delta + \beta \sigma_{t-1}^\delta \tag{9.14}$$

其中，δ 为标准差的幂参数且 $\delta > 0$，与模型的其他参数一起估计，$|\gamma| \leq 1$。

▶ 实验目的与要求

1. 实验目的

通过本次实验，掌握几种非对称的 ARCH 模型，尤其是 TARCH 模型和 EGARCH 模型。

2. 实验要求

（1）熟悉 TARCH 模型和 EGARCH 模型的基本形式和模型参数的含义。

（2）掌握 TARCH 模型和 EGARCH 模型的估计操作过程，对实际输出结果做出合理的解释。

（3）能绘制 TARCH 模型和 EGARCH 模型的"信息影响"曲线，给出合理的分析说明。

（4）能使用TARCH模型和EGARCH模型对波动率进行预测。

实验内容及数据来源

由于PARCH模型应用较少，因此本实验将只介绍TARCH模型和EGARCH模型的估计及模型分析。由于这些模型主要是对金融资产时间序列的波动率进行建模，因此本实验仍然使用实验9-1中所用到的道琼斯混合指数。为了分析方便，本实验重新将这些数据保存在本书下载资源的Example文件夹下的table 9-2.wf1工作文件中。本实验的主要内容如下：

（1）给出道琼斯混合指数日对数收益率序列r的直方图及一些基本统计量，包括均值、偏度等，从而判断收益率序列的一些特征。

（2）根据收益率序列r的非对称性特征，对其建立并估计TARCH(1,1)模型和EGARCH(1,1)模型，并进行一些模型分析操作。

（3）为了观察正的冲击（好消息）和负的冲击（坏消息）对波动的非对称影响，将绘制EGARCH模型的"信息影响"曲线。

（4）以EGARCH模型为例，对波动率进行预测。因此需要将实际的样本范围划分为两部分：2000年1月3日至2006年12月29日的样本观测值用于估计模型；剩下的样本用于模型预测。

实验操作指导

1. 收益率序列的特征分析

在建立非对称ARCH模型之前，我们先分析道琼斯指数的日对数收益率序列r的特征。打开序列r，在其窗口工具栏中选择View|Descriptive Statistics & Test|Histogram and Stats命令，得到如图9.20所示的直方图和基本统计量信息。

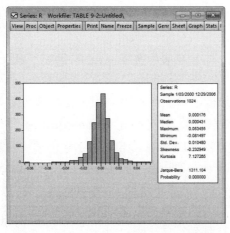

图9.20 收益率序列r的直方图和统计量

从图9.20左边的序列直方图可以看到，收益率序列r是非对称的，而且其"左尾"拖得比较长。同时，序列r的偏度S=-0.2329<0，从而表明序列r呈左偏分布。同时，序列r的峰度K=7.127，其峰度值大于正态分布假设的3，从而表明其分布呈"尖峰、厚尾（Leptokurtosis）"特征。序列r的J-B统计量非常大，其相应的概率值P非常小，从而可以认为序列r不服从正态分

布假设。

序列r的均值 $\mu = 0.000431$，非常接近0，因此我们对序列r进行均值等于0的简单假设检验。选择序列r窗口工具栏中的View | Descriptive Statistics &Test | Simple Hypothesis Tests命令，会打开一个对话框，在该对话框的Mean编辑框中输入"0"，然后单击OK按钮，得到如图9.21所示的均值检验结果。

检验结果显示，t统计量=0.7156，其相应的概率值P=0.4743，表明t统计量不显著，因此不能拒绝"均值等于0"的原假设，从而表明收益率序列r的平均收益率为0。根据上面的分析以及实验9-1中有关分析，日对数收益率序列r的分布具有"尖峰厚尾"、非对称性、波动"聚集性"以及零均值等特征，这些特征对于其他金融资产收益率也是普遍存在的。

图 9.21　序列 r 的零均值检验结果

2. TARCH 模型估计

根据前面对收益率序列r的分析，对其建立非对称的ARCH模型，包括TARCH模型和EGARCH模型。由于收益率序列的"厚尾"特征，因此对于随机误差项的分布假设，采用比正态分布假设的尾部更厚的t分布。我们先估计TARCH模型，然后估计EGARCH模型。需要注意的是，由于将全部的样本分成了两部分，因此需要更改模型估计的样本范围。

对收益率序列 r 估计 TARCH 模型的主要过程如下：

01 在 EViews 菜单栏中，选择 Quick | Estimate Equation…命令，会打开一个方程定义对话框，在对话框的 Method 下拉列表中选择 ARCH 选项，原对话框会发生变化，如图 9.22 所示。

02 根据前面对序列 r 的分析，其不存在序列相关且均值为零，因此对均值方程拟合为：$r_t = u_t$，其中 u_t 为随机误差项，即可以在 Mean equation 下面的编辑框中输入"r"，表示只有因变量和随机误差项（EViews 会自动加上误差项）。在 Order 下面的 Threshold 编辑框中输入 1，表示设置一个门限值（非对称项），EViews 5.0 及以上版本可以允许包含多个非对称项；在 Error 下拉列表中选择"Student's t（学生 t 分布）"；对话框的其他选项以及 Options 选项卡中的内容都采用 EViews 默认设置。然后单击"确定"按钮，得到如图 9.23 所示的 TARCH 模型估计结果。

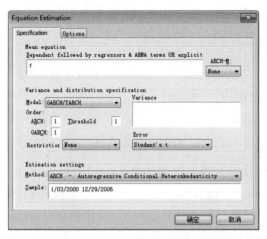

图9.22　方程定义对话框

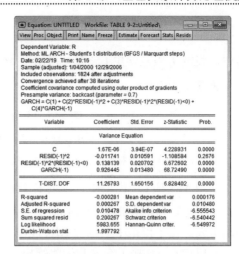

图9.23　TARCH(1,1)模型的估计结果

图9.23所示模型估计结果的上半部分给出了TARCH模型的条件方差方程的形式；下半部分显示模型参数估计值和一些统计量。由于设定收益率等于随机误差项，因此估计结果中没有给出均值方程。在条件方差方程估计结果中，除了ARCH项（$\hat{u}_{t-1}^2$项）的系数估计值的z统计量不显著外，其他参数估计都非常显著；常数项、GARCH项以及非对称项的系数估计都为正数，满足TARCH模型对参数非负数约束要求；非对称项的系数估计值为正数且z统计量显著，从而说明存在非对称效应。

由于假定随机误差项的分布形式为学生t分布，因此估计结果也给出了t分布的自由度估计值T-DIST.DOF＝11.26793，且z统计量也是显著的。自由度为正整数，因此可以认为t分布的自由度为11或12。我们可以重新估计TARCH模型，并在方程定义对话框的Error distribution下拉列表中选择"Student's t with fixed df.（固定自由度的学生t分布）"，在出现的Parameter编辑框中输入自由度11.4254。

由于TARCH模型估计结果中的ARCH项不显著，因此考虑将ARCH项去掉，重新估计TARCH模型，即在图9.22所示对话框的ARCH编辑框中设定为"0"，其他设置保持不变，单击"确定"按钮，得到如图9.24所示的估计结果。

图9.24所示是不包含ARCH项的TARCH模型估计结果。可以看到，重新估计后的TARCH模型的条件方差方程的参数估计值非常显著且都为正数。与图9.23所示的估计结果相比，参数估计值只有较小的变化，且TARCH(1,1)模型和TARCH(1,0)模型的对数似然函数值分别为5983.655、5983.108，AIC信息准则分别为-6.5555、-6.5571，SC准则分别为-6.5404、-6.5481。因此，可以认为TARCH(1,0)模型比TARCH(1,1)较好。根据图9.24的输出结果，可以写出TARCH(1,0)模型的估计结果。

均值方程：

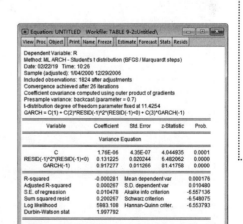

图9.24　TARCH(1,0)模型估计结果

EViews 统计分析与实验指导（视频教学版）

$$r_t = \hat{u}_t$$

其中，假定 u_t 服从学生 t 分布，自由度 df 估计值＝11.4254。

条件方差方程：

$$\hat{\sigma}_t^2 = 1.76\text{E-}06 \ + \ 0.1312\, u_{t-1}^2 I_{t-1} \ + \ 0.9173\, \hat{\sigma}_{t-1}^2$$

z 统计量＝（4.0449）　　（6.4821）　　　　（81.4176）

对数似然值 L＝5983.108　　AIC 准则＝-6.5571　　SC 准则＝-6.5480

在 TARCH(1,0)模型中，非对称效应（杠杆效应）的系数估计值 $\hat{\gamma} = 0.1312$ 显著且大于零，说明道琼斯混合指数的波动具有"杠杆效应"，股票价格的下跌比同等程度的上涨带来的波动更大。由于模型中不包含 ARCH 项，因此好消息对波动的冲击为 0，而坏消息对波动的冲击为 $0.1312\hat{u}_{t-1}^2$。接下来，我们将给出 EGARCH(1,1)模型的估计结果。

3. EGARCH 模型估计与信息冲击曲线

先对收益率序列 r 进行 EGARCH 模型估计，其主要过程如下：

01 在 EViews 菜单栏中，选择 Quick|Estimate Equation…命令，会打开一个方程定义对话框，在对话框的 Method 下拉列表中选择 ARCH 选项，原对话框会发生变化，如图 9.22 所示。

02 在 Mean equation 下面的编辑框中输入"r"，即只有因变量和随机误差项（EViews 会自动加上误差项）。在 Method 下拉列表中选择"EGARCH"估计方法，并在 Order 下面的 Asymmetric 编辑框中输入"1"，设置一个非对称项；在 Error distribution 下拉列表中选择"Student's t"，如图 9.25 所示。其他选项采用 EViews 默认设置，然后单击"确定"按钮，得到如图 9.26 所示的 EGARCH 模型估计结果。

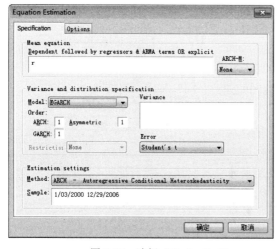

图 9.25　选择"Student's t"　　　　图 9.26　EGARCH(1,1)模型估计结果

图 9.26 所示模型估计结果的上半部分给出了 EGARCH 模型的条件方差方程的形式，下半部分显示模型参数估计值和一些统计量。EGARCH 模型的条件方差方程中的参数估计值的 z 统计量都很显著，表明这些参数估计值是显著的。由于 EGARCH 模型是对条件方差的自然对

数（$\ln(\sigma_t^2)$）建模，因此参数估计值没有约束条件限制。根据图 9.25 的输出结果，可以写出 EGARCH(1,1)模型的估计结果。

均值方程：
$$r_t = \hat{u}_t$$

其中，假定误差项 u_t 服从学生t分布，自由度df估计值＝11.9038，其z统计量＝6.5421。

条件方差方程：
$$\ln \hat{\sigma}_t^2 = -0.1983 + 0.05725 \frac{|\hat{u}_{t-1}|}{\sqrt{\hat{\sigma}_{t-1}^2}} - 0.1174 \frac{\hat{u}_{t-1}}{\sqrt{\hat{\sigma}_{t-1}^2}} + 0.9836 \ln(\hat{\sigma}_{t-1}^2)$$

z统计量＝（-5.7523）　（3.2437）　　（-8.7647）　　（340.1075）

对数似然值 L＝5990.396　　AIC 准则＝-6.5629　　SC 准则＝-6.5478

与 TARCH(1,0)模型相比较，EGARCH(1,1)模型的对数似然值有所增加，且 AIC 准则和 SC 准则有所减少。在 EGARCH 模型估计结果中，非对称项（$\frac{|\hat{u}_{t-1}|}{\sqrt{\hat{\sigma}_{t-1}^2}}$）的系数估计值等于-0.1174，小于零且显著，从而表明坏消息对波动有"杠杆效应"。好消息（$\hat{u}_{t-1} > 0$）对条件方差的对数产生-0.06015$\frac{\hat{u}_{t-1}}{\sqrt{\hat{\sigma}_{t-1}^2}}$（0.05725－0.1174）的冲击，坏消息（$\hat{u}_{t-1} < 0$）对条件方差的对数产生-0.17465$\frac{\hat{u}_{t-1}}{\sqrt{\hat{\sigma}_{t-1}^2}}$（0.05725＋0.1174）的冲击。

为了观察正的冲击和负的冲击对波动的非对称影响（杠杆效应），我们绘制 EGARCH 模型的信息影响曲线（New Impact Curve）。先给出信息影响曲线的定义，对于 EGARCH(1,1)模型，假设有：

$$\ln f\left(\frac{u_{t-1}}{\sigma_{t-1}}\right) = \alpha \left|\frac{u_{t-1}}{\sigma_{t-1}}\right| + \gamma \frac{u_{t-1}}{\sigma_{t-1}} \tag{9.15}$$

令 $z_{t-1} = \frac{u_{t-1}}{\sigma_{t-1}}$，则 $\ln f(z_{t-1}) = \alpha |z_{t-1}| + \gamma z_{t-1}$，称函数 $f(z_t)$ 为信息影响曲线。

根据式（9.15），绘制信息影响曲线需要知道EGARCH模型估计的残差 $\hat{u}_t$ 和条件方差 $\hat{\sigma}_t$，这两项可以很容易地对EGARCH模型估计结果进行过程操作得到。其实，$z_t = \frac{u_t}{\sigma_t}$ 表示的是标准化残差，因此通过对模型估计结果进行过程操作生成标准化残差从而得到 z_t。

绘制EGARCH模型的"信息影响曲线"的主要操作过程如下：

（1）生成标准化残差

01 在图 9.26 所示的 EGARCH 模型估计结果的窗口工具栏中，选择 Proc|Make Residuals Series…命令，会弹出如图 9.27 所示的对话框。

该对话框的 Residual type 选项组提供了普通残差（Ordinary）和标准化残差（Standardized）两种残差。

02 这里选择 Standardized，并在对话框的 Name for resid series 编辑框中输入序列名，从而保存标准化残差。本例对其命名为 std_resid，然后单击 OK 按钮，EViews 将生成标准化残差序列。

（2）标准化残差排序

01 打开标准化残差序列 std_resid，在其窗口工具栏中单击 Sort 功能键，会弹出如图 9.28 所示的序列排序对话框。

图 9.27　生成残差对话框

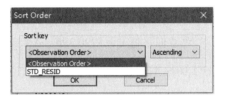

图 9.28　序列排序对话框

该对话框用于对序列观测值进行排序。对话框中的 Sort key 项用于选择排序关键字，其下拉列表提供了两种选择。

- <Observation Order>：表示按序列观测值顺序排序。
- STD_RESID：表示按照标准化残差值大小排序。

Sort key 项后面的下拉列表框提供了 Ascending（升序排列）和 Descending（降序排列）两种排序方式。

02 在 Sort key 下拉列表中选择 STD_RESID，在其后面的下拉列表中选择 Ascending，然后单击 OK 按钮，EViews 将对标准化残差序列 std_resid 进行升序排列。序列 std_resid 的无观测值的元素将排在前面。

（3）建立非时间序列工作文件页

从图9.25所示模型估计结果的顶端可以看到，对EGARCH模型进行估计所包含的样本观测值数（Included observations）为调整后的1824个。因此，需要重新建立一个非时间序列工作文件（Unstructured/Undated），其样本观测值数为1824。

选择"table 9-3.wfl"工作文件窗口底部的New Page | Specify by Frequency/Range…命令，然后按照第1章所介绍的步骤建立一个包含1824个观测值的非时间序列工作文件页，命名为"curve"。

（4）生成冲击序列 z 和函数 $f(z)$

打开新的工作文件页curve，生成标准化残差序列z，并将同一工作文件下的原工作文件页中的序列std_resid按照升序排列后的数据复制到序列z中。然后，还需要生成函数值 $f(z)$，通过单击工作文件底部的工作文件页标签使新建立的工作文件页"curve"处于激活状态，然后在EViews命令窗口中输入命令"series log(fz)＝0.05725*@abs(z)－0.1174*z"，按Enter键，将生成信息冲击影响序列fz。

（5）曲线绘制

建立一个包含序列z和fz的序列组，在EViews命令窗口中输入命令"group g1 z fz"，然后按Enter键，EViews将生成序列组g1。打开序列组g1，在其窗口工具栏中选择View | Graphs命令，然后在Specific选项下选择XY Line，将生成一个图形，在图形窗口工具栏中单击Freeze功能键，将冻结该图形，并为冻结图形添加阴影线，得到如图9.29所示的信息影响曲线。

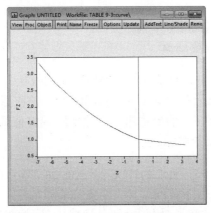

图9.29　EGARCH模型的信息影响曲线

从图9.29可以看到，在0的左边（$z<0$），信息影响曲线斜率的绝对值比较大，即从图形上看比较陡峭；而在0的右边，信息影响曲线较为平缓，从而说明负的冲击比正的冲击对波动性的影响更大。

4. EGARCH模型预测

利用所估计的EGARCH模型，可以对样本范围1/01/2007 9/14/2007的波动率进行动态预测，按照实验9-2中所介绍的GARCH模型的预测步骤，可以得到如图9.30所示的预测结果。

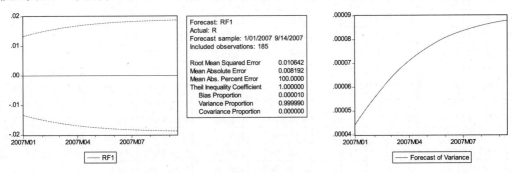

图9.30　EGARCH模型预测结果

由于所拟合的均值方程$\hat{r}=0$，因此收益率序列的预测值rf1从图形上看为一条过零值的直线。左图中虚线表示收益率序列预测值的95%的置信区间，其随着向后预测期的增加而有所变宽。右图是条件方差预测图，可以看到条件方差预测值缓慢增加，呈"上凸"形状，最后收敛到无条件方差。

上机练习

练习9-1 考察外汇汇率波动是否有条件异方差性

素材文件：sample/Exercise/exercise 9-1.wfl
多媒体教学文件：视频/习题 9-1.mp4

为了考察外汇汇率波动是否具有条件异方差性，即检验是否存在ARCH效应，收集到1997年1月2日至2007年12月28日美元兑日元汇率（Exchange）的收盘价数据，单位是日元/美元，数据来源于雅虎财经，由于存在节假日休市，因此实际观测值数为2867个。表9.2所示的是美元兑日元汇率收盘价格的前125个数据。

表 9.2 美元兑日元汇率收盘价格的部分数据

Obs	Exchange	Obs	Exchange	Obs	Exchange	Obs	Exchange	Obs	Exchange
1/02/1997	115.26	2/06/1997	122.91	3/18/1997	123.82	4/22/1997	125.59	5/28/1997	116.32
1/03/1997	115.89	2/07/1997	124.42	3/19/1997	123.61	4/23/1997	125.65	5/29/1997	116.72
1/06/1997	115.59	2/13/1997	124.11	3/20/1997	122.71	4/24/1997	126.49	5/30/1997	115.46
1/07/1997	116.49	2/14/1997	124.17	3/21/1997	123.25	4/25/1997	126.42	6/02/1997	116.49
1/08/1997	116.03	2/17/1997	124.79	3/24/1997	123.67	4/28/1997	126.36	6/03/1997	116.29
1/09/1997	115.28	2/18/1997	124.82	3/25/1997	122.58	4/29/1997	126.83	6/04/1997	116.53
1/10/1997	116.02	2/19/1997	124.63	3/26/1997	123.17	4/30/1997	126.9	6/05/1997	116.23
1/13/1997	116.32	2/20/1997	124.14	3/27/1997	123.82	5/04/1997	127	6/06/1997	116.23
1/14/1997	116.28	2/21/1997	124.03	3/28/1997	124.13	5/05/1997	126.86	6/09/1997	116.05
1/15/1997	116.5	2/24/1997	122.9	3/31/1997	123.65	5/06/1997	126.8	6/10/1997	113.01
1/16/1997	117.22	2/25/1997	122.74	4/01/1997	124.28	5/07/1997	126.2	6/11/1997	112.98
1/17/1997	117.01	2/26/1997	122.35	4/02/1997	124.01	5/08/1997	125.75	6/12/1997	111.62
1/20/1997	116.94	2/27/1997	121.57	4/03/1997	122.8	5/09/1997	125.13	6/13/1997	112.49
1/21/1997	117.38	2/28/1997	121.4	4/04/199	123.15	5/12/1997	123.1	6/16/1997	114.38
1/22/1997	117.95	3/03/1997	120.98	4/07/1997	123.24	5/13/1997	118.76	6/17/1997	114.41
1/23/1997	118.05	3/04/1997	120.6	4/08/1997	124.64	5/14/1997	119.68	6/18/1997	113.33
1/24/1997	119.16	3/05/1997	121.58	4/09/1997	125.57	5/15/1997	119.09	6/19/1997	113.27
1/27/1997	119.24	3/06/1997	122.13	4/10/1997	126.69	5/16/1997	116.54	6/20/1997	113.56
1/28/1997	119.4	3/07/1997	121.62	4/11/1997	127.12	5/19/1997	116.84	6/23/1997	114.36
1/29/1997	119.95	3/10/1997	121.04	4/14/1997	126.38	5/20/1997	115.91	6/24/1997	115.52
1/30/1997	121.46	3/11/1997	121.78	4/15/1997	126.26	5/21/1997	114.1	6/25/1997	114.5
1/31/1997	121.92	3/12/1997	121.66	4/16/1997	126.49	5/22/1997	113.96	6/26/1997	113.74
2/03/1997	121.91	3/13/1997	122.27	4/17/1997	126.06	5/23/1997	114.94	6/27/1997	114.33
2/04/1997	121.55	3/14/1997	122.22	4/18/1997	125.73	5/26/1997	115.42	6/28/1997	113.54
2/05/1997	122.12	3/17/1997	123.49	4/21/1997	126	5/27/1997	115.91	7/02/1997	114.55

本题所用的数据保存在本书下载资源的 Exercise 文件夹下的 exercise 9-1.wfl 工作文件中。利用这些数据，使用 EViews 完成以下操作和分析：

（1）绘制美元兑日元汇率序列Exchange的折线图和直方图，分析该序列的特征。

（2）为了减少舍入误差，对序列Exchange取自然对数，即得到序列lnex = log(Exchange)，绘制序列lnex的折线图和直方图并分析其特征。货币汇率常常用如下的随机游走模型来描述：

$$\ln Exchange_t = c_0 + c_1 \ln Exchange_t + u_t \tag{9.16}$$

估计模型（9.16），并利用残差平方的相关图和ARCH LM检验方法判断残差是否存在ARCH效应。

（3）对序列Exchange取一阶自然对数差分，即得到收益率序列r，绘制序列r的折线图和直方图，分析其特征，并利用Q-Q分位数图判断序列r的分布是否服从正态分布。

（4）对收益率序列r建立GARCH模型、GARCH-M模型，分析模型估计结果并利用模型预测条件方差。可以将实际的样本观测值范围划分为两部分，一部分样本用于模型估计；剩下的样本用于模型预测。

（5）对收益率序列r建立TARCH模型、EGARCH模型，根据这两个模型的估计结果判断是否存在"杠杆效应"。同时，为了观测冲击对波动的非对称效应，以EGARCH模型为例，绘制其信息影响曲线。

练习9-2　分析上证指数是否存在非对称效应

素材文件：sample/Exercise/exercise 9-2.wfl
多媒体教学文件：视频/习题 9-2.mp4

自回归条件异方差模型（ARCH）及其各种扩展形式在金融时间序列分析中有着重要的作用，其能够很好地对金融资产收益率的波动率建模，并刻画收益率的"波动聚集性""杠杆效应"等特征。本题选取样本范围为2000年1月4日至2007年12月28日上证综合指数（SZZS）的日收盘价数据，数据来源于CCER，由于存在节假日休市，因此共有1925个实际观测值。表9.3所示的是我国上证综合指数（SZZS）日收盘价格的前100个数据。

本题所用的数据保存在本书下载资源的 Exercise 文件夹下的 "exercise 9-2.wfl" 工作文件中。利用这些数据，使用 EViews 完成以下操作和分析：

（1）对上证指数序列SZZS进行一阶自然对数差分，得到日对数收益率序列r，即r = d(log(szzs))，绘制序列r的折线图和直方图，并分析收益率序列r的特征。

（2）对收益率序列r建立GARCH模型和GARCH-M模型，之后对模型估计结果进行分析和预测，包括生成标准化残差、条件方差以及模型预测等。

（3）对收益率序列r建立EGARCH模型，根据模型估计结果判断上证指数是否存在非对称效应并分析负的冲击对波动率的影响。同时，为了观察冲击的非对称效应，绘制EGARCH模型的信息影响曲线，并对此进行分析。

表9.3 我国上证综合指数日收盘价格部分数据

Obs	SZZS	Obs	SZZS	Obs	SZZS	Obs	SZZS	Obs	SZZS
1/04/2000	1406.371	2/15/2000	1670.67	3/14/2000	1685.347	4/11/2000	1821.174	5/16/2000	1724.538
1/05/2000	1409.682	2/16/2000	1693.109	3/15/2000	1681.471	4/12/2000	1807.328	5/17/2000	1725.398
1/06/2000	1463.942	2/17/2000	1640.649	3/16/2000	1607.527	4/13/2000	1831.548	5/18/2000	1758.537
1/07/2000	1516.604	2/18/2000	1668.091	3/17/2000	1658.601	4/14/2000	1833.665	5/19/2000	1777.828
1/10/2000	1545.112	2/21/2000	1677.136	3/20/2000	1699.248	4/17/2000	1795.058	5/22/2000	1824.736
1/11/2000	1479.781	2/22/2000	1632.294	3/21/2000	1710.324	4/18/2000	1813.495	5/23/2000	1832.075
1/12/2000	1438.02	2/23/2000	1594.93	3/22/2000	1720.446	4/19/2000	1828.71	5/24/2000	1855.493
1/13/2000	1424.442	2/24/2000	1634.309	3/23/2000	1747.241	4/20/2000	1847.027	5/25/2000	1880.704
1/14/2000	1408.848	2/25/2000	1631.576	3/24/2000	1730.499	4/21/2000	1841.064	5/26/2000	1879.617
1/17/2000	1433.33	2/28/2000	1704.855	3/27/2000	1775.914	4/24/2000	1837.398	5/29/2000	1898.748
1/18/2000	1426.623	2/29/2000	1714.578	3/28/2000	1791.441	4/25/2000	1833.469	5/30/2000	1877.471
1/19/2000	1440.724	3/01/2000	1697.744	3/29/2000	1788.807	4/26/2000	1832.779	5/31/2000	1894.554
1/20/2000	1466.863	3/02/2000	1713.014	3/30/2000	1810.984	4/27/2000	1806.83	6/01/2000	1903.488
1/21/2000	1465.085	3/03/2000	1738.021	3/31/2000	1800.225	4/28/2000	1836.321	6/02/2000	1916.25
1/24/2000	1477.344	3/06/2000	1681.085	4/03/2000	1801.003	5/08/2000	1836.637	6/05/2000	1899.092
1/25/2000	1476.506	3/07/2000	1694.798	4/04/2000	1760.692	5/09/2000	1806.638	6/06/2000	1925.544
1/26/2000	1481.117	3/08/2000	1726.033	4/05/2000	1771.199	5/10/2000	1752.689	6/07/2000	1935.031
1/27/2000	1506.767	3/09/2000	1732.346	4/06/2000	1809.141	5/11/2000	1724.048	6/08/2000	1925.206
1/28/2000	1534.997	3/10/2000	1705.049	4/07/2000	1819.896	5/12/2000	1720.608	6/09/2000	1900.787
2/14/2000	1673.943	3/13/2000	1728.875	4/10/2000	1826.061	5/15/2000	1704.587	6/12/2000	1912.557

第10章 多方程模型

在前面的章节中，我们所讨论的都是单方程的模型，即利用单个方程来描述某一变量与影响该变量变化的诸因素之间的关系。本章主要讨论多方程模型，包括联立方程模型、向量自回归模型和向量误差修正模型。联立方程模型的建立是以经济理论为基础的，考察多个变量之间的相互关系。在联立方程模型中，由于被解释变量（外生变量）又是另一个方程的解释变量，从而使得模型中各个方程之间是联立的，而并非是独立的，从而使得联立方程模型的估计比单方程估计更为复杂。对于联立方程模型，涉及模型的识别和估计方法，只有模型是可识别的，才能进行模型估计。其中，秩条件是联立模型识别的充分条件，而阶条件是模型识别的必要条件。在模型是可识别的基础上，我们可以根据阶条件来判断联立模型是恰好识别的还是过度识别的。联立模型估计的方法包括单方程估计方法和系统估计方法，前者是逐个估计模型中的每个方程，估计的前提是这些方程必须是可识别的；后者是同时确定各个方程中的参数，比较常用的是似无关回归方法和三阶段最小二乘法。

由于联立方程模型是根据经济理论建立的，例如一个描述消费函数的方程很可能包括可支配收入以及滞后消费作为解释变量，因此该模型是一个结构化的模型。然而，现有的经济理论有时还不足以确定模型的正确结构，同时联立方程模型中内生变量之间错综复杂的关系使得模型估计以及推论变得相当的复杂。向量自回归（Vector Auto-Regression，VAR）模型可以解决联立方程模型的这些问题，该模型是包含多个方程的非结构化模型。VAR模型是基于数据的统计性质来建立模型的，其建模思想是把每一个外生变量作为所有内生变量滞后值的函数来构造模型。由于VAR模型中各个方程的右边没有非滞后的内生变量，因此使用OLS估计可以得到一致且有效的参数估计量。同时，利用脉冲响应函数（Impulse Response Function，IRF）和方差分解（Variance Decomposition）方法可以分析VAR模型的动态特性。其中，脉冲响应函数可以很好地衡量来自某个内生变量的随机扰动冲击对VAR模型中所有内生变量当前值和未来取值的影响；而通过方差分解可以分析每个新息冲击对内生变量变化的贡献度，从而了解各新息对模型内生变量的相对重要性。

对于多变量的非平稳时间序列，假如它们之间存在协整关系，即一种长期的均衡关系，则可以对它们建立向量误差修正模型。向量误差修正（Vector Error Correction，VEC）模型可以被认为是包含协整约束的VAR模型，该模型将变量之间的长期均衡关系（误差修正项）以及外生变量的差分项一起作为解释变量进行回归分析。

本章的主要内容有：联立方程模型的识别与估计、VAR模型估计与分析、运用脉冲响应函数和方差分解方法分析VAR模型的动态特性、多个变量的Johansen协整关系检验以及VEC模型的估计与分析等。

实验 10-1 联立方程模型

素材文件：sample/Example/table 10-1.wfl
多媒体教学文件：视频/实验 10-1.mp4

实验基本原理

联立方程模型至少由两个方程构成。为了说明这类模型，考虑如下需求与供给联立模型的结构式：

$$\left.\begin{array}{l}需求方程：Q^d = \alpha_1 + \alpha_2 P_t + \alpha_3 Y_t + \varepsilon_t \\ 供给方程：Q^s = \beta_1 + \beta_2 P_t + \beta_3 P_{t-1} + u_t \\ 平衡方程：Q^d = Q^s \end{array}\right\} \quad (10.1)$$

其中，Q^d、Q^s 分别表示需求量和供给量，P_t 表示价格，Y_t 表示收入。联立方程模型中的平衡方程是恒等式，并不需要估计。在联立方程模型中，由模型确定的变量称为内生变量（Endogenous Variables），如 Q^d、Q^s 和 P_t；不是直接由模型确定的变量称为前定变量（Predetermined Variables），包括滞后的内生变量和外生变量（Exogenous Variables），如 P_{t-1} 是滞后内生变量，Y_t 是外生变量。联立方程模型中，式（10.1）的参数 α_i、β_i 称为结构式参数。

对于上述需求与供给联立方程模型，可以将其化为如下的简化式：

$$\left.\begin{array}{l}P_t = \pi_0 + \pi_1 P_{t-1} + \pi_2 Y_t + v_{1t} \\ Q_t = \pi_3 + \pi_4 P_{t-1} + \pi_5 Y_t + v_{2t} \end{array}\right\} \quad (10.2)$$

其中，式（10.2）中的 π_i 称为简化式参数，由结构式参数转化而来。可以看到，简化式模型（10.2）中各方程的右边只有前定变量。

1. 联立方程模型识别

在考虑联立方程模型估计之前，需要考虑模型的识别问题，即考虑能否从已知的简化式模型确定其结构式模型的问题。如果无法从简化式模型估计出所有的结构式参数，则称该方程是不可识别的；如果从简化式模型能够得到结构式参数，则称该模型是可识别的，包括恰好识别（结构式参数存在唯一的取值）和过度识别（结构式参数中有一些具有多个值）。可以利用阶条件（必要条件）和秩条件（充分条件）对联立方程模型进行识别。可以判断模型（10.1）中的需求方程和供给方程都是可识别的。

2. 模型参数估计

对于联立方程模型（10.1），由于内生变量出现在方程的右边，因此很可能与随机误差项相关,则方程的OLS估计量是有偏的且非一致的。联立方程模型的估计方法可分为单一方程估计方法和系统估计方法,且这两种方法都要求联立方程模型是可以识别的。单一方程估计方法是逐一估计联立模型中的每个方程,主要包括工具变量法和两阶段最小二乘法(TSLS或2SLS)。系统估计方法则是同时确定各方程参数,主要包括似无关回归法(Seemingly Unrelated Regression,SUR)和三阶段最小二乘法(Three-Stage Least Squares,3SLS)。

3. 三阶段最小二乘法

考虑到联立方程模型可能存在随机误差项跨方程相关的情况(如 ε_t 和 u_t 之间相关),2SLS方法估计只能得到参数一致但非有效的估计。3SLS估计方法是先用2SLS方法估计每个方程,再对整个方程组运用广义最小二乘法。其包括三个阶段:在第一阶段,先估计联立方程模型的简化形式,得到内生变量的拟合值;在第二阶段,用内生变量的拟合值得到联立模型中所有方程的2SLS估计,从而得到跨方程的方差和协方差矩阵;在第三阶段,用GLS估计方法得到模型的参数估计量。

实验目的与要求

1. 实验目的

(1)通过本次实验,了解联立方程模型的形式和用途,熟练地对联立方程模型进行识别判断。

(2)熟悉联立方程模型估计方法和操作过程。

2. 实验要求

(1)了解联立方程模型的结构式和简化式,熟练运用阶条件和秩条件对模型进行识别判断。

(2)熟练使用EViews对联立方程模型中可识别的方程进行TSLS估计,合理地解释输出结果。

(3)熟练使用EViews对联立方程模型进行3SLS估计,合理地解释输出结果。

实验内容及数据来源

本实验讨论的是联立方程模型估计。表10.1所示的是美国某年各个州和地方政府的费用支出数据,这些数据由原始数据整理得到。

其中,EXPD表示州政府和地方政府的费用支出(单位为百万美元),AID表示联邦政府补贴(单位为百万美元),INC表示各州收入(单位为百万美元),POP为各州人口总数(单位为千人),PS为小学和公立中学在校人数(单位为千人)。本实验所用数据保存在本书下载资源的Example文件夹下的table 10-1.wf1工作文件中。

表 10.1 美国各个州和地方政府的费用支出等数据

Obs	EXPD	AID	INC	POP	PS	Obs	EXPD	AID	INC	POP	PS
1	704.0	190.8	3759.3	1026	251	26	2938.0	736.2	20194.8	5221	1161
2	526.0	95.2	3311.9	774	168	27	1512.0	411.3	9408.0	2688	624
3	411.0	108.1	1703.4	460	107	28	3197.0	842.5	18723.7	4733	1090
4	5166.0	1101.2	27965.7	5796	1203	29	4771.0	837.6	32694.2	7347	1514
5	699.0	178.3	4373.1	969	190	30	2063.0	598.4	12014.0	3306	714
6	2546.0	446.6	16675.1	3080	665	31	2446.0	712.6	15099.0	4072	892
7	22749.4	4408.1	96885.9	18367	3524	32	2104.0	679.6	12239.0	3521	784
8	5911.0	1036.2	39530.3	7349	1513	33	1427.0	575.3	7192.1	2256	526
9	8840.1	1619.1	54108.2	11905	2362	34	1014.0	399.6	6716.8	2008	462
10	6867.0	1200.9	49021.0	10722	2422	35	2691.0	732.6	13326.0	3738	846
11	3457.0	544.5	23068.1	5286	1221	36	1767.0	500.3	10102.8	2633	607
12	8935.0	1754.1	58041.5	11244	2349	37	7246.0	1636.2	47402.3	11604	2738
13	7799.0	1324.9	44902.8	9013	2197	38	587.0	180.4	2923.4	716	178
14	3757.0	525.0	19366.8	4526	995	39	512.0	135.9	2801.8	755	185
15	3528.0	632.0	16837.8	3877	910	40	368.0	127.7	1477.1	346	86
16	2108.0	325.9	12447.3	2884	647	41	1920.0	432.6	10874.4	2364	575
17	3156.0	716.8	20445.3	4747	1030	42	823.0	298.1	3778.9	1076	285
18	475.0	127.4	2617.2	634	142	43	1523.0	294.5	8387.9	1963	485
19	521.0	132.6	2560.9	680	162	44	821.0	220.9	4216.1	1127	306
20	1052.0	204.8	6801.1	1528	330	45	543.0	95.9	2776.4	533	131
21	1551.0	299.4	10285.4	2268	475	46	3070.0	628.9	15726.2	3418	791
22	571.0	97.1	2981.8	571	134	47	1766.0	439.2	9480.7	2185	471
23	3392.0	546.5	20308.8	4048	921	48	20052.0	4082.2	103830.8	20411	4501
24	3037.0	624.2	20946.9	4765	1069	49	698.0	185.3	1697.2	325	85
25	1250.0	452.3	6505.1	1795	410	50	940.0	164.8	4204.8	816	182

数据来源:《计量经济模型与经济预测》[美] 平狄克、鲁宾费尔著,钱小军等译,机械工业出版社,1999,第99~100页)

州政府和地方政府的费用支出与联邦政府补助、州收入以及人口因素有关。同时,各州所获得的联邦政府补贴也与消费支出以及小学生和公立中学生在校人数有关。因此根据分析,建立如下消费支出联立方程模型:

$$EXPD = \alpha_0 + \alpha_1 AID + \alpha_2 INC + \alpha_3 POP + \varepsilon \quad (10.3)$$

$$AID = \beta_0 + \beta_1 EXPD + \beta_2 PS + \eta \quad (10.4)$$

本实验主要有如下内容:

(1) 在对上述联立方程模型估计之前,先对联立方程模型进行识别判断。
(2) 使用二阶段最小二乘法估计联立模型中的可以识别方程。
(3) 使用三阶段最小二乘法对可识别的模型进行系统估计。
(4) 使用Hausman确认检验方法对上述模型进行联立性检验。

实验操作指导

1. 联立模型识别

对于联立方程模型,秩条件给出了模型识别的充分条件,阶条件给出了模型识别的必要条件。阶条件是：如果联立模型中的某个方程是可识别的，则它所不包含的前定变量的个数（k）必须大于等于它所包含的内生变量（同时包括方程左边和右边的内生变量）个数（m）减1，即$k \geq m-1$。在模型可识别的基础上，若$k=m-1$，则方程是恰好识别的；若$k>m-1$，则方程是过度识别的。

对于上述只包含两个方程的简单联立方程模型，可以判断出模型中的每个方程都是可识别的，因此该模型是可识别的。在该联立方程模型中，$EXPD$、AID 为内生变量，INC、POP、PS 为外生变量，无滞后内生变量。方程（10.3）不包含的前定变量的个数 $k=1$，其所包含的内生变量个数 $m=2$，因此方程（10.3）是恰好识别的。方程（10.4）不包含的前定变量的个数 $k=2$，其所包含的内生变量个数 $m=2$，因此方程（10.4）是过度识别的。下面将先使用TSLS方法估计方程（10.3）和方程（10.4），然后使用3SLS对上述联立方程模型进行系统估计。

2. 单方程的 TSLS 估计

由于模型是可识别的，因此我们将使用 2SLS 估计方法估计方程（10.3）和方程（10.4）。使用 2SLS 方法对方程（10.3）进行估计的主要过程如下：

01 在 EViews 菜单栏中选择 Quick | Estimate Equation 命令，打开方程定义对话框，在对话框的 Method 下拉列表中选择 TSLS 选项，屏幕将出现如图 10.1 所示的对话框。

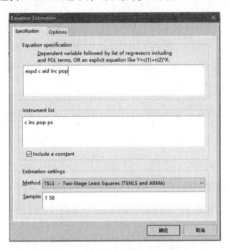

图 10.1　方程定义对话框

02 首先，在对话框上方的 Equation specification 编辑框中设定待估计方程的形式，可以使用列表法输入 "expd c aid inc pop"。然后在 Instrument list 编辑框中输入用于估计方程的工具变量名。本例中，方程（10.3）是恰好识别的，且有 4 个待估计参数，因此需要 4 个工具变量，可以将模型中所有外生变量加上常数项作为工具变量，故可以输入 "c inc pop ps"，所输入的工具变量个数满足估计要求。设定完成后，单击"确定"按钮，屏幕将输出如图 10.2 所示的方程 2SLS 估计结果。

图 10.2 所示的估计结果的上半部分给出了工具变量等信息。在方程（10.3）的参数估计结果中，常数项的 t 统计量在 10%的检验水平下不显著，其他参数估计值在 5%的检验水平都显著。变量 AID 和 INC 的系数估计值为正数，说明联邦政府补贴和各州收入对州政府和地方政

府的消费支出有正的影响。然而，变量 POP 的系数估计值为负数，说明各州人口对政府消费支出有负的影响。方程估计的 $\bar{R}^2=0.988$，表明方程的拟合效果比较好。

由于方程估计的常数项不显著，因此考虑将常数项排除掉，使用2SLS方法重新估计方程（10.3），具体过程省略，得到如图10.3所示的估计结果。

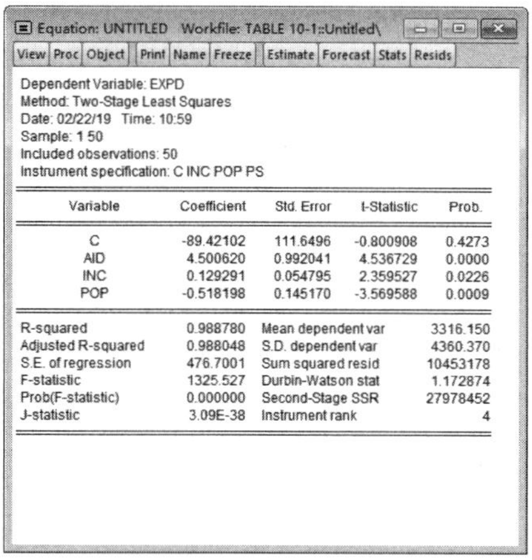

Equation: UNTITLED Workfile: TABLE 10-1::Untitled\

Dependent Variable: EXPD
Method: Two-Stage Least Squares
Date: 02/22/19 Time: 10:59
Sample: 1 50
Included observations: 50
Instrument specification: C INC POP PS

Variable	Coefficient	Std. Error	t-Statistic	Prob.
C	-89.42102	111.6496	-0.800908	0.4273
AID	4.500620	0.992041	4.536729	0.0000
INC	0.129291	0.054795	2.359527	0.0226
POP	-0.518198	0.145170	-3.569588	0.0009

R-squared	0.988780	Mean dependent var	3316.150
Adjusted R-squared	0.988048	S.D. dependent var	4360.370
S.E. of regression	476.7001	Sum squared resid	10453178
F-statistic	1325.527	Durbin-Watson stat	1.172874
Prob(F-statistic)	0.000000	Second-Stage SSR	27978452
J-statistic	3.09E-38	Instrument rank	4

图 10.2　方程（10.3）的 2SLS 估计结果

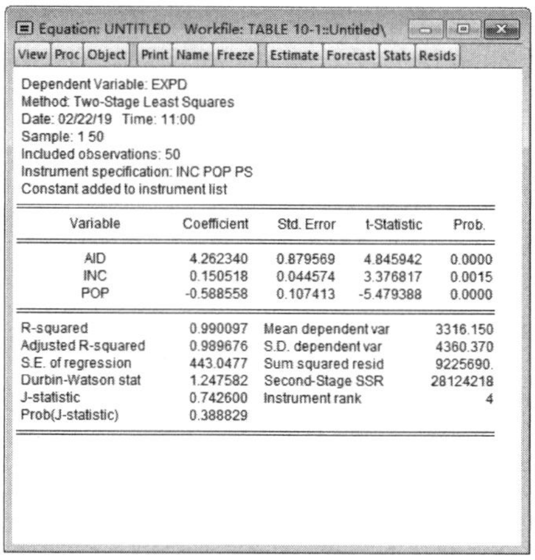

Equation: UNTITLED Workfile: TABLE 10-1::Untitled\

Dependent Variable: EXPD
Method: Two-Stage Least Squares
Date: 02/22/19 Time: 11:00
Sample: 1 50
Included observations: 50
Instrument specification: INC POP PS
Constant added to instrument list

Variable	Coefficient	Std. Error	t-Statistic	Prob.
AID	4.262340	0.879569	4.845942	0.0000
INC	0.150518	0.044574	3.376817	0.0015
POP	-0.588558	0.107413	-5.479388	0.0000

R-squared	0.990097	Mean dependent var	3316.150
Adjusted R-squared	0.989676	S.D. dependent var	4360.370
S.E. of regression	443.0477	Sum squared resid	9225690.
Durbin-Watson stat	1.247582	Second-Stage SSR	28124218
J-statistic	0.742600	Instrument rank	4
Prob(J-statistic)	0.388829		

图 10.3　方程（10.3）重新估计后的结果

与图 10.2 所示的估计结果相比，方程重新估计后的参数估计的标准误（Std. Error）变小，例如变量 AID 的系数估计的标准误从 0.9920 变为 0.8796。因此，参数估计值的 t 统计量值变大，参数变得更加显著。同时，方程（10.3）重新估计后的 $\bar{R}^2=0.9897$。因此，可以认为方程重新估计后的结果优于原来的估计结果。根据图 10.3 的输出结果，我们可以写出方程（10.3）的估计结果：

$$EXP\hat{D}=4.2623\,AID+0.1505\,INC-0.5886\,POP$$

$$\text{t 统计量}=(4.8459)\qquad(3.3768)\qquad(-5.4794)\qquad \bar{R}^2=0.9897$$

从方程（10.3）的估计结果可以看到，联邦政府补贴和各州收入对州政府和地方政府消费支出有正的影响，联邦补贴增加 100 万，政府支出大约增加 430 万；州收入增加 100 万，政府支出大约增加 15 万。然而，州人口对政府消费支出有负的影响，州人口增加 1 千人，政府支出大约减少 58.9 万。

接下来，使用 TSLS 估计方法估计方程（10.4），可以使用 EViews 命令的方式进行估计。对方程进行两阶段最小二乘估计的命令格式如下：

$$tsls\quad formula\ @\quad z_1\quad z_2\cdots z_k$$

所估计的方程可以是线性的，也可以是非线性的。如果方程是线性的，则可以使用变量列表法设定方程的形式。分割符号“@”用于将待估计方程与工具变量分割开来，其中 z_i 为工具变量。

方程（10.4）是过度识别的，且有3个待估计的参数，因此需要3个工具变量，可以将所有的外生变量都作为工具变量。本例中，对于方程（10.4）的TSLS估计，可以输入如下命令：“tsls aid c expd ps @ c inc pop ps”，然后按Enter键，将会得到如图10.4所示的TSLS估计结果。

从图10.4可以看到，常数项估计值的t统计量在10%的检验水平下不显著。变量EXPD的系数估计值非常显著且为正数，表明州政府支出和地方政府支出对联邦政府补贴有正的影响。变量PS的系数估计值的t统计量在5%的检验水平不显著，但在10%的检验水平下显著，且系数估计值为正数，从而表明小学和公立中学在校人数对联邦政府补贴也有正的影响。

由于方程（10.4）的常数项估计不显著，考虑将其排除掉，重新估计方程（10.4），得到如图10.5所示的估计结果。

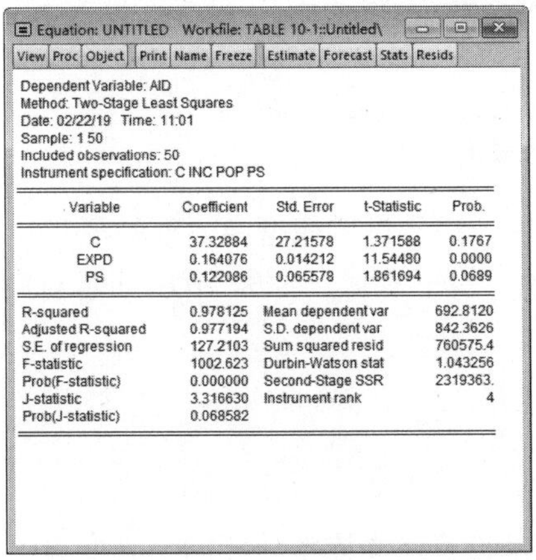

图 10.4　方程（10.4）的 TSLS 估计结果 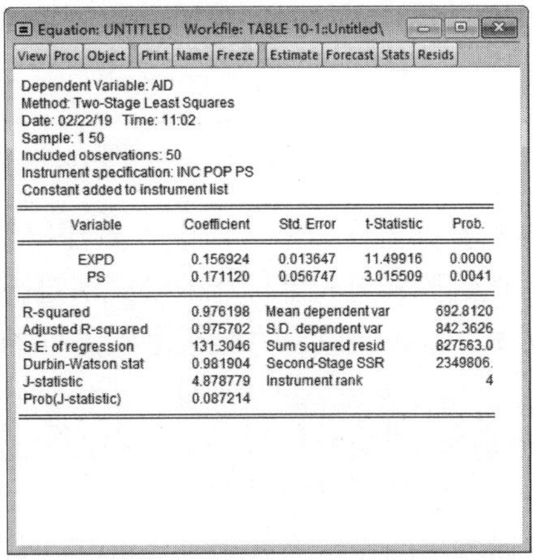　　　图 10.5　方程（10.4）重新估计后的结果

与图 10.4 所示的估计结果相比，方程重新估计后的参数估计的标准误（Std. Error）变小，例如变量 EXPD 的系数估计的标准误从 0.01421 下降为 0.01365。因此，参数估计的 t 统计量值变大，参数变得更加显著。同时，方程（10.4）重新估计后的 $\bar{R}^2$ 稍微有所下降。根据图 10.5 的输出结果，我们可以写出方程（10.4）的估计结果：

$$\hat{AID} = 0.1569\,EXPD + 0.1711\,PS$$
t 统计量＝（11.4992）　　（3.0155）　　$\bar{R}^2 = 0.9762$

根据方程（10.4）估计结果可以分析出，州政府和地方政府消费支出以及在校学生人数对联邦政府补贴有正的影响，政府支出增加 100 万，获得的联邦政府补贴大约增加 15.7 万；小学和公立中学在校人数增加 1 千人，联邦政府补贴大约增加 17.1 万。

3. 联立模型的系统估计

前面所介绍的单方程的 2SLS 估计方法可以得到方程参数的一致估计。但是如果考虑到联立模型的各方程的随机误差项可能存在跨方程相关的问题，例如方程（10.3）中的误差项 ε 和（10.4）的 η 之间可能存在相关，那么单方程估计方法只能得到一致的但非有效的参数估计。此时，可以使用 3SLS 估计方法，这是一种系统估计方法，可以同时确定联立方程模型中的各方程参数，并获得参数一致的且有效的估计量。使用 3SLS 估计由方程（10.3）和方程（10.4）构成的联立方程模型的主要过程如下：

01　使用 3SLS 估计联立方程模型，首先需要建立一个系统对象。选择 EViews 菜单栏的 Object | New Object 命令，在所弹出对话框的 Type of object 列表中选择 System（系统对象），并为所建立的系统对象命名，本例命名为"sys01"，然后单击 OK 按钮，EViews 将生成系统对象 SYS01，打开该对象，如图 10.6 所示。

对于系统对象的建立，也可以在 EViews 命令窗口中输入命令"system sys01"，然后按 Enter 键，屏幕也会输出如图 10.6 所示的系统对象设定窗口。如果是第一次建立系统对象，则其窗口是空白的，需要使用描述方程的文本和描述工具以及参数初始值的文本来设定系统对象。

图 10.6　系统对象设定窗口

② 系统对象的方程设定。对联立方程模型进行估计需要设定模型中方程的形式，系统对象中方程的形式是利用标准的公式法进行设定的。对于本例，在图 10.6 所示窗口中输入如下文本，以设定联立方程模型各方程的形式：

```
inst c inc pop ps
expd=c(1)+c(2)*aid+c(3)*inc+c(4)*pop
aid=c(5)+c(6)*expd+c(7)*ps
```

在上述方程的设定形式中，"inst"所在的行是设置联立模型估计的工具变量，接下来的两行是设定方程（10.3）和方程（10.4）的形式。在设定系统方程时，需要注意如下规则：

①方程中的变量和系数可以是线性的，也可以是非线性的。在不同的方程中，可以使用相同的系数，从而进行方程之间的系数约束。例如：

```
y=c(1)+c(2)*x
z=c(3)+[1- c(2)]*x+c(2)*w
```

同时，也可以在方程内加入附加约束，对于如下方程：

```
y=c(1)+c(2)*x1+c(2)*x2+ c(3)*x3
```

若希望在方程中施加约束：c(1)+c(2)+c(3)=1，则可以将方程设定为：

```
y=c(1)+c(2)*x1+c(2)*x2+[1-c(1)-c(2)] *x3
```

②系统中的方程可以包含自回归 AR 误差项，但是不能包含 MA、SAR 或者 SMA 误差项。每一个 AR 项设定必须有一个系数，用方括号将整个 AR 项设定包含进去，且每个 AR 项后必须有一个"="和一个系数。例如：

```
y=c(1)+c(2)*x+[ar(1)=c(3),ar(2)=c(4)]
```

注　意

系统中的方程必须是行为方程，即在方程定义的公式之外有一个内生的随机误差项。EViews 总是假定随机误差项被加于所定义的方程中。恒等式（例如需求供给模型中的平衡方程）不应该包含在系统对象方程中，否则将出现模型不可识别的问题。

---

③ 工具变量设定和方程估计的初始值设定。

利用 2SLS、3SLS 或者 GMM 估计系统时，必须设定估计中所使用的工具变量。对工具变量的设定有如下方式：

①如果联立模型中的每个方程都使用相同的工具变量，则应该在系统对象设定窗口中包含一行以关键字"@inst"或者"inst"开头的说明，在其后面是工具变量列表。例如本例中的语句：

```
inst c inc pop ps
```

表示命令 EViews 在系统的所有方程中将这 4 个变量作为工具变量。

②如果联立模型中每个方程使用不同的工具变量，则可以在每个方程设定形式后面添加符号"@"，然后紧跟该方程所要使用的工具变量。例如本例中，可以在系统定义窗口中输入如下语句：

```
expd=c(1)+c(2)*aid+c(3)*inc+c(4)*pop    @ c inc pop ps
aid=c(5)+c(6)*expd+c(7)*ps              @ c inc ps
```

表示设定方程（10.3）的工具变量为"c inc pop ps"，设定方程（10.4）的工具变量为"c inc ps"。

③此外，用户还可以将这两种方法结合起来使用，系统对象中任何一个没有单独指定工具变量的方程将使用由"@inst 或 inst"指定的工具变量。例如在本例中，可以在系统定义窗口中输入如下语句：

```
inst c inc pop ps
expd=c(1)+c(2)*aid+c(3)*inc+c(4)*pop
aid=c(5)+c(6)*expd+c(7)*ps              @ c inc ps
```

该语句表示，虽然在 expd 方程中没有单独设定工具变量，但其将使用工具变量"c inc pop ps"，而 aid 方程中单独设定了工具变量，即使用"c inc ps"作为工具变量。

=== 说　明 ===

对于工具变量的使用需要说明几点：①对于一个给定的方程，应该将方程右边所有的外生变量都列为工具变量；②如果用户没有将常数项作为工具变量，则 EViews 会自动将其作为工具变量包含在每一个方程中；③每个方程所使用的工具变量个数应该大于等于方程待估计参数的个数，否则方程是不可识别的，从而不能被估计；④如果用户利用一种不需要使用工具变量的方法估计联立方程模型，则所有的工具变量设定语句都将被忽略。

如果在系统对象窗口编辑区中包含非线性方程，用户可以使用以关键字"param"开头的一行命令为部分或者所有的参数提供初始值。赋值语句要求用户列出参数名称和参数初始值的对应组合，必须成对出现。例如语句：

```
param c(1) 0.20  c(3) 0.78
```

表示将参数 c(1)、c(3)的初始值分别设定为 0.20 和 0.78。如果用户不提供参数初始值，则 EViews 将使用当前系数向量"C"中的值作为非线性方程估计的初始值。

04 系统对象估计对话框说明。建立并在系统对象设定窗口的编辑区域中设定好系统对象后，单击其窗口工具栏中的 Estimate 功能键，会弹出如图 10.7 所示的系统对象估计对话框。

该对话框顶端有 Estimation Method 和 Options 两个标签，供用户选择系统对象的估计方法和设定迭代选项。当前所显示的是 Estimation Method（估计方法）选项卡。

Estimation Method 下拉列表为用户提供了 10 种估计方法，如图 10.8 所示，分别为 Ordinary Least Squares（普通最小二乘估计）、Weighted L.S.(equation weights)（加权最小二乘估计）、Seemingly Unrelated Regression（似不相关回归，SUR）、Two-Stage Least Squares（两阶段最小二乘估计，TSLS 或者 2SLS）、Weighted Two-Stage Least Squares（加权 TSLS）、Three-Stage Least Squares（三阶段最小二乘估计，3SLS）、Full Information Maximum Likelihood（完全信息最大似然估计，FIML）、GMM-Cross Section（White cov.）（使用 White 协方差矩阵的广义矩估计）、GMM-Time series（HAC）（使用 HAC 协方差矩阵的时间序列的广义矩估计）和 ARCH-Conditional Heteroskedasticity（条件异方差模型估计）。

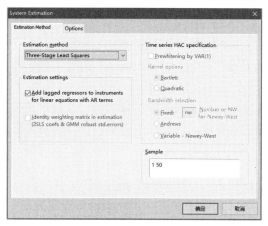

图 10.7　系统对象估计对话框

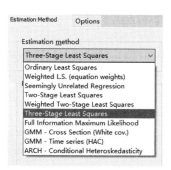

图 10.8　估计方法下拉列表框

图 10.7 所示的对话框会根据用户选择不同的估计方法而进行相应的改变。同时该选项组下方还提供了两个复选项。

- Add lagged regressors to instruments for linear equations with AR terms：若用户选择了 2SLS、加权 2SLS、3SLS 和两种 GMM 估计方法，则该对话框中的 Add lagged regressors to instruments for linear equations with AR terms 选项变得可选；若选择其他估计方法，则该选项不可选。若用户选择了该选项，则 EViews 在估计 AR 模型时，会在工具变量列表中自动加入自变量和因变量的滞后项作为工具变量，这些工具变量的滞后阶数与系统设定中的 AR 项的阶数相匹配。如果用户希望在估计过程中对系统工具变量进行准确设定，则不要选择该选项。

- Identity weighting matrix in estimation（2SLS coefs & GMM robust std. errors）：该选项只能应用于两种 GMM 估计方法。若用户选择该选项，则表示在 GMM 估计过程中使用单位加权矩阵（Identity Weighting Matrix），该矩阵对于截面异方差（White）或者同时存在异方差以及自相关（Newey-West）都是稳健的。如果没有选择该项，则 EVeiws 会使用 GMM 权重估计和计算系数的协方差矩阵。

05　在图 10.7 所示对话框的 Estimation Method 下拉列表中选择 Three-Stage Least Squares，对话框的其他选项采用 EViews 默认设置，然后单击"确定"按钮，屏幕会输出如图 10.9 所示的估计结果。

第 10 章 多方程模型

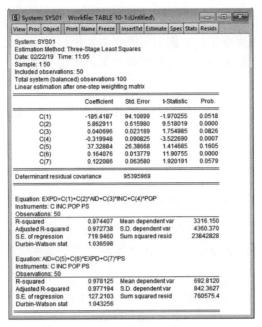

图 10.9 联立方程模型的 3SLS 估计结果

图10.9中首先显示的是联立方程模型中每个参数的估计量、标准误和t统计量及其相应的概率值。接下来给出的是残差协方差矩阵的行列式的值（Determinant Residual Covariance）。估计结果最后给出的是系统中每个方程的一系列统计量。联立方程模型共有7个参数，其中参数c(5)在10%的检验水平下不显著，其余参数在10%的检验水平下都显著，部分参数甚至在1%的检验水平下显著。

将图 10.9 中 c(1)至 c(4)参数估计值（方程（10.3）的参数估计值）同图 10.2 所示的 2SLS 参数估计值相比，会发现参数估计值变化较大，但参数估计值的符号是完全相同的，而且使用 3SLS 估计方法所得到的参数估计值的标准误小于 2SLS 估计的值。对于方程（10.4），即 AID 方程，与图 10.4 所示的 2SLS 估计结果相比，参数估计值完全相同，但是 3SLS 估计方法所得到的参数的标准误也小于 2SLS 估计的值，从而说明方程（10.3）和方程（10.4）的 3SLS 估计方法所得到的参数估计值比 2SLS 估计方法的估计值有效。

注 意

运用 3SLS 估计方法时需要注意两点：①在估计之前必须删除所有的平衡方程；②如果联立方程模型中随机误差项跨方程的协方差为 0（误差项不存在跨方程相关），则 3SLS 估计量和 2SLS 估计量是相同的。

4. 联立性检验

如果方程没有联立性，则OLS估计可以得到有效的并且一致的参数估计量；相反，2SLS 则产生一致的但并非有效的估计量。然而，如果方程有联立性，则OLS估计量将是非一致的，而2SLS估计将给出参数一致的且有效的估计量。因此，在摒弃OLS估计方法而倾向于其他方法之前，应该检验方程的联立性问题。

方程联立性检验可以采用 Hausman 设定误差检验方法。联立性问题的原因在于方程中有一个或者多个解释变量是内生变量，它们很可能会与随机误差项存在相关。因此，Hausman 检验的本质是：检验一个内生回归元是否与误差项相关，若它们之间是相关的，则存在联立性问题。考虑方程（10.4），对其进行 Hausman 联立性检验的基本思想和主要步骤如下：

01 将因变量 $EXPD$ 对 INC、POP、PS 进行如下的简单回归，得到方程的残差值 $\hat{\varepsilon}$，即：

$$EXPD = \alpha_0 + \alpha_1 INC + \alpha_2 POP + \alpha_3 PS + \varepsilon \qquad (10.5)$$

02 将因变量 AID 对 $EXPD$、$\hat{\varepsilon}$、PS 作如式（10.6）的简单回归，即：

$$AID = \beta_0 + \beta_1 EXPD + \beta_2 \hat{\varepsilon} + \beta_3 PS + \eta \qquad (10.6)$$

对残差 $\hat{\varepsilon}$ 的系数进行 t 统计量显著检验，若残差 $\hat{\varepsilon}$ 的系数显著地异于零，则说明因变量 AID 与式（10.5）中的误差项 ε 是相关的，因此拒绝"无联立性"的原假设；否则，不能拒绝原假设。

03 根据上述的检验步骤，先使用 OLS 方法估计方程（10.5），得到残差 $\hat{\varepsilon}$ 的估计结果：

$$\hat{\varepsilon} = EXPD - 97.8748 - 0.2928 INC - 0.2699 POP + 3.7516 PS$$

t 统计量＝　　　（0.5602）（6.2359）（0.6120）（-2.7730）

$\bar{R}^2 = 0.9680$　　　D.W=2.0253　　　F 统计量＝495.2371

然后利用所生成残差对方程（10.6）进行 OLS 估计，得到如图 10.10 所示的估计结果。

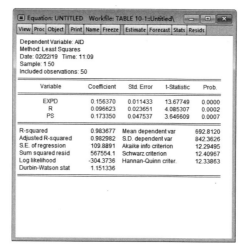

图 10.10　方程（10.6）的估计结果

在图10.10所示的估计结果中，解释变量RESID01代表的是方程（10.5）的回归残差值 $\hat{\varepsilon}$，其t统计量等于3.6702，在1%的检验水平下是显著的，因此拒绝"方程无联立性"的原假设，从而表明若使用OLS估计方法对方程（10.4）进行估计，则所得到的参数估计量将是非一致的。读者可以将方程（10.4）的OLS估计结果与其2SLS结果进行比较。

实验 10-2　向量自回归模型

素材文件：sample/Example/table 10-2.wfl
多媒体教学文件：视频/实验 10-2.mp4

实验基本原理

向量自回归（Vector Auto-Regression，VAR）模型是一种非结构化的模型，即变量之间的关系并不是以经济理论为基础的。VAR 模型把系统中每一个内生变量作为系统中所有内生变量的滞后项的函数来构造模型，其一般形式为：

$$Y_t = A_1 Y_{t-1} + A_2 Y_{t-2} + \cdots + A_p Y_{t-p} + B_0 X_t + \cdots + B_r X_{t-r} + \varepsilon_t \quad t = 1, 2, \cdots, n \tag{10.7}$$

其中，Y_t 是 k 维内生变量向量，$Y_{t-i}(i=1,2,\ldots,p)$ 是滞后内生变量向量，$X_{t-i}(i=1,2,\ldots,r)$ 是 d 维外生变量向量或滞后外生变量向量，P、r 分别是内生变量和外生变量的滞后阶数。A_t 是 $k \times k$ 维系数矩阵，B_i 是 $k \times d$ 维系数矩阵，这些矩阵都是待估计的参数矩阵。ε_t 是由 k 维随机误差项构成的向量，其元素相互之间可以同期相关，但不能与各自的滞后项相关以及不能与模型右边的变量相关。

模型（10.7）中每个方程的右边都是前定变量，没有非滞后的内生变量，且每个方程右边的变量都是相同的，因此使用OLS估计方法可以得到与VAR模型参数一致的且有效的估计量。对于滞后长度P和r的选取，一般希望滞后数足够大，以便能较好地反映所构造模型的动态特征。但是滞后数越大，模型中待估计的参数越多，模型的自由度越小。一般可以根据AIC信息准则和SC准则取值最小的原则来确定模型的滞后阶数。

实验目的与要求

1. 实验目的

通过本次实验，掌握向量自回归模型的建模方法和建模过程。

2. 实验要求

（1）知道向量自回归模型的一般形式。
（2）能够熟练地使用EViews估计向量自回归模型。
（3）能够对向量自回归模型进行一般的分析。

实验内容及数据来源

表10.2所示的是1979年1月至1988年6月美国取暖用油市场数据，其中PHO表示取暖用油价

格，QHO表示产量，NHO表示存货量，GIP表示工业产品指数的增长率（1987＝100）。本实验所用数据保存在本书下载资源的Example文件夹下的table 10-2.wf1工作文件中。

表10.2 美国取暖用油市场数据

Obs	PHO	QHO	NHO	GIP	Obs	PHO	QHO	NHO	GIP
1979M01	53.08	94.33	175	85.1	1981M01	102.61	92.65	179	85.2
1979M02	62.67	80.86	127	85.8	1981M02	99.9	78.65	173	85.4
1979M03	60.01	93.58	112	86.1	1981M03	92.04	77	164	85.7
1979M04	57.82	88.35	115	85.2	1981M04	92.88	72.54	165	85
1979M05	99.5	95.04	123	86.2	1981M05	90.21	76.07	172	85.6
1979M06	88.01	94.59	141	86.1	1981M06	90.11	75.03	180	86.1
1979M07	76.76	102.42	171	85.6	1981M07	92.13	74.24	186	87.1
1979M08	74.72	102.96	195	85.3	1981M08	92.77	82.33	200	86.9
1979M09	81.17	100.6	220	85.5	1981M09	94.07	78.3	207	86.5
1979M10	83.52	100.7	231	86	1981M10	98.39	77.03	201	85.8
1979M11	88.51	97.17	236	85.7	1981M11	102.54	81.48	200	84.8
1979M12	79.67	99.85	228	85.6	1981M12	98.27	88.53	192	84.1
1980M01	77.26	93.43	212	85.9	1982M01	89.75	80.32	164	82.4
1980M02	71.07	80.21	192	86.2	1982M02	94.47	67.95	147	84.2
1980M03	74.42	79.29	178	86.2	1982M03	79.66	70.92	126	83.7
1980M04	77.2	73.83	177	84.5	1982M04	91.89	70.74	108	83.2
1980M05	75.75	76.69	183	82.5	1982M05	91.79	81.15	114	82.7
1980M06	74.89	79.41	197	81.5	1982M06	93.39	81.87	124	82.4
1980M07	75.74	83.39	214	81.2	1982M07	88.13	84.75	148	82
1980M08	73.8	76.32	226	82.4	1982M08	93.33	77.71	159	81.6
1980M09	77.21	80.58	232	83.5	1982M09	99.57	79.71	161	81
1980M10	81.16	80.29	226	84	1982M10	99.35	87.97	170	80.3
1980M11	90.33	81.09	222	85.5	1982M11	89.86	85.8	186	80
1980M12	94.49	89.62	205	85.9	1982M12	83.38	82.3	179	79.3

数据来源：《计量经济模型与经济预测》[美]平狄克、鲁宾费尔著，钱小军等译，机械工业出版社，1999，第259~260页）

原油价格等因素的不确定性使得要构造一个用来描述取暖用油市场需求、产量和存货量之间关系的结构化模型存在很大困难，然而利用向量自回归模型可以比较简单地构造取暖用油市场的动态模型。根据上面的分析，本实验欲构造一个度量取暖用油市场的 VAR 模型，为了简单说明，将模型的滞后长度设定为 2，并引入 GIP 作为 VAR 模型的外生变量。该模型的形式如下：

$$\begin{bmatrix} NHO \\ PHO \\ QHO \end{bmatrix}_t = \begin{bmatrix} a_0 \\ a_1 \\ a_2 \end{bmatrix} + \begin{bmatrix} b_{11} & b_{12} & b_{13} \\ b_{21} & b_{22} & b_{23} \\ b_{31} & b_{32} & b_{33} \end{bmatrix} \begin{bmatrix} NHO \\ PHO \\ QHO \end{bmatrix}_{t-1} + \begin{bmatrix} c_{11} & c_{12} & c_{13} \\ c_{21} & c_{22} & c_{23} \\ c_{31} & c_{32} & c_{33} \end{bmatrix} \begin{bmatrix} NHO \\ PHO \\ QHO \end{bmatrix}_{t-2} + \begin{bmatrix} d_0 \\ d_1 \\ d_2 \end{bmatrix} GIP_t + \begin{bmatrix} \varepsilon_0 \\ \varepsilon_1 \\ \varepsilon_2 \end{bmatrix}_t \quad (10.8)$$

本实验的主要内容有：①估计VAR模型（10.8）的参数；②模型估计之后，对模型进行一般分析，即对模型估计结果进行视图操作和过程操作，主要包括VAR模型的模拟和预测以及VAR模型滞后结构的各种分析等。

实验操作指导

1. VAR 模型估计

对 VAR 模型（10.8）进行估计的主要过程如下：

01 在估计向量自回归模型之前，需要生成一个 VAR 对象，可以在 EVeiws 菜单栏中选择 Quick|Estimate VAR 命令，或者在 EViews 命令窗口中输入命令"var"，然后按 Enter 键，使用这两种方法后都会弹出如图 10.11 所示的 VAR 模型定义对话框。

图 10.11　VAR 模型定义对话框

VAR模型定义对话框的顶端有两个标签，分别是Basics（基本设定）和VEC Restrictions（VEC模型限制），VEC Restrictions只与向量误差修正模型（VEC）有关，不能应用于VAR模型，在后面的章节中将会介绍。

对话框中的VAR type选项组供用户选择模型类型，Eviews 10提供了三种可选择的模型：Standard VAR（无约束限制的VAR模型）和Vector Error Correction（向量误差修正模型）、Bayesian VAR（贝叶斯VAR模型）。其中，无约束限制的VAR模型是指对VAR模型（10.7）的参数不强加任何约束限制。

对话框右上角 Endogenous variables 编辑框中要求输入 VAR 模型相应的内生变量，其下面的 Lag Intervals for Endogenous 编辑框中要求输入 VAR 模型中内生变量的滞后信息，从而指定哪些滞后的内生变量应该被包含在 VAR 模型的右边。滞后信息应该成对输入，即每一对数字描述一个内生变量的滞后区间，有如下两种输入方式：

- 输入滞后对。例如输入"1 2"，表示用 VAR 模型中所有内生变量的 1 阶至 2 阶的滞后作为模型右端的变量。
- 输入代表滞后区间的数字对。例如输入"1 2 4 6 8 8"，表示用 VAR 模型的右端包含所有内生变量的 1 阶至 2 阶、4 阶至 6 阶以及第 8 阶滞后项作为变量。

在 Exogenous variables 编辑框中输入相应的外生变量，EViews 通常会自动给出常数项 c 作为外生变量，用户也可以输入外生变量的滞后值。在该项左侧的 Estimation sample 编辑框中可以设置 VAR 模型估计的样本区间。

02 本例中,在 VAR type 选项组选择"Standard VAR",在 Endogenous variables 编辑框中输入"nho pho qho",在 Lag Intervals for Endogenous 编辑框中输入成对数字"1 2",在 Exogenous variables 编辑框中输入"c gip"(见图 10.11),然后单击"确定"按钮,屏幕将输出 VAR 模型估计结果。由于输出结果的窗口比较大,因此分两部分给出输出结果,分别如图 10.12 和图 10.13 所示。

图 10.12 显示的是 VAR 模型的参数估计值,圆括号"()"中的数字是参数估计的标准差,方括号"[ ]"中的数字是参数估计值的 t 统计量。本例有 3 个内生变量:NHO、PHO、QHO,因此有 3 个方程,从参数估计值的 t 统计量来看,在 5%的检验水平下,方程 NHO 的所有参数估计值都显著,而方程 PHO 有 6 个参数是不显著,方程 QHO 有两个参数不显著。外生变量 GIP 在方程 PHO 和方程 QHO 中不显著。在建立 VAR 模型时一般不对变量的滞后项进行筛选,而是为每个方程仍然保留这些滞后变量。根据输出结果,可以写出 VAR 模型的估计结果。

$$\begin{bmatrix} NHO \\ PHO \\ QHO \end{bmatrix}_t = \begin{bmatrix} 81.88 \\ 45.61 \\ 30.99 \end{bmatrix} + \begin{bmatrix} 1.49 & 0.33 & 0.35 \\ 0.028 & 0.74 & 0.0094 \\ 0.082 & 0.25 & 0.72 \end{bmatrix} \begin{bmatrix} NHO \\ PHO \\ QHO \end{bmatrix}_{t-1}$$
$$+ \begin{bmatrix} -0.64 & -0.41 & -0.30 \\ 0.0079 & 0.079 & -0.19 \\ -0.10 & -0.27 & -0.048 \end{bmatrix} \begin{bmatrix} NHO \\ PHO \\ QHO \end{bmatrix}_{t-2} + \begin{bmatrix} -0.64 \\ -0.25 \\ 0.0074 \end{bmatrix} GIP_t + \begin{bmatrix} \hat{\varepsilon}_0 \\ \hat{\varepsilon}_1 \\ \hat{\varepsilon}_2 \end{bmatrix}_t$$

图 10.12　VAR 模型的参数估计结果　　　　图 10.13　VAR 模型的检验结果

图 10.13 所显示的是 VAR 模型中每个方程的有关检验统计量和 VAR 模型整体的有关统计量结果。图 10.13 上半部分的每一列代表 VAR 模型中相应方程标准的 OLS 回归统计量,包括 R^2、调整的 $\bar{R}^2$、F 统计量、AIC 准则和 SC 准则等,这些统计量是根据每个方程各自的残差分别计算得到的结果。图 10.13 下半部分给出了 VAR 模型的回归统计量,包括进行自由度调整和未进行调整的残差协方差矩阵的行列式(Determinant resid covariance)、对数似然统计量、AIC 信息准则和 SC 准则。读者可以根据 AIC 信息准则和 SC 准则取值最小的原则确定 VAR 模型合适的滞后项数。

2. 模型模拟

在估计VAR模型之后，可以利用所建立的VAR模型进行预测和模拟，但需要先建立一个Model（模型）对象。先在VAR模型估计结果的窗口工具栏中选择Proc | Make Model命令，屏幕将出现模型对象定义窗口，如图10.14所示，然后将其命名为"Modle1"。

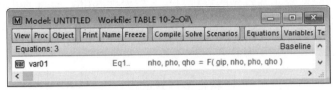

图10.14 模型对象定义窗口

然后，单击模型对象定义窗口中的Solve功能键，会弹出模型求解对话框。在对话框中，分别选择动态模型求解（Dynamic solution）和静态模型求解（Static solution），并输入相应的模型求解样本Solution sample：1979m01 1988m06。具体过程在此省略，EViews将分别给出VAR模型的动态求解和静态求解结果（在此对VAR模型进行模拟），可以建立包含原序列和模拟序列的序列组，然后绘制其图形，图10.15和图10.16分别显示的是取暖用油价格PHO的动态模拟结果和静态模拟结果。

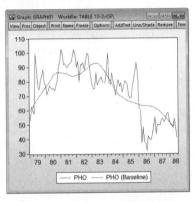

图10.15 价格的动态模拟结果

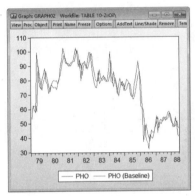

图10.16 价格的静态模拟结果

模型对象动态求解和静态求解的区别在于：前者利用各序列每期预测值而非实际观测值进行迭代计算，可以对超出样本期的未来值进行预测；而后者则是利用各序列滞后期的实际观测值计算下一期预测值，但最多只能预测超出样本期一期的未来值。

从图10.15所示的价格动态模拟曲线可以观察到，取暖用油价格从1979年至1981年增长较快，然后价格有所回落，但回落幅度不大；取暖用油价格从1982年至1983年又有缓慢的增长，之后有较大幅度的回落。价格的动态模拟尽管没有显示出价格的短期波动，但是其较好地反映了价格的走势，这是VAR模型的典型特征，因此VAR模型适用于长期预测。静态模拟由于是利用序列滞后期的实际观测值计算下一期预测值，因此其可以较好地显示出短期波动，这一点可以从图10.16中观察到，但静态模拟不能明显地显示出价格的长期趋势。

3. VAR 模型的一般分析

VAR模型估计之后，EViews提供了关于VAR模型估计结果的各种视图操作和过程操作。针对VAR模型的估计结果，特定的视图操作有：滞后结构分析（Lag Structure）、残差检验、协整检验（Cointegration Test）、脉冲响应函数（Impulse Response）和方差分解（Variance Decomposition）。其中滞后结构分析包括：AR特征多项式根的表格显示和图形显示（AR Roots Table/Graph）、因果关系检验（Granger Causality/Block Exogeneity Tests）、滞后排除检验（Lag Exclusion Tests）和滞后长度选择标准（Lag Length Criteria）。与其他回归方程不同的是，VAR模型的残差检验包括残差的混合自相关检验（Portmanteau Autocorrelation Test）。VAR模型的过程操作包括生成残差序列、生成模型对象和生成系统对象等。下面介绍VAR模型几个主要的视图操作，对于脉冲响应函数、方差分解以及协整检验等操作将在后面的实验中详细介绍。

首先给出VAR模型估计结果的AR特征多项式的根，选择VAR模型估计结果窗口工具栏中的View | Lag Structure | AR Roots Table命令，得到如图10.17所示的单位根表格。

对于滞后长度为 p 且有 k 个内生变量的VAR模型，AR特征多项式有 $p\times k$ 个根。如果被估计的VAR模型所有根的倒数的模小于1，即位于单位圆内，则VAR模型是稳定的。图10.17中给出的是AR特征多项式的根的倒数（Root），所估计的VAR模型有6个根，其中两个复数根，4个实数根，这些根的模都小于1，即没有根位于单位圆外，说明所估计的VAR模型满足稳定性条件。我们还可以绘制出这些AR特征多项式的根的图形和单位圆，选择VAR模型估计结果窗口工具栏中的View | Lag Structure | AR Roots Graph命令，会得到如图10.18所示的单位圆和根。

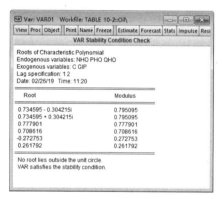

图 10.17　AR 特征多项式的根

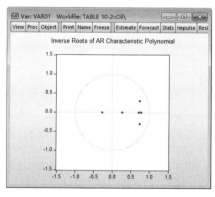

图 10.18　单位圆和特征根

图10.18中的点表示AR特征多项式的根的倒数，可以看到这些点都位于单位圆之内，因此表明所估计的VAR模型是稳定的。接下来，我们可以对VAR模型估计结果进行Granger因果关系检验，选择模型估计结果窗口工具栏中的View|Lag Structure|Granger Causality/Block Exogeneity Tests命令，得到如图10.19所示的检验结果。

VAR模型的因果关系检验结果给出了每一个内生变量（该内生变量对应的方程）相对于模型中其他内生变量Granger因果关系检验统计量和检验统计量相应的概率值。图10.19给出了模型中3个内生变量的检验结果。以内生变量NHO的检验结果为例，其相对于内生变量PHO的 χ^2 统计量=14.3454，相应的概率值P=0.0008，因此内生变量NHO对应的方程中不能将变量PHO排除，即变量PHO是变量NHO的Granger原因。同时，在每个内生变量检验结果的最后一行ALL给出了对所有滞后内生变量联合显著检验的 χ^2 统计量值和概率值；对于内生变量NHO，其 χ^2 统计量值=19.6670，相应的概率值P=0.0006，从而说明内生变量NHO相对于PHO

和QHO滞后项是联合显著的。对于其他内生变量的检验结果，可以做类似的分析。另外，对于这些内生变量之间的Granger因果关系检验，也可以通过建立包含这些变量序列的序列组，然后选择序列组窗口工具栏中的View | Granger Causality命令，从而执行检验。读者可以比较分析这两种方法所得到的检验结果。

最后，我们给出被估计的VAR模型的滞后排除检验结果，选择模型估计结果窗口工具栏中的View | Lag Structure | Lag Exclusion Tests命令，屏幕输出如图10.20所示的检验结果。

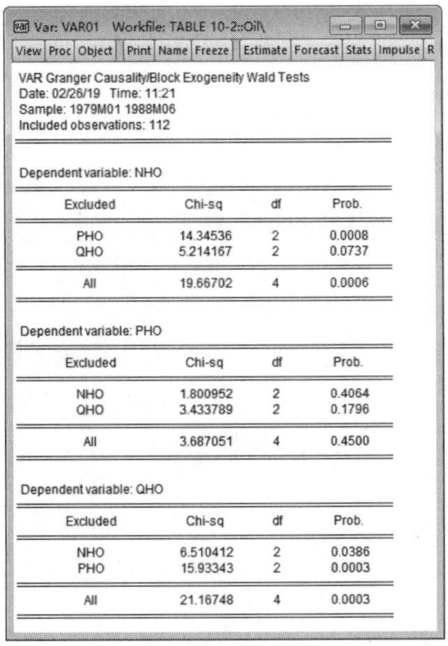

VAR Granger Causality/Block Exogeneity Wald Tests
Date: 02/26/19 Time: 11:21
Sample: 1979M01 1988M06
Included observations: 112

Dependent variable: NHO

Excluded	Chi-sq	df	Prob.
PHO	14.34536	2	0.0008
QHO	5.214167	2	0.0737
All	19.66702	4	0.0006

Dependent variable: PHO

Excluded	Chi-sq	df	Prob.
NHO	1.800952	2	0.4064
QHO	3.433789	2	0.1796
All	3.687051	4	0.4500

Dependent variable: QHO

Excluded	Chi-sq	df	Prob.
NHO	6.510412	2	0.0386
PHO	15.93343	2	0.0003
All	21.16748	4	0.0003

图 10.19　VAR 模型的 Granger 因果关系检验结果

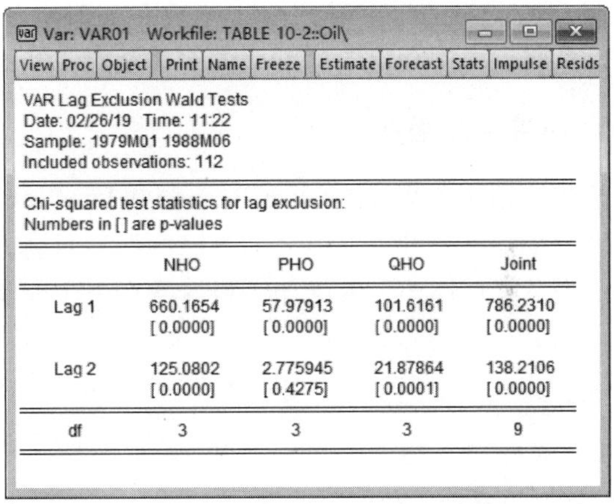

VAR Lag Exclusion Wald Tests
Date: 02/26/19 Time: 11:22
Sample: 1979M01 1988M06
Included observations: 112

Chi-squared test statistics for lag exclusion:
Numbers in [ ] are p-values

	NHO	PHO	QHO	Joint
Lag 1	660.1654 [0.0000]	57.97913 [0.0000]	101.6161 [0.0000]	786.2310 [0.0000]
Lag 2	125.0802 [0.0000]	2.775945 [0.4275]	21.87864 [0.0001]	138.2106 [0.0000]
df	3	3	3	9

图 10.20　VAR 模型滞后排除检验结果

图10.20所给出的检验结果是以类似矩阵的形式给出的。其中，矩阵的行表示VAR模型的滞后项，如Lag1（第一阶滞后）；矩阵的列表示VAR模型的内生变量，如NHO；矩阵的元素$(m_{ij})_{p\times(k+1)}$是滞后排除检验的χ^2检验统计量值。在矩阵的前k（VAR模型中外生变量的个数）列中，该统计量用以检验在VAR模型的第j个方程中所有第i阶滞后内生变量的联合显著性，其自由度等于k；检验结果的最后一列（Joint，即第（k+1）列），该统计量用于检验在VAR模型中所有第i阶滞后内生变量的联合显著性，其自由度等于k^2。

为了说明给出的检验结果，以变量NHO和Lag1（第一阶滞后）所在的元素为例分析，χ^2统计量＝660.1654，相应的概率值P非常小，从而说明在VAR模型的NHO方程中，所有的第1阶滞后内生变量是联合显著的。Lag1和Joint所在的元素的χ^2统计量＝786.2310，相应的概率值非常小，从而说明VAR模型（3个方程）中所有的第1阶滞后内生变量是联合显著的。对于输出结果中的其他元素也可以做类似的分析。

实验 10-3　脉冲响应函数和方差分解

素材文件：sample/Example/table 10-3.wfl
多媒体教学文件：视频/实验 10-3.mp4

实验基本原理

对于 VAR 模型，可以利用脉冲响应函数和方差分解方法来分析模型中每个内生变量对它自身以及其他内生变量的扰动所做出的反应，从而了解 VAR 模型的动态特征。

1. 脉冲响应函数

脉冲响相应函数（Impulse Response Function，IRF）用于衡量来自某个内生变量的随机扰动项的一个标准差冲击（称之为"脉冲"）对 VAR 模型中所有内生变量当前值和未来取值的影响。为了简单说明，考虑如下包含两个内生变量且滞后一阶的 VAR 模型：

$$\begin{aligned} Y_{1t} &= a_{11}Y_{1t-1} + a_{12}Y_{2t-1} + \varepsilon_{1t} \\ Y_{2t} &= a_{21}Y_{1t-1} + a_{22}Y_{2t-1} + \varepsilon_{2t} \end{aligned} \quad (10.9)$$

其中，对称模型（10.9）中的随机扰动项 ε_{1t} 为新息（Innovation）。如果 ε_{1t} 发生变化（发生一个冲击），则使得变量 Y_{1t} 的当前值立即发生改变。同时，通过模型的作用也会使得变量 Y_{2t} 的下一期取值发生变化，由于滞后的影响，Y_{2t} 的变化又会引起 Y_{1t} 未来值的变化。这样，随着时间的推移，扰动的最初影响在 VAR 模型中的扩散将引起模型中所有内生变量的更大变化。

需要注意的是，如果新息 ε_{1t} 与 ε_{2t} 是不相关的，则我们能够确定某个变量的扰动是如何影响模型中所有其他变量的；如果新息是相关的，则表明它们包含一个不与特定变量相联系的共同成分，此时，将共同成分的效应归属于 VAR 模型中第一个出现的变量。例如，ε_{1t} 与 ε_{2t} 的共同成分都归于 ε_{1t}。

2. 方差分解

另一种研究 VAR 模型动态特征的方法是方差分解（Variance Decomposition），其主要思想是将 VAR 模型中每个外生变量预测误差的方差按照其成因分解为与各个内生变量相关联的组成部分，即分析每个新息冲击对内生变量变化的贡献度，从而了解各新息对模型内生变量的相对重要性。对于方差分解的具体方法和过程，有兴趣的读者可以参考有关计量经济学图书。

实验目的与要求

1. 实验目的

通过本次实验，理解脉冲响应函数和方差分解方法的基本原理和用途，熟练掌握利用脉冲响应函数和方差分解方法来研究VAR模型的动态特性。

2. 实验要求

（1）了解脉冲响应函数和方差分解的基本思想和实际意义。
（2）熟练使用EViews给出VAR模型的脉冲响应函数，合理地解释输出结果。
（3）熟练使用EViews对VAR模型进行方差分解，对输出结果进行分析说明。

▶ 实验内容及数据来源

在实验 10-2 中，我们建立并估计了一个家庭取暖用油市场的向量自回归模型，从而知道了取暖用油价格、产量和库存的当前值与滞后值之间的关系。为了研究分析这个取暖用油市场的 VAR 模型的动态特性，我们将利用本实验通过脉冲响应函数和方差分解的方法来研究每个内生变量对扰动（冲击）如何做出反应（响应）。因此，本实验的主要内容有：

（1）给出VAR模型的脉冲响应函数，并分析扰动对模型所有变量所产生的影响。
（2）给出VAR模型的方差分解结果，并分析各新息对模型内生变量的相对重要性。

为了方便分析，将实验 10-2 所用到的数据和所估计的 VAR 模型重新复制并保存在本书下载资源的 Example 文件夹下的 table 10-3.wfl 工作文件中。

▶ 实验操作指导

1. 脉冲响应函数

对实验 10-2 中所建立的 VAR 模型进行脉冲响应函数分析的主要过程如下：

01 打开工作文件 table 10-3.wfl，双击打开 VAR 对象 var01。先查看 VAR 模型 3 个方程回归残差之间的相关系数，在 VAR 模型估计结果的窗口工具栏中选择 View | Residuals | Correlation Matrix 命令，会得到如图 10.21 所示的 VAR 模型的残差相关系数矩阵。

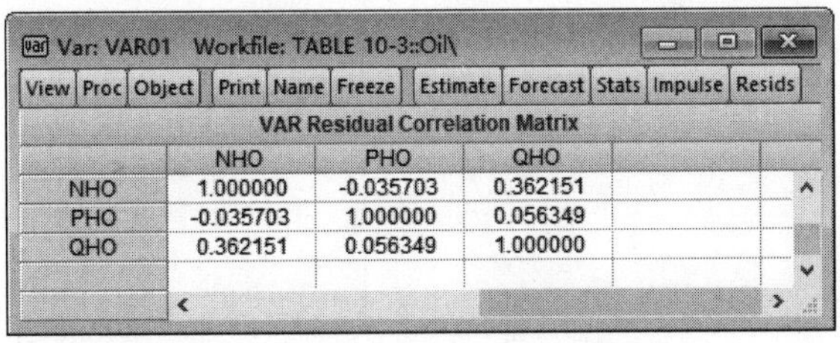

	NHO	PHO	QHO
NHO	1.000000	-0.035703	0.362151
PHO	-0.035703	1.000000	0.056349
QHO	0.362151	0.056349	1.000000

图 10.21 VAR 模型残差的相关系数矩阵

从残差的相关系数矩阵可以看到，PHO 方程的残差与 NHO 方程、QHO 方程回归残差之间的相关系数分别为-0.03570、0.05635，说明这些回归方程的残差之间存在比较小的相关。NHO 方程的残差与 QHO 方程的残差之间的相关系数为 0.3621，表明这两个方程的残差之间存在一定的相关。

02 在 VAR 模型估计结果的窗口工具栏中选择 View|Impulse Response…命令，或者直接单击窗口工具栏中的 Impulse 功能键，会打开如图 10.22 所示的对话框。

该对话框为脉冲响应函数设定对话框，左上角的 Display Format 选项组供用户选择脉冲响应函数的输出方式，有以 3 种方式。

- Table：表示以表格的形式显示结果。
- Multiple Graphs：表示以单个的图形显示每个脉冲响应函数图。
- Combined Graphs：表示以合成图形的方式将来自同一信息的脉冲响应函数合并显示，若用户选择该项，则其下面的 Response Standard Errors 选项组将变成灰色的，表示不显示脉冲响应函数的标准误。

Response Standard Errors 选项组用于选择计算脉冲响应函数标准误的方式，有 3 种选择：None 表示不计算；Analytic（asymptotic）表示使用渐近解析方法计算；Monte Carlo 表示使用蒙特卡洛模拟方法计算；若选择 Monte Carlo 选项，则需要在 Repetition 编辑框中输入重复模拟的次数。

对话框右上角的Display Information选项组包含Impulses编辑框和Responses编辑框。其中Impulses编辑框中输入产生冲击的变量名称，变量的输入顺序将会对脉冲响应函数的输出结果产生影响；Responses编辑框中输入对脉冲冲击进行响应的变量名，变量的输入顺序不会对输出结果产生影响，而只是改变结果的显示顺序。

Periods 编辑框中要求用户定义脉冲响应函数的追踪时期数，EViews 给出的默认值是"10"。若用户需要观察变量对扰动的累积响应，则需要选择 Accumulated Responses 选项。对于稳定的 VAR 模型，脉冲响应函数随着时间的推移而趋于 0。

03 单击图 10.22 顶端的 Impulses Definition 标签，打开如图 10.23 所示的选项卡。该选项卡用于选择设置转换脉冲的方法。

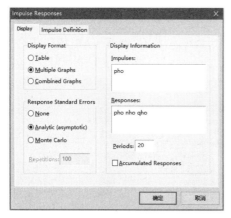

图 10.22　脉冲响应函数设定对话框

图 10.23　脉冲定义选项卡

Decomposition Method 选项组用于选择残差协方差分解的方法，从而提供不同的脉冲，有以下几种方法。

- Residual-one unit：表示将脉冲设置为残差的一个单位冲击。
- Residual-one std. deviation：表示将脉冲设置为残差的一个标准偏差冲击。
- Cholesky-dof adjusted 和 Cholesky-no dof adjustment：分别表示使用经过自由度修正和无自由度修正的残差协方差矩阵的 Cholesky 因子的逆来正交化脉冲。

- **Generalized Impulses**：表示使用广义脉冲，即构建一个不依赖于 VAR 模型中变量次序的正交化的残差矩阵。
- **Structural Decomposition**：表示使用一个结构因子分解矩阵估计的正交转换矩阵，如果没有先估计一个结构因子分解矩阵或者没有对 VAR 模型施加约束，则该选项不可用。
- **User Specified**：表示允许用户指定一个脉冲，选择该项之前，需要先建立一个包含脉冲的矩阵，然后在该编辑框中输入矩阵名。

对话框右边的 Cholesky Ordering 选项只对 Cholesky-dof adjusted 和 Cholesky-no dof adjustment 脉冲设置方法可用，对其他脉冲设置方法不可用。选择这两种 Cholesky 方法将会为 VAR 模型的变量强加一个次序，并将所有变量的公共因素归结为 VAR 模型中第一出现的变量上。若改变变量的次序，则会明显地改变脉冲响应的输出结果，因此用户可以在 Cholesky Ordering 编辑框中重新定义 VAR 模型中变量的次序。

04 由于我们所估计的 VAR 模型有 3 个变量，因此全部输出的话，会包含 9 个脉冲响应函数。根据前面的分析，PHO 方程的残差与其他两个方程的残差之间存在比较小的相关，因此本例打算只观察方程 PHO 受到一个冲击，从而对价格、产量和库存的即期和后期的影响。在 Impulses 编辑框输入"pho"，表示脉冲来自 PHO 方程，在 Response 编辑框中输入"pho nho qho"，并在 Periods 编辑框中输入"20"，表示设置 20 期的脉冲响应追踪时期数，其他选项采用 EViews 默认设置，然后单击"确定"按钮，将得到 VAR 模型的 3 个变量 PHO、QHO 以及 NHO 对来自 PHO 方程 Cholesky 一个标准差新息的脉冲响应，分别如图 10.24、图 10.25 和图 10.26 所示。在此，为了分析方便，本例单个地给出了这些脉冲响应函数图。

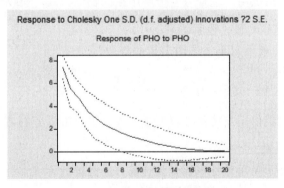

图 10.24　价格对自身扰动的响应

图10.24的横轴表示时期数，纵轴表示脉冲响应函数大小，上下两条虚线表示正负两倍的标准差偏离带（±2S.E）。从图10.24可以看到，价格PHO对其自身一个标准差新息立即做出了响应，在第一期，价格的这种响应大约在7.5左右，之后这种冲击对价格的影响缓慢减小。同时，价格自身的这种扰动冲击对价格影响的持续时间比较长，直到20期（20个月）后，价格的变化才趋于零。价格响应函数趋于零，是因为所估计的VAR模型是平稳的。接下来，我们分析价格的这种扰动对产量和库存的影响。

从图10.25可以看到，产量QHO对价格扰动立即做出了响应，第一期的响应大约为0.5，在第二期达到最大（2.0左右）且为正向的。之后，产量对价格扰动的响应有所下降，在第五期左右，产量的响应为0。在第五期至第八期，产量对价格扰动的响应缓慢地增加且为负向的；

之后，产量对价格扰动的响应在20期左右稳定地趋于0。

从图10.26可以看到，库存量NHO对来自价格的扰动并没有立即做出响应，库存量在第一期的响应等于0，在第三期，库存量对价格扰动所做出的响应达到最大（大约3.0）且为正向的。之后，在第五期，库存量的响应下降为0。在第五期至第九期，库存量对价格扰动的响应缓慢增加，且为负向的，之后，这种响应又有所减少，直到第16期左右稳定地趋于0。

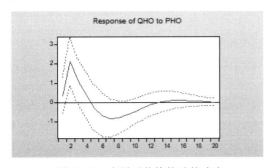 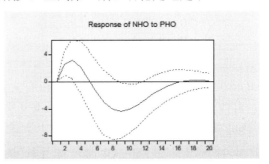

图 10.25　产量对价格扰动的响应　　　　图 10.26　库存量对价格扰动的响应

2. 方差分解

前面利用脉冲响应函数分析了价格、产量和库存量对价格扰动冲击变化的响应，下面我们将利用方差分解方法分析产量和库存量对价格变化的贡献度，方差分解的主要过程如下：

01 在 VAR 模型估计结果的窗口工具栏中选择 View | Variance Decompositions…命令，屏幕会弹出如图 10.27 所示的对话框，该对话框与脉冲响应函数定义对话框类似。

Display Format 选项组供用户选择方差分解结果的输出方式，有以下 4 种方式。

- Table：表示以表格的形式显示结果。
- Multiple Graphs：表示以单个的图形显示结果。
- Combined Graphs：表示以合成图形的方式合并显示结果。
- Stacked Graphs：表示以堆积图形的方式合并显示结果。

Standard Errors 选项组供用户选择计算变量方差分解标准误差的方式，有以下两种方式。

- None：表示不计算。
- Monte Carlo：表示使用蒙特卡洛模拟计算方差分解的标准误差。

Decompositions of 编辑框用于输入方差分解对象的变量名，该项下面的 Periods 编辑框用于输入对变量进行方差分解的时期数。

Factorization选项组用于选择方差分解方法，有Cholesky Decomposition（分解方法）和 Structural Decomposition（结构分解方法）两种。

Cholesky Ordering 编辑框用于输入 Cholesky 因子分解过程中变量的顺序，变量的输入顺序将对方差分解的输出结果产生影响。例如，所输入的第一个变量的第一期方差分解将完全依赖于它自己的扰动项。

02 本例先以表格的形式输出内生变量 PHO 的方差分解结果，因此在 Display Format 选项组中选择 Table，在 Decompositions of 编辑框中输入"pho"，并在 Periods 编辑框中输入

“20”，然后在 Cholesky ordering 编辑框中输入变量顺序“pho nho qho”，其他选项采用 EViews 默认设置，然后单击 OK 按钮，屏幕会输出如图 10.28 所示的方差分解结果。

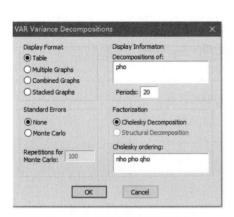

图 10.27　方差分解定义对话框

Var: VAR01　Workfile: TABLE 10-3::Oil\

View | Proc | Object | Print | Name | Freeze | Estimate | Forecast | Stats | Impulse | Resids

Variance Decomposition of PHO using Cholesky (d.f. adjusted) Factors

Period	S.E.	NHO	PHO	QHO
1	8.405342	0.127472	99.87253	0.000000
2	15.86881	0.086107	99.91141	0.002484
3	21.79478	0.077433	99.28643	0.636134
4	25.58336	0.104645	98.18836	1.706999
5	27.55022	0.179551	96.91855	2.901900
6	28.38545	0.326388	95.73959	3.934021
7	28.74897	0.552349	94.71233	4.735319
8	29.04962	0.841738	93.83518	5.323086
9	29.41824	1.159228	93.09404	5.746736
10	29.81586	1.464402	92.48181	6.053787
11	30.16320	1.725468	91.99427	6.280265
12	30.41372	1.926442	91.62338	6.450181
13	30.56580	2.066720	91.35470	6.578584
14	30.64453	2.155966	91.16907	6.674964
15	30.68016	2.207951	91.04617	6.745879
16	30.69560	2.235825	90.96765	6.796522
17	30.70340	2.249714	90.91887	6.831416
18	30.70853	2.256267	90.88918	6.854553
19	30.71217	2.259302	90.87137	6.869324
20	30.71444	2.260771	90.86080	6.878430

Cholesky Ordering: NHO PHO QHO

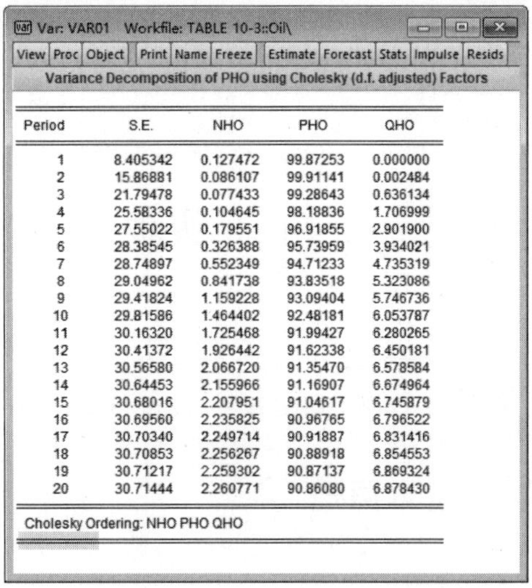

图 10.28　变量 PHO 方差分解结果的表格显示

图10.28中的Period列是方差分解的时期数，即价格标准差的预测期。S.E.所在的列是价格PHO预测的标准差，可以看到价格的一月期预测的标准差等于8.4053，二月期预测的标准差是15.8688，比一月的标准差大，这是因为二月期预测包含产量和库存量在一月期预测的不确定性影响。而且随着预测时期数的推移，价格预测的标准差缓慢增加。NHO列是价格预测方差中由库存量扰动引起的部分的百分比，PHO列是价格PHO预测方差中由价格自身引起的部分的百分比，QHO列是价格PHO预测方差中由产量扰动引起的部分的百分比，这3列的百分比之和为100。表格的底部显示了Cholesky因子分解的变量顺序PHO NHO QHO。

从图 10.28 可以看到，在一期预测中，价格预测方差全部是由价格自身扰动引起的，这是由于方差分解的第一个输入的变量是“PHO”。在第四期预测中，价格预测方差有 0.2%的部分是由库存量扰动引起的，98.1%的部分是由价格自身扰动引起的，1.7%的部分是由产量扰动引起的。随着预测期的推移，价格预测方差中由非价格变量扰动所引起的部分增加，而由价格自身扰动引起的部分下降，但其所占的百分比还是比较大。大约在第十三期左右，价格分解结果基本稳定，价格预测方差有 2.5%左右是由库存量扰动引起的，90.9％是由价格扰动自身引起的，6.6%是由产量扰动引起的。

03 接下来，我们以合成图形的形式给出价格 PHO 方差分解结果，只需在图 10.27 所示对话框的 Display Format 选项组选择 Combined Graphs，其他选项设置与上述过程相同，单击 OK 按钮，得到如图 10.29 所示的方差分

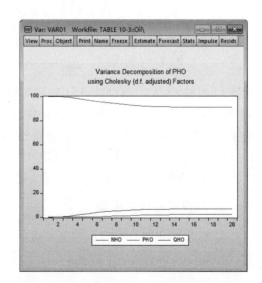

图 10.29　变量 PHO 方差分解结果的合成图显示

解图。

从图 10.29 也可以得到类似的分析结果，随着预测期的推移，价格预测方差中由价格自身扰动所引起的部分的百分比缓慢下降，而由非价格变量（库存量和产量）扰动所引起的部分的百分比则缓慢增加，并且在预测的第十三期左右保持稳定。

实验 10-4　协整检验与 VEC 模型

素材文件：sample/Example/table 10-4.wfl
多媒体教学文件：视频/实验 10-4.mp4

实验基本原理

在第8章中，我们讨论了两个序列之间的协整关系以及误差修正模型。本实验讨论的是多个变量序列之间的协整关系和向量误差修正（Vector Error Correction，VEC）模型。

1. Johansen 协整检验

对于多个变量之间的协整关系检验采用的是 Johansen 协整检验方法，它是一种以 VAR 模型为基础的检验回归系数的方法。考虑如下的 p 阶 VAR 模型：

$$Y_t = A_1 Y_{t-1} + A_2 Y_{t-2} + \cdots + A_p Y_{t-p} + BX_t + \varepsilon_t \tag{10.10}$$

其中，Y_t 是 k 维的非平稳的 $I(1)$ 向量，X_t 是 d 维的确定性的外生变量。将式（10.10）改写为如下形式：

$$\Delta Y_t = \Pi Y_{t-1} + \sum_{i=1}^{p-1} \Gamma_i \Delta Y_{t-i} + BX_t + \varepsilon_t \tag{10.11}$$

其中，$\Pi = \sum_{i=1}^{p} A_i - I$，$\Gamma_i = -\sum_{j=i+1}^{p} A_j$。Johansen 协整检验的基本原理是分析矩阵 Π 的秩。如果矩阵 Π 的秩 $r < k$，则可以将 Π 分解为 $\Pi = \alpha\beta'$，且 $\beta'Y_t \sim I(0)$，称 β 为协整向量矩阵，α 为调整参数矩阵，矩阵秩 r 则为协整关系的个数，最多只有 $(k-1)$ 个协整关系。Johansen 协整检验有两种检验统计量，分别是特征根迹（Trace）检验统计量和最大特征值（Maximum Eigenvalue）检验统计量，这两种检验统计量都是通过使用矩阵 Π 的特征根构造得到的。

在进行Johansen协整检验时，需要设定协整方程（Cointegration Equation，CE）的形式。

2. 向量误差修正模型

如果式（10.10）中的 Y_t 所包含的 k 个 $I(1)$ 变量序列存在协整关系，则不包含外生变量的式（10.11）可以写为如下形式：

$$\Delta Y_t = \alpha ECM_{t-1} + \sum_{i=1}^{p-1} \Gamma_i \Delta Y_{t-i} + \varepsilon_t \qquad (10.12)$$

其中，$ECM_{t-1} = \beta' Y_t$ 称为误差修正项，因此式（10.12）中的每个方程都是一个误差修正模型。误差修正项反映了变量之间的长期均衡关系（变量之间的协整关系），即对长期均衡的偏离可以通过一系列的部分短期调整而得到修正，误差修正项的系数向量 α 则表示将这种偏离调整到长期均衡状态的调整速度。而各解释变量的滞后差分项 ΔY_{t-i} 的系数 Γ_i 则反映了各变量的短期波动对 ΔY_t 的影响。由于向量误差修正模型仅仅只能应用于存在协整关系的变量序列，因此在建立VEC模型之前需要进行Johansen协整关系检验。

实验目的与要求

1. 实验目的

通过本次实验，掌握多个变量之间的Johansen协整检验，熟悉VEC模型的建模过程。

2. 实验要求

（1）理解Johansen协整检验的基本原理，合理选择协整方程的形式。
（2）掌握Johansen协整检验的操作过程，熟悉操作过程中各选项和参数的设置。
（3）了解VEC模型的一般形式，理解模型变量参数的实际含义。
（4）根据实际问题掌握VEC模型的估计过程，能对模型估计结果进行分析说明。

实验内容及数据来源

表10.3所示的是我国1952年至2006年三次产业增加值的产出指数序列，即设定1952年的水平为100，将各年产业增加值与1952年相比所得到的指数。其中，Y1、Y2、Y3分别表示第一产业、第二产业、第三产业的产出指数序列，这些数据是经过适当的整理得到的，原始数据来源于CCER。本实验所用数据保存在本书下载资源的Example文件夹下的table 10-4.wfl工作文件中。

表10.3 我国1952年至2006年三次产业增加值的产出指数

Obs	Y1	Y2	Y3	Obs	Y1	Y2	Y3	Obs	Y1	Y2	Y3
1952	100.0	100.0	100.0	1971	241.0	721.3	297.1	1990	1476.2	5442.5	3030.6
1953	110.2	135.8	130.5	1972	241.3	764.6	312.1	1991	1557.9	6419.0	3776.2
1954	114.3	149.3	131.4	1973	264.7	827.2	329.6	1992	1710.9	8250.7	4816.0
1955	122.8	156.7	137.3	1974	275.6	840.6	335.9	1993	2030.9	11603.9	6132.6
1956	129.5	198.0	156.2	1975	283.2	966.5	337.5	1994	2791.7	15828.9	8327.2
1957	125.4	223.6	165.2	1976	282.0	943.0	329.1	1995	3539.2	20225.3	10282.3
1958	130.0	341.0	194.3	1977	274.7	1064.2	386.4	1996	4087.3	23861.1	12005.2
1959	111.9	434.1	226.3	1978	299.7	1230.7	449.0	1997	4211.7	26476.0	13889.9
1960	99.4	457.1	240.9	1979	370.4	1349.4	452.3	1998	4321.3	27506.3	15738.8
1961	128.6	274.3	200.7	1980	400.0	1545.8	505.4	1999	4307.4	28937.7	17433.6
1962	132.1	253.4	173.4	1981	454.8	1590.6	554.1	2000	4358.3	32126.9	19924.9
1963	145.1	287.4	168.9	1982	518.3	1680.5	598.6	2001	4602.3	34917.0	22831.5

（续表）

Obs	Y1	Y2	Y3	Obs	Y1	Y2	Y3	Obs	Y1	Y2	Y3
1964	163.0	362.1	196.3	1983	577.0	1866.1	688.7	2002	4822.7	38009.0	25681.4
1965	189.9	424.7	238.2	1984	675.4	2190.2	919.4	2003	5069.0	44031.2	28823.8
1966	204.8	500.4	234.8	1985	747.9	2726.8	1330.4	2004	6244.6	52118.7	33227.6
1967	208.3	425.1	235.2	1986	813.3	3168.3	1540.8	2005	6728.0	61611.1	37793.5
1968	211.8	378.9	236.5	1987	942.8	3703.5	1839.4	2006	7214.1	72751.8	42703.0
1969	214.7	486.0	263.8	1988	1127.3	4645.4	2362.5				
1970	231.4	643.3	281.6	1989	1244.1	5132.6	2804.1				

本实验的主要内容有：①对三次产业的产出指数建立一个 VAR(2)模型；②对变量序列 Y1、Y2、Y3 进行 Johansen 协整检验；③根据协整检验结果建立向量误差修正模型。

实验操作指导

1. VAR 模型估计

为了减少数据的较大波动，先对三次产业的产出指数序列Y1、Y2、Y3取自然对数，得到新的序列LY1、LY2、LY3，然后对这些新的序列建立一个滞后阶数为2的VAR模型，具体操作过程可以参考实验10-2，得到如图10.30所示的VAR模型的估计结果。

从图10.30中可以看到，所估计的VAR模型大约有一半参数估计值的t统计量不显著。对于方程LY1，有5个参数是不显著的；方程LY2有3个参数不显著；方程LY3有4个参数不显著。而且每个方程的 $\bar{R}^2$ 都大于0.99，从而说明所估计方程的拟合效果比较好。读者可以对所估计的模型进行一般模型分析、生成脉冲响应函数和进行方差分解等操作。接下来，对所建立的VAR模型进行Johansen协整关系检验。

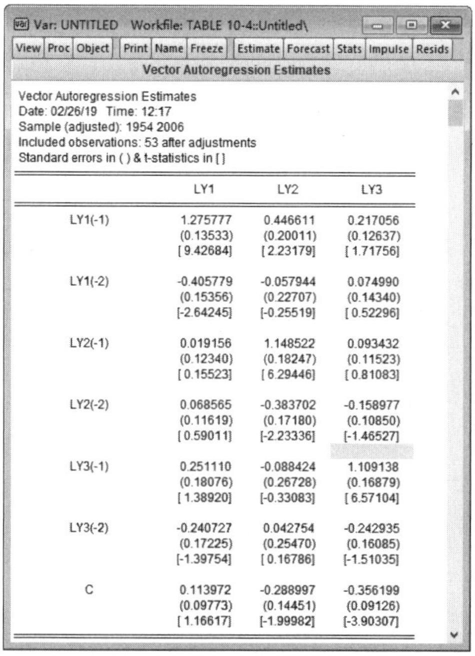

	LY1	LY2	LY3
LY1(-1)	1.275777	0.446611	0.217056
	(0.13533)	(0.20011)	(0.12637)
	[9.42684]	[2.23179]	[1.71756]
LY1(-2)	-0.405779	-0.057944	0.074990
	(0.15356)	(0.22707)	(0.14340)
	[-2.64245]	[-0.25519]	[0.52296]
LY2(-1)	0.019156	1.148522	0.093432
	(0.12340)	(0.18247)	(0.11523)
	[0.15523]	[6.29446]	[0.81083]
LY2(-2)	0.068565	-0.383702	-0.158977
	(0.11619)	(0.17180)	(0.10850)
	[0.59011]	[-2.23336]	[-1.46527]
LY3(-1)	0.251110	-0.088424	1.109138
	(0.18076)	(0.26728)	(0.16879)
	[1.38920]	[-0.33083]	[6.57104]
LY3(-2)	-0.240727	0.042754	-0.242935
	(0.17225)	(0.25470)	(0.16085)
	[-1.39754]	[0.16786]	[-1.51035]
C	0.113972	-0.288997	-0.356199
	(0.09773)	(0.14451)	(0.09126)
	[1.16617]	[-1.99982]	[-3.90307]

图 10.30 三次产业产出指数的 VAR 模型估计结果

2. Johansen 协整检验

由于讨论变量序列之间的协整关系的前提是各个序列都是非平稳的序列，因此需要先对这3个序列进行单位根检验。

首先，为了确定单位根检验的回归方程，绘制这3个序列的曲线图，如图10.31所示。从序列的曲线图可以看到，产出指数的自然对数序列LY1、LY2和LY3存在一定时间趋势和截距，因此ADF单位根检验回归方程中应该包含截距项和趋势项。

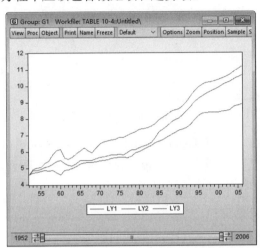

图 10.31　产出指数的对数序列的折线图

其次，对产出指数的自然对数序列LY1、LY2和LY3及它们的一阶差分序列进行单位根检验，检验结果如表10.4所示。

表 10.4　序列和差分序列的 ADF 单位根检验结果

序列	检验统计量值	1%临界值	5%临界值	10%临界值	概率值
LY1	-2.0939	-4.1409	-3.4970	-3.1776	0.5371
LY2	-1.3943	-4.1446	-3.4987	-3.1786	0.8512
LY3	-1.6798	-4.1409	-3.4970	-3.1776	0.7464
D(LY1)	-5.1430	-4.1409	-3.4970	-3.1776	0.0005
D(LY2)	-5.3779	-4.1446	-3.4987	-3.1786	0.0003
D(LY3)	-4.7791	-4.1409	-3.4970	-3.1776	0.0016

从这3个序列水平值的单位根检验结果可以看到，它们的检验统计量大于10%检验水平下的临界值，因此这3个序列都包含单位根，从而是非平稳序列。同时，这3个序列的一阶差分的检验统计量值都小于1%检验水平下的临界值，因此差分序列不包含单位根，从而表明差分序列是平稳的。根据分析，产出指数的自然对数序列 LY1、LY2 和 LY3 都是 $I(1)$ 序列，满足协整检验的条件。

接下来，对序列 LY1、LY2 和 LY3 进行 Johansen 协整检验，其主要过程如下：

01 在所估计的 VAR 模型结果或者在包含这 3 个序列的序列组对象的窗口工具栏中，选择 View | Cointegration Test…命令，屏幕会弹出如图 10.32 所示的对话框。

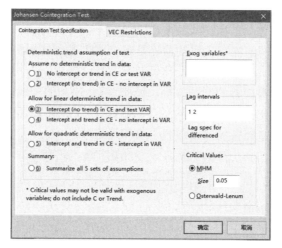

图 10.32　Johansen 协整检验设定对话框

该对话框由4部分组成，分别是Deterministic trend assumption of test（检验的确定趋势假设）、Exog variables（外生变量设定）、Lag intervals（滞后区间设定）和Critical Values（临界值）。下面简要说明对话框中的这些选项。

（1）检验的确定趋势假设

多变量的 Johansen 协整检验有如下 6 种形式的协整检验方程。

- No intercept or trend in CE or test VAR：序列 Y_t 没有确定性趋势（deterministic trends）且协整方程（CE 方程）无截距项（intercepts）：

$$H_2(r): \quad \Pi Y_{t-1} + BX_t = \alpha\beta' Y_{t-1}$$

- Intercept（no trend）in CE-no intercept in VAR：序列 Y_t 没有确定性趋势且协整方程有截距项：

$$H_1^*(r): \quad \Pi Y_{t-1} + BX_t = \alpha(\beta' Y_{t-1} + \rho_0)$$

- Intercept（no trend）in CE and test VAR：序列 Y_t 有线性趋势但协整方程只有截距项：

$$H_1(r): \quad \Pi Y_{t-1} + BX_t = \alpha(\beta' Y_{t-1} + \rho_0) + \alpha_\perp \gamma_0$$

- Intercept and trend in CE-no intercept in VAR：序列 Y_t 与协整方程都有线性趋势：

$$H^*(r): \quad \Pi Y_{t-1} + BX_t = \alpha(\beta' Y_{t-1} + \rho_0 + \rho_1 t) + \alpha_\perp \gamma_0$$

- Intercept and trend in CE-intercept in VAR：序列 Y_t 有二次趋势且协整方程有线性趋势：

$$H(r): \quad \Pi Y_{t-1} + BX_t = \alpha(\beta' Y_{t-1} + \rho_0 + \rho_1 t) + \alpha_\perp (\gamma_0 + \gamma_1 t)$$

- Summarize all 5 sets of assumptions 即将上面 5 种情况对应的结果都报告出来的情况。

其中，矩阵 $\alpha_\perp$ 是矩阵 α 的正交互补矩阵，即 $\alpha'\alpha_\perp = 0$。Deterministic trend assumption of test 选项组的前 5 个单选项分别对应上述 5 种协整检验方程形式。除此之外，用户也可以选择该项的第 6 个选项 Summarize all 5 sets of assumptions，表示让 EViews 对这 5 个趋势假设情况都进行检验，EViews 会在输出结果中简单地给出这 5 种趋势假设下的协整关系个数。

(2) 外生变量设定

Exog variables编辑框中允许用户在检验的VAR模型中设定附加的外生变量X_t。常数项和线性趋势不应该被列示在该编辑框中，因为这些外生变量已经在5种趋势假设选项中被设定了。最常使用的外生变量是季节虚拟变量（Seasonal Dummy Variables）。如果用户在检验过程中确实包含了这些外生变量，则需要注意的是，EViews所给出的临界值并没有考虑到这些外生变量，从而使得临界值可能是无效的。

(3) 滞后区间设定

用户应该使用成对的数字设定VAR检验模型的滞后区间。值得注意的是，一阶差分项的滞后区间设定是指应用于Johansen协整检验的辅助回归方程中，而并非应用于原序列水平值。例如，如果在Lag Intervals编辑框中输入"1 2"，则表示协整检验方程用ΔY_t对ΔY_{t-1}、ΔY_{t-2}和其他指定的外生变量进行回归，此时原序列Y_t的最大滞后阶数是3。假如对原序列执行一阶滞后的协整检验，则在该编辑框中输入"0 0"。

对话框的 VEC Restrictions 标签内容用于对检验回归方程中的系数施加约束限制，若无特殊要求，则该选项卡是不需要进行设定的。

02 本例在 Deterministic trend assumption of test 选项组选择第三项"Intercept（no trend）in CE and test VAR"，在 Lag intervals 编辑框中输入"1 2"，对话框的其他选项采用 EViews 默认设置，然后单击"确定"按钮，EViews 将输出检验结果。检验结果主要由 3 部分组成，由于输出结果窗口比较大，因此单独给出 3 个主要部分的输出结果，分别如图 10.33、图 10.34 和图 10.35 所示。

图 10.33 所给出的是协整关系个数的检验结果，其包含两种类型检验统计量的检验结果，上面一部分给出的是迹（Trace）统计量检验结果，下面一部分给出的是最大特征值（Maximum Eigenvalue）统计量检验结果。对于每一部分，第一列是在检验原假设下协整关系个数；第二列是矩阵Π的特征值，是按照大小顺序排列的；第三列是检验统计量；第四列是 5%的临界值；最后一列是检验统计量的概率值。

Johansen协整检验是按照协整关系个数$r=0$到$r=k-1$的顺序执行的，直到拒绝相应的原假设。为了说明检验结果，先看迹统计量检验，第一列的None表示检验原假设"存在零个协整关系"，该假设下的迹统计量等于32.7736，5%的临界值等于29.7971，迹统计量大于临界值，因此拒绝原假设，从而表明至少存在一个协整关系。接着考察"At most 1"，其表示"至多存在1个协整关系"的原假设，该假设下的迹统计量等于8.9579，小于5%的临界值15.4947，因此不能拒绝原假设，从而迹统计量检验结果表明在5%的水平上存在一个协整关系。

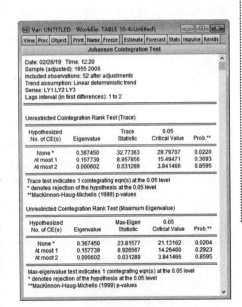

图 10.33 协整关系个数的检验结果

对于最大特征值统计量检验，分析过程和迹统计量的完全相同，检验结果也表明在 5%的水平存在一个协整关系。

注　意

对于协整关系检验，需要注意以下几点：①临界值对于变量序列个数小于等于 10 的协整检验是可以获得的，即 Johansen 协整检验最多能检验 10 个变量序列之间的协整关系，而且检验的临界值依赖于趋势假设，对于包含其他外生回归元的模型可能不是恰当的；②根据迹检验统计量所得到的结论可能会与根据最大特征值统计量所得到的结论产生冲突，发生这样的情况时，建议用户检查所估计的协整向量，并且基于对变量之间协整关系的理解做出合理的决定；③在某些情况下，单个的单位根检验结果显示一些序列之间是积整的，但是协整检验结果却表明矩阵 Π 是满秩的（协整关系的个数为 0），这种明显的冲突可能是由于样本容量太小或者趋势设定错误所导致的。

图 10.34 所给出的是无约束的参数估计值，即协整向量 β 和调整参数向量 α 的估计结果。众所周知，协整向量 β 并不是唯一的，除非我们对其强加一些任意的正规化约束限制。其中，β 的估计结果基于正规化条件：$\beta'S_{11}\beta = I$，其中，S_{11} 在 Johansen（1995a）中做出了相关的定义。β 的第一行是第一个协整向量，第二行是第二个协整向量，以此类推。

图 10.35 所给出的是对应于每一个可能存在的协整关系个数 $r = 0, 1, \cdots, k-1$ 下正规化的估计结果，这是协整向量 β 和调整参数向量 α 估计值的另一种表示形式。这种表示形式所要表明的是：前 r 个变量是其余 $(k-r)$ 个变量的函数，圆括号"()"中给出的是参数估计值的唯一渐近标准误。例如对于存在 1 个协整关系的情况，可以写出协整方程：

$$LY1 = 0.4456LY2 + 0.2577LY3 + \hat{u}_t$$

标准误差＝（0.0967）　　（0.09467）

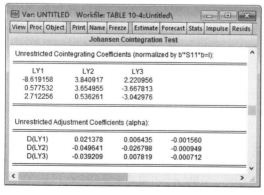

图 10.34　协整向量和调整参数向量的估计结果

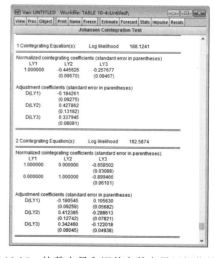

图 10.35　协整向量和调整参数向量正规化的估计结果

实际上，我们所写出的是长期均衡方程，$\hat{u}_t$ 是误差修正项。从所估计的方程可以看到，第二产业和第三产业对第一产业有明显的促进作用，第二产业的产出指数的对数增加 1%，则第一产业的产出指数对数相应地大约增加0.45%；第三产业的产出指数的对数增加1%，则第一产业的产出指数对数相应地大约增加0.26%。对于存在两个协整关系的情况，可以写出类似的方程以及进行类似的分析。

3. 向量误差修正模型估计

Johansen 协整检验结果表明序列 LY1、LY2、LY3 之间存在一个协整关系。实验 10-2 中所介绍的是无约束条件的 VAR 模型，接下来我们利用上述正规化的协整方程（误差修正项）估计向量误差修正模型。VEC 模型是对诸变量施加了协整关系约束条件的向量自回归模型，且该模型只能应用于具有协整关系的序列建模。VEC 模型估计的主要过程如下：

01 打开所估计的 VAR 模型对象"var01"，在其窗口工具栏中单击 Estimate 功能键，会弹出如图 10.36 所示的 VAR 模型定义对话框。在对话框的 VAR type 选项组选择 Vector Error Correction 单选项，原来的对话框会发生改变，如图 10.36 所示。

图 10.36　VEC 模型定义对话框

图 10.36 所示对话框的各选项基本与 VAR 模型的相同。对于图 10.36 所示的对话框，除了以下几点外，用户还需要提供与无约束限制的 VAR 模型相同的信息：

- 常数项或者线性趋势不能包含在 Exogenous variables 编辑框中，对于 VEC 模型中常数项和趋势的说明应该在 Cointegration 选项卡中进行设定。
- 滞后区间的设定是针对 VEC 模型中一阶差分项的滞后。例如，滞后说明"1 1"表示将在 VEC 模型的右边包括滞后的一阶差分项，如果以原序列重新改写模型，则该 VEC 模型是一个受限制约束的两阶滞后的 VAR 模型。如果估计没有滞后的一阶差分项的 VEC 模型，则设定滞后的形式为"0 0"。

该对话框中还有 Cointegration 和 VEC Restrictions 两个选项卡，下面分别对其做简要介绍。

（1）Cointegration 选项卡

单击图10.36顶端的Cointegration标签，打开相应的选项卡，如图10.37所示。

建立VEC模型前必须进行Johansen协整检验，Cointegration选项卡的设定完全根据Johansen协整检验的假设和结果进行设定。在Rank选项组编辑框中输入协整关系的个数，该输入值是基于协整关系检验所得到的结果。Deterministic Trend Specification选项组用于设定VEC模型中的常数项和趋势，用户必须从下面的5种趋势说明中选择一个。本例选择第3种"Intercept（no trend）in CE and VAR"，表示序列有线性趋势且协整方程只有截距项。

图 10.37　Cointegration 选项卡

5 种趋势说明如下：

- No intercept or trend in CE or VAR：序列Y_t没有确定性趋势（deterministic trends）且协整方程（CE方程）无截距项（intercepts）：

$$H_2(r): \quad \Pi Y_{t-1} + BX_t = \alpha\beta'Y_{t-1}$$

- Intercept（no trend）in CE-no intercept in VAR：序列Y_t没有确定性趋势且协整方程有截距项：

$$H_1^*(r): \quad \Pi Y_{t-1} + BX_t = \alpha(\beta'Y_{t-1} + \rho_0)$$

- Intercept（no trend）in CE and VAR：序列Y_t有线性趋势，但协整方程只有截距项：

$$H_1(r): \quad \Pi Y_{t-1} + BX_t = \alpha(\beta'Y_{t-1} + \rho_0) + \alpha_\perp \gamma_0$$

- Intercept and trend in CE-no trend in VAR：序列Y_t与协整方程都有线性趋势：

$$H^*(r): \quad \Pi Y_{t-1} + BX_t = \alpha(\beta'Y_{t-1} + \rho_0 + \rho_1 t) + \alpha_\perp \gamma_0$$

- Intercept and trend in CE-linear trend in VAR：序列Y_t有二次趋势且协整方程有线性趋势：

$$H(r): \quad \Pi Y_{t-1} + BX_t = \alpha(\beta'Y_{t-1} + \rho_0 + \rho_1 t) + \alpha_\perp(\gamma_0 + \gamma_1 t)$$

（2）VEC Restrictions 选项卡

单击图10.36顶端的VEC Restrictions标签，会出现如图10.38所示的选项卡。

图 10.38 所示的选项卡用于对协整向量和调整参数向量施加约束限制，该选项卡只对 VEC 模型可用。图 10.38 上面的方框给出的是设定约束限制的说明。若用户选择了 Impose Restrictions 复选项，则下面的编辑框 Enter restriction 文本框和 Optimization 文本框被激活，可以在该编辑框中输入参数限制。Enter restrictions 文本框用于输入研究者自己设定的调整参数约束，具体设置规则根据相关统计理论。Optimization 文本框用于设定约束条件计算的迭代法则：Max Iterations 文本框用于输入最大迭代次数，Convergence 文本框用于输入迭代的步长。对于参数约束限制的具体设定，用户可以查看 EViews 帮助：在 EViews 菜单栏中选择 Help 功能键，然后在“索引”对话框中输入关键字“VEC”，即可查看关于 VEC 模型的一系列帮助信息，包括参数约束限制设定等。

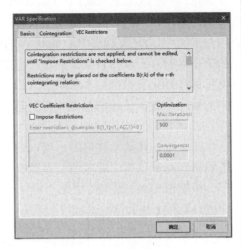

图 10.38　VEC Restrictions 选项卡

02 本例在图 10.36 所示对话框的 Lag Intervals for D（Endogenous）编辑框中输入“1 2”，表示在 VEC 模型的右边包含滞后的一阶和二阶差分项；在 Cointegration 选项卡的 Vumber of Cointegrating 编辑框中输入“1”，表示设定一个协整关系，其他选项则采用 EViews 默认设置，然后单击“确定”按钮，EViews 将输出 VEC 模型的估计结果。

VEC 模型的估计是分为两步执行的：第一步，从 Johansen 协整检验过程中得到协整关系；第二步，利用所估计的协整关系构造误差修正项，并估计包含误差修正项作为回归变量在内的一阶差分形式的 VAR 模型，即估计 VEC 模型。因此，我们将 VEC 模型的估计输出结果分为 3 部分依次给出，分别如图 10.39、图 10.40 和图 10.41 所示。

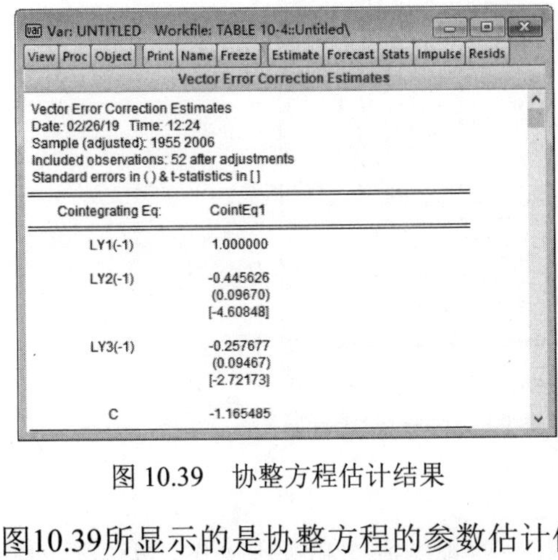

Var: UNTITLED　Workfile: TABLE 10-4::Untitled\

View | Proc | Object | Print | Name | Freeze | Estimate | Forecast | Stats | Impulse | Resids

Vector Error Correction Estimates

Vector Error Correction Estimates
Date: 02/26/19　Time: 12:24
Sample (adjusted): 1955 2006
Included observations: 52 after adjustments
Standard errors in ( ) & t-statistics in [ ]

Cointegrating Eq:	CointEq1
LY1(-1)	1.000000
LY2(-1)	-0.445626 (0.09670) [-4.60848]
LY3(-1)	-0.257677 (0.09467) [-2.72173]
C	-1.165485

图 10.39　协整方程估计结果

Var: UNTITLED　Workfile: TABLE 10-4::Untitled\

View | Proc | Object | Print | Name | Freeze | Estimate | Forecast | Stats | Impulse | Resids

Vector Error Correction Estimates

Error Correction:	D(LY1)	D(LY2)	D(LY3)
CointEq1	-0.184261 (0.09275) [-1.98659]	0.427862 (0.13182) [3.24582]	0.337945 (0.08091) [4.17667]
D(LY1(-1))	0.417257 (0.15449) [2.70085]	0.150203 (0.21956) [0.68410]	-0.002928 (0.13477) [-0.02173]
D(LY1(-2))	0.083714 (0.16389) [0.51080]	-0.271770 (0.23292) [-1.16680]	-0.137546 (0.14297) [-0.96207]
D(LY2(-1))	-0.064311 (0.11951) [-0.53811]	0.452640 (0.16985) [2.66490]	0.171491 (0.10426) [1.64487]
D(LY2(-2))	-0.204649 (0.12062) [-1.69666]	-0.124488 (0.17142) [-0.72621]	0.034978 (0.10522) [0.33242]
D(LY3(-1))	0.294384 (0.17861) [1.64815]	0.141649 (0.25385) [0.55801]	0.445052 (0.15581) [2.85631]
D(LY3(-2))	0.234081 (0.17350) [1.34918]	-0.285934 (0.24658) [-1.15962]	-0.223479 (0.15135) [-1.47656]
C	0.014022 (0.02169) [0.64633]	0.106959 (0.03083) [3.46900]	0.074448 (0.01893) [3.93374]

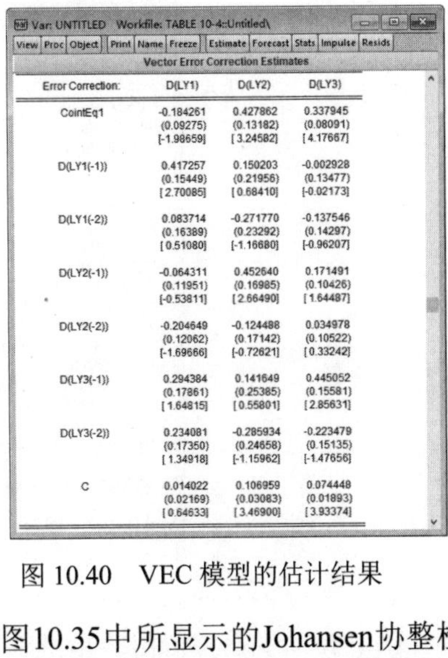

图 10.40　VEC 模型的估计结果

图10.39所显示的是协整方程的参数估计值，其与图10.35中所显示的Johansen协整检验结果类似，只是图10.39的协整方程中包含一个常数项，而且协整方程中的各变量名都改写为变

量滞后一期的形式，如LY1(-1)。需要注意的是，如果用户不对参数施加约束限制，则EViews将使用系统默认的可以识别所有协整关系的正规化方法，即将VEC模型中的前r个变量表示为剩余$(k-r)$个变量的函数。图10.40所显示的是VEC模型的参数估计值，其中CointEq1对应的数值是误差修正项的系数估计值。假如VEC模型中含有多个误差修正项作为回归变量，则这些变量的系数估计值将以CointEq1、CointEq2…的形式依次给出。参数估计值下面圆括号“()”中的数值是参数估计的标准误差，方括号“[ ]”中的数值是参数估计的t统计量。从图10.40中可以看到，误差修正项的所有参数估计的t统计量都是显著的，但VEC模型的每个方程大约有一半的参数估计是不显著的，可以通过在VEC模型中引入更多的滞后项进行调整，也可以适当地调整误差修正项，即对调整系数α施加某些约束限制。

根据图 10.40 输出的结果，可以写出 VEC 模型的估计结果：

$$\Delta LY_t=\begin{bmatrix}0.014\\0.11\\0.074\end{bmatrix}+\begin{bmatrix}0.42 & -0.064 & 0.29\\0.15 & 0.45 & 0.14\\-0.0029 & 0.17 & 0.44\end{bmatrix}\Delta LY_{t-1}+\begin{bmatrix}0.084 & -0.20 & 0.23\\-0.27 & -0.12 & -0.29\\-0.14 & -0.035 & -0.22\end{bmatrix}\Delta LY_{t-2}$$
$$+\begin{bmatrix}-0.18\\0.43\\0.34\end{bmatrix}VECM_{t-1}+\hat{\varepsilon}_t$$

其中，$LY_t=(LY1_t,LY2_t,LY3_t)'$，$VECM_{t-1}=LY1_t-0.4456LY2_t-0.2577LY3_t-1.1655$。

图10.41所显示的是单个方程以及VEC模型整体的有关检验统计量。可以看到，VEC模型中3个方程的拟合优度都比较小，这在VEC模型中比较普遍。通常，我们更关心的是VEC模型的整体统计量，模型的AIC准则和SC准则分别为-6.1971和-5.1839，都比较小。用户可以根据这些准则确定VEC模型比较合理的滞后长度。

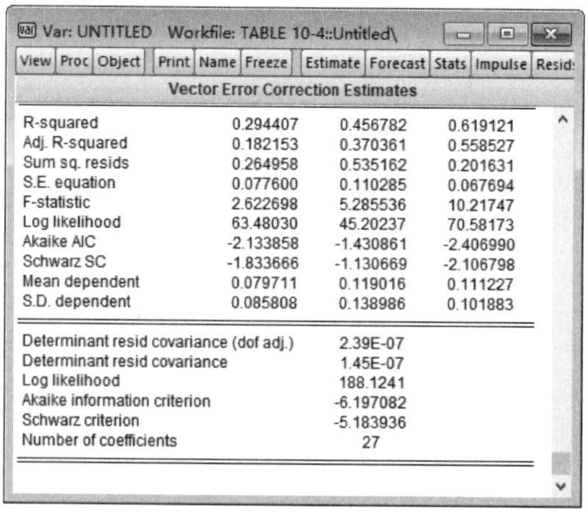

R-squared	0.294407	0.456782	0.619121
Adj. R-squared	0.182153	0.370361	0.558527
Sum sq. resids	0.264958	0.535162	0.201631
S.E. equation	0.077600	0.110285	0.067694
F-statistic	2.622698	5.285536	10.21747
Log likelihood	63.48030	45.20237	70.58173
Akaike AIC	-2.133858	-1.430861	-2.406990
Schwarz SC	-1.833666	-1.130669	-2.106798
Mean dependent	0.079711	0.119016	0.111227
S.D. dependent	0.085808	0.138986	0.101883

Determinant resid covariance (dof adj.)	2.39E-07
Determinant resid covariance	1.45E-07
Log likelihood	188.1241
Akaike information criterion	-6.197082
Schwarz criterion	-5.183936
Number of coefficients	27

图 10.41　单个方程和 VEC 模型的有关检验统计量

4. VEC 模型的分析

估计VEC模型之后，可以对模型估计结果进行一些视图操作和过程操作，大多数的操作都和VAR模型的相同。下面介绍VAR模型所不具有的操作。

选择VEC模型估计结果窗口工具栏中的View｜Cointegration Graph命令，可以输出VEC模型中所用到的变量之间的协整关系（误差修正项）曲线，如图10.42所示。

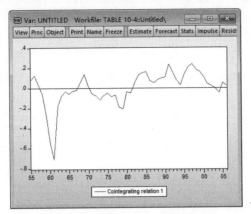

图10.42　VEC模型的协整关系图

从图10.42中可以看到，零值均线代表变量之间的长期均衡稳定关系。在1961年左右，误差修正项的绝对值比较大，表明该时期短期波动偏离长期均衡关系比较大，大约经过8年左右时间的调整，即在1969年又重新回到了长期均衡稳定状态。之后，误差修正项的数值比较小，表明这些时期短期波动偏离长期均衡关系的幅度比较小。

VEC模型的参数估计值相当复杂，用户可通过选择窗口工具栏中的View｜Representations命令来查看VEC模型的估计结果。

 上机练习

练习10-1　宏观经济方程的联立性检验

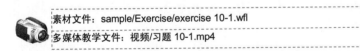

素材文件：sample/Exercise/exercise 10-1.wfl
多媒体教学文件：视频/习题 10-1.mp4

根据凯恩斯宏观经济理论，建立由如下3个方程组成的宏观经济联立方程模型：

$$C_t = \alpha_1 + \alpha_2 Y_t + \alpha_3 C_{t-1} + \varepsilon_{1t} \tag{10.13}$$

$$I_t = \beta_1 + \beta_2(Y_{t-1} - Y_{t-2}) + \beta_3 Y_t + \varepsilon_{2t} \tag{10.14}$$

$$均衡等式 \quad Y_t = C_t + I_t + G_t \tag{10.15}$$

其中，Y_t表示扣除进出口因素的 GNP 真实值，C_t表示个人消费支出的真实值，I_t表示国内总投资的真实值，G_t表示政府支出的真实值。

表10.5所示的是美国1950年一季度至1988年一季度宏观经济时间序列的部分数据。其中，CN代表联立方程模型中的C，GNP代表联立方程模型中的Y，CN、I、GNP以及G都以1982年的十亿美元为单位。

表 10.5　美国宏观经济季度时间序列数据

Obs	CN	I	GNP	G	Obs	CN	I	GNP	G
1950Q1	711.9	201.9	1139.7	225.9	1956Q1	895.1	262.1	1517.2	360.0
1950Q2	725.8	226.1	1173.3	221.4	1956Q2	896.5	258.3	1519.7	364.9
1950Q3	754.8	241.6	1226.0	229.6	1956Q3	899.2	257.1	1518.7	362.4
1950Q4	740.5	270.3	1257.2	246.4	1956Q4	908.4	253.8	1529.8	367.6
1951Q1	754.4	241.6	1281.9	285.9	1957Q1	914.3	248.6	1542.3	379.4
1951Q2	740.3	249.0	1307.6	318.3	1957Q2	916.8	245.2	1543.1	381.6
1951Q3	747.8	233.8	1329.6	348.0	1957Q3	922.6	249.2	1553.9	382.1
1951Q4	752.3	216.2	1335.3	366.8	1957Q4	925.7	230.3	1537.2	381.2
1952Q1	754.7	219.9	1351.7	377.1	1958Q1	916.5	210.9	1513.9	386.5
1952Q2	768.1	199.9	1355.6	387.6	1958Q2	926.0	206.2	1524.9	392.7
1952Q3	772.7	206.6	1376.0	396.7	1958Q3	939.7	222.2	1559.0	397.1
1953Q1	799.8	222.3	1434.0	411.9	1959Q1	964.3	261.7	1625.3	399.3
1953Q2	803.7	225.1	1449.0	420.2	1959Q2	977.2	283.1	1659.1	398.8
1953Q3	803.1	217.4	1440.9	420.4	1959Q3	986.3	262.4	1645.8	397.1
1953Q4	803.3	201.5	1428.3	423.5	1959Q4	989.6	274.1	1659.0	395.3
1954Q1	807.1	203.2	1407.7	397.4	1960Q1	997.1	288.7	1681.0	395.2
1954Q2	814.3	206.4	1399.7	379.8	1960Q2	1009.8	261.4	1673.8	402.6
1954Q3	827.3	215.0	1414.7	372.4	1960Q3	1005.7	258.3	1670.8	406.8
1954Q4	842.3	225.7	1432.9	364.9	1960Q4	1007.8	233.6	1651.5	410.1
1955Q1	855.3	245.1	1465.2	364.8	1961Q1	1009.5	238.3	1667.5	419.7
1955Q2	869.1	260.8	1488.2	358.3	1961Q2	1023.5	249.1	1695.0	422.4
1955Q3	878.0	264.3	1505.5	363.2	1961Q3	1024.6	270.5	1721.8	426.7
1955Q4	892.7	268.9	1520.6	359.0	1961Q4	1042.9	278.4	1760.9	439.6

数据来源：《计量经济模型与经济预测》　[美]平狄克、鲁宾费尔著，钱小军等译，机械工业出版社，1999，第 256~259 页）

本题所用到的数据保存在本书下载资源的 Exercise 文件夹下的 Exercise 10-1.wfl 工作文件中，请使用 EViews 完成如下操作和分析：

（1）对由方程（10.13）~（10.15）所构成的简单联立方程模型进行识别，判断方程（10.13）和方程（10.14）是否可被识别。

（2）如果上述两个方程都是可以识别的，则使用二阶段最小二乘法估计联立模型中的单个方程，并对各方程的估计结果进行适当分析。

（3）如果联立方程模型是可识别的，则使用三阶段最小二乘法对联立方程模型进行系统估计，并对估计结果进行分析。

（4）使用 Hausman 设定检验方法对上述方程进行联立性检验，判断方程是否存在联立性，假如存在联立性，则将单个方程的 OLS 估计结果与 TSLS 估计结果进行比较分析。

练习 10-2　研究货币供应量和利率变动对经济波动的影响

素材文件：sample/Exercise/exercise 10-2.wfl
多媒体教学文件：视频/习题 10-2.mp4

凯恩斯学派认为货币供应量的变动将影响利率，从而对实际产出产生影响。但是货币学派认为货币供应量只对经济产生短期影响，而在长期中，货币数量的作用主要影响价格，而对实际产出不会产生影响。

为了研究货币供应量和利率的变动对经济波动的长期影响和短期影响,以美国经济为对象进行研究。表10.6所示的是美国1950年一季度至1988年一季度实际GNP(扣除了进出口因素,单位为十亿美元)、3月期国库券利率R(单位为百分比)以及狭义货币供应量真实值M1(单位为十亿美元)数据。

表 10.6 美国实际 GNP、利率以及货币供应量 M1 数据

Obs	GNP	R	M1	Obs	GNP	R	M1	Obs	GNP	R	M1
1950Q1	1139.7	1.117	449.5	1956Q1	1517.2	2.379	475.4	1962Q1	1787.3	2.739	467.3
1950Q2	1173.3	1.166	453.7	1956Q2	1519.7	2.596	472.9	1962Q2	1801.7	2.716	468.4
1950Q3	1226	1.232	450.3	1956Q3	1518.7	2.596	468.7	1962Q3	1819.6	2.858	466.4
1950Q4	1257.2	1.353	445	1956Q4	1529.8	3.063	467.5	1962Q4	1819.1	2.803	467.7
1951Q1	1281.9	1.4	432.8	1957Q1	1542.3	3.171	464.6	1963Q1	1841.2	2.909	471.9
1951Q2	1307.6	1.532	433	1957Q2	1543.1	3.157	461.1	1963Q2	1861.5	2.941	474.8
1951Q3	1329.6	1.627	439.1	1957Q3	1553.9	3.382	457	1963Q3	1895.2	3.28	477.6
1951Q4	1335.3	1.649	439.4	1957Q4	1537.2	3.343	453	1963Q4	1903.1	3.499	479.8
1952Q1	1351.7	1.64	442.5	1958Q1	1513.9	1.838	447.4	1964Q1	1939.1	3.538	481.8
1952Q2	1355.6	1.677	445.7	1958Q2	1524.9	1.017	449.6	1964Q2	1960.7	3.481	484.7
1952Q3	1376	1.828	447.6	1958Q3	1559	1.71	454.2	1964Q3	1979.6	3.504	491.3
1952Q4	1409.1	1.923	452.1	1958Q4	1600.5	2.787	458.5	1964Q4	1989.9	3.685	495.5
1953Q1	1434	2.047	453.8	1959Q1	1625.3	2.8	464	1965Q1	2039.9	3.899	498.2
1953Q2	1449	2.202	455.1	1959Q2	1659.1	3.019	466.3	1965Q2	2066.8	3.879	497.6
1953Q3	1440.9	2.021	455.3	1959Q3	1645.8	3.533	467.1	1965Q3	2103.7	3.859	501.7
1953Q4	1428.3	1.486	454	1959Q4	1659	4.299	460	1965Q4	2150.4	4.158	507.8
1954Q1	1407.7	1.083	450.9	1960Q1	1681	3.943	459.2	1966Q1	2198	4.63	511.8
1954Q2	1399.7	0.814	453	1960Q2	1673.8	3.092	455.7	1966Q2	2207.4	4.597	511.8
1954Q3	1414.7	0.869	459.1	1960Q3	1670.8	2.39	459.4	1966Q3	2236.5	5.047	506.2
1954Q4	1432.9	1.036	464.6	1960Q4	1651.5	2.36	455.8	1966Q4	2246.4	5.246	503.1
1955Q1	1465.2	1.256	469.6	1961Q1	1667.5	2.376	458	1967Q1	2257.3	4.533	507.1
1955Q2	1488.2	1.514	473	1961Q2	1695	2.324	461.5	1967Q2	2271.3	3.657	510.7
1955Q3	1505.5	1.861	474.6	1961Q3	1721.8	2.324	462.2	1967Q3	2301.2	4.344	518
1955Q4	1520.6	2.349	474.2	1961Q4	1760.9	2.475	465.4	1967Q4	2323.1	4.787	521.3

数据来源:《计量经济模型与经济预测》[美] 平狄克、鲁宾费尔著,钱小军等译,机械工业出版社,1999,第256~259页)

本题所用到的数据保存在本书下载资源的 Exercise 文件夹下的 exercise 10-2.wfl 工作文件中。为了分析的需要,对实际 GNP 和实际 M1 取自然对数,分别得到序列 $\ln GNP$ 和 $\ln M1$,且不对实际利率 R 取自然对数。请使用 EViews 完成如下操作和分析:

(1)以 $\ln GNP$、$\ln M1$、R为内生变量,建立一个滞后阶数为2的VAR模型。

(2)对所估计的VAR模型进行一般的模型分析,包括模型模拟和预测、Granger因果关系检验以及对VAR模型的滞后结构进行各种分析,判断所估计的VAR模型是否平稳。

(3)给出所建立的VAR模型的脉冲响应函数,分析实际产出、实际利率以及实际货币供应量对各变量扰动的响应,尤其要分析实际产出和实际利率对货币供应量扰动的响应,从而了解所建立的VAR模型的动态特性。

(4)对所建立的VAR模型进行方差分解,并对方差分解的结果进行适当的分析,重点分

析各变量扰动对实际产出预测方差的贡献度。

（5）对变量序列 $\ln GNP$、$\ln M1$、R 进行协整检验，判断它们之间是否存在协整关系。

（6）若这3个变量之间存在协整关系，则建立合适的VEC模型，并分析VEC模型的估计结果。

练习 10-3 研究钢铁与其下游行业的关系

表10.7所示的是我国某地区1999年1月至2002年12月钢铁行业及其4个主要下游行业的销售收入数据，这些数据都经过了季节调整。其中，序列Y1表示钢材销售收入，Y2表示汽车销售收入，Y3表示机械设备销售收入，Y4表示建筑材料销售收入，Y5表示家用电器销售收入，单位都是百万元。

表 10.7 我国某地区钢铁行业及下游行业的销售收入数据

Obs	Y1	Y2	Y3	Y4	Y5	Obs	Y1	Y2	Y3	Y4	Y5
1999M01	155.49	205.18	578.39	169.44	183.29	2001M01	234.28	320.32	770.00	210.12	239.05
1999M02	157.92	208.31	585.06	171.02	184.29	2001M02	238.19	326.39	779.19	212.15	241.13
1999M03	161.68	211.38	588.08	171.72	174.42	2001M03	246.12	327.00	828.15	229.40	248.38
1999M04	166.97	212.99	598.25	175.43	188.80	2001M04	242.19	320.08	794.98	217.87	237.63
1999M05	171.41	221.98	608.32	176.74	186.31	2001M05	224.00	320.94	803.48	216.21	246.20
1999M06	181.42	219.14	610.97	180.35	154.77	2001M06	230.64	330.61	846.35	209.91	285.87
1999M07	170.99	231.60	650.20	192.46	211.47	2001M07	244.28	318.71	758.73	212.62	189.85
1999M08	173.80	223.08	619.28	182.32	202.73	2001M08	332.03	336.74	809.28	219.66	286.05
1999M09	175.90	247.62	633.60	181.52	187.65	2001M09	193.18	341.23	812.84	233.35	201.77
1999M10	186.78	254.50	633.48	182.24	197.11	2001M10	226.58	336.08	820.40	224.05	237.63
1999M11	181.29	249.89	655.33	191.31	268.13	2001M11	229.46	361.07	842.21	227.54	244.80
1999M12	197.29	257.50	675.56	194.62	223.53	2001M12	269.43	363.50	852.56	229.65	268.26
2000M01	188.46	241.59	665.70	190.04	213.39	2002M01	250.85	394.00	873.74	236.28	272.97
2000M02	191.68	246.21	673.70	191.87	215.08	2002M02	254.92	401.77	884.23	238.54	275.31
2000M03	197.59	249.97	676.32	192.43	200.51	2002M03	249.50	393.29	897.41	243.32	309.91
2000M04	204.16	250.04	688.19	197.55	220.76	2002M04	256.36	464.31	918.44	237.90	277.42
2000M05	207.51	262.60	701.17	198.25	216.97	2002M05	294.95	458.68	925.80	247.82	282.29
2000M06	213.28	241.49	656.95	208.25	184.32	2002M06	273.56	516.61	979.07	247.73	301.27
2000M07	208.73	290.67	770.30	209.88	242.34	2002M07	294.63	499.14	910.48	236.21	247.85
2000M08	209.16	285.70	740.45	208.83	214.19	2002M08	257.52	493.46	993.55	252.82	276.63
2000M09	227.05	271.05	750.96	204.76	259.37	2002M09	289.29	504.82	1001.22	262.17	297.68
2000M10	231.65	316.42	760.70	208.62	271.05	2002M10	293.21	498.76	1030.06	273.05	268.69
2000M11	237.79	272.52	753.83	196.63	240.69	2002M11	300.49	489.69	1031.26	270.81	290.47
2000M12	227.89	310.11	752.20	207.95	239.29	2002M12	285.94	486.04	1042.65	240.50	257.31

本题所用到的数据保存在本书下载资源的 Exercise 文件夹下的 exercise 10-3.wfl 工作文件中。为了研究钢铁行业与其 4 个主要下游行业之间的关系，请使用 EViews 完成如下操作和分析：

（1）建立变量Y1、Y2、Y3、Y4、Y5之间的VAR模型，VAR模型的滞后阶数为2。

（2）分析所建立的VAR模型的动态特性，包括给出脉冲响应函数以及对序列Y1进行方差分解。

（3）对序列Y1、Y2、Y3、Y4、Y5及它们的差分序列分别进行单位根检验，判断这些序列是否平稳。

（4）若序列Y1、Y2、Y3、Y4、Y5都是$I(1)$，则对它们进行Johansen协整检验，判断它们之间是否存在协整关系以及协整关系的个数。

（5）若这5个变量序列之间存在协整关系，则对其建立合适的VEC模型，并对模型进行分析。

第11章 面板数据模型

面板数据（Panel Data，或称平行数据）是指包含若干个截面个体成员（各公司、各省市地区等）在一段时期内的样本数据集合，其每一个截面成员都具有很多观测值。面板数据比横截面数据或者时间序列数据具有更多优点，并且在很多方面能够丰富我们的研究分析。我们将基于面板数据的回归模型称为面板数据模型，其可以分为基于横截面特定系数的面板数据模型和基于时期特定系数的面板数据模型。这两种形式的面板模型在估计方法上完全类似，因此本章只讨论基于横截面特定系数的面板数据模型，即由 N 个截面成员方程所组成的模型。考虑如下横截面特定系数的面板数据模型的一般形式：

$$y_{it} = \alpha_i + \beta_{1i}x_{1it} + \beta_{2i}x_{2it} + \cdots + \beta_{ki}x_{kit} + u_{it}$$
$$i=1,2,\ldots,N \quad t=1,2,\cdots,T$$
（11.1）

其中，y_{it} 是因变量，$x_{1it},\cdots,x_{kit}$ 是 k 个解释变量，N 是横截面个体成员的个数，T 表示每个截面成员的样本观测时期数，参数 α_i 表示面板数据模型的截距项，$\beta_{1i},\cdots,\beta_{ki}$ 表示对应于 k 个解释变量的系数。通常假定随机误差项 u_{it} 之间相互独立，且满足均值为零、方差同为 σ_u^2 的假设。

根据对截距项和解释变量系数的不同限制，可以将面板数据模型（11.1）分为混合回归模型、变截距模型和变系数模型 3 种类型。其中，混合回归模型假设截距项 α_i 和解释变量系数 $\beta_{1i},\cdots,\beta_{ki}$ 对于所有的截面个体成员都是相同的，即假设在个体成员上既无个体影响，又无结构变化。混合回归模型可以写成如下的形式：

$$y_{it} = \alpha + \beta_1 x_{1it} + \beta_2 x_{2it} + \cdots + \beta_k x_{kit} + u_{it}$$
$$i=1,2,\ldots,N \quad t=1,2,\cdots,T$$
（11.2）

对于模型（11.2），可以将所有截面个体成员的时间序列数据混合在一起作为样本数据，然后使用 OLS 对模型参数进行估计。变截距模型假定在截面个体成员上截距项 α_i 不同，解释变量系数 $\beta_{1i},\cdots,\beta_{ki}$ 相同，即假设在个体成员上存在个体影响而结构系数变化，其具有如下的回归形式：

$$y_{it} = \alpha_i + \beta_1 x_{1it} + \beta_2 x_{2it} + \cdots + \beta_k x_{kit} + u_{it}$$
$$i=1,2,\ldots,N \quad t=1,2,\cdots,T$$
（11.3）

变系数模型则假定在截面个体成员上截距项 α_i 和解释变量系数 $\beta_{1i},\cdots,\beta_{ki}$ 都不同，即假定在个体成员上既存在个体影响又存在结构系数变化。对于变截距模型和变系数模型，根据个体影响的不同形式，这两种模型又可分为固定效应模型（Fixed Effect Model）和随机效应模型（Random Effect Model）。

本章主要介绍以上几种面板数据模型估计，内容包括：面板数据的Pool对象的建立及其操作、变截距模型和变系数模型估计以及面板数据的单位根检验等。

实验 11-1　Pool 对象的建立及其操作

素材文件：sample/Example/table 11-1.wfl
多媒体教学文件：视频/实验 11-1.mp4

▶ 实验基本原理

EViews对面板数据模型的估计是通过含有Pool对象的工作文件和具有面板数据结构类型的工作文件来实现的。Pool对象（合成数据对象）可以处理面板数据类型，其侧重于分析截面成员较少而时期较长的面板数据（侧重于时间序列分析）。利用Pool对象，我们可以实现对各种侧重于时间序列分析的变截距、变系数的模型进行估计。对于截面成员较多而时期数较少的面板数据，一般需要建立具有面板数据结构类型的工作文件进行分析，其侧重于横截面分析。利用面板数据结构类型的工作文件，我们可以实现变截距数据模型以及动态的面板数据模型的估计。因此，对于某一个实际的面板数据模型问题，应该根据数据截面个数和每个截面成员的观测时期数的特征建立Pool对象或者建立具有面板数据结构类型的工作文件进行分析。

▶ 实验目的与要求

1．实验目的

通过本次实验，了解Pool对象的概念和用途，熟悉Pool对象的建立过程以及一些基本操作。

2．实验要求

（1）能熟练地建立Pool对象，根据实际情况快速输入数据。
（2）熟悉Pool序列的几种描述统计量和统计含义。
（3）掌握生成Pool序列组、时期统计量以及生成Pool序列等操作。

▶ 实验内容及数据来源

表11.1所示的是美国四大制造业公司从1935年至1954年公司实际总投资（I）、公司前一年实际市场价值（F）以及前一年末实际资本存货（K）的观测值数据，单位是百万美元。其中，这四大制造业公司是通用电气（GE）、通用汽车（GM）、美国钢铁（US）和西屋电气（WE）。本实验所用数据保存在本书下载资源的Example文件夹下的table 11-1.wfl工作文件中。

表 11.1 美国四大制造业公司有关数据

Obs	I	F	K	Obs	I	F	K
	GE				US		
1935	33.1	1170.6	97.8	1935	209.9	1362.4	53.8
1936	45	2015.8	104.4	1936	355.3	1807.1	50.5
1937	77.2	2803.3	118	1937	469.9	2673.3	118.1
1938	44.6	2039.7	156.2	1938	262.3	1801.9	260.2
1939	48.1	2256.2	172.6	1939	230.4	1957.3	312.7
1940	74.4	2132.2	186.6	1940	361.6	2202.9	254.2
1941	113	1834.1	220.9	1941	472.8	2380.5	261.4
1942	91.9	1588	287.8	1942	445.6	2168.6	298.7
1943	61.3	1749.4	319.9	1943	361.6	1985.1	301.8
1944	56.8	1687.2	321.3	1944	288.2	1813.9	279.1
1945	93.6	2007.7	319.6	1945	258.7	1850.2	213.8
1946	159.9	2208.3	346	1946	420.3	2067.7	232.6
1947	147.2	1656.7	456.4	1947	420.5	1796.7	264.8
1948	146.3	1604.4	543.4	1948	494.5	1625.8	306.9
1949	98.3	1431.8	618.3	1949	405.1	1667	351.1
1950	93.5	1610.5	647.4	1950	418.8	1677.4	357.8
1951	135.2	1819.4	671.3	1951	588.2	2289.5	341.1
1952	157.3	2079.7	726.1	1952	645.2	2159.4	444.2
1953	179.5	2371.6	800.3	1953	641	2031.3	623.6
1954	189.6	2759.9	888.9	1954	459.3	2115.5	669.7
	GM				WE		
1935	317.6	3078.5	2.8	1935	12.93	191.5	1.8
1936	391.8	4661.7	52.6	1936	25.9	516	0.8
1937	410.6	5387.1	156.9	1937	35.05	729	7.4
1938	257.7	2792.2	209.2	1938	22.89	560.4	18.1
1939	330.8	4313.2	203.4	1939	18.84	519.9	23.5
1940	461.2	4643.9	207.2	1940	28.57	628.5	26.5
1941	512	4551.2	255.2	1941	48.51	537.1	36.2
1942	448	3244.1	303.7	1942	43.34	561.2	60.8
1943	499.6	4053.7	264.1	1943	37.02	617.2	84.4
1944	547.5	4379.3	201.6	1944	37.81	626.7	91.2
1945	561.2	4840.9	265	1945	39.27	737.2	92.4
1946	688.1	4900	402.2	1946	53.46	760.5	86
1947	568.9	3526.5	761.5	1947	55.56	581.4	111.1
1948	529.2	3245.7	922.4	1948	49.56	662.3	130.6
1949	555.1	3700.2	1020.1	1949	32.04	583.8	141.8
1950	642.9	3755.6	1099	1950	32.24	635.2	136.7
1951	755.9	4833	1207.7	1951	54.38	732.8	129.7
1952	891.2	4924.9	1430.5	1952	71.78	864.1	145.5
1953	1304.4	6241.7	1777.3	1953	90.08	1193.5	174.8
1954	1486.7	5593.6	2226.3	1954	68.6	1188.9	213.5

数据来源：《计量经济学基础》[美]古扎拉蒂著，费剑平、孙春霞等译，中国人民大学出版社，2005，第601~602页）

本实验主要介绍 Pool 对象的建立以及一些对 Pool 对象的基本操作，主要内容有：①Pool 对象的建立及数据输入；②计算 Pool 序列的描述统计量；③生成 Pool 序列组和时期统计量；

④生成 Pool 序列。这些实验内容都是关于 Pool 对象的基本操作，是进行面板数据模型估计的前期准备工作。

▶ 实验操作指导

1. 建立 Pool 对象及输入数据

在进行面板数据模型估计之前，需要先建立一个 Pool 对象并输入数据。建立 Pool 对象并输入数据的主要过程如下：

01 打开工作文件 table 11-1.wfl，在 EViews 菜单栏中选择 Object|New Object 命令，弹出新建对象对话框。在 Type of object 选项组中选择 Pool，并将 Pool 对象命名为"Pool1"，然后单击 OK 按钮，屏幕会弹出如图 11.1 所示的 Pool 对象说明窗口。

Pool 对象的核心是建立用来表示截面成员（Cross Section）的识别名称（Identifiers）。在本例中，有 4 个公司截面成员，分别是 GM、GE、US 和 WE。用户需要在图 11.1 所示的 Pool 对象说明窗口编辑区中输入截面成员的识别名称，各识别名称之间可以用空格、换行分隔开来。本例输入的截面成员识别名称为_GM、_GE、_US、_WE，且不同的截面识别名称在不同的行中给出。输入截面识别名后，关闭图 11.1 所示的窗口，此时 EViews 将保存所输入的该 Pool 对象中各截面成员的有关信息。

对于截面成员识别名称并没有特别要求，但是由于用户在Pool对象编辑窗口中所输入的截面成员识别名称将作为单个截面成员序列名称的一部分，因此要求能使用这些截面成员识别名称构成合法的EViews序列名称。需要指出的是，本例在每个截面识别名中使用下画线字符"_"并不是必需的，但将其作为单个截面成员序列名的后半部分可以比较容易地识别该序列属于哪个截面成员。

Pool 对象只是对数据结构的一种基本描述方式，其自身并不包含序列和数据。因此，这种对象和数据的分离使得在一个工作文件中可以有多个不同的 Pool 对象，而不同的 Pool 对象可以对工作文件中不同组合的数据分别进行处理。同时，用户删除某个 Pool 对象并不会同时删除其所使用的序列。

02 在图 11.1 所示的 Pool 对象窗口工具栏中，选择 View|Spreadsheet（stacked data）命令或者直接单击窗口工具栏中的 Sheet 功能键，屏幕将会弹出如图 11.2 所示的对话框。

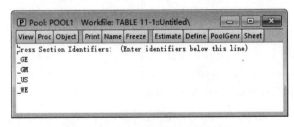

图 11.1 Pool 对象定义说明窗口

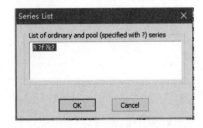

图 11.2 Pool 对象序列列表对话框

该对话框要求用户输入Pool对象序列名列表，用户可以根据需要输入普通序列名和Pool序列名，且各序列名之间用空格隔开。对于Pool序列名，必须使用占位符"?"表示。

普通序列是指其某一时期的数据对于所有的截面成员都是相同的。因此，用户可以使用单独的一个序列来保存这些变量的数据，每个截面成员都可以使用该序列中的数据。例如在由4家大公司所构成的Pool对象工作文件中，对于GDP和货币供应量等宏观经济变量，它们在某一时期对所有的公司都是相同的，这些经济变量的数据可以单独使用普通序列来保存。

Pool 序列实际上包含一组序列，它所包含的每一个序列的序列名都是由基本名和截面成员识别名称构成的。一般基本名表示经济变量指标名称，截面识别名表示截面成员个体。因此，Pool 序列名使用的是基本名和占位符"?"，其中占位符"?"代表截面成员识别名。例如在本例中，Pool 对象中的截面成员为_GM、_GE、_US、_WE，并且每个截面成员都有实际总投资 I 的数据。因此，在工作文件中应该建立 4 个分别对应于各个截面成员的实际总投资序列，即为 I_GM、I_GE、I_US、I_WE，相应的 Pool 序列名则为 I?。对于各个截面成员的实际市场价值 F 和实际资本存量 K，相应 Pool 序列名分别为 F?和K?。

===== 说　　明 =====

关于 Pool 序列，有两点需要说明：①如果用户没有事先设定截面成员识别名称列表，则使用占位符"?"是没有意义的，因此该功能仅仅在 Pool 对象中存在。如果用户在 Pool 对象外使用 Pool 序列，则 EViews 会把"?"当作通配符，并会弹出"该变量没有定义"的错误信息提示；②当用户使用某个 Pool 序列时，EViews 默认使用该 Pool 序列中的所有截面成员序列。EViews 会自动查找所有截面识别名称来代替占位符"?"，然后 EViews 会按照命令使用这些含有截面成员识别名替代后的序列名。

03 设置 Pool 序列的数据堆积式。设定好 Pool 对象序列列表对话框后，单击 OK 按钮，屏幕会输出如图 11.3 所示的 Pool 序列的堆积式数据表格形式窗口。

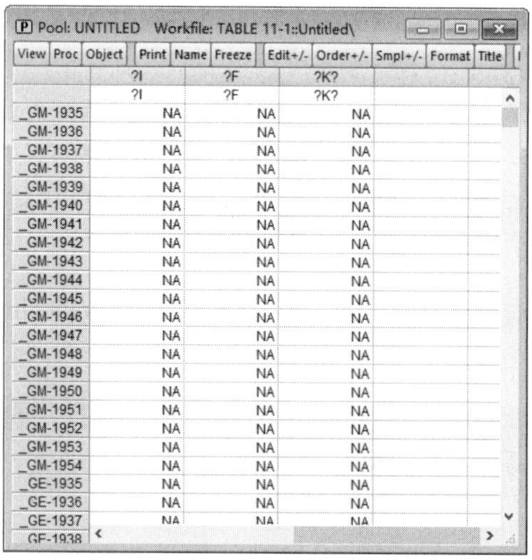

图 11.3　Pool 序列的截面成员堆积形式数据表

Pool对象的数据可以排列成堆积的形式，即某一个变量的所有数据放在一起，同其他变量的数据分割开来。数据堆积方式有两种：一种是按照截面成员方式进行堆积，其将不同截面成员的数据从上至下依次排列，每一列代表一个变量。图11.3所示就是按照截面成员堆积的Pool对象的数据表格形式。在这种数据堆积方式下，每一个截面成员数据按照时间顺序被集中依次排列。Pool序列名（I?、F?和K?）在每一列的表头，截面成员-时期识别符标识（如GE-1935、

GM-1935等）在每一行的开头。由于我们并没有输入数据，因此图11.3中所有的Pool序列的观测值都为"NA"。

另一种数据堆积方式是按照时期进行堆积。在这种堆积方式下，每一列仍表示一个变量，但是每一列中的数据都是按照时间顺序排列的。用户可以通过单击图 11.3 所示窗口工具栏中的 Order+/-功能键来实现数据堆积方式的转换，得到如图 11.4 所示的 Pool 序列的时期堆积形式数据表。

04 进行 Pool 对象的数据输入。

Pool 序列堆积式数据的输入可以通过手工输入，也可以使用复制和粘贴工具，还可以从指定的外部文件中导入这些数据。当使用后一种方法输入数据时，EViews 要求：①堆积数据必须是平衡的，即如果按照截面成员堆积数据，则每个截面成员应该包括正好相同的时期数，如果按照日期堆积数据，则每个日期应该包含相同数量的截面成员观测值数，并且按照相同的顺序排列；②截面成员在外部文件中和在 Pool 对象中的排列顺序是相同的。

从外部文件中导入 Pool 序列堆积式数据的主要过程为：

01 在 Pool 对象表格窗口工具栏中，选择 Proc | Import Pool Data（ASCII，XLS，WK?）命令。若选择从 Excel 文件中导入数据，则会弹出如图 11.5 所示的对话框。

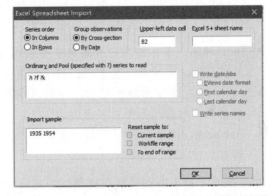

图 11.4　Pool 序列的时期堆积形式数据表　　图 11.5　Pool 序列从 Excel 文件中导入数据对话框

图 11.5 所示的对话框与第 1 章所介绍的序列数据导入对话框有所不同。对话框中的 Group observations 选项组用于指定观测值数据的堆积分类方式，有两种方式。

- By Cross-section：表示按照截面成员堆积。
- By Date：表示按照日期顺序堆积。

对话框的 Ordinary and Pool(Specified with?) series to read 编辑框用于输入普通序列名和 Pool 序列名，如果用户输入的是普通序列名，则 EViews 会创建单个序列；若输入的是 Pool 序列，则 EViews 会使用截面成员识别名来建立各截面成员序列并为它们命名。

02 设定好图 11.5 所示的对话框后，单击 OK 按钮，EViews 将根据指定的观测值分类方式，将外部 Excel 文件中的有关数据读入相应的变量序列中。

如果用户输入的是普通序列名，则 EViews 会将多个数据值输入该序列中。如果用户输入的是 Pool 序列名，当用户指定按照截面成员对原始数据进行分类时，EViews 将把与样本个数相对应的连续时期的数据值依次分别输入各个截面成员序列中；当用户指定按照日期分类时，EViews 将按照日期顺序依次输入各个截面成员序列的数据。

2. 计算 Pool 序列的描述统计量

给Pool对象输入数据后，选择其窗口工具栏中的View｜Descriptive Statistics命令，屏幕会弹出如图11.6所示的对话框。

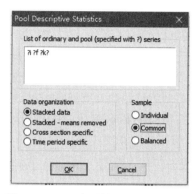

图 11.6 Pool 序列描述统计量对话框

在图 11.6 中，上面的空白编辑区中用于输入需要计算描述统计量的普通序列名和 Pool 序列名。Sample 选项组用于选择计算 Pool 序列描述统计量的样本类型，有 3 种类型。

- Individual：表示利用所有的样本有效观测值，即使某一变量的观测值只是针对某个截面成员的，也将其包含在内，用于计算描述统计量。
- Common：表示所使用的样本有效观测值必须使得某一个变量在同一时期上对所有的截面成员数据均是可以获得的。
- Balanced：表示所使用的有效观测值必须对所有的截面成员和所有的变量在同一时期都有数值。

在本例中，对于所有的截面成员以及所有的变量，Pool 序列都是平衡数据序列，因此使用这 3 种样本类型计算描述统计量得到的结果是完全相同的。

对话框左下角的 Data organization 选项组用于选择计算 Pool 序列描述统计量的数据组织结构类型，有 4 种类型，简要介绍如下。

- Stacked data：表示计算每一个变量相对于所有截面成员和所有时期的统计量。例如本例将计算变量"I?、F?、K?"相对于 4 个截面成员公司以及每个截面成员 20 年的描述统计量。如果是计算普通序列的统计量，则得到的是单个序列的描述统计量。本例选择 Stacked data 项，然后单击 OK 按钮，将输出如图 11.7 所示的 3 个变量的描述统计量结果。
- Stacked-means removed：表示计算去除了截面平均值之后的相对于所有截面成员和所有时期的每个变量的统计量。使用该类型数据结构计算本例中 3 个变量的描述统计量，所得到的结果如图 11.8 所示。

第 11 章 面板数据模型

图 11.7　Pool 序列描述统计量输出结果 1

图 11.8　Pool 序列描述统计量输出结果 2

- **Cross section specific**：表示计算每个截面变量相对于所有观测时期 T 的描述统计量，其通过对各个单独序列计算描述统计量。使用该类型数据结构计算本例中 4 个截面成员公司的 3 个变量的描述统计量，所得到的结果如图 11.9 所示。

图 11.9 所示的描述统计量是按照单个序列纵向给出的，总共有 12 个单独序列的描述统计量结果，分别为 I_GE、I_GM、I_US、I_WE、F_GE 等，这些序列的描述统计量都是利用 20 年观测值数据得到的。

- **Time period specific**：表示计算所有截面成员在各个时期的描述统计量，即对于每一个观测时期，使用 Pool 序列中所有截面成员的变量数据计算描述统计量。使用该类型数据结构计算本例中 3 个变量在每一年中相对于 4 个截面成员公司的描述统计量，所得到的结果如图 11.10 所示。

图 11.9　Pool 序列描述统计量输出结果 3

图 11.10　Pool 序列描述统计量输出结果 4

图11.10所示的描述统计量是按照每一年观测时期横向给出的。第一行给出的是1935年3个变量对4个截面成员公司进行计算所得到的描述统计量，第二行是1936年的描述统计量结果，等等。由于截面成员只有4个，因此按照这种类型的数据结构计算描述统计量，只给出了每个变量的均值、中位数、标准差、最小值和最大值，而没有给出偏度、峰度、J-B统计量等。

3. 生成 Pool 序列组和时期统计量

如果用户希望使用序列组对象来处理Pool序列，则可以在Pool对象窗口工具栏中选择Proc|Make Group命令，屏幕会弹出如图11.11所示的对话框。

在图11.11所示的对话框中输入相应的普通序列和Pool序列，EViews将生成一个包含这些

序列的未命名的序列组对象。例如，如果用户要计算Pool序列中I_GE、I_GM、I_US、I_WE之间的协方差，则可以在图11.11所示的对话框中输入I?，生成一个由4个截面成员的实际总投资序列I构成的序列组对象，然后在序列组对象中选择View|Covariance命令，可以得到相应的协方差矩阵。

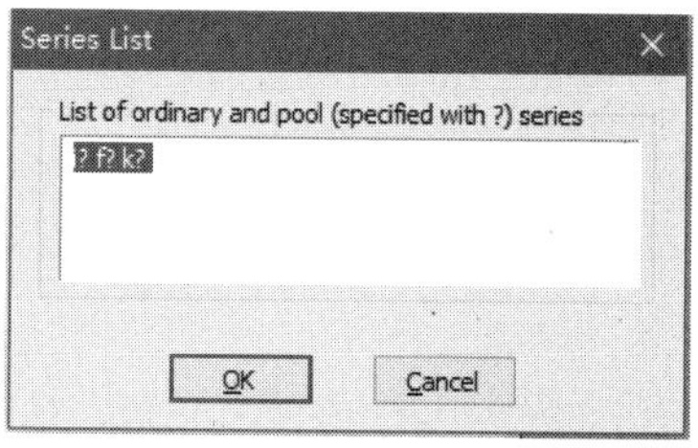

另外，如果用户希望将Pool序列的时期描述统计量的计算结果保存在序列中，则可以选择Pool对象窗口工具栏中的Proc|Make Period Stats series…命令，屏幕会弹出如图11.12所示的生成Pool序列时期描述统计量对话框。

图 11.11　生成 Pool 序列组对话框

用户需要在图11.12所示的对话框空白编辑区中输入需要计算时期描述统计量的序列名，Series to create选项组的复选框用于选择需要计算的描述统计量类型，Sample选项组用于选择计算相应的统计量的样本类型。设定好对话框后，单击OK按钮，EViews会计算相应的统计量，并使用未命名的序列组窗口来显示这些统计量的计算结果。同时，EViews会将这些统计量的计算结果保存到新的序列中，这些新序列的名称是由统计量基本名（如mean、med、var、sd、obs、skew、kurt等）和变量序列基本名（如I、F以及K）联合组成的。

4. 生成 Pool 序列

用户可以选择Pool对象窗口工具栏中的Proc | Generate Pool series…命令或者直接单击其窗口工具栏中的PoolGenr功能键，屏幕会弹出如图11.13所示的对话框。

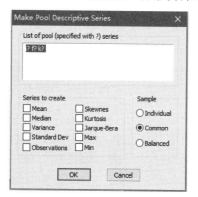

图 11.12　生成 Pool 序列描述统计量对话框

图 11.13　生成 Pool 序列对话框

在图 11.13 所示的对话框中，Enter equation 编辑区用于输入生成 Pool 序列的方程表达式。例如，用户可以输入：

```
r?=i?/i_ge
```

该方程式相当于输入了下面 4 个命令：

```
r_ge=i_ge/i_ge
r_gm=i_gm/i_ge
r_us=i_us/i_ge
r_we=i_we/i_ge
```

输入完方程后，单击 OK 按钮，EViews 将生成 4 个 Pool 序列，分别为 r_ge、r_gm、r_us 和 r_we。

用户也可以将Pool对象窗口工具栏中的PoolGenr功能键和菜单栏中的Genr功能键结合起来使用以生成新的变量。例如，若用户希望生成一个虚拟变量，在截面成员为通用电气（GE）时取值为1，其他截面成员则取0，可以先单击PoolGenr功能键，在图11.13所示的编辑区中输入：dummy？＝0，从而生成4个虚拟变量序列并将它们初始化为0。然后，在EViews菜单栏中单击Genr功能键，输入命令："dummy_GE＝1"，则可以把通用电气的虚拟变量序列设置为1。

同时，用户还可以利用Pool对象的内在循环特性在给定时期的截面成员之间进行计算。例如，假设用户已建立一个普通序列sum并初始化为0，单击PoolGner功能键并输入方程：sum＝sum＋I?，其结果相当于：sum＝I_GE＋I_GM＋I_US＋I_WE，表示计算4个截面成员的实际投资之和。

对于Pool对象，用户还可以进行生成系统对象（Make System）、删除Pool序列（Delete Pool series）、保存Pool序列（Store Pool series）以及输出Pool序列数据（Export Pool data）等操作。

实验 11-2　变截距模型

素材文件：sample/Example/table 11-1.wfl
多媒体教学文件：视频/实验 11-2.mp4

▶ 实验基本原理

本实验介绍变截距模型（11.3）估计，根据个体影响的不同形式，变截距模型又可分为固定效应模型和随机效应模型。

1. 固定效应变截距模型

固定效应变截距模型假定截距项 $\alpha_i = \bar{\alpha} + \alpha_i^*$，该模型具有如下的形式：

$$y_{it} = \bar{\alpha} + \alpha_i^* + \beta_{1i} x_{1it} + \beta_2 x_{2it} + \cdots + \beta_k x_{kit} + u_{it} \quad (11.4)$$
$$i=1,2,\ldots,N \quad t=1,2,\cdots,T$$

其中，$\bar{\alpha}$ 表示均值截距项，其在各个截面成员方程中都是相同的；α_i^* 表示截面个体截距项，其在各截面成员方程中是不同的，表示截面成员对均值的偏离。对于所有的个体成员，它们对均值的偏离之和应该为零，即 $\sum_{i=1}^{N} \alpha_i^* = 0$。

其实，固定效应变截距模型（11.4）是一个有参数约束限制的模型。若随机误差项 u_{it} 满足之间相互独立、方差同为 σ_u^2 的假设，则可以使用最小二乘虚拟变量（LSDV）估计方法得到上述模型各参数的最优线性无偏估计量。如果随机误差项 u_{it} 不满足相互独立或者同方差的假设，则需要使用GLS方法对模型进行估计。固定效应变截距模型的GLS估计主要考虑4种基本的方差结构：个体成员截面异方差、时期异方差、同期相关协方差和时期间相关协方差。对于前两种异方差结构，可以分别使用截面加权（Cross-Section Weights）和时期加权（Period Weights）的GLS估计；对于后两种异方差结构，可以分别使用截面加权和时期加权的SUR（似不相关回归估计）。

若随机误差项之间既不存在异方差，又不存在同期相关，但是随机误差项与解释变量存在相关，则需要使用TSLS估计方法对模型进行估计，因为模型参数的OLS估计量或者GLS估计量都是有偏的且非一致的。

2. 随机效应变截距模型

随机效应变截距模型把变截距模型中用来反映个体差异的截距项 α_i 分解为常数项和随机变量项两部分。随机变量项表示模型中被忽略的、反映个体差异的解释变量的影响，该模型的形式如下：

$$y_{it} = \alpha + \beta_{1i}x_{1it} + \beta_2 x_{2it} + \cdots + \beta_k x_{kit} + v_i + u_{it}$$
$$i=1,2,\ldots,N \quad t=1,2,\cdots,T \tag{11.5}$$

其中，α 是截距中的常数项部分，v_i 是截距中的随机变量部分，它代表截面成员的随机影响。从模型（11.5）可以看到，随机效应变截距模型的随机误差项是两种随机误差之和，即 $v_i + u_{it}$。

尽管我们可以假定模型（11.5）中随机误差项与解释变量之间不相关，但是在同一个截面成员、不同时期的随机误差项之间存在一定的相关性，它们之间的相关系数为：

$$corr(w_{it}, w_{is}) = \frac{\sigma_u^2}{\sigma_v^2 + \sigma_u^2} \quad (t \neq s) \tag{11.6}$$

其中，$w_{it} = u_{it} + v_i$，$E(u_{it}^2) = \sigma_u^2$，$E(v_i^2) = \sigma_v^2$，$E(w_{it}^2) = \sigma_u^2 + \sigma_v^2$。模型（11.5）参数的OLS估计量虽然是无偏的和一致的，但其不再是最有效估计量。因此，对于随机效应变截距模型，一般使用 GLS 估计方法对其进行估计。同时，当随机效应变截距模型中随机误差项与解释变量相关时，则需要采用广义的 TSLS（GTSLS）估计方法对模型进行估计。

实验目的与要求

1. 实验目的

通过本次实验，掌握固定效应变截距模型和随机效应变截距模型，理解这些模型的含义和用途。

2. 实验要求

（1）了解固定效应变截距模型和随机效应变截距模型的基本形式。
（2）掌握固定效应变截距模型的估计过程，对模型估计结果进行合理分析。
（3）掌握固定效应检验，比较混合回归模型和固定效应变截距模型。
（4）掌握随机效应变截距模型的估计过程，对模型估计结果进行合理分析。

（5）掌握随机效应检验，比较固定效应变截距模型和随机效应变截距模型。

实验内容及数据来源

在实验 11-1 中，我们给出了美国四大制造业公司的实际总投资（I）、公司前一年实际市场价值（F）以及前一年末实际资本存货（K）有关数据，并建立了一个包含 4 个截面成员 20 年观测期的 Pool 对象。为了研究企业实际市场价值（F）和实际资本存量（K）如何决定实际总投资（I），建立如下变截距的面板数据模型：

$$I_{it} = \alpha_i + \beta_1 F_{it} + \beta_2 K_{it} + u_{it} \\ i = 1, 2, 3, 4 \quad t = 1935, 1936, \cdots, 1954 \tag{11.7}$$

本实验的主要内容如下：

（1）假定模型（11.7）中的个体影响为固定效应，即假定 $\alpha_i = \bar{\alpha} + \alpha_i^*$，然后估计固定效应变截距模型。

（2）为了对各种模型进行比较，我们还估计了一个混合回归模型，即假定模型（11.7）中截距项在所有的截面成员上都是相同的，即假定 $\alpha_i = \alpha$。混合回归模型的形式如下：

$$I_{it} = \alpha + \beta_1 F_{it} + \beta_2 K_{it} + u_{it} \\ i = 1, 2, 3, 4 \quad t = 1935, 1936, \cdots, 1954 \tag{11.8}$$

与固定效应变截距模型比较，由于对所有的公司强加了一个相同截距项的约束限制，因此模型（11.8）是一个受约束的模型。

（3）假定模型（11.7）中的个体影响为随机效应，即假定 $\alpha_i = \alpha + v_i$，其中 v_i 是随机变量，估计随机效应变截距模型。然后，我们对估计的固定效应模型和随机效应模型进行比较分析。

实验操作指导

1. 固定效应变截距模型估计

我们先给出固定效应变截距模型估计。使用 EViews 进行此模型估计的主要过程如下：

01 打开工作文件 table 11-1.wfl，并打开保存面板数据的 Pool 对象"pool1"，然后单击其窗口工具栏中的 Estimate 功能键或在 Pool 窗口工具栏中选择 Proc|Estimate 命令，屏幕会弹出如图 11.14 所示的 Pool Estimation 对话框。

图 11.14 所示的 Pool Estimation 对话框分为 4 部分：Dependent variable（因变量）、Regressors and AR() terms（解释变量与 AR 项）、Estimation

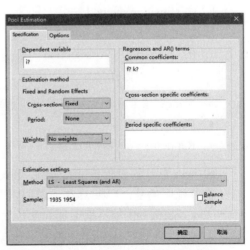

图 11.14 Pool Estimation 对话框

method（估计方法）和 Estimation settings（估计设置）。Dependent variable 编辑框用于输入 Pool 变量序列或者 Pool 变量序列表达式。另外 3 个选项组中的内容分别介绍如下。

（1）Regressors and AR() terms

该选项组用于指定面板数据模型估计的解释变量，共有 3 个编辑框，可以分别输入相应的解释变量。

- Common coefficients（共同系数）编辑框中输入的变量对模型中所有截面成员有相同的系数，但各个解释变量的系数是不同的，并且在模型估计输出结果中使用原有的变量来表示（例如 F?、K?）。
- Cross-section specific coefficients（截面成员特定系数）编辑框中输入的变量对 Pool 对象中每个截面成员的系数是不同的。EViews 会对每个截面成员估计不同的系数，并在模型估计输出结果中以截面成员识别名和一般序列名的联合形式来表示（例如_GE--F_GE、_GE--K_GE 等）。
- Period specific coefficients（时期特定系数）编辑框中输入的变量对各观测时期的系数是不同的。EViews 将对各观测时期估计不同的系数，并以时期识别名和一般序列名的联合形式给出输出结果（例如 F?--1935、F?--1936 等）。

说　明

对于 Regressors and AR() terms 选项组，有两点需要说明：①在 Common coefficients 和 Cross-section specific coefficients 编辑框中，用户还可以输入 AR 项。如果用户在 Common coefficients 编辑框中输入 AR 项，则 EViews 会假定所有截面成员有相同 AR 项系数；若用户在 Cross-section specific coefficients 编辑框中输入 AR 项，则 EViews 会对 Pool 对象中的每一个截面成员分别估计 AR 项系数。②若用户在 Cross-section specific coefficients 或者 Period specific coefficients 编辑框中输入解释变量对模型进行估计，则会输出很多系数估计值。若是前者，则所估计的系数个数等于 Pool 对象中截面成员个数与所列解释变量个数的乘积；若是后者，则所估计的系数个数等于样本观测时期数与所列变量个数的乘积。

（2）Estimation method

该选项组用于设定面板数据模型的估计形式，如图11.15所示。

在图 11.15 中，Cross-section（截面成员）选项和 Period（时期）选项都包含一个下拉列表框，有以下 3 种选择。

- None：表示无截面效应或者没有时期效应。
- Fixed：表示固定效应。
- Random：表示随机效应。

EViews 默认的设置是没有影响，即这两个选项的初始设置都是 None。

需要说明的是，EViews在估计固定效应或者随机效应的面板数据模型的过程中会自动在Common coefficients编辑框中加入常数项，从而使得模型估计结果中所用截面成员的个体效应估计之和为零，即EViews给出的是不包含总体均值的截面成员效应。

Weights下拉列表用于选择面板数据模型估计的权重，如图11.16所示，有以下5种选择。

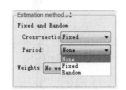

图 11.15 估计方法选项组   图 11.16 估计权重

- No weights:表示进行无加权估计,即所有观测值有相同的权重。若选择该选项,则 EViews 假定随机误差项之间相互独立且同方差,因此使用 OLS 估计面板数据模型。
- Cross-section weights:表示使用截面加权的 GLS 估计方法。若选择该项,则 EViews 假定随机误差项存在截面异方差,从而使用截面加权的 GLS 方法估计模型。
- Cross-section SUR:表示使用截面加权的 SUR 估计方法。若选择该项,则 EViews 假定随机误差项存在截面异方差和同期相关,因此使用截面加权的 SUR 方法估计模型。
- Period weights:表示使用时期加权的 GLS 估计方法。若选择该项,则 EViews 假定随机误差项存在时期异方差,从而使用时期加权的 GLS 方法估计模型。
- Period SUR:表示使用时期加权的 SUR 估计方法。若选择该项,则 EViews 假定随机误差项存在时期异方差和同期相关,因此使用时期加权的 SUR 方法估计模型。

(3)Estimation settings

该选项组中的 Method 下拉列表提供了两种估计方法:最小二乘法(LS-Least Squares(and AR))和两阶段最小二乘法(TSLS-Two-Stage Least Squares(and AR))。若选择后一种估计方法,则会出现包含工具变量列表框的对话框。读者可以选择该项进行查看。

Sample 编辑框用于输入模型估计的样本范围。在默认情况下,模型估计将使用 Pool 对象中各截面成员中的最大样本值。如果某一时期截面成员的解释变量或者因变量的观测值缺失,则此观测值将会被排除掉。

Balance Sample 复选框表示是否选择平衡样本进行估计。若选择该项,则 EViews 会在各截面成员之间进行数据排除,只要某一观测时期的数据对任何一个截面成员缺失,则该时期的观测值将被排除掉。平衡样本保证所得到的样本区间对所有的截面成员都是有效的。同时,如果某个截面成员不包含任何有效的观测值,则 EViews 在进行模型估计时,将把这个截面成员排除。而且,EViews 会在模型估计输出结果中给出"遗漏掉某个截面成员"的信息提示。

02 本例在 Dependent variable 编辑框中输入因变量"i?",在 Common coefficients 编辑框中输入"f? k?",表示对于 4 个截面成员,这两个解释变量的系数是相同的,在 Cross-section 下拉列表中选择"Fixed",其他选项采用 EViews 默认设置,单击"确定"按钮,屏幕将输出如图 11.17 所示的固定效应变截距模型估计结果。

图 11.17 所示的估计结果主要分为三部分,第一

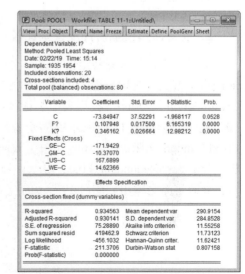

图 11.17 固定效应变截距模型的估计结果

部分给出的是面板数据模型估计的一些信息,包括估计方法、截面成员个数、Pool 对象样本观测值个数等信息;第二部分是 3 个变量(包括常数项)相对于 4 个截面成员的系数估计结果;第三部分是评价模型估计效果的一些检验统计量。

在估计结果的第二部分中,常数项C的估计值等于-73.8495,其t统计量在5%的水平下不显著;常数项C表示的是4个截面成员公司的平均自发投资水平。解释变量F?和K?的系数估计值分别为0.1079和0.3462,它们的t统计量都非常显著。由于我们所估计的是变截距模型,因此这两个解释变量的系数估计值对4个截面成员公司都是相同的。而且解释变量的系数估计值为正数,从而说明F和K对I有正的影响。对于这4个制造业公司中的任何一个,若公司实际市场价值增加100万,则实际总投资将增加10.8万左右;若公司实际资本存量增加100万,则实际总投资增加34.6万左右。

Fixed Effects(Cross)列给出的是4个截面成员公司的自发投资水平相对于平均自发投资水平(常数项C)的偏离,用于反映4个制造业公司之间的自发投资结构差异。可以计算,这4个截面成员公司的自发投资水平对平均值的偏离之和为0。对于每个公司,可以得到它们的自发投资水平,GE公司为-245.7924(=-73.8495-171.9429),GM公司为-84.2202,US公司为93.8404,WE公司为-59.2258。尽管假定解释变量F?和K?的边际效应相同,但这4个公司的自发投资水平存在着显著差异。其中,US公司的自发投资水平最高,WE公司次之,GE公司最小。各公司自发投资水平之间的差异可能是由每个公司独特的性质所引起的,比如公司管理者的能力或者公司管理文化的差异等。

根据输出结果,我们可以写出固定效应变截距模型的估计结果:

$$\hat{I}_{it} = -73.8495 + \alpha_i^* + 0.1079 * F_{it} + 0.3462 * K_{it} \quad i=1,2,3,4 \quad t=1,2,\cdots,20$$

固定效应 α_i^*:GE 公司为-171.9429;GM 公司为-10.3707

US 公司为 93.8404;WE 公司为-59.2258

$R^2 = 0.9346$,$\bar{R}^2 = 0.9301$,对数似然 $LR = -456.1032$,DW 统计量=0.8072

2. 混合回归模型估计及模型比较

为了与固定效应变截距模型进行比较,我们可以估计混合回归模型,即假定对于所有的截面成员,截距项和解释变量的系数都相同。对于混合回归模型,可以在图11.14所示对话框的Cross-section和Period下拉列表中都选择None,从而得到该模型的估计结果。其实对于EViews 10,用户可以在图11.17所示的固定效应变截距模型估计结果窗口工具栏中,先选择View | Fixed/Random Effects Testing(固定效应/随机效应检验)命令,会出现如图11.18所示的列表框。然后选择Redundant Fixed Effects-Likelihood Ratio(固定效应的冗余变量似然比检验)选项,此时屏幕会输出如图11.19所示的检验结果。

第 11 章 面板数据模型

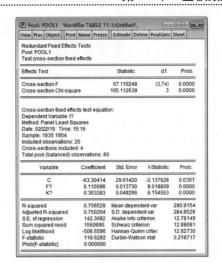

图 11.18 固定效应/随机效应检验列表框   图 11.19 固定效应模型的冗余变量似然比检验结果

图 11.19 所示的检验结果分为两部分，第一部分是冗余变量似然比检验结果，第二部分是混合回归模型的估计结果。为了说明检验结果，我们先给出混合回归模型的估计结果：

$$\hat{I}_{it} = -63.3041 + 0.1101 * F_{it} + 0.3034 * K_{it} \quad i=1,2,3,4 \quad t=1,2,\cdots,20$$
$$R^2 = 0.7565, \quad \bar{R}^2 = 0.7502，对数似然 LR = -508.6596，DW 统计量=0.2187$$

从图 11.19 可以看到，混合回归模型的所有参数估计值的 t 统计量在 5%的检验水平上都是显著的。解释变量 F 和 K 的系数估计值符号为正，与期望的一样，从而说明公司的实际市场价值 F 和实际资本存量 K 对实际总投资 I 有正的影响。若公司实际市场价值 F 增加 100万，则实际总投资增加 11 万左右；若公司实际资本存量增加 100 万，则实际总投资增加 30.3 万左右。

混合回归模型的 R^2 比较高，但是 DW 统计量比较小，说明混合回归模型可能存在设定偏误，因为我们假定对于 4 个公司，模型中的截距项是相同的。与混合回归模型相比，固定效应变截距模型是一个无约束的模型，因此我们可以进行受约束 F 检验。其检验统计量如下：

$$F = \frac{(R_{ur}^2 - R_r^2)/3}{(1-R_{ur}^2)/74} = \frac{(0.9346-0.7565)/3}{(1-0.9346)/74} = 67.1733$$
$$LR = 2(LR_{ur} - LR_r) = 2(-456.1032 + 508.6596) = 105.1128$$

其中，R_{ur}^2、R_r^2 分别是固定效应变截距模型和混合回归模型的拟合优度；LR_{ur}、LR_r 分别是固定效应变截距模型和混合回归模型估计结果的对数极大似然函数值。由于在混合回归模型中，假定 4 个公司的截距项是相同的，因此模型约束个数为 3；固定效应的变截距模型中有 6个待估计参数，因此自由度为 74（=80－6）。

如果忽略舍入误差，计算得到的F统计量和LR统计量与图11.19上半部分检验结果中的数值是相同的。在EViews输出的检验结果中，F统计量以及LR统计量相应的概率值都非常小，表明与固定效应变截距模型相比，混合回归模型是无效的，即可以拒绝"4个公司的截距项是相同的"假定。

3. 随机效应变截距模型估计及模型比较

对于这4个公司，我们还可以估计随机效应变截距模型。在图11.14所示对话框的Cross-section下拉列表中选择Random，可以看到对话框中的Weights项变为灰色，表示不能使用加权方法估计随机效应模型；对话框的其他选项采用同固定效应模型一样的设置，然后单击"确定"按钮，屏幕会输出随机效应变截距模型的估计结果，分别如图11.20和图11.21所示。

图11.20给出的是随机效应变截距模型的参数估计结果。估计结果的顶端显示了模型估计方法以及成分方差估计量等信息。随机效应模型的常数项估计值为-73.0353，其t统计量不显著，常数项表示4个公司的平均自发投资水平。解释变量F?和K?的系数估计值显著且为正数，表明公司的实际市场价值F以及实际资本存量K对实际总投资I有正的影响。若公司实际市场价值增加100万，则实际总投资增加10.8万左右；若公司实际资本存量增加100万，则实际总投资增加34.6万左右。可以看到，解释变量的系数估计值与固定效应模型的估计值非常接近。

Random Effects（Cross）列给出的是4个截面成员公司的自发投资水平相对于平均值偏离的随机误差部分，反映了4个制造业公司之间的自发投资结构的差异。对于每一个公司，可以得到它们的自发投资水平的随机偏离值，GE公司为-169.9282，GM公司为-9.5078，US公司为165.5613，WE公司为13.8748，可以计算出这4个公司的随机偏离值之和为零。从随机效应的估计结果可以看出，这4个公司的随机偏离部分存在着显著差异，其中随机偏离值最大的是US公司，其次是WE公司，再次是GM公司，最小的是GE公司。

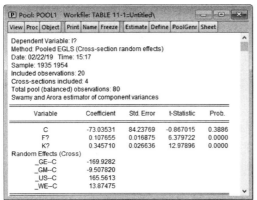

图11.20 随机效应变截距模型的参数估计结果

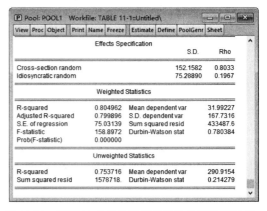

图11.21 随机效应变截距模型估计的检验统计量

图11.21给出的是随机效应模型估计的标准差来源和检验统计量。其中，检验统计量包括加权情况下（Weighted）和未加权情况下（Unweighted）的检验统计量。截面成员的随机误差项（Cross-section random）的标准差（随机效应模型中截面随机部分v_i的标准差）为152.1582，特殊的随机误差项（Idiosyncratic random）的标准差（随机效应模型中的随机误差项u_{it}的标准差）为75.2889。Rho表示截面随机部分v_i的方差和随机误差项u_{it}的方差占总方差（随机效应模型中w_{it}的方差）的百分比，它们的方差百分比分别为80.33%和19.67%。

为了对固定效应模型和随机效应模型进行比较，可以使用EViews 5.1进行随机效应的Hausman检验。在图11.20所示的随机效应变截距模型的估计结果窗口工具栏中，选择View | Fixed/Random Effects Testing | Correlated Random Effects-Hausman Test命令，屏幕会输出如图11.22所示的检验结果。

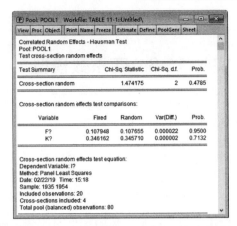

图 11.22　随机效应的 Hausman 检验结果

图11.22所示的检验结果主要有三部分，第一部分给出的是检验统计量及其概率值；第二部分是在固定效应模型和随机效应模型中，解释变量F和K的系数估计值的比较结果；第三部分是截面随机效应检验回归方程的估计结果，即固定效应变截距模型的估计结果。

从第二部分可以看到，解释变量F和K在两种模型中的系数估计值非常接近。例如，对于解释变量F，其在固定效应模型和随机效应模型中的系数估计值分别为0.1079和0.1077，系数估计值之差的方差（Var (Diff.)）等于2.2E-05，概率值P等于0.95。因此可以认为，对于解释变量F，利用固定效应模型和随机效应模型进行估计所得到的系数估计值没有显著差异。对于变量K，也可以进行类似的分析并得到同样的结论。

最后，我们考察随机效应的Hausman检验结果。Hausman随机效应检验的原假设是：固定效应模型和随机效应模型的估计量没有实质上的差异，其检验统计量渐近地服从自由度为2的χ^2分布。从第一部分可以看到，检验统计量等于1.4742，其概率值P等于0.4785，因此不能拒绝检验原假设，即我们可以认为固定效应模型和随机效应模型的估计量是没有实质差异的。

为了叙述上的简便，将固定效应模型和随机效应模型分别简记为FEM和REM。对于这两种模型的选择，可以参考Judge所做的判断：①若样本时期观测数目T较大而截面个数N较小，则通过FEM和REM估计得到的参数值之间很可能没有什么差别。于是，模型的选择依据于计算上的简便。②当N较大而T较小时，FEM和REM的估计值会有显著的差异。此时，若我们确信样本中的个体或者截面成员不是从一个较大的样本中随机抽取出来的，则使用FEM进行估计是合适的。但若样本中的截面成员可以被看作随机抽取的，则REM估计是合适的。③如果个别的截面随机误差部分v_i与一个或者多个解释变量是相关的，则REM估计量是有偏差的，而进行FEM估计所得到的估计量是无偏的。④对于FEM和REM模型的选择，有时可以采用豪斯曼（Hausman）随机效应检验。

实验 11-3　变系数模型

素材文件：sample/Example/table 11-3.wfl
多媒体教学文件：视频/实验 11-3.mp4

▶ 实验基本原理

若我们考虑经济结构参数随着截面成员个体的变化而改变，则需要建立如下的变系数模型：

$$y_{it} = \alpha_i + \beta_{1i}x_{1it} + \beta_{2i}x_{2it} + \cdots + \beta_{ki}x_{kit} + u_{it}$$
$$i=1,2,\ldots,N \quad t=1,2,\cdots,T$$
（11.9）

变系数模型（11.9）假定截距项 α_i 和解释变量系数 $\beta_{1i},\cdots,\beta_{ki}$ 在不同的截面个体上是不同的。通常假定随机误差项 u_{it} 之间相互独立，且满足均值为零、同方差的假设。根据个体影响的不同，变系数模型也分为固定效应变系数模型和随机效应变系数模型。

1. 固定效应变系数模型估计

在固定效应变系数模型中，截距项 α_i 和解释变量系数 $\beta_{1i},\cdots,\beta_{ki}$ 都是跨截面变化的常数。若不同截面个体的随机误差项 u_{it} 之间不相关，则可以将变系数模型分成对应于截面个体的N个单方程，分别使用OLS方法估计这些单方程从而得到变系数模型的参数。若不同截面个体的随机误差项 u_{it} 之间存在相关，则需要使用GLS方法估计变系数模型。

2. 随机效应变系数模型估计

在随机效应变系数模型中，截距项 α_i 和解释变量系数 $\beta_{1i},\cdots,\beta_{ki}$ 都是跨截面变化的随机变量。该模型估计需要采用可行性的广义最小二乘估计方法（FGLS），即先利用各截面个体的OLS估计获得随机误差项方差的无偏估计，再进行GLS估计。对于变系数模型的估计原理，有兴趣的读者可以参考有关计量经济学图书。

▶ 实验目的与要求

1. 实验目的

通过本次实验，掌握固定效应和随机效应的变系数模型，着重掌握这些模型的用途。

2. 实验要求

（1）了解变系数模型的基本形式和参数假设条件。
（2）熟悉固定效应和随机效应变系数模型的估计方法和操作过程。

(3) 能熟练使用EViews估计固定效应和随机效应的变系数模型,对模型估计结果进行分析说明。

(4) 能进行面板数据模型形式设定检验,并确定合适的模型形式。

实验内容及数据来源

表11.2所示的是1995年至2006年我国东部地区11个省市城镇家庭平均每人可支配收入(INC,单位元)、城镇家庭平均每人全年消费性支出(CS,单位元)和居民消费价格指数CPI(1995年CPI为100)中的6个省市地区有关数据,原始数据来源于CCER。这11个地区分别是北京、天津、河北、辽宁、上海、江苏、浙江、福建、山东、广东和海南。为了方便EViews操作,将这些地区分别简记为:BJ、TJ、HB、LN、SH、JS、ZJ、FJ、SD、GD、HN。本实验所用数据保存在本书下载资源的Example文件夹下的table 11-3.wf1工作文件中。

表11.2 我国6个省市地区的居民收入与消费数据

Obs	INC	CS	CPI	Obs	INC	CS	CPI
北京 BJ				天津 TJ			
1995	6235.0	5019.8	100.0	1995	4929.5	4064.1	100.0
1996	7332.0	5729.5	111.6	1996	5967.7	4679.6	109.0
1997	7813.2	6531.8	117.5	1997	6608.4	5204.2	112.4
1998	8472.0	6970.8	120.3	1998	7110.5	5471.0	111.8
1999	9182.8	7498.5	121.1	1999	7649.8	5851.5	110.6
2000	10349.7	8493.5	125.3	2000	8140.5	6121.0	110.1
2001	11577.8	8922.7	129.2	2001	8958.7	6987.2	111.5
2002	12463.9	10284.6	126.9	2002	9337.6	7192.0	111.0
2003	13882.6	11123.8	127.1	2003	10312.9	7867.5	112.1
2004	15637.8	12200.4	128.4	2004	11467.2	8802.4	114.7
2005	17653.0	13244.2	130.3	2005	12638.6	9653.3	116.4
2006	19977.5	14825.4	144.0	2006	14283.1	10548.1	127.7
河北 HB				辽宁 LN			
1995	3921.4	3162.0	100.0	1995	3706.5	3113.4	100.0
1996	4442.8	3424.4	107.1	1996	4207.2	3493.0	107.9
1997	4958.7	4003.7	110.8	1997	4518.1	3719.9	111.2
1998	5084.6	3834.4	109.1	1998	4617.2	3890.7	110.5
1999	5365.0	4026.3	107.0	1999	4898.6	3989.9	108.9
2000	5661.2	4348.5	106.7	2000	5357.8	4356.1	108.8
2001	5984.8	4479.8	107.2	2001	5797.0	4654.4	108.8
2002	6679.7	5069.3	106.1	2002	6524.5	5342.6	107.6
2003	7239.1	5439.8	108.5	2003	7240.6	6077.9	109.4
2004	7951.3	5819.2	113.1	2004	8007.6	6543.3	113.3
2005	9107.1	6699.7	115.2	2005	9107.1	7369.3	114.9
2006	10304.6	7343.5	128.9	2006	10369.6	7987.5	125.5
上海 SH				江苏 JS			
1995	7191.8	5868.1	100.0	1995	4634.4	3772.3	100.0
1996	8178.5	6763.1	109.2	1996	5185.8	4057.5	109.3
1997	8438.9	6819.9	112.3	1997	5765.2	4533.6	111.2
1998	8773.1	6866.4	112.3	1998	6017.9	4889.4	110.5

(续表)

Obs	INC	CS	CPI	Obs	INC	CS	CPI
1999	10931.6	8247.7	113.9	1999	6538.2	5010.9	109.1
2000	11718.0	8868.2	116.8	2000	6800.2	5323.2	109.2
2001	12883.5	9336.1	116.8	2001	7375.1	5532.7	110.0
2002	13249.8	10464.0	117.4	2002	8177.6	6042.6	109.2
2003	14867.5	11040.3	117.5	2003	9262.5	6708.6	110.2
2004	16682.8	12631.0	120.1	2004	10481.9	7332.3	114.8
2005	18645.0	13773.4	121.3	2005	12318.6	8621.8	117.2
2006	20667.9	14761.8	136.1	2006	14084.3	9628.6	132.3

为了研究分析东部地区 11 个省市城镇居民消费结构以及进行地区之间的比较，建立如下的面板数据模型：

$$PCS_{it} = \alpha_i + \beta_i PINC_{it} + u_{it}$$
$$i = 1, 2, \cdots, 11 \quad t = 1995, 1996, \cdots, 2006$$
（11.10）

其中，PCS_{it}、$PINC_{it}$ 分别是实际人均消费支出和实际人均可支配收入，即用相应地区的 CPI 指数对 CS 和 INC 进行调整。本实验的主要内容有：

（1）进行各地区消费水平的横向比较，假定在11个截面地区成员上，模型（11.10）中的截距项 α_i 和解释变量系数 β_i 都不同，即假定模型（11.10）是截面变系数模型，然后对其进行估计。

（2）考察东部11个省市地区在1995年至2006年各时期的纵向消费水平，假定模型（11.10）的参数在各时期是不同的，即假定模型（11.10）是时期变系数模型，然后对其进行估计。

（3）进行模型比较，同时给出混合回归模型以及固定效应变截距模型的估计结果，然后对这些模型估计结果进行模型形式设定检验。

实验操作指导

1. 数据处理

先建立一个包含11个截面成员、3个变量序列（INC?、CS?、CPI?）的Pool对象，命名为Pool1。给对象Pool1输入数据后，单击其窗口工具栏中的PoolGenr功能键，会弹出如图11.23所示的Pool序列生成对话框。

图 11.23 Pool 序列生成对话框

在对话框的Enter equation编辑框中输入"pcs?=cs?/cpi?*100"，然后单击OK按钮，EViews将生成Pool对象序列pcs?。进行类似的操作，也可以生成Pool对象序列pinc?。为了估计模型，再建立一个包含11个截面成员、两个变量序列（pcs?、pinc?）的Pool对象，将其命名为Pool2。

2. 变系数模型估计

使用 EViews 估计变系数模型的主要过程如下：

第 11 章 面板数据模型

01 打开对象 Pool2，在其窗口工具栏中单击 Estimate 功能键，屏幕会弹出如图 11.24 所示的 Pool 对象估计对话框。

02 在 Dependent variable 编辑框中输入"pcs?"，在 Cross-section specific coefficients（截面特定系数）编辑框中输入"pinc?"，在 Cross-section 下拉列表中选择"Fixed"，表示估计固定效应变系数模型。

单击图 11.24 所示的对话框顶端的 Options 标签，屏幕会显示如图 11.25 所示的 Options 选项卡。

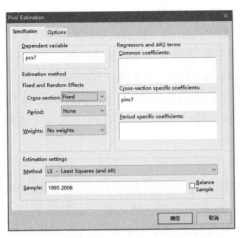

图 11.24　Pool 对象估计对话框

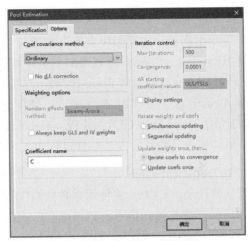

图 11.25　Options 选项卡

图11.25所示的选项卡主要分为Coef covariance method（系数协方差估计方法）、Weightings options（加权选项）、Coefficient name（系数估计命名）和Iteration control（迭代控制）4部分。下面分别简要介绍这些选项。

（1）Coef covariance method

该项为用户提供选择模型中参数协方差的计算方法，这里包含一个下拉列表，如图11.26所示。

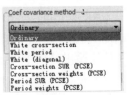

该下拉列表提供了 8 种计算参数协方差的方法：Ordinary、White cross-section、White period、White（diagonal）、Cross-section SUR（PCSE）、Cross-section weights（PCSE）、Period SUR（PCSE）、Period weights（PCSE）。分别介绍如下。

图 11.26　系数协方差估计列表

- Ordinary：表示使用传统的方法计算系数协方差。
- White cross-section：表示使用 White 截面方法计算系数协方差，在随机误差项存在截面异方差和同期相关的情况下，该方法所得到的估计量是稳健的。
- White period：表示使用 White 时期方法计算系数协方差，当存在任意序列自相关和误差项时期异方差时，该方法是稳健的。
- White（diagonal）：表示使用 White 对角方法计算系数协方差，在误差项存在截面异方差和时期异方差但不存在任何序列自相关的情况下，该方法是稳健的。
- Cross-section SUR（PCSE）和 Cross-section weights（PCSE）：分别表示使用截面

SUR 方法和截面加权 SUR 方法计算系数协方差。
- Period SUR（PCSE）和 Period weights（PCSE）：分别表示使用时期 SUR 方法和时期加权 SUR 方法计算系数协方差。

关于系数协方差及其标准误差的估计方法，有兴趣的读者可以参考 EViews 帮助信息，查找的关键字是"Robust Coefficient Covariances"。

复选框 NO d.f. correction 供用户选择是否在计算系数协方差的过程中进行自由度修正，该复选框只对系数协方差计算的非 Ordinary 方法可用。

（2）Weighting options

若用户所需估计的模型中含有随机效应设定，则 Weighting options 选项组是可以进行设定的。其中 Random effects 下拉列表提供了计算随机效应模型中成分方差估计值的方法，有3种选择：Swamy-Arora 方法、Wallace-Hussain 方法和 Wansbeek-Kapteyn 方法。EViews 默认使用的是 Swamy-Arora 方法。在大样本情况下，使用这3种方法所得到的成分方差估计值是比较接近的。复选框 Always keep GLS and IV weights 表示在模型估计过程中，总是保持模型中所有方程的 GLS 估计和工具变量（IV）估计过程中的权重不变。

（3）Coefficient name

默认情况下，EViews 将使用系数向量 C 来保存模型参数的估计结果。如果用户希望将参数估计结果保存在其他向量中，则可以在 Coefficients name 编辑框中输入某个系数向量名。如果该系数向量已存在，则 EViews 将把参数估计结果保存到该向量中；如果该向量不存在，则 EViews 将先建立该系数向量，再将参数估计结果保存到该向量中。

（4）Iteration control

如果用户进行 GLS 加权估计或者在估计过程中使用系数迭代运算，则可以通过在 Max Iterations 编辑框中输入最大迭代次数，以及在 Convergence 编辑框中输入收敛半径，从而控制迭代过程（Iteration control）。若用户所估计的模型中含有 AR 项，则需要设定 AR 项系数的初始值。AR starting coefficient value 下拉列表提供了6种选择：OLS/TSLS，0.8倍、0.5倍、0.3倍的 OLS/TSLS，零值以及 User Supplied（用户指定）。复选框 Display settings 供用户选择是否在模型估计输出结果中显示迭代收敛控制设置和系数初始值等信息。

Iteration control 选项组最下面的 4 个选项用于对系数迭代以及 GLS 加权矩阵迭代进行设置。为了保证系数估计迭代和加权矩阵迭代能达到收敛，EViews 需要在迭代计算过程中不断地对它们进行更新修正。在前两个设置选项中，选项 Simultaneous updating 表示同步更新修正，即在每次迭代过程中同时修正系数向量和 GLS 加权矩阵；选项 Sequential updating 表示按顺序依次更新修正，即先修正系数向量，再修正 GLS 加权矩阵，之后再进行迭代，直到两者都收敛。在后两个选项设置下，GLS 加权矩阵仅被修正一次，先在无加权的情况下将系数估计进行迭代至收敛，再使用所得到的系数估计值计算权重。若用户选择 Iterate coefs to convergence，则 EViews 将使用 GLS 加权矩阵的一次迭代估计值使系数迭代达到收敛；若选择 Update coefs once，则 EViews 将只对系数进行一次迭代运算。

 由于本例中截面成员个数没有达到随机效应模型估计的要求，因此只能估计固定效应变系数模型。设定好 Pool 对象估计对话框后，单击"确定"按钮，屏幕将输出如图 11.27

所示的固定效应变系数模型估计结果。图 11.27 中只给出了模型参数估计结果,并没有给出模型估计的有关检验统计量。

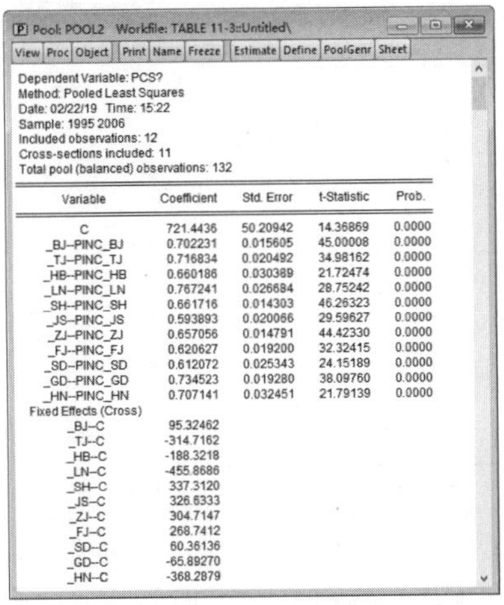

```
Dependent Variable: PCS?
Method: Pooled Least Squares
Date: 02/22/19   Time: 15:22
Sample: 1995 2006
Included observations: 12
Cross-sections included: 11
Total pool (balanced) observations: 132

Variable            Coefficient   Std. Error   t-Statistic   Prob.

C                    721.4436     50.20942     14.36869      0.0000
_BJ--PINC_BJ          0.702231    0.015605     45.00008      0.0000
_TJ--PINC_TJ          0.716834    0.020492     34.98162      0.0000
_HB--PINC_HB          0.660186    0.030389     21.72474      0.0000
_LN--PINC_LN          0.767241    0.026684     28.75242      0.0000
_SH--PINC_SH          0.661716    0.014303     46.26323      0.0000
_JS--PINC_JS          0.593893    0.020066     29.59627      0.0000
_ZJ--PINC_ZJ          0.657056    0.014791     44.42330      0.0000
_FJ--PINC_FJ          0.620627    0.019200     32.32415      0.0000
_SD--PINC_SD          0.612072    0.025343     24.15189      0.0000
_GD--PINC_GD          0.734523    0.019280     38.09760      0.0000
_HN--PINC_HN          0.707141    0.032451     21.79139      0.0000

Fixed Effects (Cross)
_BJ--C               95.32462
_TJ--C              -314.7162
_HB--C              -188.3218
_LN--C              -455.8686
_SH--C               337.3120
_JS--C               326.6333
_ZJ--C               304.7147
_FJ--C               268.7412
_SD--C                60.36136
_GD--C               -65.89270
_HN--C              -368.2879
```

图 11.27　固定效应变系数模型估计结果

图11.27所示的估计结果先给出截距项均值和解释变量"PINC?"系数的估计值。由于所估计的是变系数模型,因此模型估计输出结果中是以截面成员识别名和一般序列名组合的联合形式(例如_BJ--PINC_BJ、_TJ--PINC_TJ等)。常数项C的估计值为721.436且其t统计量非常显著,代表这11个省市自发消费水平的平均值。解释变量"PINC?"的系数表示实际可支配收入的边际消费倾向,对于所有的省市地区解释变量的系数估计值都为正数且它们的t统计量都显著,这些地区的边际消费倾向介于0.5至0.8之间。将这11个省市地区的边际消费倾向MPC序列绘制成图形,如图11.28所示。

从各地区的边际消费倾向估计结果以及图11.28所示的折线图可以看出,这11个省市地区的边际消费倾向存在着一定差异。其中,辽宁省的边际消费倾向最高,为0.7672,表示实际可支配收入增加100元,消费支出将增加76.7元左右;广东省的边际消费倾向次之,为0.7345,表示实际可支配收入增加100元,消费支出将增加73.5元左右;江苏省的边际消费倾向最低,为0.5939,表示实际可支配收入增加100元,消费支出将增加59.4元左右。

图11.27所示的估计结果接下来给出的是各个地区截距项的固定效应值,表示相应地区的自发消费水平相对于平均值的偏离。其中,偏离自发消费水平平均值最大的是上海,江苏省次之,辽宁省最小。同时,该变系数模型估计的 $R^2 = 0.9958$,说明模型的拟合程度非常高,表明城镇居民的实际可支配收入在很大程度上能够解释城镇居民实际消费支出。D.W统计量等于1.9976,非常接近于2,从而表明模型估计结果的残差序列不存在一阶序列自相关。

上面所给出的是相对于不同截面地区的边际消费倾向估计结果,接下来进行纵向上的比较,即比较不同时期的边际消费倾向。在图11.24所示对话框的Period specific coefficients编辑框中输入"pinc",表示估计时期特定系数的变系数模型;在Period下拉列表中选择Fixed,表示选择时期固定效应;其他选项采用与上述截面变系数模型估计相同的设置,然后单击"确定"按钮,得到如图11.29所示的时期特定系数的变系数模型估计结果。

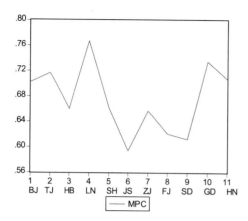

图 11.28 11 个省市的边际消费倾向折线图   图 11.29 时期特定系数的变系数模型估计结果

图11.29所示的估计结果是相对于时期特定系数的变系数模型，即假定各观测时期的系数不同，利用11个截面地区样本去估计模型。从图11.30中可以看到，从1995年至2006年，东部11个省市地区的边际消费倾向估计值非常显著，且这段时期的边际消费倾向MPC位于0.7至0.9之间。其中，东部地区在1996年的边际消费倾向最高，为0.8609；2001年的边际消费倾向最低，为0.7387。同时可以看出，各年的边际消费倾向大致上呈逐期下降趋势。在图11.29所示的结果中，Fixed Effects（Period）列给出的是时期固定效应估计值。

为了比较1995年至2006年的边际消费倾向，绘制各年的边际消费倾向MPC序列的折线图，如图11.30所示。用户可以在同一工作文件下，参考第1章所介绍的创建新的工作文件页的操作方法，新建一个工作文件页，图形的具体绘制过程略。

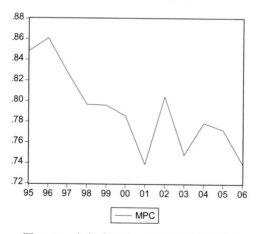

图 11.30 各年边际消费倾向序列的折线图

从图11.30中可以看到，1995年至2006年这段时期，各年的边际消费倾向基本上呈下降趋势，而且这段时期的边际消费倾向大致在0.72至0.86的范围内。以1996年的边际消费倾向最高，2001年的边际消费倾向最低。边际消费倾向逐年下降可能是由于人们考虑到未来的不确定性因素，例如养老或者子女未来教育等，将所增加的收入储蓄起来，而不是把所增加的收入用于即期消费。

3. 模型形式设定检验

在对面板数据模型进行估计时，需要对所建立的模型形式进行检验，即检验样本数据符合混合回归模型、变截距模型以及变系数模型中的哪一种。若设定了错误的模型形式，则模型估计结果将是有偏差的。模型形式设定检验使用的是协方差分析检验，对于含有 N 个截面成员的面板数据模型：

$$y_{it} = \alpha_i + \beta_{1i}x_{1it} + \beta_{2i}x_{2it} + \cdots + \beta_{ki}x_{kit} + u_{it} \tag{11.11}$$
$$i=1,2,\ldots,N \quad t=1,2,\cdots,T$$

即检验如下两个原假设。

H_0：模型（11.11）中的解释变量系数对于所有的截面成员是相同的（斜率系数是齐性的），但截距项不同，即该模型形式为变截距模型：

$$y_{it} = \alpha_i + \beta_1 x_{1it} + \beta_2 x_{2it} + \cdots + \beta_k x_{kit} + u_{it} \tag{11.12}$$
$$i=1,2,\ldots,N \quad t=1,2,\cdots,T$$

H_1：模型（11.11）中的解释变量系数和截距项对于所有的截面成员都是相同的，即该模型形式为混合回归模型：

$$y_{it} = \alpha + \beta_1 x_{1it} + \beta_2 x_{2it} + \cdots + \beta_k x_{kit} + u_{it} \tag{11.13}$$
$$i=1,2,\ldots,N \quad t=1,2,\cdots,T$$

模型形式检验有如下两个 F 检验统计量：

$$F_2 = \frac{(S_3 - S_1)/[(N-1)(k+1)]}{S_1/[NT - N(k+1)]} \sim F[(N-1)(k+1), NT - N(k+1)] \tag{11.14}$$

$$F_1 = \frac{(S_2 - S_1)/[(N-1)k]}{S_1/[NT - N(k+1)]} \sim F[(N-1)k, NT - N(k+1)] \tag{11.15}$$

其中，N 是截面成员个数，T 是每个截面成员的样本观测时期数，k 是非常数项解释变量的个数，S_1、S_2、S_3 分别是模型（11.11）、模型（11.12）、模型（11.13）的回归残差平方和。在原假设 H_1、H_0 成立的条件下，检验统计量 F_2、F_1 分别服从特定自由度的 F 分布。

模型形式检验的过程是：先检验原假设 H_1；如果统计量 F_2 小于某个检验水平（比如5%）下的F分布临界值，就不能拒绝原假设 H_1，且无须再检验原假设 H_0，从而表明利用模型（11.13）来拟合样本是合适的。否则，拒绝原假设 H_1，并继续检验原假设 H_0。如果统计量 F_1 小于某个检验水平（比如5%）下的F分布临界值，就不能拒绝原假设 H_0，从而表明利用模型（11.12）来拟合样本是合适的。否则，拒绝假设 H_0，并利用模型（11.11）拟合样本。需要注意的是，EView并没有给出直接进行上述F统计量检验的功能操作。

根据上面分析对本例 11 个省市样本数据进行模型形式检验，其主要操作以及分析过程如下：

01 计算变系数模型的回归残差平方和（Sum squared resid）S_1。根据图 11.27 所示的固定效应变系数模型估计结果，得到 $S_1 = 2230514$。

02 计算固定效应的变截距模型的回归残差平方和 S_2。对该模型进行估计，只需在 Pool 对象估计对话框的 Common 编辑框中输入"c pinc?"，并且在 Cross-section 下拉列表中选择"Fixed"，然后单击"确定"按钮，将得到如图 11.31 所示的固定效应变截距模型估计结果。

变截距模型假定对于 11 个截面地区，实际可支配收入的边际消费倾向都是相同的。从图 11.31 可以看到，边际消费倾向等于 0.6723 且其 t 统计量非常显著，表明对于东部 11 个地区，城镇居民实际可支配收入增加 100 元，实际消费支出将增加 67.2 元左右。从图 11.31 中可以看到，这 11 个省市地区的自发消费水平的平均值等于常数项 C，即为 751.8598。尽管假定这些地区的边际消费倾向相同，但是它们的自发消费水平对平均值的偏离比较显著，其中偏离最高的是广东省，偏离值为 528.7196；北京次之，为 343.5176；山东省最小，为-348.0925。同时，根据模型估计结果，可以得到 $S_2 = 3498989$。

03 计算混合回归模型的回归残差平方和 S_3。对该模型进行估计，只需在 Pool 对象估计对话框的 Common coefficients 编辑框中输入"c pinc?"，在 Cross-section 以及 Period 下拉列表中都选择"None"，然后单击"确定"按钮，得到如图 11.32 所示的混合回归模型估计结果。

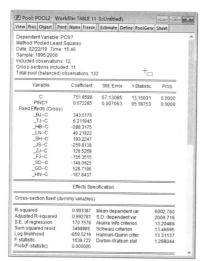

图 11.31　固定效应变截距模型估计结果

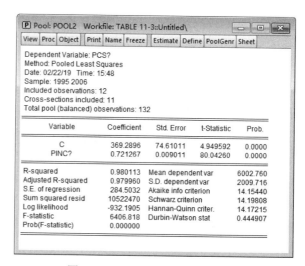

图 11.32　混合回归模型估计结果

混合回归模型假定对于11个截面地区，截距项C和收入的边际消费倾向都是相同的。从图11.32所示的估计结果可以看到，这些地区的边际消费倾向等于0.7213，稍微高于固定效应变截模型的估计值；表明对于东部11个地区，城镇居民实际可支配收入增加100元，实际消费支出将增加72.1元左右。常数截距项估计值（自发消费水平）为369.2896且其t统计量显著。同时，根据模型估计结果，可以得到 $S_3 = 10522470$。

对于这些模型估计的回归残差平方和，可以发现 $S_1 < S_2 < S_3$，这是由于与变系数模型相比较，变截距模型和混合回归模型对于模型参数施加了约束限制。同时，混合回归模型比变截距模型施加的参数约束限制更强。

04 模型形式判断。根据模型假设，$N=11$，$T=12$，$k=1$，两个 F 统计量分别为：

$$统计量\ F_2 = 20.4463$$
$$统计量\ F_1 = 6.2556$$

然后在 EViews 命令窗口中输入命令 "scalar f2= @qfdist(0.95,20,110)"，得到在 5%的检验水平下统计量 F_2 的 F 分布临界值。

其中，scalar 表示建立标量，函数@qfdist(p,v1,v2)是 F 分布的分位数函数，p 是概率值，v1、v2 分别是 F 分布的自由度。我们也可以输入类似的命令得到 5%的检验水平下统计量 F_1 的临界值。它们的临界值分别为：

$$F_2(0.95,20,110) = 1.6667 \qquad F_1(0.95,10,110) = 1.9178$$

由于统计量 F_2 大于临界值，因此在 5%的检验水平下拒绝相应的原假设 H_1，继续检验原假设 H_0；由于统计量 F_1 也大于临界值，因此拒绝相应的原假设 H_0。综合上述分析，对本例当中的由东部 11 个省市地区构成的样本数据拟合变系数模型是比较合适的。

注 意

①对于上述的截面齐性检验，我们并没有考虑斜率系数非齐性而截距项齐性的情况，因为当斜率（非常数项解释变量的系数）不同时，考虑截距项相同并没有实际意义；②对于含有 T 个时间的时期特定系数面板数据模型，即参数是时期个体恒量的面板数据模型，我们也可以对其进行类似的模型形式检验，只需对模型的回归系数进行时间齐性检验；③除非截面齐性检验和时间齐性检验结果都不能拒绝回归系数齐性的原假设，否则直接利用 OLS 估计所得到的统计量将是有偏的。

实验 11-4　面板数据的单位根检验

素材文件：sample/Example/table 11-4.wfl
多媒体教学文件：视频/实验 11-4.mp4

▶ 实验基本原理

面板数据的单位根检验与单个序列的单位根检验类似但又有所不同，EViews 提供了面板数据的 6 种单位根检验方法。对于面板数据，考虑如下的 AR（1）过程：

$$y_{it} = \rho_i y_{it-1} + X'_{it}\delta_i + \varepsilon_{it} \qquad i=1,2,\ldots,N \quad t=1,2,\cdots,T_i \qquad (11.16)$$

其中，X_{it} 代表外生变量，包括截面成员的固定效应或者个体趋势；N 表示截面成员的个数；T_i 表示第 i 个截面成员的样本观测时期数；ρ_i 是自回归系数。假定随机误差项 ε_{it} 满足独立同分布的假设。若 $|\rho_i|<1$，则序列 y_i 是弱平稳的；若 $|\rho_i|=1$，则序列 y_i 包含一个单位根，即 y_i 是非平稳的。

为了进行单位根检验，对参数 ρ_i 有两种基本假定：一是假定该参数对所有的截面都是相同的，即对于所有的 i，有 $\rho_i = \rho$，LLC检验、Breitung检验以及Hadri检验都是基于该假定的；二是假定参数 ρ_i 跨截面自由地变化，IPS检验、Fisher-ADF检验以及Fisher-PP检验都是基于该假定的。因此，根据上述两种假定，面板数据的单位根检验分为相同单位根过程下的检验和不同单位根过程下的检验两类。下面将简单介绍面板数据的这些单位根检验方法，对于这些检验方法的详细过程和原理，有兴趣的读者可以参考有关计量经济学图书。

1. 相同单位根过程下的检验

LLC 检验、Breitung 检验和 Hadri 检验都假定各截面序列有相同的单位根过程。前两种检验的原假设是"各截面序列具有一个相同的单位根"，而 Hadri 检验的原假设是"各截面序列都没有相同的单位根"。LLC 检验和 Breitung 检验都考虑如下基本的 ADF 检验形式：

$$\Delta y_{it} = \alpha y_{it-1} + \sum_{j=1}^{p_i} \beta_{ij} \Delta y_{it-j} + X'_{it}\delta_i + \varepsilon_{it} \qquad i=1,2,\ldots,N \quad t=1,2,\cdots,T_i \qquad (11.17)$$

其中，假定 $\alpha = \rho - 1$，p_i 是第 i 个截面成员滞后项的阶数，允许其在不同的截面成员上发生变化。这两种检验的原假设和备择假设可以分别写为：$H_0: \alpha = 0$，$H_1: \alpha < 0$。LLC 检验和 Breitung 检验都是使用 Δy_{it} 和 y_{it-1} 的代理变量去估计参数 α，它们的检验统计量渐近地服从标准正态分布。但 Breitung 检验过程中所使用的代理变量形式不同于 LLC 检验。

Hadri 检验则是基于各截面成员方程的 OLS 估计所得到的回归残差构建两个 LM 统计量：

$$y_{it} = \delta_i + \eta_i t + \varepsilon_{it} \qquad (11.18)$$

对于 Hadri 检验，EViews 将给出基于 LM 统计量的两个 Z 统计量值，一个是基于同方差假设；另一个是基于异方差假设。

2. 不同单位根过程下的检验

IPS检验、Fisher-ADF检验和Fisher-PP检验都假定各截面序列具有不同的单位根过程。这些检验方法的基本原理是：先对不同的截面序列分别进行单位根检验，然后综合这些截面序列的检验结果构造面板数据的检验统计量。这些检验的原假设是 $H_0: \alpha = 0$，对于所有的 i，备择假设为：

$$H_1: \begin{cases} \alpha_i = 0, & i=1,2,\ldots,N_1 \\ \alpha_i < 0, & i=N_1+1, N_1+2,\ldots,N \end{cases}$$

IPS 检验统计量渐近地服从标准正态分布。对于两个 Fisher 检验，EViews 都将给出渐近

x^2 分布统计量和标准正态分布统计量。

实验目的与要求

1. 实验目的

通过本次实验,掌握面板数据的单位根检验方法和操作过程。

2. 实验要求

(1) 了解面板数据单位根检验的基本原理和检验辅助回归方程的形式。
(2) 熟悉相同单位根过程的3种单位根检验方法。
(3) 熟悉不同单位根过程的3种单位根检验方法。
(4) 熟练使用EViews对面板数据进行单位根检验,对检验结果做出合理的解释。

实验内容及数据来源

表11.3所示的是1978年至2006年我国东部地区6个省市城镇家庭平均每人全年消费性支出(CS,单位元)、城镇家庭平均每人可支配收入(INC,单位元)和居民消费价格指数CPI (1978年CPI=100)中的北京、上海和江苏省有关数据,原始数据来源于CCER。这6个地区分别是北京、天津、上海、江苏、福建、山东。为了方便EViews操作,将这些地区分别简记为BJ、TJ、SH、JS、FJ、SD。本实验所用数据保存在本书下载资源的Example文件夹下的table 11-4.wf1工作文件中。

表 11.3 北京、上海和江苏省有关数据

Obs	CS	INC	CPI	CS	INC	CPI	CS	INC	CPI
	北京 BJ			上海 SH			江苏 JS		
1978	359.9	365.4	100.0	488.0	560.0	100.0	276.0	288.0	100.0
1979	408.7	415.0	101.8	518.0	578.0	100.9	355.4	360.6	101.0
1980	490.4	501.4	107.9	553.0	637.0	106.9	433.2	434.9	106.7
1981	511.4	514.1	109.3	585.0	637.0	108.4	440.8	448.3	108.3
1982	534.8	561.1	111.3	576.0	659.0	108.7	452.3	484.2	109.2
1983	574.1	590.5	111.8	615.0	691.0	108.9	486.6	498.0	109.7
1984	666.8	693.7	114.3	726.0	834.0	111.3	577.5	625.6	113.0
1985	923.3	907.7	134.4	992.0	1075.0	128.2	719.6	765.8	123.7
1986	1067.4	1067.5	143.6	1170.0	1293.0	136.3	866.4	910.4	132.5
1987	1147.6	1181.9	155.9	1282.0	1437.0	147.3	952.9	1005.0	144.7
1988	1455.6	1437.0	187.7	1648.0	1723.0	176.9	1238.7	1218.0	176.3
1989	1520.4	1597.1	220.0	1812.0	1975.0	205.1	1300.6	1372.4	206.5
1990	1646.1	1787.1	231.9	1936.0	2182.0	218.0	1338.7	1463.8	213.1
1991	1860.2	2040.4	259.5	2167.0	2486.0	240.9	1528.7	1622.9	223.5
1992	2134.8	2556.1	285.1	2509.5	3026.6	265.0	1769.4	2138.3	238.3
1993	2939.6	3546.8	339.3	3530.1	4297.3	318.5	2310.5	2773.8	281.7
1994	4134.0	5084.7	423.8	4669.0	5889.1	394.6	3079.8	3778.9	347.0
1995	5019.8	6235.0	497.1	5868.1	7191.8	468.4	3772.3	4634.4	401.8
1996	5729.5	7332.0	554.8	6763.1	8178.5	511.5	4057.5	5185.8	439.2

（续表）

Obs	CS	INC	CPI	CS	INC	CPI	CS	INC	CPI
	北京 BJ			上海 SH			江苏 JS		
1997	6531.8	7813.2	584.2	6819.9	8438.9	525.8	4533.6	5765.2	446.7
1998	6970.8	8472.0	598.2	6866.4	8773.1	525.8	4889.4	6017.9	444.0
1999	7498.5	9182.8	601.8	8247.7	10931.6	533.7	5010.9	6538.2	438.2
2000	8493.5	10349.7	622.9	8868.2	11718.0	547.0	5323.2	6800.2	438.7
2001	8922.7	11577.8	642.2	9336.1	12883.5	547.0	5532.7	7375.1	442.2
2002	10284.6	12463.9	630.6	10464.0	13249.8	549.8	6042.6	8177.6	438.6
2003	11123.8	13882.6	631.9	11040.3	14867.5	550.3	6708.6	9262.5	443.0
2004	12200.4	15637.8	638.2	12631.0	16682.8	562.4	7332.3	10481.9	461.2
2005	13244.2	17653.0	647.8	13773.4	18645.0	568.0	8621.8	12318.6	470.9
2006	14825.4	19977.5	715.8	14761.8	20667.9	637.3	9628.6	14084.3	531.6

表 11.3 中给出各地区的消费价格指数 CPI 是为了对 CS 和 INC 进行价格平减，得到这些地区城镇居民消费支出实际值（PCS）和城镇居民可支配收入实际值（PINC）。假如我们先建立了一个包含 6 个截面成员地区、3 个变量（CS、INC 和 CPI）的 Pool 对象"Pool1"；然后利用 Pool1 得到包含 6 个截面成员地区、两个变量（PCS 和 PINC）的 Pool 对象"Pool2"，其中 PCS=CS/CPI，PINC=INC/CPI。本实验的主要内容有：

（1）面板数据的单位根检验。对 Pool 序列"PCS?"和"PINC?"以及它们的差分序列进行面板数据的单位根检验，判断它们是不是平稳序列。

（2）面板数据的协整检验。若变量序列"PCS?"和"PINC?"是非平稳的且它们是同阶单整的，则建立如下的固定效应变系数模型：

$$PCS_{it} = \alpha_i + \beta_i PINC_{it} + u_{it} \quad (11.19)$$
$$i = 1,2,3,4,5,6 \quad t = 1978, 1979, \cdots, 2006$$

然后对由模型（11.19）估计结果的 6 个截面回归残差序列构成的序列组 G1 进行单位根检验。如果检验结果表明这些残差序列是平稳的，就说明面板数据序列 PCS 和 PINC 之间存在长期协整关系。

实验操作指导

1. 面板数据的单位根检验

按照实验 11-1 中所介绍的有关操作建立 Pool 对象"Pool1"和"Pool2"，并输入相关数据，这里对 Pool 序列"PCS?"和"PINC?"进行面板数据的单位根检验，其主要操作过程和分析如下：

01 打开包含 Pool 序列"PCS?"和"PINC?"的对象 Pool2，在其窗口工具栏中选择 View | Unit root test…命令，屏幕会弹出如图 11.33 所示的 Pool 序列单位根检验对话框。

图 11.33 所示的 Pool 序列单位根检验对话框与单个序列的单位根检验对话框有所不同。对话框左边的各选项用于确定单位根检验的基本结构；右边的各选项则用于控制检验过程中的一些计算细节，例如滞后长度选择方法、带宽或者核函数等。下面对这些选项进行简单介绍。

对话框左上角的Pool series编辑框用于输入pool序列名。Test type下拉列表框如图11.34所示，供用户选择单位根检验的类型，有7种类型：Summary、Common root-Levin,Lin,Chu、Common root-Breitung、Individual root-Im,Pesaran,Shin、Individual root-Fisher-ADF、Individual root-Fisher-PP和Hadri。其中，若用户选择Summary选项，则EViews将给出一系列单位根检验方法的检验结果，并简单地总结各种检验方法的检验结果。Common root表示在各截面序列具有相同单位根过程的假设下进行检验，而Individual root表示在不同单位根过程的假设下进行检验。

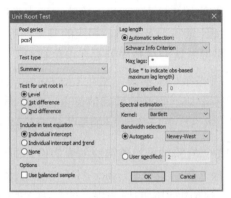

图11.33　Pool 序列单位根检验对话框

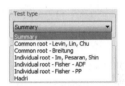

图11.34　单位根检验类型

Test for unit root in选项组和Include in test equation选项组用于控制单位根检验方程的设置。这两个选项组的含义与单个序列的单位根检验过程中的完全相同。若用户选择了Use balanced sample复选项，则表示对检验样本进行调整，使用平衡样本进行检验。

对于依赖于单位根检验的类型，用户需要设置对话框右边的各种高级选项。例如，对于检验回归方程中包含滞后差分项的单位根检验（LLC 检验、Breitung、IPS 检验、Fisher-ADF 检验），用户需要设置 Lag length 选项组下面的各个选项。有关 Lag length 选项组的各选项设置，已经在单个序列的单位根检验过程中详细介绍过了。对于涉及核函数加权的单位根检验（LLC 检验、Fisher-PP 检验、Hadri 检验），用户需要设置 Spectral estimation 选项组下面的各个选项，用于选择这些检验的核函数类型（Kernel）和带宽（Bandwidth）。核函数类型和带宽涉及较深的统计学知识，建议读者在掌握这些知识后，再进行这些选项的设置。

02 本实验在 Pool series 编辑框中输入"pcs?"，在 Test type 下拉列表中选择Summary，在 Test for unit root in 选项组中选择 Level，在 Include in test equation 选项组中选择 Individual intercept，其他选项采用 EViews 默认设置，然后单击 OK 按钮，将得到如图 11.35 所示的面板数据序列 PCS? 的单位根检验结果。

图 11.35 所显示的是面板数据序列"PCS?"

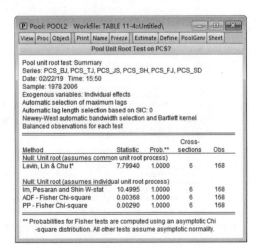

图 11.35　面板数据序列 PCS?的单位根检验结果

的 Summary 类型的单位根检验结果，即同时简单地给出几种单位根检验方法所得到的检验结果。检验结果的顶部给出了检验类型、各截面成员序列、外生变量以及检验回归方程设置等信息。面板数据的单位根检验结果是按照单位根过程的类型以及检验的原假设顺序进行排列的。

先看 LLC 检验方法，其所得到的检验统计量等于 7.7994，相应的概率值 P 等于 1，因此不能拒绝"各截面序列具有相同单位根过程"的原假设。接下来显示的是 IPS 检验、Fisher-ADF 检验和 Fisher-PP 检验方法的单位根检验结果。这 3 种检验方法都假定各截面序列具有不同的单位根过程。IPS 检验统计量等于 10.4995，相应的概率值 P 等于 1，因此不能拒绝相应的原假设，即对于所有的截面成员序列都有一个单位根。两种 Fisher 检验方法也表明存在单位根。最后给出的是 Hadri 方法检验结果，其 Z 统计量等于 8.1804，相应的概率值等于 0，因此拒绝"各截面成员序列无单位根"的原假设，即可以认为这些序列存在单位根。

03 我们对面板数据序列"PCS?"的一阶差分进行单位根检验，即在 Test for unit root in 选项组中选择 1st difference 选项，其他选项采用与上述检验相同的设置，然后单击 OK 按钮，得到如图 11.36 所示的面板数据序列"PCS?"的一阶差分的单位根检验结果。

在图 11.36 所示的各种方法检验结果中，LLC 检验结果拒绝相应的原假设，即可以认为面板数据序列"PCS?"的一阶差分序列没有单位根。IPS 检验、Fisher-ADF 检验以及 Fisher-PP 检验统计量相应的概率值 P 都非常小，从而也都拒绝相应的原假设，即拒绝"所有的截面成员序列都有单位根"的原假设。

根据面板数据序列"PCS?"及其一阶差分的单位根检验结果，可以认为序列"PCS?"是非平稳的，但它的一阶差分序列是平稳的。

04 对面板数据序列"PINC?"进行单位根检验，并选择计算一种单位根检验类型。在面板数据单位根检验对话框的 Pool series 编辑框中输入"pinc?"，在 Test type 下拉列表中选择"Common root-Levin, Lin, Chu"，在 Test for unit root in 选项组中选择 Level，在 Include in test equation 选项组中选择 Individual intercept，其他选项采用 EViews 默认设置，然后单击 OK 按钮，得到如图 11.37 所示序列"PINC?"的 LLC 方法单位根检验结果。

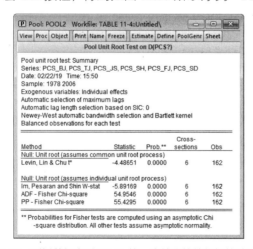
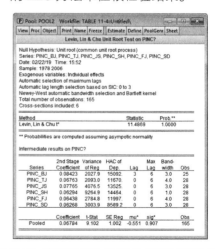

图 11.36 面板数据序列 PCS? 的一阶差分的单位根检验结果　　图 11.37 序列 PINC? 的 LLC 方法单位根检验结果

图 11.37 所示的检验结果先给出了 LLC 检验统计量，该统计量值等于 11.4869，相应的概

率值 P 等于 1，因此不能拒绝"各截面序列具有相同单位根过程"的原假设。图 11.38 下半部分给出的是 LLC 检验的中间结果。对于每个截面成员序列（例如 PINC_BJ、PINC_TJ 等），LLC 检验的中间结果给出了相应检验回归方程的自回归系数、回归方差、因变量的 HAC、滞后长度、最大滞后长度、带宽以及调整后的样本观测值数目等信息。

05 对面板数据序列"PINC?"的一阶差分进行单位根检验，检验过程和检验结果略。其 LLC 检验方法的检验统计量等于-3.0147，相应的概率值 P 等于 0.0013，因此拒绝相应的原假设，从而表明序列 PINC? 的一阶差分没有单位根，即序列"PINC?"是一阶差分平稳的。因此，序列"PCS?"和序列"PINC?"都是一阶差分平稳的，满足协整检验的前提条件。

随后我们将采用 Engle 和 Granger（1987）提出的协整检验方法，检验序列"PCS?"和序列"PINC?"之间是否存在协整关系。

2. 面板数据的协整检验

面板数据的协整检验过程分两步进行：第一步建立序列 PCS?对序列"PINC?"的面板数据回归模型，第二步对各截面回归方程的残差进行单位根检验。若这些截面残差序列是平稳的，则表明序列"PCS?"与序列"PINC?"之间存在协整关系。使用 EViews 对面板数据序列"PCS?"与序列"PINC?"进行协整检验的主要过程如下：

01 固定效应变系数模型估计。打开 Pool 对象"Pool2"，在其窗口工具栏中单击 Estimate 功能键，会弹出如图 11.38 所示的 Pool 对象估计对话框。

02 在 Dependent variable 编辑框中输入"PCS?"；在 Cross-section specific coefficients 编辑框中输入"PINC?"；在 Cross-section 下拉列表中选择"Fixed"；考虑到该变系数模型可能存在截面异方差和同期相关，因此在 Weights 下拉列表中选择"Cross-section SUR"，表示采用 SUR 截面加权的 GLS 方法估计变系数模型。然后单击"确定"按钮，屏幕将得到如图 11.39 所示的变系数模型估计结果。

图 11.38 Pool 对象估计对话框

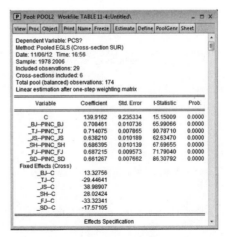

图 11.39 固定效应变系数模型估计结果

从图11.39可以看到，变系数模型的所有参数估计都是非常显著的。常数项C的估计值为139.9162，它表示这6个省市地区自发消费支出的平均值。同时，这6个省市地区的边际消费倾向介于0.63至0.72之间；其中天津市的边际消费倾向最高，为0.7141，表明城镇居民实际可支配收入增加100元，实际消费支出将增加71.4元左右；北京市的边际消费倾向次之，为0.7085，表明城镇居民实际收入增加100元，实际消费支出将增加70.9元左右；江苏省的边际消费倾向最低，为0.6382，表明城镇居民实际收入增加100元，实际消费支出将增加63.8元左右。

同时，该变系数模型的 R^2 等于 0.9930，表明该变系数模型的拟合程度非常高；DW 统计量等于 1.4995，比较接近于 2，表明模型不存在一阶序列自相关。

03 模型回归残差的单位根检验。为了进行协整检验，首先需要生成各截面方程的回归残差序列。在图 11.39 所示的变系数模型估计结果的窗口工具栏中选择 Proc|Make Residuals 命令，屏幕会弹出如图 11.40 所示的由各截面方程的回归残差序列组成的未命名的序列组。为了方便下面的说明，将该序列组命名为"g1"。

04 在序列组 G1 窗口工具栏中选择 View|Unit Root Test…命令，屏幕会弹出如图 11.41 所示的序列组单位根检验对话框。

图 11.40 各截面方程回归残差组成的序列组

图 11.41 所示的序列组单位根检验对话框与 Pool 对象单位根检验对话框稍有不同。Pool 对象单位根检验对话框的左上角多了一个 Pool series 编辑框，需要用户输入检验的 Pool 序列。除此之外，各选项的含义和设置与 Pool 对象的完全相同。

05 本实验采用 EViews 的默认设置，单击 OK 按钮，将得到如图 11.42 所示的序列组 G1 的单位根检验结果。

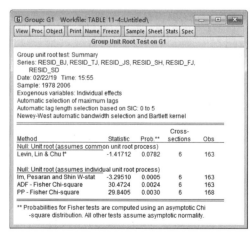

图 11.41 Group 对象单位根检验对话框　　　　图 11.42 序列组 G1 的单位根检验结果

图11.42所示是由各截面回归方程的残差序列组成的序列组G1的单位根检验结果。LLC检

验统计量等于-1.4171，其概率值P等于0.0782，从而在10%的检验水平下可以拒绝"各截面回归方程的残差序列具有相同单位根过程"的原假设。IPS检验统计量等于-3.2951，其概率值P等于0.0005，因此拒绝"所有截面回归方程的残差序列都有单位根"的原假设。对于Fisher-ADF检验和Fisher-PP检验，这两种方法的检验统计量也非常显著且相应的概率值P较小，因此也拒绝"所有截面回归方程的残差序列都有单位根"的原假设。

根据各种检验方法的单位根检验结果，可以认为对变系数模型（11.19）进行估计所得到的各截面残差序列不具有单位根，即这些残差序列是平稳的，从而表明面板数据序列"PCS?"和"PINC?"之间存在协整关系，因此可以建立动态面板数据的误差修正模型。我们将此作为练习，让读者建立面板数据的误差修正模型。

上机练习

练习 11-1　对实验 11-2 的面板数据模型重新估计

素材文件：sample/Exercise/exercise 11-1.wfl
多媒体教学文件：视频/习题 11-1.mp4

在实验 11-2 中，我们估计了 4 个截面成员公司的变截距模型以及混合回归模型，并进行了固定效应检验和随机效应检验。假如建立如下变系数面板数据模型：

$$I_{it} = \alpha_i + \beta_{1i}F_{it} + \beta_{2i}K_{it} + u_{it}$$
$$i = 1, 2, 3, 4 \quad t = 1935, 1936, \cdots, 1954$$
（11.20）

为了方便读者操作，本题将实验 11-2 中的有关数据重新保存在本书下载资源的 Exercise 文件夹下的 exercise 11-1.wfl 工作文件中。请使用 EViews 完成如下操作和分析：

（1）使用固定效应估计模型（11.20），并对模型估计结果进行分析。
（2）对面板数据模型的形式设定进行检验，从而确定拟合样本数据比较适合的模型。

练习 11-2　研究分析失业率和小时工资间的关系

素材文件：sample/Exercise/exercise11-2.wfl
多媒体教学文件：视频/习题 11-2.mp4

表11.4所示的是1980年至1999年美国、加拿大和英国三个国家制造行业的失业率Unem（单位为%）和工人每小时工资Wage（用美元计价，且以1992为基准）有关数据。

表 11.4 美国、加拿大以及英国失业率和小时工资有关数据

美国 USA			加拿大 CAN			英国 UK		
Obs	Wage	Unem	Obs	Wage	Unem	Obs	Wage	Unem
1980	55.6	7.1	1980	49.0	7.2	1980	43.7	7.0
1981	61.1	7.6	1981	54.1	7.3	1981	44.1	10.5
1982	67.0	9.7	1982	59.6	10.6	1982	42.2	11.3
1983	68.8	9.6	1983	63.9	11.5	1983	39.0	11.8
1984	71.2	7.5	1984	64.3	10.9	1984	37.2	11.7
1985	75.1	7.2	1985	63.5	10.2	1985	39.0	11.2
1986	78.5	7.0	1986	63.3	9.2	1986	47.8	11.2
1987	80.7	6.2	1987	68.0	8.4	1987	60.2	10.3
1988	84.0	5.5	1988	76.0	7.3	1988	68.3	8.6
1989	86.6	5.3	1989	84.1	7.0	1989	67.7	7.2
1990	90.8	5.6	1990	91.5	7.7	1990	81.7	6.9
1991	95.6	6.8	1991	100.1	9.8	1991	90.5	8.8
1992	100.0	7.5	1992	100.0	10.6	1992	100.0	10.1
1993	102.7	6.9	1993	95.5	10.7	1993	88.7	10.5
1994	105.6	6.1	1994	91.7	9.4	1994	92.3	9.7
1995	107.9	5.6	1995	93.3	8.5	1995	95.9	8.7
1996	109.3	5.4	1996	93.1	8.7	1996	95.6	8.2
1997	111.4	4.9	1997	94.4	8.2	1997	103.3	7.0
1998	117.3	4.5	1998	90.6	7.5	1998	109.8	6.3
1999	123.2	4.0	1999	91.9	5.7	1999	112.2	6.1

数据来源：《计量经济学基础》[美]古扎拉蒂著，费剑平、孙春霞等译，中国人民大学出版社，2005，第616页）

为了研究分析失业率和小时工资之间的关系，考虑建立如下截面特定系数的面板数据模型：

$$Unem_{it} = \alpha_i + \beta_i Wage_{it} + u_{it}$$
$$i = 1, 2, 3 \quad t = 1980, 1981, \cdots, 1999$$
（11.21）

本题所用数据保存在本书下载资源的 Exercise 文件夹下的 exercise 11-2.wf1 工作文件中。请使用 EViews 完成如下操作和分析：

（1）假定模型（11.21）中的常数项和解释变量Wage的系数对于这3个截面成员国家都是相同的，即假定模型（11.21）是混合回归模型，对其进行估计并分析模型估计结果。

（2）假定模型（11.21）中的常数项对各截面成员国家不同而解释变量是相同的，即假定模型（11.21）是变截距模型，使用固定效应和随机效应分别对其进行估计，并分析模型估计结果。

（3）对上述两种变截距模型估计结果进行固定效应检验和随机效应检验，并比较混合回归模型和固定效应变截距模型，比较固定效应变截距模型和随机效应变截距模型。

（4）假定模型（11.21）是变系数模型，对其进行估计并分析模型估计结果。

（5）对模型（11.21）的形式设定进行检验，确定本题样本数据究竟符合哪种面板数据模型形式。

练习 11-3　定量研究分析经济增长和居民消费关系

素材文件：sample/Exercise/exercise 11-3.wfl
多媒体教学文件：视频/习题 11-3.mp4

国内生产总值指数 GDPI 反映了经济增长情况，其衡量了国民经济总体水平；而居民消费价格指数 CPI 反映了居民消费水平，其说明了一定时期内居民生活消费价格变动趋势和变动程度。表 11.5 所示的是 1978 年我国 4 个省市（北京、江苏、山东、上海）GDPI（1978 年为 100）和 CPI（1978 年为 100），原始数据来源于 CCER。

表 11.5　我国 4 个省市 GDPI 指数和 CPI 指数

Obs	GDPI	CPI	GDPI	CPI	GDPI	CPI	GDPI	CPI
	北京 BJ		江苏 JS		山东 SD		上海 SH	
1978	100.0	100.0	100.0	100.0	100.0	100.0	100.0	100.0
1979	109.7	101.8	112.0	101.0	106.6	100.7	107.4	100.9
1980	122.6	107.9	117.4	106.7	119.6	105.7	116.4	106.9
1981	120.8	109.3	130.2	108.3	126.5	107.6	122.9	108.3
1982	129.7	111.3	142.9	109.2	140.8	108.6	131.8	108.7
1983	150.2	111.8	160.5	109.7	160.4	111.2	142.1	108.9
1984	176.5	114.3	185.7	113.0	188.3	112.9	158.6	111.3
1985	191.7	134.4	217.8	123.7	209.8	122.7	179.8	128.2
1986	208.8	143.6	240.5	132.5	223.0	128.2	187.7	136.3
1987	228.8	155.9	272.7	144.7	253.8	138.7	201.8	147.3
1988	258.1	187.7	326.2	176.3	285.5	164.7	222.2	176.9
1989	269.5	220.0	334.3	206.5	296.9	193.2	228.8	205.1
1990	284.0	231.9	351.0	213.1	312.7	199.7	236.8	218.0
1991	311.0	259.5	380.2	223.5	358.3	209.5	253.7	240.9
1992	347.1	285.1	477.5	238.3	418.9	223.8	291.5	265.0
1993	389.1	339.3	572.0	281.7	496.4	252.2	334.9	318.5
1994	441.6	423.8	666.4	347.0	577.3	311.2	382.8	394.6
1995	496.4	497.1	769.1	401.8	659.3	366.5	436.7	468.4
1996	542.0	554.8	862.9	439.2	739.7	401.1	493.5	511.5
1997	594.1	584.2	966.4	446.7	822.5	412.3	556.2	525.8
1998	652.3	598.2	1072.7	444.0	911.4	409.9	612.4	525.8
1999	718.8	601.8	1181.1	438.2	1003.4	407.0	674.8	533.7
2000	797.9	622.9	1306.3	438.7	1108.8	407.8	747.7	547.0
2001	887.2	642.2	1439.5	442.2	1220.8	415.2	824.0	547.0
2002	979.5	630.6	1606.5	438.6	1362.4	412.3	913.8	549.8
2003	1084.3	631.9	1825.0	443.0	1549.0	416.8	1021.6	550.3
2004	1227.5	638.2	2096.9	461.2	1786.0	431.8	1160.6	562.4
2005	1363.7	647.8	2401.0	470.9	2057.5	439.1	1289.4	568.0
2006	1538.3	715.8	2758.7	531.6	2362.0	506.8	1444.1	637.3

现根据表 11.5 所示的有关数据，对经济增长和居民消费之间的关系进行定量研究分析。本题所用数据保存在本书下载资源的 Exercise 文件夹下的 exercise 11-3.wfl 工作文件中。请使用 EViews 完成如下操作和分析：

（1）对面板数据序列"GDPI?"和"CPI?"进行单位根检验，判断各截面成员序列是否是平稳的。

（2）若面板数据序列"GDPI?"和"CPI?"是非平稳的，则对其差分序列进行单位根检验，判断它们的差分序列是否是平稳的。

（3）若面板数据序列"GDPI?"和"CPI?"是同阶单整的，则建立相应的面板数据模型，对模型回归残差进行单位根检验，并判断序列"GDPI?"和"CPI?"之间是否存在协整关系。

第 12 章　EViews 编程基础及应用

EViews 不仅为用户提供了方便快捷的交互式菜单操作方式，而且提供了功能强大的程序语句。使用 EViews 提供的编程功能，用户可以实现许多菜单操作所不能实现的操作和任务，并且可以提高工作效率。本章将介绍有关 EViews 编程的一些基本内容，使用户能够较快掌握并熟练使用 EViews 常用命令及各种数据分析过程，从而掌握编程分析方法。本章在介绍编程基础知识后，给出了几个 EViews 编程实例，以便读者能够较快地熟悉 EViews 编程语言。

12.1　EViews 命令基础

在学习编程之前，用户需要掌握一些 EViews 常用的命令，包括如何对 EViews 对象进行说明以及如何给对象赋值等命令操作。

12.1.1　EViews 对象说明

用户在编写程序时，首先需要建立或者说明一个对象，进行对象说明的简单格式如下：

```
object_type  object_name
```

其中，object_name 是用户自定义的对象名称，必须是合法的对象名，即用户所自定义的对象名不能使用 EViews 软件的保留字符，例如 ABS、ACOS、AR、ASIN 等，且对象名不区分大小写；object_type 表示用户指定需要建立的对象类型，必须采用 EViews 规定的标识符，对象类型有：Alpha（字符）、Coef（系数）、Equation、Graph、Group、LogL（对数似然对象）、Matrix（矩阵）、Model（模型）、Pool、Sample、Scalar（数值）、Series、Series Link（序列链接）、SSpace（状态空间）、System、Table（表格）、Text、ValMap、VAR、Vector（向量）。

例如，对象说明：

```
series lgdp
```

表示建立一个名为 LGDP 的序列。

```
equation eq1
```

表示建立一个名为 EQ1 的方程对象。

矩阵对象（Matrix）的定义必须在紧接着对象类型的圆括号中给出矩阵的维度，例如：

```
matrix(4,4) m1
```

表示建立一个 4×4 的矩阵 M1。对于系数向量对象，也应该给出向量的维数，例如：

```
coef (8) res01
```

表示建立一个名为 RES01 的含有 10 个元素的系数向量。

EViews 对象说明经常与对象命令语句或者对象赋值表达式一起使用，以建立并初始化该对象。例如：

```
series lgdp=log(gdp)
```

表示建立一个名为 LGDP 的新序列，并使用序列 GDP 的自然对数初始化新序列 LGDP。类似的有如下命令：

```
equation eq1.ls y c x1 x2
```

表示建立一个名为 EQ1 的方程对象，并使用序列 Y 对常数项 C、序列 X1 和序列 X2 的最小二乘回归结果初始化方程 EQ1。又例如：

```
scalar elas=2
series tr58=@trend(1958)
group nipa gdp cons inv g x
equation cnsfnc2.ls  log(cons)=c(1)+c(2)*yd
vector beta=@inverse(x*x)*(x*y)
```

一个对象可以被定义多次，只要该对象总是被定义为相同的对象类型。对象的第一次定义说明将建立该对象，接下来的定义说明对该对象没有任何影响，除非这些定义说明也设定了如何初始化该对象。例如，对于一个年度类型的时间序列工作文件，有如下命令：

```
smpl  1990  2000
series dummy=0
smpl  2001  2008
series dummy=1
```

表示生成一个虚拟变量序列 DUMMY，样本期在 1990~2000 之间，DUMMY 取值为 0，样本期在 2001~2008 之间，DUMMY 取值为 1。

又如，利用序列 y 的自然对数值对序列 x 的回归生成方程对象 eq02，其命令为：

```
equation eq02.ls  log (y) =c(1)+c(2)*x
```

EViews 将回归方程的参数估计结果保存在名为 eq02 的方程对象中。

需要注意的是，EViews 不允许将某个对象重复定义为不同的对象类型，而且这种重复定义会产生错误。

12.1.2　对象命令

对象命令是指获得对象视图（View）和过程（Procedure）的一种命令。一个对象命令主要有两部分，其一般的格式如下：

```
action (action_opt)  object_name.view_or_proc(view_proc_opt)  arg_list
```

其中，action 表示执行对象的操作，有以下 4 个选项。

- do：执行过程操作而不打开窗口。若当前对象窗口没有被打开，则不会产生输出结果。若对象窗口已经是打开的，则 do 操作等价于 show 操作。
- freeze：从对象视图窗口中建立一个表格或者图形对象，用于冻结对象表格或者图形。
- print：打印处于激活状态的对象视图窗口。
- show：在某个窗口中显示对象。

action_opt 是修改对象操作默认设置的选项；object_name 指对象名称；view_or_proc 表示对对象执行的视图操作或者过程操作；view_proc_opt 是修改视图操作或者过程操作默认设置的选项；arg_list 表示对对象视图操作或者过程操作的进一步说明，一般用空格隔开。

此外，用户并不需要明确地设定对象的操作。在 action 省略的情况下，一般假定对对象视图执行 show 操作，对对象过程则执行 do 操作。例如，如下两种命令格式的含义是相同的：

```
GDP.line 与 show GDP.line
```

都表示让 EViews 绘制序列对象 GDP 的折线图。又如，如下两个过程操作的命令格式也是相同的：

```
eq01.ls cons c dinc 与 do eq01.ls cons c dinc
```

两者都表示执行变量 cons 对常数项 c 和变量 cons 的最小二乘估计，并将估计结果保存在方程 EQ01 中。如下面 4 行命令：

```
show gdp.line
print(l) group1.stats
freeze(output1) eq1.ls cons c gdp
do eq1.forecast eq1f
```

第一行命令是打开一个显示序列 GDP 折线图的窗口。第二行命令是在彩色模式下打印输出序列组 Group1 中各序列的描述统计量。第三行命令是建立名为 Output1 的表格，其来自于 CONS 对 GDP 进行最小二乘回归所得到的方程 EQ1 估计结果。最后一行命令是将预测值保存在序列 EQ1F 中。在这 4 行命令中，只有第一行命令可以打开一个窗口并将结果显示在屏幕上。

12.1.3 对象赋值命令

使用对象赋值语句可以为 EViews 对象指派数据。对象赋值语句的格式如下：

```
object_name=expression
```

其中，object_name 是确认需要进行数据修改的对象名；expression 是为对象进行赋值的表达式。考虑如下的赋值表达式：

```
x=2*log(y)+z
```

其中，x、y、z 必须是已建立的序列，序列 x 的元素值取决于上述赋值表达式。

又如，考虑如下的表达式：

```
scalar c1=eq01.@DW
```

其中，eq01 是一个已估计的方程对象，上述表达式表示生成一个标量对象 c1，其取值为方程 eq01 的 D.W 统计量值。执行该语句后，双击对象 c1，EViews 会在工作文件的底部状态栏左侧显示 c1 的值。又如，以下的表达式：

```
matrix eqcov=eq01.@coefcov
```

表示将方程 EQ01 参数估计的协方差矩阵保存在矩阵对象 eqcov 中。

矩阵对象比较常用，有如下 3 种方法可以给矩阵元素赋值。第一种方法是直接给矩阵元素赋值，例如，有如下命令：

```
matrix(2,2) a
a(1,1)=1
a(2,1)=4
```

第一行命令是建立并初始化一个 2×2 阶的矩阵 A，矩阵 A 的每个元素都是零。接下来的两行命令是给矩阵 A 的第一列两个元素赋值。对于高阶的矩阵，可以使用循环语句给矩阵元素赋值，后面将具体介绍。

第二种方法是使用数值列表填充矩阵，即使用 fill 过程将一系列的数值按照设定的顺序给矩阵的每个元素依次赋值。在默认情况下，fill 过程将按照列顺序给矩阵赋值。例如，如下命令：

```
matrix(2,4) x
x.fill 1,2,3,4,5,6,7,8
```

将得到一个 2×4 阶矩阵 X，且 $X = \begin{bmatrix} 1 & 3 & 5 & 7 \\ 2 & 4 & 6 & 8 \end{bmatrix}$。

同时，我们也可以改变 fill 过程赋值的顺序。例如，可以将上述最后一行命令替换为：

```
x.fill(b=r)  1,2,3,4,5,6,7,8
```

其中，小括号中的设置"b=r"表示按照行顺序给矩阵 X 的元素赋值，即 $X = \begin{bmatrix} 1 & 2 & 3 & 4 \\ 5 & 6 & 7 & 8 \end{bmatrix}$。有时，我们可能希望使用一些数值重复给矩阵元素赋值，可以使用 fill 过程中的"l"选项来循环重复地填充矩阵。例如：

```
matrix(3,3)  y
y.fill(l)  1,0,-1
```

表示建立一个 3×3 阶的矩阵 Y，且 $Y = \begin{bmatrix} 1 & 1 & 1 \\ 0 & 0 & 0 \\ -1 & -1 & -1 \end{bmatrix}$。

第三种方法是使用表达式给矩阵赋值。赋值表达式"＝"的左边是需要赋值的矩阵，右边是表达式，该表达式可以是数值常数、矩阵对象或者一个返回矩阵对象的表达式。例如：

```
matrix(10,2)  zdata=5
matrix   ydata=zdata
matrix(10.10)  xdata=ydata
```

第一行命令表示定义一个 10×2 阶的矩阵 ZDATA，且 ZDATA＝5。矩阵 YDATA 自动定义为 10×2 阶矩阵且取值等于矩阵 ZDATA。值得注意的是，尽管第三行命令将 XDATA 定义为 10

×10 阶的矩阵，但是 XDATA 也是一个每个元素取值为 5 的 10×2 阶的矩阵。这是因为第三行命令等价于如下两行命令：

```
matrix(10,10) xdata
xdata=ydata
```

上述第一行命令先定义一个 10×10 阶的矩阵 XDATA，当使用矩阵 YDATA 赋值给 XDATA 时，自动将矩阵 XDATA 的大小重新定义为 10×2 阶。

同时，也可以使用矩阵表达式给矩阵赋值。例如：

```
matrix(3,4)  a
matrix(3,4)  b
matrix  c=a+b
```

表示将两个相同维度大小的矩阵 A 和矩阵 B 相应的元素相加，然后将结果保存在矩阵 C 中，C 也是 3×4 阶的矩阵。对于矩阵，也可以进行减法运算，例如：

```
matrix(3,4)  a
matrix(3,4)  b
matrix  diff=a-b
```

表示将矩阵 A 的每个元素减去矩阵 B 相应的元素，然后将结果保存在矩阵 DIFF 中。考虑如下的矩阵乘法运算，有如下命令：

```
matrix(4,8)  a
matrix(8,4)  b
matrix  prod=a*b
```

表示将 4×8 阶的矩阵 A 与 8×4 阶的矩阵 B 相乘，最后得到 4×4 阶的矩阵 PROD。进行矩阵相乘运算时需要注意行数和列数的要求，矩阵 A 的列数必须等于矩阵 B 的行数。另外，也可以用列向量右乘一个矩阵，列向量的维度必须等于矩阵的列数。例如：

```
matrix(5,10)  m1
vector(10)  vec1
vector  res=m1*vec1
```

表示将 5×10 阶矩阵 M1 与向量 VEC1 相乘，最后得到包含 5 个元素的向量 RES。对于矩阵，也可以使用各种矩阵函数进行运算。例如：

```
matrix(3,4)  x
matrix  y=@transpose(x)
```

表示使用函数@transpose 对 3×4 阶矩阵 X 进行转置，得到 4×3 阶的矩阵 Y。又如，假设方块矩阵 X 是非奇异的，即矩阵 X 的行列式不等于 0，命令如下：

```
matrix(5,5)  x
matrix  y=@inverse(x)
```

表示使用函数@inverse 对 5×5 阶矩阵 X 进行求逆运算，得到矩阵 Y，即 X*Y 等于一个 5×5 阶的单位矩阵。

另外，使用相应的函数可以将序列组转换为矩阵。假如某个工作文件的样本长度为 10，命令如下：

```
group  g1 ser01 ser02 ser03
matrix  m1=@convert(g1)
```

表示将序列组 G1 的每个序列转换为矩阵 M1 的每一列，矩阵 M1 的维度大小是 10×3 阶。如果序列组 G1 中的任何一个序列在某观测时期有缺失值，则所有序列的该观测值都将被忽略。函数@convert 也可以将序列转换为向量。同时，还可以使用函数@stom 将序列转换为向量；将序列组转换为矩阵。这两个函数的逆函数是@mtos，其可以将矩阵转换为序列组，将向量转换为序列。

12.2 程序变量

使用EViews程序来编辑、运行、再运行EViews命令时，编程语言将发挥其真正功效，这来自于它对程序变量和控制语句的使用。下面简单介绍几种EViews程序变量。

12.2.1 控制变量

EViews 控制变量（Control Variable）是指在程序中用来代替数据的变量。用户对控制变量赋值后，就可以在 EViews 程序中任意用到该数据的地方使用该控制变量。控制变量的名称以感叹号"!"开始，"!"后面应该是一个字符数少于 15 的 EViews 合法名称。例如，有如下控制变量：

```
!i
!j
!counter
!number
```

虽然用户在使用这些控制变量之前必须对其进行赋值，但是用户在使用到这些变量之前，并不需要对这些控制变量进行说明。控制变量以普通的方式进行赋值，其在等号的左边，等号右边是赋值表达式。例如，有如下简单的例子：

```
!x=1
!i=2
!counter=10
!pi=3.1415926
!epsilon=2
!beta=0.01
```

用户给控制变量赋值后，这些变量便可以应用于表达式中。例如，有如下语句：

```
!counter=!counter+1
genr   dnorm=1/sqr(2*!pi)*exp(-1/2*!epsilon^2)
scalar  stdx=x/sqr(!varx)
smpl   1950:1+!i  1960:4+!i
```

控制变量在程序之外是不存在的，并且程序被执行之后，这些控制变量会被自动删除掉。因此，当用户保存工作文件时，这些控制变量并不会被保存下来。可以通过建立一个包含控制变量值的 EViews 对象来保存这些控制变量的值。例如，有如下命令：

```
scalar   stdx=sqr (!varx)
c(100) =!length
sample years 1960+!z  1990
```

表示使用数值变量来包含这些控制变量。

12.2.2 字符串变量

字符串变量（String Variable）的取值是一段文本，并使用双引号（" "）包含这段文本。变量名以符号"%"开始，字符串的赋值表达式与控制变量相同：等号"="左边是字符串变量名，右边是字符串表达式。例如，有如下语句：

```
%gdp="gross domestic product"
%value="value in millions of U.S. dollars"
%mysample="2000m1 2008m2"
%armas="ar(1) ar(2) ma(1) ma(2) "
%dep="hs"
%pi="3.1415926"
```

用户可以使用字符串来建立 EViews 命令文本、变量名称，或者其他字符串值。EViews 提供了许多用于对字符串进行运算的运算子和函数。当用户给字符串变量赋值之后，这些变量可以出现在任何表达式中以取代其所代表的字符串。例如，有如下的关于字符串运算子和函数的一些例子：

```
!repeat=500
%st1="draws form the normal"
%st2="Cauchy"
%st3=@str(!repeat)+@left(%st1,16)+%st2+"distribution"
```

在上述例子中，%st3 被赋值为"500 draws from the Cauchy distribution"。需要注意的是，字符串 draws 之前和字符串 Cauchy 之后的空格也算是字符。字符串变量与控制变量一样，只能存在于程序执行期间，不能被保存在工作文件中，但是可以保存在表格单元中。

字符串变量的一个重要应用是将字符串赋值给字符序列（alpha 对象）。例如，用户可以写出如下的赋值语句：

```
%z="Ralph"
alpha full_name=%z+last_name
```

其等价于如下表达式：

```
alpha full_name="Ralph"+last_name
```

对于任何字符串值，用户可以使用函数@val 将包含数字的字符串变量转换为一个数值。例如如下语句：

```
%str="0.05"
!level=@val(%str)
```

表示建立一个控制变量!LEVEL=0.05，若字符串的第一字符不是一个数值字符，则@val 函数返回的值是"NA"。

EViews 提供了一些对字符串进行操作的函数，常用的有如下几种：

（1）@Length（str）：返回值是字符串 str 的长度，例如：

```
@Length("I am Smith")
```

返回值是 10，其中字符串中包含 8 个字母，再加上两个空格。

（2）@Eqna（str1，str2）：比较字符串 str1 和 str2 是否相等，若相等，则返回值为 1；否则，返回值是 0。例如，@Eqna（"abcd","abcd"）的返回值是 1，@Eqna（"abc","abcd"）的返回值则是 0。

（3）@Left（str，int）函数：返回值是从字符串 str 左端开始包含 int 个字符的字符串。若整个字符串的字符数小于等于 int 个字符，则返回整个字符串，例如：

```
@left ("I am Smith", 4)
```

返回值是字符串"I am"。

（4）@Right（str，int）：返回值是从字符串 str 右端开始包含 int 个字符的字符串。若整个字符串的字符数小于等于 int 个字符，则返回整个字符串。

```
@right ("I am Smith", 5)
```

返回值是字符串"Smith"。

（5）@Mid（str，int1，int2）：返回值是从字符串 str 的指定位置 int1 开始包含 int2 个字符的字符串，例如：

```
@Mid ("I am Smith", 5, 5)
```

返回值是字符串"Smith"。若省略了返回字符数目 int2，或者用户指定的数目比剩余字符数目大，则返回从指定位置开始至字符串右端的所有字符，例如：

```
@Mid ("I doubt that I did it", 9, 20)
```

返回值是字符"that I did it"。

（6）@Insert（str1，str2，int）：表示以字符串 str1 为基础，将字符串 str2 从字符串 str1 的指定位置 int 插入字符串 str1 中，例如：

```
@insert ("I believe he can do well", "not", 16)
```

返回值是"I believe he cannot do well"。

（7）@Replace（str1，str2，str3，[int]）：以字符串 str1 为基础，用字符串 str3 代替字符串 str2，重新返回一个字符串。在默认情况下，字符串 str2 所有出现的地方都将被 str3 所取代，但是用户可以指定一个正整数 int 用于设定取代的开始位置，例如：

```
@replace ("Do you think that you can do it?", "you", "I")
```

函数返回值是字符串"Do I think that I can do it?"，但

```
@replace ("Do you think that you can do it? ", "you", "I", 1)
```

函数的返回值是字符串"Do I think that you can do it?"。

关于更多的字符串函数的信息，用户可以参考 EViews 帮助中的"Command & Programming Reference"中的有关内容。

12.2.3 替换变量

EViews 允许用户使用字符串和替换变量来编辑命令行。例如，字符串变量%x 为：

```
%x="gdp"
```

则程序命令行 ls %x c %x（-1）表示 ls gdp c gdp(-1)；将字符串 x%的内容更改为 m1，则程序行所代表的含义是 ls m1 c m1(-1)。基于字符串变量在上述例子中的作用，称之为替换变量（Replacement Variable）。

替换变量可以和字母、数字以及其他替换变量结合起来形成更长的字符串，此时，应该用大括号"{ }"加以界定。例如：

```
%object="group"
%space=" "
%reg1="gender"
%reg2="income"
%reg3="age"
%regs=%reg1+%space+%reg2+%space+%reg3+%space
```

用"{ }"将这些字符串包含进去，表达式为：

```
{%object} g1 {%regs}
```

EViews 将替换%object 和%regs 中的字符，因此该命令的结果是：

```
group g1 gender income age
```

控制变量同样可以被用作替换变量，例如：

```
!i=1
series y{!i}=nrnd
!j=0
series y{!i}{!j}=nrnd
```

其与如下命令：

```
series y1=nrnd
series y10=nrnd
```

表示的结果等价，都表示建立两个序列 y1 和 y01，这些序列是由标准正态分布所生成的随机数序列。

另外，替换变量也可以用于构造对象的名称，例如：

```
%a="3"
%b="2"
%c="temp"
series  z{%b}
matrix (3, 3)  x{%a}
vector (3)    x_{%c}_y
```

这些命令分别表示建立一个名为 Z2 的序列、名为 X3 的 3×3 的矩阵以及建立一个名为 X_TEMP_Y 的向量。替换变量为用户在程序中给对象命名提供了很强的适应性。然而，应该避免使用相同的名字来代表不同的对象。例如，下面的例子就有可能引起混淆：

```
!a=1
series x{!a}
!a=2
matrix (2, 2)  x{!a}
```

在上述简单的程序中，可以很清楚地看到 x1 是序列，而 x2 是矩阵。但是在相对比较复杂的程序中，对!a=1 的赋值和对序列的声明之间可能存在着许多命令行，因此想要清楚地区分替换变量 x{!a}所代表的对象比较困难。此时，解决该问题的一个比较好的方法是对不同的对象使用不同的名字，例如：

```
!a=1
series x{!a}
!a=2
matrix (2, 2) mat{!a}
```

EViews 会对函数进行参数类型检查，因此在调用带有替换变量的函数时，用户必须使用大括号。带有字符型参数的函数只接收字符型数据，带有序列参数的函数只能接收序列。如果用户希望通过替换变量将序列传入一个序列函数中，就必须将替换变量用大括号括起来，以便让 EViews 知道使用字符串所代表的是对象，而不是字符串本身。例如，用户希望得到序列 income 中无缺失值的有效观测值个数，可以使用@obs 函数，命令为：

```
@obs (income)
```

若用户想要用字符串变量%var 代表序列 income，则必须在@obs 函数中使用替换变量，正确的形式为：

```
%var="income"
@obs ({%var})
```

若使用函数@obs(%var)，则 EViews 会返回一个错误的信息，因为@obs 函数需要使用序列作为参数，而不是字符串。

12.2.4 程序参数

运行过程中，EViews程序所需要的程序参数就是一种特殊的字符串变量。程序参数（Program Arguments）允许在每次运行程序时都改变字符串变量的值。用户可以在任何有效字符串变量的情况下使用程序参数，以及在程序中使用任意数量的程序参数，这些程序参数可以被命名为%0、%1、%2等。

当用户运行含有参数的程序时，必须提供参数的具体值。若用户在程序中输入 run 命令，则要在程序名的后面列出这些参数值。例如，有下面一段名为 regprog 的程序：

```
equation eq1
smpl 1980q3  1994q1
eq1.ls  {%0}   c   {%1}    {%1}(-1)   time
```

为了运行命令行为%0="lgdp"和%1="m1"的这段程序，用户需要输入：

```
run  regprog  lgdp  m1
```

程序会通过执行命令 eq1.ls lgdp c m1 m1(-1) time 来对因变量 lgdp 和自变量 c、m1、m1(-1)、time 进行回归估计。

同样，用户也可以通过单击程序编辑区窗口工具栏的Run按钮来运行程序。此时，EViews 会弹出运行程序的对话框，在Program name or path编辑框内输入程序名，并在Program arguments编辑框中输入程序参数值，这些将在后面的程序实例中进行介绍。在本例中，在程序名编辑框中输入"regprog"，在参数编辑框中输入"lgdp m1"。

在 run 命令行或者在运行程序对话框中，任何没有被赋值的参数都被认为是空的。例如，假设有如下一行程序 regress：

```
ls  y  c  time  %0  %1  %2  %3  %4  %5  %6  %7  %8
```

若命令为 run regress x x(-1) x(-2)，则所执行的命令为 ls y c time x x(-1) x(-2)；若命令为 run regress，则所执行的命令为 ls y c time。在这两个例子中，EViews 将 run 命令中没有包含的参数都忽略掉了。

12.3 程序控制

EViews 提供了几种程序语句来控制程序中命令被执行的方式。对程序中命令的执行进行控制，表明用户可以在变化的条件下有选择地执行一些命令或者重复地执行命令。EViews 控制程序执行的方式与其他计算机语言有类似之处，有3种控制语句：IF 语句、FOR 循环语句和 While 循环语句。

12.3.1 IF 语句

在许多情况下，用户可能希望只有在某些条件被满足时才执行命令。EViews 使用 IF/ENDIF 语句来表示所设定的条件和需要执行的命令。

IF 语句以关键字 if 开始，后面接条件表达式，接着是关键字 then。在条件表达式中，经常使用逻辑运算符 and 和 or，如果需要还可以加上圆括号。若表达式为真，则直到关键字 endif 之前的所有命令都将被执行；若表达式为假，则所有的命令都被跳过而执行下面的命令。表达式也可以是数值，此时，零值表示假，所有非零的数值都为真。例如，有如下 IF 语句：

```
if !stand=1 or (!rescale=1 and !redo=1) then
series  gnpstd=gnp/@sqr(gvar)
series  constd=cons/@sqr(cvar)
endif

if !a>5 and !a<10 then
smpl  1950q1  1970q1+!a
endif

if !scale then
series  newage=age/!scale
endif
```

需要注意的是，命令行的所有缩进都是为了使得程序看起来更清楚，其对程序的执行没有任何的影响。此外，IF 语句还可以带有 ELSE 分句，ELSE 分句所包含的命令在条件表达式为假时才被执行。若条件表达式为真，则在关键字 else 之前的所有命令都被执行；若条件表达式为假，则所有在关键字 else 和 endif 之间的命令都会被执行。例如，有如下 IF 语句：

```
if !scale>0 then
    series  newage=age/!scale
else
    series  newage=age
```

```
  endif
```

IF 语句也可以被用于字符串变量中以及进行 IF 语句的嵌套。例如，有如下 IF 语句：

```
if %0="CA" or %0="IN" then
   series stateid=1
else
if %0="MA" then
     series stateid=2
   else
      if %0="IN" then
         series stateid=3
      endif
   endif
endif
```

当用户在 IF 语句中使用了序列或者矩阵进行比较时，需要注意的是，表达式中只有当对象中的每个元素之间的比较都为真时，表达式才为真。例如，对于序列 x 和序列 y，有如下 IF 语句：

```
if x<>y then
[一段程序]
endif
```

当序列 x 的任何一个元素和序列 y 中相应的元素不相等时，条件表达式才为真。对于 x 和 y 都是同等维度的向量或者矩阵的情况，也是对 x 和 y 的所有元素进行比较。

12.3.2 FOR 循环语句

FOR循环语句允许用户针对不同的控制变量和字符串变量重复执行某个命令集合。FOR循环语句以关键字for开始，以关键字next结束，在这两个关键字之间可以出现任意数量的命令行。FOR循环语句的语法会根据循环语句中是使用控制变量还是使用字符串变量而有所不同。下面对这两种情况进行简单说明。

1. 带有控制变量或者标量的 FOR 循环

为了对一个控制变量的不同值重复执行一组命令，FOR 循环需要事先对控制变量设定一个初始值，然后接关键字 to，最后是控制变量的终值，终值后面可以接关键字 step，step 后面的数值代表每次循环的步长。若用户省略 step，则使用默认值 1。例如，有如下一段 FOR 循环语句：

```
for !i=1 to 10
series decile{!i}=(income<level{!i})
next
```

在上述例子中，设定执行循环的步长 step 为 1，变量!i 两次被用作替换变量，第一次是用于声明建立 10 个序列，即 DECILE1~DECILE10；第二次是用于声明 10 个变量，即 LEVEL1~LEVEL10。又如：

```
for !i=10 to 1 step -1
series rescale{!i}=original/!i
next
```

在上述例子中，循环步长 step 被设定为-1，!i 被用作替换变量来建立 10 个序列，即 RESCALE1~RESCALE10，同时!i 也被用作标量作为序列 original 的除数。

FOR 循环是从变量的初始值开始执行的，除非初始值已经超过了终值。当程序从初始值开始执行后，循环控制变量按照步长 step 进行增减，然后 EViews 将控制变量与变量终值进行比较。若它超出了终值，则循环结束。

FOR 循环的一个重要应用是利用控制变量来改变样本范围。若用户在 smpl 命令的日期后面加上控制变量的值，则会得到一个新的日期，且整个样本区间的长度也会随着控制变量值的增加而增加。例如：

```
for !horizon=10 to 72
    smpl 1970m1 1970m1+horizon
    equation eq{!horizon}.ls sales c orders
next
```

上述程序的效果是逐渐地增加估计样本区间的长度，并滚动地对方程进行回归估计。

FOR 循环的另一个重要应用是使用带有控制变量的循环语句得到序列或者矩阵对象中元素的值。例如，有如下 FOR 循环语句：

```
!rows=@rows(vec1)
vector cumsum1=vec1
for !i=2 to !rows
    cumsum1(!i)=cumsum1(!i-1)+vec1(!i)
next
```

该段程序所实现的效果是计算向量 vec1 中各元素的和，并将计算结果保存在向量 cumsum1 中。

为了获得序列的单个元素，用户可以使用@elem 函数和@otod 函数来获得所需要的序列元素。例如：

```
for !i=2 to !rows
cumsum1(!i)=@elem(ser1,@otod(!i))
next
```

其中，@otod 函数返回的是观测值指针的时期数（时期的计算是从工作文件开始的），即序列元素对应的时期数，@elem 函数根据给定的时期数来获得序列的元素。

用户还可以在 FOR 循环中进行嵌套。对于外部 FOR 循环的每一次成功的值，内部的 FOR 循环都将被执行。例如：

```
matrix(25,10) xx
for !i=1 to 25
    for !j=1 to 10
        xx(!i,!j)=(!i-1)*10+!j
    next
next
```

用户在使用 FOR 循环语句时，应该避免改变循环控制变量的值。例如：

```
for !i=1 to 25
vector a!i
!i=!i+10
next
```

在上述程序中，循环语句中的控制变量已经发生改变。这种类型的循环是很难对其进行追踪的，而且可能会产生出乎编程者意料的结果。若确实需要在循环中改变控制变量，则应该考虑使用 While 循环。

用户也可以在 FOR 循环中使用标量来代替控制变量。但是，在使用标量之前，必须对其进行声明，而且标量是不能被用作替换变量的。例如：

```
scalar i
scalar sum=0
vector(10) x
for !i=1 to 10
x(i)=i
sum=sum+i
next
```

在上述例子中,标量 i 和变量 sum 在程序结束时仍然存在于工作文件中,除非用户特意删除它们。

2. 带有字符串变量的 FOR 循环

当用户希望对一个字符串变量的不同值重复执行操作时,可以在 FOR 循环中使用字符串变量,使其在字符串列表中取值。字符串变量后面接字符串列表,例如:

```
for %y gdp gnp ndp nnp
equation {%y}trend.ls %y c {%y}(-1) time
next
```

上述程序相当于执行如下 4 条命令:

```
equation gdptrend.ls gdp c gdp(-1) time
equation gnptrend.ls gnp c gnp(-1) time
equation ndptrend.ls ndp c ndp(-1) time
equation nnptrend.ls nnp c nnp(-1) time
```

可以在同一个 FOR 循环语句中使用多个字符串变量,EViews 会将这些字符串变量进行分组。例如:

```
for %1 %2 3% 1955q1 1960q4 early 1970q2 1980q3 mid 1975q4 1995q1 late
smpl %1 %2
equation {%3}eq.ls sales c orders
next
```

在本例中,字符串变量列表中的元素被分为 3 组。对于不同的样本区间对和方程名,循环被执行了 3 次:

```
smpl 1955q1 1960q4
equation earlyeq.ls sales c orders
smpl 1970q2 1980q3
equation mideq.ls sales c orders
smpl 1975q4 1995q1
equation lateeq.ls sales c orders
```

用户需要区分这种形式的循环与循环嵌套之间的不同之处。在本例中,所有的字符串变量同时发生改变,而嵌套循环中,内部循环变量发生变化时,外部循环变量是不变的。例如,

```
!eqno=1
for %1 1955q1 1960q4
for %2 1970q2 1980q3 1975q4
smpl %1 %2
'form equation name as eq1 through eq6
equation eq{!eqno}.ls sales c orders
!eqno=!eqno+1
next
next
```

在本例中,有 6 个方程被估计:在样本区间 1955q1~1970q2 估计方程 eq1,在样本区间 1955q1~1980q3 估计方程 eq2,在样本区间 1955q1~1975q4 估计方程 eq3,在样本区间 1960q4~1970q2 估计方程 eq4,在样本区间 1960q4~1980q3 估计方程 eq5,在样本区间

1960q4~1975q4 估计方程 eq6。

12.3.3 While 循环语句

在某些情况下,我们可能希望只有当一个或者几个条件被满足时,才多次重复执行一些命令。与FOR循环语句类似,While循环语句允许用户重复执行命令,但是While循环在设定循环所需要满足的条件方面为用户提供了更大的灵活性。

While 循环语句以关键字 while 开始,以关键字 wend 结束。在这两个关键字之间,允许用户编写任意数量的命令行,而且 While 循环允许进行循环嵌套。While 循环的声明部分由关键字 while 后面接包含控制变量的表达式构成。表达式应该要有逻辑值(真或假)或者数值,对于表达式为数值的情况,零值被认为是假,任何非零的数值表示为真。若表达式为真,则直到关键字 wend 之前的所有命令都将被执行,然后该过程被重复执行。若表达式为假,则EViews 将跳过下面的命令,继续执行程序中关键字 wend 后面的其他命令。例如:

```
!val=1
!a=1
while !val<10000 and !a<10
smpl 1950q1 1970q1+!a
series inc{!val}=income/!val
!val=!val*10
!a=!a+1
wend
```

该 While 循环包含四部分:第一部分是循环控制变量的初始化,应用于循环控制测试条件中;第二部分是包含循环测试条件的 While 循环声明;第三部分是更新控制变量的声明;最后一部分是以关键字 wend 来结束循环。

与FOR循环不同的是,While循环并不在循环测试条件中更新控制变量。因此,用户必须在循环语句中包含确切的说明语句来改变控制变量的值,否则循环将永远不会停止下来。可以使用F1键来终止执行包含死循环的程序。

在上述例子中,While 循环包含改变控制变量的声明,事实上,使用 While 循环可以使程序看起来更加清晰。例如:

```
!i=1
while !i<=25
    vector a{!i}
    !i=!i+1
wend
```

12.3.4 执行错误处理

默认情况下,EViews 在遇到任何错误时将停止执行程序。但是,用户可以指示程序在遇到错误的情况下仍然继续执行。在这种情况下,用户可能希望当遇到错误时执行其他不同的任务。例如,当模型估计过程中产生错误时,用户可能希望跳过那些累积至估计过程的程序行。为了测试程序执行错误以及处理这些错误,用户可以使用@errorcount 函数来返回程序执行过程中所遇到的错误个数:

```
!errs=@errorcount
```

标准的程序语句可以使用有关这些错误个数的信息来控制程序的行为。例如,为了测试某个方程过程中是否产生了错误，用户可以比较方程估计命令执行之前和之后错误的个数：

```
!old_count=@errorcount
equation eq1.ls y c x
!new_count=@errorcount
if !new_count>!old_count then
[various commands]
endif
```

在本例中，只有当方程 EQ1 的估计过程中增加了错误个数时，才会执行这段程序命令。

12.3.5 其他控制工具

有时，用户可能希望在某些情况下停止执行程序或者从循环中跳出。为了停止执行 EViews 中的程序，用户可以使用 stop 命令。例如，假设用户编写了一段程序，其要求序列 SER1 中的值为非负数。下面的程序命令将检查序列中的值是否非负，并且当序列 SER1 包含负数值时，将中断程序的执行：

```
series test=(ser1<0)
if @sum(test) <>0 then
   stop
endif
```

可以看出，若序列 SER1 中含有缺失值，则序列 TEST 也包含相应的缺失值。因为函数 @sum 会忽略掉缺失值。因此，当序列 SER1 中含有缺失值时，程序不会被中止，就像序列 SER1 中没有负数值一样。

有时，用户可能不希望当某些条件被满足时停止整个程序的执行，而只是跳出当前的循环。此时，使用 Exitloop 命令可以跳出当前的 FOR 循环或者 While 循环，而继续运行其他程序。例如，假设用户已经计算了一系列的 LR 检验统计量 LR11，LR10，LR9，…，LR1，比如计算这些 LR 统计量是为了检验 VAR 模型的滞后长度。下面的程序从 LR11 开始顺序地执行 LR 检验，并且给出在 5%的显著性水平下第一个被拒绝的统计量：

```
!df=9
for !lag=11 to 1 step -1
!pval=1-@cchisq(lr{!lag}, !df)
if !pval<=0.05 then
exitloop
endif
next
scalar lag=!lag
```

可以看出，若没有检验统计量被拒绝，则标量 LAG 的值为 0。

12.4 对数极大似然估计

素材文件：sample/Example/table 12-2.prg、garch.wfl
多媒体教学文件：视频/实验 12-1.mp4

实验基本原理

假设观测值序列 y_1、y_2、…、y_n 是来自总体的 n 个样本，且假设总体的概率密度函数为 $f(x|\beta)$，概率密度函数的分布类型是已知的，但分布参数 β 未知，需要我们去求解。

观测值序列 y_1、y_2、…、y_n 的联合概率密度函数为：

$$L(y_i|\beta) = \prod_{i=1}^{n} f(y_i|\beta) \tag{12.1}$$

已知参数的极大似然估计的基本原理是：寻求参数估计值 $\hat{\beta}$，使得式（12.1）所示的样本概率密度函数值在这些参数估计值下达到最大。通常，我们对式（12.1）取自然对数，从而转化为求对数似然函数的最大值，即：

$$\ln L(y_i|\beta) = \sum_{i=1}^{n} \ln f(y_i|\beta) \tag{12.2}$$

使式（12.2）达到最大，需要满足如下导数条件：

$$\frac{\partial \ln L(y_i|\beta)}{\partial \beta} = \sum_{i=1}^{n} \frac{\partial \ln f(y_i|\beta)}{\partial \beta} \tag{12.3}$$

考虑如下均值方程中包含 MA(1)过程，方差方程为 GARCH（1,1）的模型：

$$\begin{aligned} r_t &= \mu + u_t, \quad u_t = \varepsilon_t - \theta\varepsilon_{t-1} \\ \varepsilon_t &= z_t\sigma_t, \quad z_t \sim N(0,1) \\ \sigma_t^2 &= \omega + \alpha\varepsilon_{t-1}^2 + \beta\sigma_{t-1}^2 \end{aligned} \tag{12.4}$$

其对数似然函数为：

$$\ln L = -\frac{1}{2}\sum_{i=1}^{n}\ln(2\pi) - \frac{1}{2}\sum_{i=1}^{n}\frac{\varepsilon_t^2}{\sigma_t^2} - \frac{1}{2}\sum_{i=1}^{n}\ln\sigma_t^2 \tag{12.5}$$

对于 GARCH 模型估计，EViews 提供了方便快捷的菜单操作。本实验为了介绍对数极大似然估计方法，打算编写程序对上述 GARCH 模型进行估计。

实验目的与要求

1. 实验目的

通过本次实验,掌握对数极大似然估计方法,加深理解EViews编程思想和程序语句。

2. 实验要求

(1) 了解对数极大似然估计方法的基本思想和用途。
(2) 熟悉一些基本的程序控制语句和程序控制变量。
(3) 能编写程序,利用极大似然估计方法估计GARCH模型,并将估计结果与界面操作方式进行比较。

实验内容及数据来源

表12.1所示的是我国1996年1月2日至2007年12月28日上证综合指数的日收盘价格部分有关数据,由于节假日休市,因此整个样本范围内的实际观测值数是2900个。为了方便分析,建立一个非时间结构类型的工作文件,本实验所用数据保存在本书下载资源的Example文件夹下的garch.wf1工作文件中。

表12.1 上证综合指数日收盘价格

Obs	SZZS	Obs	SZZS	Obs	SZZS	Obs	SZZS	Obs	SZZS	Obs	SZZS
1	537.87	21	532.57	41	563.88	61	578.07	81	661.27	101	696.97
2	542.42	22	537.35	42	563.2	62	579.82	82	656.9	102	702.63
3	558.76	23	536.68	43	562.3	63	583.38	83	661.47	103	727.34
4	536.37	24	536.04	44	562.39	64	586.96	84	666.1	104	764.38
5	539.17	25	522.85	45	567.87	65	584.67	85	665.41	105	752.26
6	558.62	26	520.69	46	566.55	66	590.85	86	682.05	106	755.77
7	547.62	27	524.3	47	569.67	67	593.38	87	683.07	107	768.68
8	545.64	28	521.86	48	569.76	68	600.28	88	711.93	108	777.27
9	547.11	29	525.41	49	570.18	69	618.12	89	703.08	109	751.99
10	551.04	30	523.85	50	570.24	70	613.97	90	661.85	110	793.56
11	547.76	31	529.58	51	563.52	71	623.77	91	668.62	111	796.91
12	537.31	32	529.25	52	562.35	72	664.65	92	642.67	112	793.58
13	517.63	33	536.98	53	554.04	73	652.67	93	639.8	113	796.1
14	523.51	34	552.94	54	556.39	74	707.61	94	637.95	114	793.33
15	516.46	35	601.98	55	566.19	75	738.62	95	646.91	115	780.65
16	519.6	36	587.06	56	557.21	76	681.16	96	650.55	116	801.46
17	522.63	37	559.7	57	560.98	77	654.43	97	636.36	117	806.46
18	521.37	38	569.33	58	563.19	78	650.04	98	643.65	118	804.25
19	525.57	39	573.13	59	582.53	79	671.28	99	641.09	119	761.11
20	529.14	40	568.12	60	581.38	80	661.16	100	651.51	120	759.71

本实验打算对上证综合指数的日对数收益率 r(百分比)建立如式(12.5)所示的模型,然后编写 EViews 程序,对所建立的模型进行估计。程序的主要流程如下。

（1）对模型估计中的参数变量进行说明并初始化。
（2）先对均值方程进行估计，将得到的方程估计结果作为模型中一些参数的初始值。
（3）由于GARCH模型的估计使用的是迭代数值解法，因此需要设定初始方差和初始残差。
（4）建立对数似然函数对象，并给出GARCH模型的对数似然函数表达式。
（5）对模型进行最大似然估计，并给出输出结果。

本实验的主要内容有：①编写程序对所建立的模型进行估计；②利用 EViews 菜单操作，得到模型的估计结果；③将所得到的两种结果进行比较。本实验所编写的程序保存在本书下载资源的 Example 文件夹下的 table 12-2.prg 程序文件中。

实验操作指导

本实验对所建立的 GARCH 模型进行估计的 EViews 程序以及有关操作如下：

01 在编写程序之前需要创建一个 EViews 程序文件。打开 EViews 应用程序，在 EViews 菜单栏中选择 File|New|Program 命令，弹出程序编辑窗口。本实验将程序分两部分给出，下面给出的是第一部分程序。

```
'程序名为table 12-2.prg
'均值方程含有MA(1)过程，方差方程为无参数约束限制的GARCH(1,1)模型估计

'将当前EViews默认的工作路径修改为程序所在的路径
cd  F:\TDDownload\软件压缩\书籍\data

'载入保存上证综合指数的工作文件"garch.wfl"
load  garch

series r=100*dlog(szzs)
'对上证综合指数进行一阶自然对数差分，得到日收益率r的百分比
'一般地，由于股票指数的日收益率比较小，因此将其乘以100

'设定样本范围
sample s0 1 1
sample s1 2 2900
smpl s1

'对GARCH模型中所使用的参数向量进行声明，且设定这些参数向量的初始值
coef(1)   mu =0.1
coef(1)   theta =0.1
coef(1)   omega =0.1
coef(1)   alpha =0.1
coef(1)   beta =0.1
```

在上述程序中，使用如下命令：

```
cd  path_name
```

可以改变当前默认的工作路径，在 EViews 窗口底部状态栏右端的"Path=…"中显示了当前工作路径。需要注意的是，路径名最好使用双引号引起来，若路径名中不包含空格，则可以省略双引号。例如：

```
load workfile_name
```

表示载入工作文件，在载入工作文件之前，需要对 EViews 工作路径进行修改，否则运行程序时，会弹出错误信息提示，指出当前路径并不存在需要载入的工作文件。

在上述程序中，使用了 5 个只含有一个元素的系数向量对象来保存 GARCH 模型中的参数估计值，并设定这些参数初始值都为 0.1。用户在设定 GARCH 模型估计的初始值时，需要特别注意，假如设定了错误的初始值，则模型估计无法达到收敛。

02 给出对数似然函数设定等程序，该程序如下：

```
'估计含有MA(1)过程的均值方程,且将方程估计结果设定为参数初始值
equation eq_mean.ls r c ma(1)
mu(1)=eq_mean.c(1)
theta(1)=eq_mean.c(2)
omega(1)=eq_mean.@se^2

'设定对数似然函数中的初始残差和初始方差
smpl s0
series sig2=omega(1)
series resdma =0

'建立GARCH模型的对数似然函数
logl logl1
logl1.append @logl logl
logl1.append resd=r-mu(1)
logl1.append resdma=resd-theta(1)*resdma(-1)
logl1.append sig2=omega(1)+alpha(1)*resdma(-1)^2 +beta(1)*sig2(-1)
logl1.append z=resdma/@sqrt(sig2)
logl1.append logl=log(@dnorm(z))-log(sig2)/2

'对模型进行最大似然估计,并输出估计结果
smpl s1
logl1.ml(showopts, m=1000, c=1e-5)
show logl1.output
```

在上述程序中，首先使用 OLS 方法估计均值方程 eq_mean，然后将方程 eq_mean 的第一个参数赋值给 μ，将第二个参数赋值给 θ，将回归方程的标准误差的平方赋值给 ω。接下来，建立对数似然(LogL)对象并设定似然函数。使用如下命令：

```
logl logl_name
```

表示建立一个对数似然对象，然后需要设定对数似然的贡献序列，使用如下命令：

```
logl_name.append @logl logl_name
```

logl_name.append 语句表示设定对数似然对象 logl_name 中的说明文本，其中 append 是关键字，@logl logl_name 语句命名了一个保存每个观测值似然贡献的序列 logl_name，@logl 是关键字。

使用对数极大似然方法估计一个模型，最主要的是建立用来求解似然函数的说明文本。对数似然函数的说明在 EViews 中是很容易的，因为这些说明只是一系列对序列的赋值语句，这些语句将描述一个包含每一个观测值对数似然函数贡献的序列。再看上述程序中的下列命令：

```
logl1.append resd=r-mu(1)
logl1.append resdma=resd-theta(1)*resdma(-1)
logl1.append sig2=omega(1)+alpha(1)*resdma(-1)^2 +beta(1)*sig2(-1)
```

```
logl1.append z=resdma/@sqrt(sig2)
```

这些命令行用于保存似然函数计算过程中的中间结果，其中第一行命令是计算序列 $u_t = r_t - \mu$；第二行程序命令是计算序列 $\varepsilon_t = u_t - \theta u_{t-1}$；第三行命令是计算 GARCH 模型的条件方差。使用如下命令：

```
logl1.append logl=log(@dnorm(z))-log(sig2)/2
```

给出的是每个样本观测值的对数似然。EViews 在计算过程中，将反复计算每个观测值的对数似然。使用如下命令：

```
logl1.ml(showopts, m=1000, c=1e-5)
```

表示使用最大似然估计方法估计对数似然对象 logl1，圆括号中的各项是设定估计选项，showopts 表示设定在估计输出结果中显示参数初始值以及估计选项；"m=1000"表示设定迭代计算的最大次数；"c=1e-5"表示设定迭代收敛准则。同时用户也可以在圆括号中设定估计算法，b 表示使用 BHHH 算法，在默认情况下，EViews 使用 Marquardt 算法进行估计。

03 运行该模型估计程序，EViews 将建立一个工作文件，且屏幕会输出如图 12.1 所示的对数似然对象 LOGL1 的最大似然估计结果。

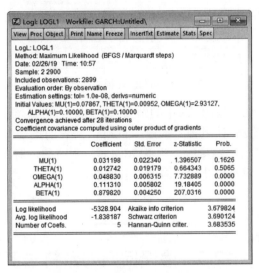

图 12.1 对数似然对象的估计结果

图 12.1 的上半部分显示了有关估计的一些信息，包括估计顺序（Evaluation order）、估计设置和初始值等信息。从图 12.1 所示的估计结果可以看到，条件方差方程中的参数估计值都为正数，从而能够保证条件方差的非负数要求。估计结果中，除了参数 μ 和 θ 估计的 z 统计量不显著外，其他参数估计都非常显著。根据输出结果，可以写出模型的估计结果：

$$r_t = 0.03120 + u_t, \quad u_t = \varepsilon_t - 0.01274\varepsilon_{t-1}$$
$$\varepsilon_t = z_t\sigma_t, \quad z_t \sim N(0,1)$$
$$\sigma_t^2 = 0.04883 + 0.1113\varepsilon_{t-1}^2 + 0.8798\sigma_{t-1}^2$$

对数似然 $=-5328.904$

需要注意的是，均值方程中的收益率是百分数，上证综合指数的平均日对数收益率为

0.03%左右。在条件方差方程中，$\alpha+\beta=0.9911<1$，满足 GARCH 模型要求且非常接近于1，从而说明前期的冲击对后面的条件方差的影响是持久的，即以前的冲击影响对未来的条件方差预测有着重要的作用。

04 为了对所估计的结果进行验证，对于所建立的 GARCH 模型，使用 EViews 提供的菜单进行操作，得到如图 12.2 所示的模型估计结果。本实验将程序运行所得到的工作文件命名为"garch.wfl"，保存在本书下载资源的 Example 文件夹下。

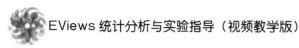

图 12.2 GARCH 模型估计结果

将图12.1所示的估计结果与图12.2中的结果进行比较，两者均值方程的参数估计值相差不大，且这些参数估计值的z统计量都不显著。同时，两者的条件方程的参数估计值也相差不大，而且它们的对数似然值比较接近，为-5328左右。类似的，对于一些不能通过EViews菜单进行操作的模型估计，用户可以建立相应的对数似然对象，然后使用最大似然估计方法对这些模型进行估计。

12.5 谬误回归的蒙特卡罗模拟

素材文件：sample/Example/table 12-3.prg
多媒体教学文件：视频/实验 12-2.mp4

 实验基本原理

考察如下两个随机游走时间序列 $\{x_t\}$ 和 $\{y_t\}$：

$$\begin{cases} x_t = x_{t-1} + u_t \\ y_t = y_{t-1} + v_t \end{cases} \quad (12.6)$$

假定式（12.6）中，u_t 和 v_t 都是独立同分布的随机误差项，且它们的均值都为零，方差都为 σ^2。同时，为不失一般性，假定两个序列的初始值为 $x_0 = y_0 = 0$。由于 u_t 和 v_t 是相互独立的，因此序列 $\{x_t\}$ 和 $\{y_t\}$ 也应该是相互独立的。但是，我们对这两个序列做如下回归：

$$y_t = \beta_1 + \beta_2 x_t + \varepsilon_t \tag{12.7}$$

利用最小二乘法可以求出参数估计值 $\hat{\beta}_2$ 及其 t 统计量。由于 x_t 和 y_t 之间是相互独立的，因此应该有 $p\lim \hat{\beta}_2 = 0$（依概率收敛于 0）。若我们在 5%的检验水平上检验原假设 H_0：$\beta_2 = 0$，则从理论上说，希望 $\hat{\beta}_2$ 的 t 统计量在 100 次估计中，应该有 95 次是不显著的。但 Granger 等人通过模拟发现事实并非如此：即使 x_t 和 y_t 之间是相互独立的，但是在很大比例的次数中，y_t 对 x_t 的回归都会产生一个统计上显著的 t 统计量。这种现象被称为谬误回归（Spurious Regression）：x_t 和 y_t 之间根本没有关系，但是回归结果往往表明它们之间存在某种关系。

本实验打算利用蒙特卡罗模拟方法对两个随机游走序列之间的谬误回归进行验证，希望能够得到类似于Granger的结论。

实验目的与要求

1. 实验目的

（1）通过本次实验，理解变量间谬误回归的含义及其带来的实际影响。
（2）熟悉利用蒙特卡罗模拟方法验证随机游走变量之间谬误回归的编程思想。

2. 实验要求

（1）掌握蒙特卡罗模拟方法的基本原理。
（2）熟练编写程序验证两个随机游走序列之间的谬误回归。
（3）掌握引用方程回归结果及统计分布函数的程序语句。

实验内容及数据来源

本实验将利用蒙特卡罗模拟方法编写相应的 EViews 程序来验证两个随机游走序列之间的谬误回归，程序的主要流程和有关操作如下：

（1）利用标准正态分布随机数发生器，且假定序列初始值为 $x_0 = y_0 = 0$，生成两个随机游走序列 $\{x_t\}$ 和 $\{y_t\}$，假设序列长度为100。

（2）用 y_t 对 x_t 进行回归，得到参数估计值 $\hat{\beta}_2$ 及其t统计量。

（3）将参数估计值的t统计量与5%水平下的临界值进行比较，若t统计量大于临界值，则说明所估计的参数 $\hat{\beta}_2$ 是显著的。

（4）重复进行步骤（1）~（3），操作500次，得到参数估计值 $\hat{\beta}_2$ 的500次模拟值序列以

及参数估计值 $\hat{\beta}_2$ 的t统计量显著的次数。

（5）给出蒙特卡罗模拟结果，并对结果进行分析。

本实验所编写的 EViews 程序保存在本书下载资源的 Example 文件夹下的 table 12-3.prg 程序文件中。

实验操作指导

对两个随机游走序列进行谬误回归分析的蒙特卡罗模拟程序和有关操作如下：

01 在编写程序之前需要创建一个 EViews 程序文件。打开 EViews 应用程序，在 EViews 菜单栏中选择 File|New|Program 命令，弹出如图 12.1 所示的程序编辑窗口。本实验将程序分两部分给出，以下给出的是第一部分程序：

```
workfile spuregssion u 500
'建立一个非时间结构类型的工作文件
'工作文件名为spuregression, 数据范围为500

series beta
series t
series r2
matrix(1,2) m1=0
'建立序列beta用于保存参数beta2 的 500 次估计值
'建立序列t用于保存参数beta2 的t统计量值
'建立序列r2用于保存回归方程的R-squared统计量值
'建立矩阵m1, 其第一个元素用于保存参数beta2 的t统计量显著次数
scalar cvalue=@qtdist(0.975,98)
'建立标量cvalue, 表示t统计量的临界值, 等于自由度为 98,
'双侧检验水平为 0.05 的t分布的分位数值
```

在上述程序中，我们利用统计分布函数@qtdist(x,v)给出了 t 分布的分位数值。以学生 t 分布为例来说明统计分布函数：

```
@ctdist(x,v)
@dtdist(x,v)
@qtdist(x,v)
@rtdist(x,v)
```

其中，v 表示 t 分布的自由度。开头字符"@c"表示累积分布函数（Cumulative Distribution）；"@d"表示概率密度函数（Density）；"@q"表示分位数（Quantile），其是累积分布函数的逆函数；"@r"表示随机数发生器。对于其他分布统计函数，读者可以参考 EViews 帮助中的统计分布函数有关信息。

需要注意的是，对于累积分布函数，其定义为 $F_x(k) = \Pr(x \leq k)$；对于分位数，其定义为 $q_x(p) = q^*$，其中 $F_x(q^*) \geq p$，不等号仅仅与离散分布有关。由于本实验是对参数估计的 t 统计量进行双侧检验，因此将双侧水平 0.05 转化为单侧的临界值，标量 cvalue 给出的是零点右侧的临界值。对于其他变量的含义，已经在注释中详细说明了。

02 给出本程序中最重要的部分，如下所示：

```
'建立一个循环次数为 500 次的外循环
for !i=1 to 500

smpl 1 100
'将样本范围修改为100
```

```
series x
series y
x(1)=0
y(1)=0
'建立两个随机游走序列x和y,并给出初始值

'建立一个内循环,生成随机游走序列,
'并进行方程回归估计,得到参数估计值以及t统计量和R-squared统计量
for !counter=2 to 100
x(!counter)=x(!counter-1)+@nrnd
y(!counter)=y(!counter-1)+@nrnd
next

equation eq1.ls y=c(1)+c(2)*x
'序列y对序列x进行回归,得到方程eq1

scalar beta2=eq1.@coefs(2)
'建立标量beta2,用于保存变量x的系数值

scalar tvalue=eq1.@tstats(2)
'建立标量tvalue,用于保存系数估计值的t统计量

scalar rvalue=eq1.@r2
'建立标量rvalue,用于保存回归方程的拟合优度值

beta(!i)=beta2
t(!i)=tvalue
r2(!i)=rvalue
'利用序列beta保存参数beta2 的 500 次估计值
'利用序列t保存参数beta2 的t统计量
'利用序列r2 保存回归方程的R-squared统计量

if( @abs(tvalue)>cvalue)   then
m1(1)=m1(1)+1
endif
'利用IF语句来计算参数beta2 的t统计量显著次数,
'如果t统计量的绝对值大于临界值,则表明参数是显著的,
'同时,矩阵m1 的第一个元素值加 1

next

freeze beta.hist
freeze t.hist
freeze r2.spike
```

在上述程序中,第一个 FOR 循环语句用于进行 500 次循环操作。第二个 FOR 语句用于给随机游走序列 x 和 y 进行赋值,本例采用的是利用标准正态分布生成的随机数,然后得到序列 x 和序列 y 的 100 个元素值,这些值可以被认为是随机的。

接下来,用 y 对 x 进行 OLS 回归,得到方程 eq1。利用所得到的回归方程,可以调用一些函数得到方程一系列的估计结果,包括参数估计值、t 统计量以及有关检验统计量等。例如:

```
eq1.@coefcov(i,j)
```

可以得到方程 eq1 的第 i 个参数和第 j 个参数的协方差:

```
eq1.@coefs(i)
```

返回值是方程 eq1 的第 i 个参数估计值:

```
eq1.@r2
```

返回值是方程 eq1 的 R^2 统计量值：

```
eq1.@rbar2
```

返回值是方程 eq1 调整的 R^2 统计量值：

```
eq1.@stderrs(i)
```

返回值是方程 eq1 第 i 个参数的标准误差：

```
eq1.tstats(i)
```

返回值是方程 eq1 第 i 个参数的 t 统计量值。上述所调用的回归方程函数的返回值都是标量值。同时，也可以利用如下回归方程函数返回向量和矩阵值：

```
@coefcov
@coefs
@stderrs
@tstats
```

这些函数的返回值分别是参数估计的协方差矩阵、参数向量、参数的标准差向量以及参数估计的 t 统计量向量。

为了判断参数估计值 $\hat{\beta}_2$ 是否显著，我们使用 IF 语句进行判断，利用参数估计值的 t 统计量与临界值进行比较来设定 IF 语句的条件表达式。由于所给出的临界值是正数，因此对参数估计值的 t 统计量取绝对值，即使用函数"@abs"。同时利用矩阵 m1 的第一个元素来保存 500 次参数估计中参数估计值 $\hat{\beta}_2$ 显著的次数。

03 编写好程序后，单击程序编辑窗口工具栏中的 Run 按钮，运行该程序，会生成一个名为 spuregression.wf1 的工作文件，并弹出序列 beta 和序列 t 的直方图以及序列 r2 的钉状图，分别如图 12.3、图 12.4 和图 12.5 所示。

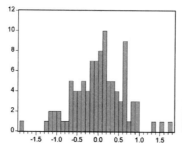

图 12.3　序列 beta 的直方图和描述统计量

从图 12.3 可以看到，参数 β_2 估计值序列 beta 的均值等于 0.02215，虽然比较接近于零，但是在序列 beta 的直方图中，非零估计值的频数较多。同时，序列 beta 的偏度 S 小于 0，峰度值 K 稍微大于正态分布假设值 3，J-B 统计量＝1.8242，相应的概率值 P＝0.4，说明参数 β_2 的估计值序列 beta 近似地服从正态分布。接下来，我们观察参数 β_2 的 t 统计量序列 t 的直方图。

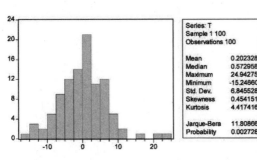
图12.4　序列t的直方图和描述统计量

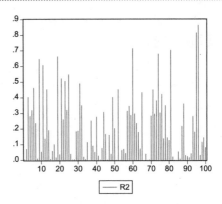
图12.5　序列r2的钉状图

从图12.4中可以看到，参数β_2估计值的t统计量序列t的偏度S大于零，峰度值大于正态分布假设值3，J-B统计量比较大，可以认为序列t的分布近似地服从t分布。参数β_2估计值的t统计量的5%水平下的临界值cvalue等于1.9845。从序列t的直方图可以看到，序列t中的元素值大于t统计量临界值的频数比较多，从而表明参数β_2估计值的t统计量显著的次数比较多。

事实上，矩阵m1的第一个元素值为383，表示500次模拟估计中，参数β_2估计值的t统计量大于临界值的次数是383次，即t统计量显著的次数是383次。从理论上说，由于序列x和序列y是相互独立的随机数序列，因此在5%的水平下，参数β_2估计值的t统计量在500次估计中，应该有475次是不显著的。因此，模拟结果表明序列x和序列y之间存在谬误回归。

图12.5所显示的是序列y对序列x的500次回归的R^2统计量值序列r2的钉状图。从图中可以看到，尽管随机游走序列x和序列y之间是相互独立的，但是对两者进行回归所得到的回归方程的R^2统计量比较大，在许多次回归估计中，R^2统计量值大于0.6。可以认为，当随机游走变量之间存在谬误回归时，系数估计的t统计量显著且回归方程的R^2统计量较高。因此，在对一阶差分平稳的时间序列建立回归方程时，应该考察它们之间是否存在协整关系，从而避免谬误回归。

12.6　时间序列模型 EViews 命令

素材文件：sample/Example/table 12-4.wf1
多媒体教学文件：视频/实验 12-3.mp4

实验基本原理

本节将依次介绍时间序列的滤波方法、季节调整方法、变量的单位根检验、非平稳变量的协整检验以及格兰杰因果关系检验的EViews操作命令。

实验目的与要求

1. 实验目的

通过本次实验，掌握时间序列的滤波方法、季节调整方法、变量的单位根检验、非平稳变量的协整检验以及格兰杰因果关系检验的EViews操作命令。

2. 实验要求

（1）掌握时间序列滤波方法的EViews操作命令。
（2）掌握时间序列季节调整方法的EViews操作命令。
（3）掌握时间序列变量的单位根检验的EViews操作命令。
（4）掌握时间序列非平稳变量的协整检验的EViews操作命令。
（5）掌握时间序列格兰杰因果关系检验的EViews操作命令。

实验内容及数据来源

表12.2所示的是从1993年第二季度至2007年第一季度我国央行三个月再贷款利率（R）和广义货币供应量（M2，单位为亿元）的季度数据，且这些数据经过季节调整，数据来源于CCER。本实验所用数据保存在本书下载资源的Example文件夹下的table 12-4.wf1工作文件中。

表 12.2 1993 年 Q2 至 2007 年 Q1 我国三个月再贷款利率和广义货币供应量

Obs	R	M2	Obs	R	M2	Obs	R	M2	Obs	R	M2
1993Q2	8.64	31039.4	1996Q4	9.72	75632	2000Q2	3.51	129500	2003Q4	2.97	220379.5
1993Q3	10.26	31986.4	1997Q1	9.72	79674.7	2000Q3	3.51	134048.6	2004Q1	3.6	230188.6
1993Q4	10.26	34539	1997Q2	9.72	83043.6	2000Q4	3.51	137835.9	2004Q2	3.6	237138.8
1994Q1	10.26	37034.4	1997Q3	9.72	85865.4	2001Q1	3.51	142767.6	2004Q3	3.6	242762.5
1994Q2	10.26	40255.5	1997Q4	8.82	90625.4	2001Q2	3.51	148052.4	2004Q4	3.6	252982.5
1994Q3	10.26	43883.7	1998Q1	6.84	91791.6	2001Q3	3.51	152179.6	2005Q1	3.6	262578.4
1994Q4	10.26	46433.9	1998Q2	6.84	94921.4	2001Q4	3.51	157235.2	2005Q2	3.6	272761
1995Q1	10.44	50311.1	1998Q3	5.49	99963.2	2002Q1	2.97	162456.7	2005Q3	3.6	287438.2
1995Q2	10.44	53417.8	1998Q4	4.86	103961.8	2002Q2	2.97	169379	2005Q4	3.6	298605.1
1995Q3	10.62	57303.3	1999Q1	4.86	108334.1	2002Q3	2.97	177157.5	2006Q1	3.6	308485.7
1995Q4	10.62	60118.9	1999Q2	3.51	112022.3	2002Q4	2.97	183421.7	2006Q2	3.6	320564.5
1996Q1	10.62	64551.7	1999Q3	3.51	115085.5	2003Q1	2.97	193447.4	2006Q3	3.6	332215.2
1996Q2	10.08	68447.6	1999Q4	3.51	118941.9	2003Q2	2.97	204246.7	2006Q4	3.6	344247.2
1996Q3	9.72	72069.3	2000Q1	3.51	124307.5	2003Q3	2.97	213405.7	2007Q1	3.6	361918.7

实验操作指导

时间序列滤波方法的EViews操作命令包括HP操作命令和BP操作命令。

1. 时间序列 HP 滤波的 EViews 操作命令

HP是一种双端线性滤波，是一种数据季节调整的方法，它将时间序列分解为趋势成分和周期成分两部分。将模型平滑程度设定为η，其取值越大表示序列越平滑。EViews提供了两种方法来设定η的取值。一种方法是由用户自行设定，例如直接令其为500；另一种是根据频幂规则，η取决于数据的频率和设定的幂。

HP 滤波命令格式：

序列名称.hpf（选项）滤波名称

选项包括：

lamda=　表示用户自行设定平滑参数值。

Power=　表示根据频幂规则设定平滑参数，Power为幂的取值。

例如，打开数据table 12-4.prg，试用EViews命令操作对r序列进行HP平滑，平滑参数为1600，平滑后的序列为r_hp。

在 EViews 的命令窗口中输入：

r.hpf　r_hp（序列名称是 r，滤波名称是 r_hp）

按键盘上的 Enter 键，弹出如图 12.6 所示的对话框。

在Lambda框中输入"1600"，单击OK按钮，即可完成题目的要求。双击"r_hp"即可弹出如图12.7所示的对话框。

图 12.6　HP 滤波对话框

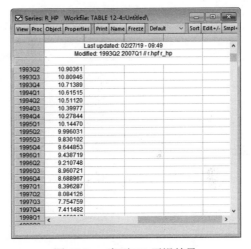
图 12.7　r 序列 HP 平滑结果

2. 时间序列 BP 滤波的 EViews 操作命令

BP滤波的原理是通过设定不同周期持续的长度，从而分离出周期成分。在EViews中操作时，需要设定拟提取的周期的上界和下界。例如，想要提取周期时间在5~7年的周期，就需要把上界设定为7，下界设定为5。

BP 滤波命令格式：

序列名称.bpf（选项）周期成分存放的序列名称

选项包括：

type=bk/cffix/cfasym　bk 表示 BK 固定长度对称滤波，cffix 表示 CF 固定长度对称滤波，cfasym 表示完全样本非对称滤波。

low= 设定周期长度的上界和下界，上界和下界必须满足。

lag= 设定固定长度滤波的滞后/超前阶数（适用于bk/cffix），lag必须小于样本容量的一半。

iorder=0/1 用于计算CF滤波权数（适用于cffix/cfasym），设定序列的单整阶数，0表示序列为协方差平稳过程，1表示序列为单位根序列。

detrend=n/c/t/d CF滤波的退势方法，其中n表示不进行退势处理，c表示均值退势，t表示剔除常数项和线性趋势项，d表示当iorder=1时剔除漂移项。

nogain= 对固定长度对称滤波（bk/cffix）不画出其频率响应图。

noncyc= 设定非周期序列（实际值-滤波值）。

w= 设定滤波权数。

例如打开数据table 12-3.prg，试用EViews命令操作对序列r进行BP滤波处理，具体参数采用系统默认值。

在EViews的命令窗口中输入：

r.bpf r_bp（序列名称是r，周期成分存放的序列名称是r_bp）

按键盘上的Enter键，即可成功地完成题目的要求。双击"r_bp"即可弹出如图12.8所示的对话框。

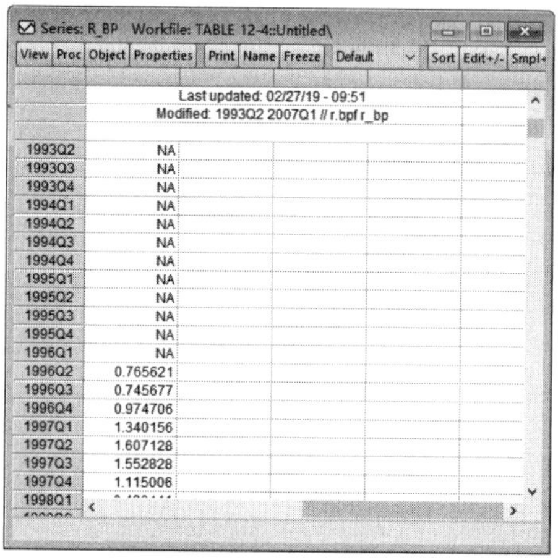

图12.8 r序列BP平滑结果

3. 时间序列移动平均方法的EViews操作命令

移动平均方法命令格式：

序列名称.seas（选项）调整后的序列名称【调整因子序列名称】

选项包括：m，表示乘法模型；a，表示加法模型。

例如，打开数据table 12-4.prg，试用EViews命令操作对序列r进行移动平均处理，对序列r进行乘法季节调整，调整后的序列为r_adj，调整因子序列名为r_fac，使用EViews命令操作来完成，就应该在EViews的命令操作窗口中输入：

r.seas（m）r_adj r_fac

按键盘上的Enter键，弹出如图12.9所示的对话框。

单击OK按钮，即可完成题目的要求。双击"r_adj"即可弹出如图12.10所示的对话框。

图 12.9 季节调整对话框　　　　　　图 12.10 r 序列时间序列移动平均方法结果

4．时间序列 X12 方法的 EViews 操作命令

X12 方法命令格式：

序列名称.X12（选项）调整后的序列名称【调整因子序列名称】

选项包括：m，表示乘法模型；a，表示加法模型。

值得说明的是，本方法只适用于月度数据或季度数据。对于月度数据，时间长度至少为4年，至多为20年；对于季度数据，时间长度至少为4年，至多为30年。

例如，打开数据 table 12-4.prg，使用 EViews 命令操作对序列 r 进行 X11 方法处理，对序列 r 进行 X12 方法调整，调整后的序列为 r_adj，调整因子序列名为 r_fac，使用 EViews 命令操作来完成，就应该在 EViews 的命令操作窗口中输入：

r.X12（m）r_adj r_fac

按键盘上的 Enter 键，弹出如图 12.11 所示的对话框。

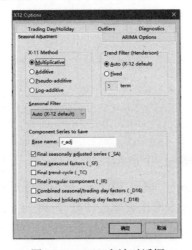

图 12.11 X12 方法对话框

单击OK按钮，即可完成题目的要求。双击 "r_adj_sa" 即可弹出如图12.12所示的对话框。

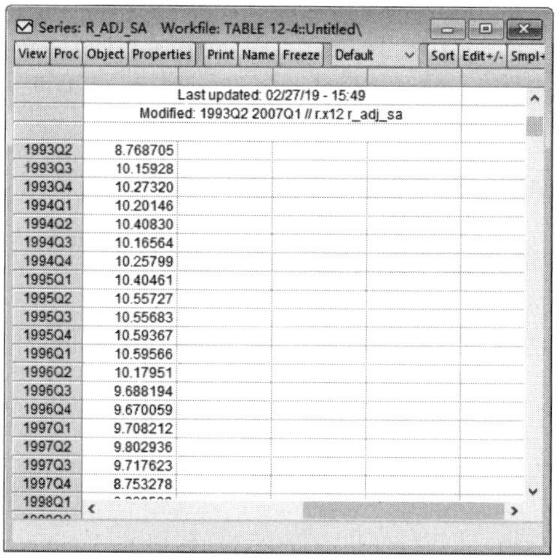

图 12.12　r 序列时间序列移动平均方法结果

5. 单位根检验的 EViews 操作命令

变量的单位根检验命令格式：

序列名称.uroot（选项）

主要包括以下选项。
（1）检验方程形式的设定

- Const：检验方程中包含常数项。
- Trend：检验方程中包含时间趋势项。
- None：检验方程中不包含常数项，也不包含时间趋势项。

（2）检验方法的设定

- ADF：ADF 检验。
- DFGLS：DFGLS 检验。
- PP：PP 检验。
- KPSS：KPSS 检验。
- ERS：ERS 检验。
- NP：NP 检验。

（3）其他选项

dif=整数：<检验差分序列的平稳性，dif={0,1,2}>

例如，打开数据 table 12-4.prg，试用 EViews 命令操作对序列 r 进行单位根检验，检验方法为 KPSS 检验，使用 EViews 命令操作来完成，就应该在 EViews 的命令操作窗口中输入：

r.uroot(trend,2,kpss)

按键盘上的 Enter 键，弹出如图 12.13 所示的对话框。

在Test type下拉列表中选择Kwiatkowski-Phillips-Schmidt-shin，其他采用系统默认设置，然后单击OK按钮，即可完成题目的要求，如图12.14所示。

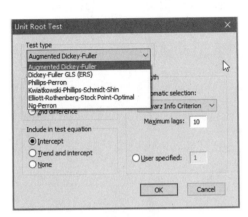

图12.13 "单位根检验"对话框

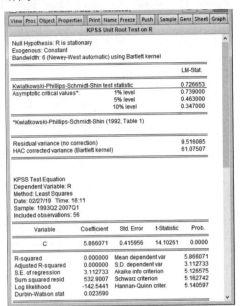

图12.14 r序列KPSS单位根检验结果

对图12.14解读如下：

KPSS的原假设是"R时间序列"是平稳时间序列，采用"KPSS单位根检验"的结果是P值为0，远远小于0.05，说明非常显著地拒绝了原假设，也就是说"R时间序列"不是平稳时间序列，或者说"KPSS单位根检验"表面"R时间序列"存在单位根。

6. 非平稳变量协整检验的 EViews 操作命令

要检验几个非平稳变量之间是否存在协整关系，必须把这几个非平稳变量存放在一个数组或者一个VAR模型中。

非平稳变量的协整检验命令格式：

数组名/VAR 名称.coint（选项） @ 外生变量

选项包括：

a：表示数据空间中没有时间趋势项，协整方程中没有常数项和时间趋势项。
b：表示数据空间中没有时间趋势项，协整方程中有常数项，但没有时间趋势项。
c：表示数据空间中有时间趋势项，协整方程中有常数项，但没有时间趋势项。
d：表示数据空间中有时间趋势项，协整方程中有常数项和时间趋势项。
e：表示数据空间中有二次时间趋势项，协整方程中有常数项和时间趋势项。
s：表示综合a、b、c、d、e五种选择。
p：表示滞后阶数。
m=：表示施加约束的协整估计最大迭代次数。
c=：表示施加约束的协整估计收敛标准。

save=：表示将检验统计量存放在设定的矩阵中。

例如，打开数据 table 12-4.prg，试用 EViews 命令操作对序列组 g1 进行协整检验，滞后阶数选择为 1~2 阶，外生解释变量为 m2；检验形式为第二种，将检验统计量存放在矩阵 mat 中，使用 EViews 命令操作来完成，就应该在 EViews 的命令操作窗口中输入：

g1.coint(b,2,save=mat) @ m2

按键盘上的 Enter 键，即可成功地完成题目的要求，非平稳变量协整检验结果如图 12.15 所示。

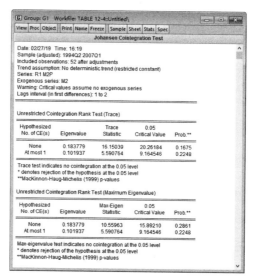

图 12.15　非平稳变量协整检验结果

7．格兰杰因果关系检验的 EViews 操作命令

格兰杰因果关系检验命令格式：

数组名.cause(p)，其中p为滞后阶数。

例如，打开数据 table 12-4.prg，试用 EViews 命令操作对序列组 g1 中所有序列两两之间的格兰杰因果关系，滞后阶数为 2，使用 EViews 命令操作来完成，就应该在 EViews 的命令操作窗口中输入：

g1.cause(2)

按键盘上的 Enter 键，弹出如图 12.16 所示的对话框。

图 12.16　滞后阶数指定对话框

在滞后阶数中指定"2",其他采用系统默认设置,然后单击OK按钮,即可完成题目的要求,如图12.17所示。

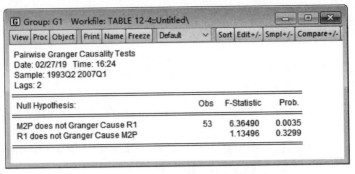

图12.17 格兰杰因果关系检验结果

对图12.17的解读如下:

结果中包括两个格兰杰因果关系检验。第一个格兰杰因果关系检验的原假设是"M2P不是R1的格兰杰因",检验结果的显著性P值接近0,非常显著地拒绝了原假设,也就是说"M2P是R1的格兰杰因";第二个格兰杰因果关系检验的原假设是"R1不是M2P的格兰杰因",检验结果的显著性P值非常大,远远大于通常具有统计意义的0.05,非常显著地接受了原假设,也就是说"R1不是M2P的格兰杰因"。

12.7 联立方程模型 EViews 命令

素材文件:sample/Example/table 12-5.wf1
多媒体教学文件:视频/实验 12-4.mp4

实验基本原理

本节将依次介绍联立方程模型系统的建立与设定、系统的估计、系统估计结果中统计量和序列的提取、系统特征的结果显示等内容的EViews命令操作。

实验目的与要求

1. 实验目的

通过本次实验,掌握联立方程模型系统的建立与设定、系统的估计、系统估计结果中统计量和序列的提取、系统特征的结果显示等内容的EViews命令操作。

2. 实验要求

(1)掌握联立方程模型系统的建立与设定的EViews操作命令。
(2)掌握联立方程模型系统估计的EViews操作命令。

(3) 掌握联立方程模型系统估计结果中统计量和序列提取的EViews操作命令。
(4) 掌握联立方程模型系统特征的结果显示的EViews操作命令。

实验内容及数据来源

本实验讨论的是联立方程模型估计。表12.3所示的是美国某年各个州和地方政府的费用支出数据，这些数据由原始数据整理得到。

其中，EXPD表示州政府和地方政府的费用支出（单位为百万美元），AID表示联邦政府补贴（单位为百万美元），INC表示各州收入（单位为百万美元），POP为各州人口总数（单位为千人），PS为小学和公立中学在校人数（单位为千人）。本实验所用数据保存在本书下载资源的Example文件夹下的table 12-5.wf1工作文件中。

表12.3 美国各个州和地方政府的费用支出等数据

Obs	EXPD	AID	INC	POP	PS	Obs	EXPD	AID	INC	POP	PS
1	704.0	190.8	3759.3	1026	251	26	2938.0	736.2	20194.8	5221	1161
2	526.0	95.2	3311.9	774	168	27	1512.0	411.3	9408.0	2688	624
3	411.0	108.1	1703.4	460	107	28	3197.0	842.5	18723.7	4733	1090
4	5166.0	1101.2	27965.7	5796	1203	29	4771.0	837.6	32694.2	7347	1514
5	699.0	178.3	4373.1	969	190	30	2063.0	598.4	12014.0	3306	714
6	2546.0	446.6	16675.1	3080	665	31	2446.0	712.6	15099.0	4072	892
7	22749.4	4408.1	96885.9	18367	3524	32	2104.0	679.6	12239.6	3521	784
8	5911.0	1036.2	39530.3	7349	1513	33	1427.0	575.3	7192.1	2256	526
9	8840.1	1619.1	54108.2	11905	2362	34	1014.0	399.6	6716.8	2008	462
10	6867.0	1200.9	49021.0	10722	2422	35	2691.0	732.6	13326.0	3738	846
11	3457.0	544.5	23068.1	5286	1221	36	1767.0	500.3	10102.8	2633	607
12	8935.0	1754.1	58041.5	11244	2349	37	7246.0	1636.2	47402.3	11604	2738
13	7799.0	1324.9	44902.8	9013	2197	38	587.0	180.4	2923.4	716	178
14	3757.0	525.0	19366.8	4526	995	39	512.0	135.9	2801.8	755	185
15	3528.0	632.0	16837.8	3877	910	40	368.0	127.7	1477.1	346	86
16	2108.0	325.9	12447.3	2884	647	41	1920.0	432.6	10874.4	2364	575
17	3156.0	716.8	20445.3	4747	1030	42	823.0	298.1	3778.9	1076	285
18	475.0	127.4	2617.2	634	142	43	1523.0	294.5	8387.9	1963	485
19	521.0	132.6	2560.9	680	162	44	821.0	220.9	4216.1	1127	306
20	1052.0	204.8	6801.1	1528	330	45	543.0	95.9	2776.4	533	131
21	1551.0	299.4	10285.4	2268	475	46	3070.0	628.9	15726.2	3418	791
22	571.0	97.1	2981.8	571	134	47	1766.0	439.2	9480.7	2185	471
23	3392.0	546.5	20308.8	4048	921	48	20052.0	4082.2	103830.8	20411	4501
24	3037.0	624.2	20946.9	4765	1069	49	698.0	185.3	1697.2	325	85
25	1250.0	452.3	6505.1	1795	410	50	940.0	164.8	4204.8	816	182

数据来源：《计量经济模型与经济预测》[美] 平狄克、鲁宾费尔著，钱小军等译，机械工业出版社，1999，第99~100页）

州政府和地方政府的费用支出与联邦政府补助、州收入以及人口因素有关。同时，各州所获得的联邦政府补贴也与消费支出以及小学和公立中学在校人数有关。因此根据分析，建立如下消费支出联立方程模型：

$$EXPD = \alpha_0 + \alpha_1 AID + \alpha_2 INC + \alpha_3 POP + \varepsilon \tag{12.8}$$
$$AID = \beta_0 + \beta_1 EXPD + \beta_2 PS + \eta \tag{12.9}$$

实验操作指导

1. 系统的建立与设定

系统建立的命令格式：

system 系统名称

系统设定的命令格式：
系统名称.append 联立方程的设定形式

例如，打开数据 table 12-5.prg，试用 EViews 命令操作建立系统 mac1 并设定联立方程。在命令窗口中依次进行如下操作：

输入system mac1（建立系统mac1）。
按Enter键，即可完成系统mac1的建立。
输入mac1.append expd=c(1)+c(2)*aid+c(3)*inc+c(4)*pop（设定方程expd）。
按Enter键，即可完成对联立方程expd的设定。
输入mac1.append aid=c(5)+c(6)*expd+c(7)*ps（设定方程aid）。
按Enter键，即可完成对联立方程aid的设定。

至此，成功地建立系统 mac1 并设定了系统内的各个联立方程，如图 12.18 所示。

图 12.18 系统 mac1

2. 系统的估计

系统估计的命令格式：

系统名称.估计方法（选项）

EViews中联立方程的估计方法有很多，主要有普通最小二乘法（ols）、加权最小二乘法（wls）、二阶段最小二乘法（stls）、加权二阶段最小二乘法（wtsls）、三阶段最小二乘法

（3sls）、极大似然法（fiml）、广义矩估计法（gmm）和似不相关回归法（sur）。

ols选项与单方程ols估计方法选项相同；wls与tsls选项主要同前面所述的一般通用选项；gmm选项同单方程gmm估计方法的选项；sur同3sls估计方法的选项。因此本节重点介绍其余估计方法的选项。

(1) wtsls（选项）

选项包括：

i 对权数矩阵和系数矢量同时进行迭代。
s 对权数矩阵和系数矢量序贯进行迭代。
o （默认选项）权数矩阵一步迭代后，只对系数矢量进行反复迭代。
c 权数矩阵的一步迭代跟着系数矩阵的一步迭代。
m 设定最大的迭代次数。
c 设定收敛标准。

(2) 3sls（选项）

除了包括wtsls的选项外，还有showopts/-showopts=，表示估计结果中显示/不显示上述选项。

(3) fiml（选项）

选项包括：

i 对权数矩阵和系数矢量同时进行迭代。
S （默认选项） 对权数矩阵和系数矢量序贯进行迭代。
m 设定最大的迭代次数。
c 设定收敛标准。
b 采用BHHH代数；否则，采用Maequardt代数。

showopts/-showopts 估计结果中显示/不显示上述选项。

例如，打开数据 table 12-5.prg，试用EViews 命令操作系统 mac1 使用极大似然法（fiml）估计。在命令窗口中进行如下操作：

输入mac1.fiml，即可弹出如图12.19所示的对话框。

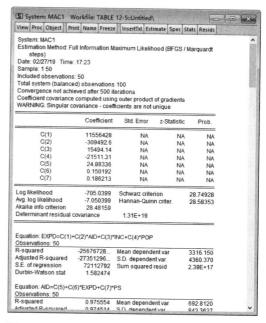

图12.19 mac1 使用极大似然法（fiml）估计结果

3. 系统估计结果中统计量和序列的提取

命令格式：

系统名称.统计量

(1) 参数估计的相关统计量
@coefs(i) 第i个系数。

@stderrs(i) 第i个估计量的标准差。
@tstats(i) 第i个估计量的t统计量。
@coefcov(i,j) 第i个系数和第j个系数的协方差。
@se(k) 第k个方程的回归标准差。

例如，打开数据 table 12-4.prg，想要获取第 1 个系数"c(1)"的估计值，就需要在命令窗口中进行如下操作：

输入 mac1.@coefs(1)，即可弹出如图 12.20 所示的对话框。

（2）方程估计的检验统计量

@dw(k) 第k个估计方程的DW统计量。
@r2(k) 第k个方程的拟合优度。
@ssr(k) 第k个方程的残差平方和。

例如，打开数据 table 12-5.prg，若要获取第 1 个估计方程的 DW 统计量，则需要在命令窗口中进行如下操作：

输入mac1.@dw(1)，即可弹出如图12.21所示的对话框。

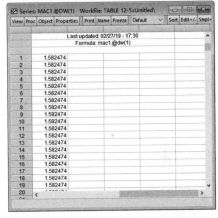

图 12.20　参数估计的相关统计量结果　　　　图 12.21　方程估计的检验统计量结果 1

若要获取第1个估计方程的残差平方和，则需要在命令窗口中输入 mac1.@ssr(1)，即可弹出如图12.22所示的对话框。

若要获取第1个估计方程的拟合优度，则需要在命令窗口中输入 mac1.@ r2 (1)，即可弹出如图12.23所示的对话框。

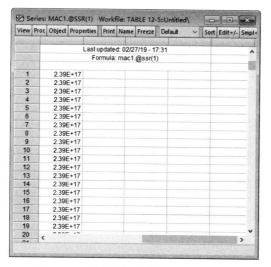

图 12.22　方程估计的检验统计量结果 2　　　图 12.23　方程估计的检验统计量结果 3

4．系统特征的结果显示

命令格式：

系统名称.观测特征选项

（1）系统估计结果的显示

命令格式：

系统名称.results

（2）系统参数估计量的方差、协方差矩阵的显示

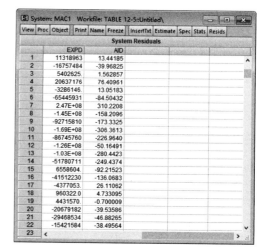

命令格式：

系统名称.coefcov

（3）系统残差图的显示

命令格式：

系统名称.resids

例如，打开数据 table 12-5.prg，若要获取系统残差图，则需要在命令窗口中进行如下操作：

输入 mac1.resids，即可弹出如图 12.24 所示的对话框。

图 12.24　系统残差图的显示结果

（4）残差序列的相关系数矩阵的显示

命令格式：

系统名称.residcor

例如，打开数据 table 12-4.prg，若要获取系统残差图，则需要在命令窗口中进行如下操作：

输入 mac1.residcor，即可弹出如图 12.25 所示的对话框。

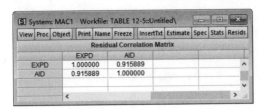

图 12.25　残差序列的相关系数矩阵的显示结果

（5）系统中内生变量的显示

命令格式：

系统名称.endog

例如，打开数据 table 12-5.prg，若要获取系统残差图，则需要在命令窗口中进行如下操作：

输入mac1.endog，即可弹出如图12.26所示的对话框。

图 12.26　系统中内生变量的显示结果

上机练习

练习 12-1　编写程序推导出 DF 和 ADF 检验的临界值

素材文件：sample/Exercise/exercise 12-1.prg

多媒体教学文件：视频/习题 12-1.mp4

在第7章中，我们介绍了单个序列的平稳性检验，其中常用的检验是DF检验和ADF检验。考察DF检验的3种检验回归方程：

$$\begin{aligned}\Delta y_t &= \gamma y_{t-1} + \varepsilon_t \\ \Delta y_t &= a + \gamma y_{t-1} + \varepsilon_t \\ \Delta y_t &= a + \delta t + \gamma y_{t-1} + \varepsilon_t\end{aligned} \quad (12.10)$$

DF 检验的基本原理：通过检验式（12.10）中各方程的 γ 是否等于 0，从而判断一个序列是否平稳。DF 检验采用的是 t 统计量检验，但这个 t 统计量在原假设下并不服从 t 分布，Mackinnon 进行了大量模拟，给出了 3 种不同检验回归模型以及不同样本下 t 统计量在 1%、5%、10%检验水平下的临界值。

对于DF检验，可以通过蒙特卡罗模拟实验得到检验的临界值。试编写相应的程序，给出样本容量为100、200，1%、5%、10%检验水平下的3种不同检验回归方程的DF检验的临界值。对于ADF检验，你能编写相应的程序进行蒙特卡罗模拟，推导出ADF检验的临界值吗？

练习 12-2　编写程序对 EGARCH 模型进行估计

素材文件：sample/Exercise/exercise12-2.wfl、exercise 12-2.prg
多媒体教学文件：视频/习题 12-2.mp4

在实验12-2中，我们编写了随机误差项服从正态分布的GARCH模型估计程序，得到和EViews菜单操作基本相同的模型估计结果。为了掌握对数极大似然估计方法，请编写程序对EGARCH模型进行估计。其中，假定随机误差项服从t分布（自由度未知）。同时，要求编写的程序能够实现绘制出EGARCH模型的"信息影响曲线"功能，然后将程序所得到的估计结果与EViews菜单操作所得到的结果进行比较。